主编　郭志族　郭京龙
执行主编　陈义欢

ZHONGGUO CHENGSHIHUA
WEIJI YU DUICE

中国城市化
——危机与对策

廣東省出版集團
广东经济出版社

图书在版编目（CIP）数据

中国城市化：危机与对策 / 郭志族，郭京龙主编，陈义欢执行主编. —广州：广东经济出版社，2013.9
ISBN 978—7—5454—2692—2

Ⅰ.①中… Ⅱ.①郭…②郭…③陈… Ⅲ.①城市化—研究—中国 Ⅳ.①F299.21

中国版本图书馆 CIP 数据核字（2013）第 206589 号

出版发行	广东经济出版社（广州市环市东路水荫路 11 号 11～12 楼）
经销	全国新华书店
印刷	广东天鑫源印刷有限责任公司
	（广州大道南新滘南路上涌南约大街 9 号）
开本	730 毫米×1020 毫米 1/16
印张	22.5 1 插页
字数	414 000 字
版次	2013 年 9 月第 1 版
印次	2013 年 9 月第 1 次
书号	ISBN 978—7—5454—2692—2
定价	50.00 元

如发现印装质量问题，影响阅读，请与承印厂联系调换。
发行部地址：广州市环市东路水荫路 11 号 11 楼
电话：(020) 38306055 38306107 邮政编码：510075
邮购地址：广州市环市东路水荫路 11 号 11 楼
电话：(020) 37601950 营销网址：**http：//www.gebook.com**
广东经济出版社新浪官方微博：**http：//e.weibo.com/gebook**
广东经济出版社常年法律顾问：何剑桥律师

城市资本下乡，建设旅游文化小镇，这是新型城镇化的重要途径和方向。

宋丁

二〇一三年三月十二日

中國城市化

危機與轉化

弘云

中国城市化

李洪智题

中国城市化

危机与挑战

目 录

序一

中国的城市化挑战

中国城市化仍然是“未来完成时”的任务。

现在，包括经济学家和各级政府以及国际组织的官员在内，许多人都在主张中国需要进一步的城市化，因为城市化被当成了解决中国面对的紧迫而长远问题的中心方法。

但是，中国城市化的后果，即城市化之后面对的挑战，许多人却思考不多。普遍地，人们甚至对城市化带来的新问题和新挑战缺少意识，甚至根本没有从问题或者挑战的角度思考城市化。

郭志族、郭京龙和陈义欢编著的《危机与对策——中国城市化》一书，在肯定中国城市化的必要性、认同城市化是中国历史大势之一的背景上，揭示中国城市化的特征，提出建设性意见来面对中国城市化这一巨大的挑战。

任何巨大的成就都可能伴随着巨大的问题。换句话说，巨大成就是巨大成本或者代价换来的。截至目前，事实上，中国城市化的成就是巨大的，中国城市化的代价也是巨大的。《危机与对策——中国城市化》一书的作者仔细描述并分析了一些众所周知、关注、正在经历、每日每时影响众人的一些中国城市化问题，它们涉及的不仅是各种利益分配和再分配问题，而且是人的本体存在的身心健康或者“幸福”问题。

不仅如此，作者的思考和总结并不限于这些公共问题，而是提出了更加深入和更高层次的问题。尤其是，该书提及了也许是最基本却最为人们忽略的关于中国城市化的政治学问题：“谁的城市”，也即，中国的城市化到底是谁的城市化。

谁的城市和谁的城市化问题的核心不仅是关于“从农民走向市民”这个过程，更是关于在这个过程中城市的“主体性”转换和由此带来的新的“城市治理”，实现卡尔·马克思等一生追求的“人的自由”的人类伟大理想，以及在新的城市安居乐业。

我们高兴地看到，该书作者不仅提出和叙述问题，而且试图回答问题，提出解决方案，即作者所称的“中国城市化危机”的对策。

建立在对城市化本身的问题研究和对策研究基础上，在该书的结论部分，作者站得更高，提出了“我们需要怎样的城市化”的问题。“我们到底需要怎样的城市化”，确实是涉及每一个中国人的根本问题。

城市化挑战并非中国单独面对，全球各地均面对着城市化带来的挑战。这些年来，世界范围的城市化及其带来的挑战一直也是我关注和思考的全球问题和全球挑战之一，为此我参加了不少国内外有关这一主题的研讨会。无疑，《危机与对策——中国城市化》一书的构思、结构和观点，已经促使我重新思考我们中国正在发生的与世界历史进程一致的城市化这样的“大转变”（巨变）（该术语最早由伟大的政治经济学家、社会学家和历史学家，出身于今天奥地利的 Karl Polanyi 于 1944 年首先使用）。

也许，从某种意义和角度来说，在一些方面和地区，中国城市化过度了，出现了偏差，过度而偏差的城市化需要我所称的“去城市化”，即“逆向城市化”，即我们并不需要一种走错了方向的城市化。

从中国的总体看，尽管有的城市已经高度困于“城市病”，也许需要某种“去城市化”来医治，但是，城市化及其问题的解决方案仍然是不足的、欠发达的，即我国的城市化“尚未完成”，各方“仍需努力”。对我们来说，现在需要做的是如何认识、匡正、有效治理目前的城市化，从而让中国城市化直接面对其巨大的问题，实现城市化本来的以人为本、提升文明的目标。

对于各界关注和经历中国城市化过程的人们，《危机与对策——中国城市化》是一本值得一读的好书。

是为序。

庞中英

2012 年 8 月 28 日于北京

序二

城市·人

城市，这个湿润土地上汇集的泪水，承载了一个国家最辉煌的文明。关于它的故事，充斥在各个人类文明的历史长河中。先进国家的地位，往往是由先进城市的质量和数量所决定的。

当今现代文明，工业革命带来的城市规模超越了历史上各个时代。中国正处于工业化的发展过程中，特别是改革三十年以来，城市的规模在迅速扩大，人口逐步集中到大中小城市里。可是伴随着数量上的大发展，城市的质量难有起色，大而不强，各种社会和经济矛盾带来的城市发展极限已经摆在桌面上，“限购”已经是最近几年出现在新闻上的名词。作为城市的管理者，中央政府一直把转变经济增长方式当作重要的大事来抓，说明数量型发展已经达到了极限，提高城市发展的质量是政府的首要问题。

20 世纪，各种主义盛行，有些迅速崛起后迅速失败。因为市场被限制和消灭，人权没有保障，国家看似发展很快，实则是以牺牲个人为代价，必然导致社会和城市创造力的丧失，不具备长远的优势；有些则受益于政治上的法治，经济上捍卫市场原则等方式，较好地处理了发展过程中出现的各种社会和经济上的矛盾，其积极的作用影响至今。我想，正是发展的质量决定不同发展方式的长久与短命。所以，光靠硬件堆积的城市，不注重软件建设，最后会导致国家和城市的死机，然后又重启。

中国的文明体现了从古到今中国人的智慧。摆在当今中国人面前的问题，是工业化带来的城市化进程中，如何用我们中国人的心智去理解去实施并且完成它。市场自古有之，但现代的市场经济要比市场诞生之初复杂得多，从最初的易货交易变成今天的期货交易，现代金融的诞生，证券交易所的设立，虚拟经济的发展，这些现代经济的特征，都是依附于大城市而进行的，并且在法治的环境中发展起来的。如果没有法治，单靠政府的信用，那么整个社会的信用体系是无法长远建立起来的，因此法治已成为中国城市管理的当务之急。要改变政府既当裁判员又当运动员的观念，司法与行政的分开，是城市软件现代化的重要方面。这也提高了中国的民主政治水平，失去了人民代表大会的监督非腐败不可。在城市里建设公民社会也是中国的当务之急，只有提高公民意识，才能让城市里的丑恶现象减少，增加城市中人与人的团队合作精神。现代公民意识已是衡量一个国家人民素质的最重要标志，而城市人特别是城市管理者应最先承担这种观念的转变。在公民社会中，人民、社会精英和政府管理者，是互相制约互相监督的关系，而不是古代社会那样在暴民和暴政之间来回地摆动。城市也是现代科学技术的产生地和大量应用地，当今影响最深远的信息网络技术已经深深地影响了每个人的生活，并且迅速地渗透到工业化生产的各个环节，美国硅谷这个发源地，就是靠大学的创新精神发展起来的。城市的竞争力已经不是体现在城市硬件里，而是体现在创新·学习·文化这些城市软件里。后现代社会的到来更加确认了城市的软体设施的重要性，软体设施包括大学、文化、艺术、人文等单位。而这些单位的繁荣靠的不是政府之手，而是社会民间之手。人文精神，在这个以人为本的改革开放时代，是一个国家和城市的先进生产力！失去了人文精神，国家和城市就是一部机器，固定机械地运转的机器。人是这部机器的螺丝钉，活力逐步丧失，最后归于沙漠般的死寂。而有人文精神的国家和城市，更像一个有机的生物体，它能不断地突变去适应环境的变化，显得更有活力。中国人在汲取传统文化修身养性的同时，从注重精美的自私到注重社会公益，从极端的个人主义，走向爱的精神统领的集体主义（不是靠国家暴力的集体主义），就不会出现所谓的“一个人是条龙，多个人是个虫”这种一盘散沙的中国病。

总之，中国的城市化要转到城市的软件建设上来，而这个任务天然地落到了城市的管理者政府身上。在政治、经济和文化中，政府的集权模式要改变为分权模式。我无为而民自化，我好静而民自正，我无事而民自富，我无欲而民自朴。这是自然而然。中国政府要做的，其实2000年前中国先哲老子就有答案了。这太具有讽刺意味了，现代化路径竟然需要古人的智慧做指引。

温元凯

2012年9月

序三

我也谈谈中国的城市化

郭志族、郭京龙和陈义欢编著的《危机与对策——中国城市化》一书，全方位地解析了我们国家的城市化战略以及目前存在的问题，这本书的学术性、理论性都很强，我读后很受触动，也开阔了思路。受郭京龙先生委托，我谈谈自己的几点看法。

一是对“城市化”这一概念的粗略认知。

西方的城市化是以过去的城堡为基础发展起来的，由权贵也即王公贵族主导，属于权贵聚集的商业城市化。现在我们所说的城市化，是以工业化为基础、以市民为主体的城市化，不是权贵主导的商业的城市化。这样的城市化，必须伴随着工业化才能成长起来。

看我们国家城市的兴起很有特点，每一个城市都伴随着一两个开发区。像英美的城市化，基本上是与工业化并行发展起来的，尤其是美国，脉络很清晰。

当然，在很多发展中国家的城市化过程中，我们也常常看到拉美化现象。拉美是 20 世纪六七十年代之交开始走向工业化、现代化发展的轨道的。在拉美国家中，巴西等现代化进程推进比较顺利，而哥伦比亚就从来没有认真地走向过工业化的发展道路，从而造成以依赖外资、依靠大量廉价劳动力和开放市场等比较优势为主的城市化，也是一种高度贫富分化的失衡、失调的城市化。因为在这些拉美国家，工业化是远远滞后于城市化的，大量贫民没有就业机会，城市周边集中大量贫民，形成一种触目惊心的浮世绘。

二是对我们国家城市化的两点看法。

我们国家的改革开放是先工业化后城市化。所谓先工业化，比如深圳、上海，都是围绕开发区，以工业开发为核心发展起来的城市。我们的城市化是相对滞后的，体现在城市市民构成的滞后。据统计，深圳有 1550 多万人口，其中近 1300 万是非户籍人口。这些人在深圳，大多有家有业还有固定居所，但仍然不是市民，没有城市户籍，无法从城市化中受到普惠，也即书中叙及的“常住都市的暂住人口”。上海城郊结合部据说也有 600 万所谓的流动人口，这些也被户籍制度挡在“城市”之外。农民进了城，有了工作，但即使他们在城里居住购房，也仍然是农民工。他们还有可能回来吗？还会回去种庄稼、养鸡养猪吗？显然不可能。这是我们国家城市化过程中遇到的第一大问题。

第二大问题就是，法律需要公正，不需要倾斜。

我创办的大午集团是在 1985 年占的地，到 1989 年的时候，已经形成规模，建了很多厂，像饲料厂、养鸡场、养猪场都建起来了。这时候乡里面的土地所说，你违背了《中华人民共和国土地管理法》（以下简称《土地管理法》），《土地管理法》规定，不能在这块地上搞建设。我说我没有违法，我 1985 年建的厂怎么会违背 1987 年才有的《土地管理法》呢？他不跟你讲这个理，即使你是合法的乡镇企业占地，也不能评估、抵押，获得国家的支持。“土地管理法”管住了农村，却管不住城市的占地、扩张。至今，大午集团虽然资产已达 10 个亿，甚至还建了五星级酒店，但因为是集体建设用地，却不能体现其价值，更不能抵押贷款。

我去韩国考察，韩国的新农村建设是允许农民在新农村搞任意建设的，可以建立企业；在欧洲的历史上，农民也可以在农村的土地上任意建设企业；日本的私营土地，买了之后就可以搞建设，政府不会干涉，但不能搞商品房开发，建自己住的房子没问题；在俄罗斯，莫斯科城郊建房子就没人管。现在农村土地使用受限制的，应该是台湾，台湾规定，农村的建设用地，农民有 15% ~20% 的自主支配权，也就是说，在 100 亩地里，有 15 亩到 20 亩之间农民可以搞建设。在这些土地上农民可以建自己的粮仓、鸡房、库房，也可以建农产品加工厂；如果搞非农业建设，比如说搞房地产开发，台湾当局也是允许的，但政府要回收二分之一的土地，把这些土地划归国有，即使这样，农民的收益也很大。

我们的大城市的吸纳能力，毕竟是有限的。况且，众所周知，大城市病越来越严重。因为尽管我们常说以经济建设为中心，实际上却是以政治为中心进行的建设。在国外的城市里，经济中心、文化中心才是经济发达的地方，政治中心非常萧条。而在我们国家，不要说北京天津这样的大城市，就是一个乡镇都非常明显，把镇政府搬迁一下，迁到哪里，哪里就经济繁荣，生意兴隆。这也是大城市病蔓延的根源。

我觉得我们国家城市化的未来，首先应该控制大城市的发展。地级以上的城市也应该适度发展，还必须注意县城以上的城市本身就有个自我膨胀的趋势和空间。

从战略上看，我们国家的经济重心，应该向乡镇转移。从户籍制度、土地制度上做立法上的调整，让农民就地劳动，自主择业，经由企业化完成工业化，经由改变农民的生产方式，改变他们的生活方式，把农民变成居民、变成市民，把村庄变成社区、变成城镇。

概括地说，就是让农村发展企业化，农村经济市场化，农村农民居民化，农村建设城镇化，以工业化为前提和基础，全方位地促成我们经济社会的良性运转，完成真正的大中小合理布局的城市化。

孙大午

2012 年 9 月

前 言

2011 年年底，中国城市化率已超过 50%。这一历史性的量变意味着中国聚集在城市的人口超过了散居在农村的人口。相应的，中国治理的路径亦将产生变革——城市中国将彻底改变中国原来农村国家、农民国家的概念。

但现实中的中国，却每天为“城市病”所困扰，中国亟须进行一种新的城市发展道路的思考。

在全球竞争中，城市正日益成为基本舞台和重要主角，信息、资金、知识、人才的大规模流动，使城市的发展产生强大的经济聚合和发展效应，为城市及其居民的发展创造了无限的空间和机会。激烈的竞争使得中国城市竞争力不再仅仅依赖于要素资源的禀赋，而是取决于地方政府的领导素质、自主创新的能力与社会的和谐。

城市化是生产力进步所引起的人们生产方式、生活方式及价值观念转变的过程，包含城市人口比重不断提高、产业结构不断转换、居民生活水平不断提升的逐步进步和发展的过程。城市化进程是消费市场不断扩张不断提升的过程，对投资者吸引力不断增强，使越来越多的国民在发展中享受到实惠，是一个国家中产阶级形成并占主体的过程。城市化是人的整体素质不断提高的过程，是现代文明不断发展并向农村渗透和传播的过程，是公共产品不断向农村提供的过程，是农村和农民的生产方式、文明程度不断提高、不断现代化的过程，通过较长时期的城乡协调发展进而实现城乡一体化的过程。

城市化是人类进步必然要经历的过程，是人类社会结构变革中的一个重要线索，经过了城市化，标志着现代化目标的实现。只有经过城市化的洗礼之后，人类才能迈向更为辉煌的时代。

然而，仅仅看到城市化所带来的丰硕成果而赞叹不已、欢呼雀跃是远远不够的。城市化过程并不一定是一曲美妙的乐章，像很多进步一样，城市化过程中也夹杂着许多不和谐之音。正确认识城市化所带来的影响，并采取必要的措施认真地予以解决，对我国有着重要的意义。

进入 21 世纪，中国的城市化率以每年大约 0.9% 的速度增长，然而，城市化质量并没有实现同步提升，一些社会、环境、安全、城乡发展、区域协调、收入分配等各方面矛盾和问题不断凸显，群体性事件接连不断。其中一个很重要的问题是片面追求以“城市化率”为导向的发展政绩，忽视了城市化发展的质量，迟滞了城市化进程中的体制与机制问题的解决。

目前，我国的城市化处于发展加速期，人口向城市不断聚集，人们对道路交通、住房、教育、水电等公共服务的需求日益膨胀，对城市发展和政府监管也提出了新的要求；在城乡二元结构下，经济城市化迅猛发展而社会城市化相对滞后，越来越多的土地上访问题使得土地权益的矛盾不容回避，这对我们探讨城市化进程中的土地流转、征地补偿、失地农民安置、“城中村”等多方面的问题提出了新的挑战；在城市化推进的过程中，一些大中城市房价大幅上涨，虽屡经调控却收效甚微，低收入阶层的住房问题，农村人口的居住接纳问题，生态平衡与城市住房发展问题，房贷市场的金融风险等问题均已成为当务之急……以上诸多的挑战使得城市之间的竞争不仅仅表现在经济发展和产业竞争上，更加表现在如何有效解决就业压力、社会保障、环境保护、资源约束、贫富分化等问题上，表现在经济转型、可持续发展和城市治理上。如何有效地治理城市、调整城市发展方向已经成为一个极具挑战性的课题。

中国的城市在经历了一段快速发展之后，已经到了战略转折的关键时期。城市要科学发展、和谐发展就必然要关注城市居民的生活质量，要关注就业、住房、社会保障、环境保护、资源约束、贫富分化，要关注进入城市的新居民的身份、心理转换等重要问题。

比如，在经济快速发展的同时，有些城市发展也面临着一系列的问题，比较突出的是四个“难以为继”：土地空间难以为继；能源水资源难以为继；人口重负难以为继；环境承载力难以为继。

要发展有竞争力的和谐城市，土地是一个重要因素。对于土地，一是要节约保护耕地，二是要利用。耕地保护不好，对农业有影响；但如果不进行建设，就会对城市发展有影响。那么，如何做到既保住 18 亿亩耕地，又保障经济发展、城市发展所需的建设用地呢？根本出路只有一条，就是深度挖潜，全面推进土地集约利用。

对于人口的城市化，我们可以用二元经济模型进行分析。根据这个模型，当一个国家在传统的农业经济中存在大量剩余劳动力时，它的城市和工业的劳动力供给是无限弹性的，就是说城市和工业增长有多快，就会有多少劳动力。那么，在相当长的时间内，工资缓慢增长，直到经济增长速度超过了劳动力供给的速度，这时，就需要有实际工资的增长，才可能继续吸引更多的劳动力进入城市和工业，这个时点叫做“刘易斯转折点”。

在相当长的时间里，中国的人口结构是劳动力占很大比重，少年儿童的比重下降，老年人口的比重没有提高，因此，劳动力供给充足，人口负担比较轻，经济剩余就比较大，储蓄和积累就比较充分，我们把这叫做“人口红利”。但我们的人口结构正在经历一个转变，再过几十年，老龄人口的比重将会越来越大。在这个过程中，农村劳动力人口的总量下降的速度还会加快。乡镇企业和其他的非农产业已经吸收了大批农村劳动力，再扣除农业所需要的劳动力之后，农村剩余的劳动力已经不多了。因此，“刘易斯转折点”将在中国出现。

我们需要做一些准备，以迎接“刘易斯转折点”的到来、城市化模式的转变。第一是转变经济增长方式，廉价劳动力将不再是无限供给，要靠技术进步、生产率的提高，同时也要靠工资水平的提高来进行发展。第二，人口结构转变之后，需要相应提高储蓄率。我们把这种储蓄和积累叫做“第二种人口红利”。从其他国家的经验来看，“第二种人口红利”的贡献可以比第一种人口红利更大，并且没有时间上的界限。但是获得“第二种人口红利”是有条件的，其中关键在于形成完善的社会保障制度。

世界各国城市化的发展既有共性的东西，也有很多个性的东西，因此我们要认识到：中国有独特之处，完全按照发达国家曾经走过的路，或者按照发展中国家正在走的路，都是不合适的。中国有几个特点，对城市化有很大影响。一是产业的层次高低差距非常大，而发达国家的产业基本上都已经达到很高的层次，没有很低端的产业。另一个特点是中国各群体的收入差距比较大。它对城市化的影响，也值得进行深入研究。

当然，中国的特点不止这两个。总而言之，中国的城市化进程要结合中国的特性和世界的共性，找到一条既符合世界发展基本规律，又符合中国实际情况的道路。

现在农民还不太富裕，没有真正分享到土地制度改革所带来的好处，原因之一是土地的所有权还不属于农民，而是集体所有。土地流转的收益归谁?大批农民在土地流转过程中，为中国的工业化、城市化做出了巨大贡献，但是得到的收益并不多。我们要看到，正是农民将自己的土地通过不同的方式转让、出让、承包、抵押给城市，所以城市化才有一个快速发展的过程。

党的十六大报告提到，有条件的地方可按照依法自愿有偿的原则进行土地经营权承包。党的十七大报告又提到，有条件的地方可以发展土地流转市场，多种形式地适度用地。对照这两段话，我们可以看到市场的重要性。市场的发展需要很多条件，至少包括三个方面：一是必须有交易，必须存在合理、合法的土地买卖关系；二是通过竞价完成交易，而现在是政府确定补偿标准；三是卖方有不参加交易的权利，这一点非常重要，不能再以行政命令强迫他转让。

推进城市化的进程，与保证农民群众利益是一个相互影响的关系。城市化必然产生失地农民，必须妥善解决失地农民的生存和发展问题。

如果把和谐社会作为纵轴，竞争力作为横轴的话，理想的方式应该是在45度线均衡发展。也有另外两种可能性，一种可能是竞争力发展得很快，但是城市不够和谐，公共产品供给不足，基础设施不足，社会矛盾突出，等等。看起来城市竞争力增长很快，但会后继乏力。还有一种可能性，城市很和谐，有一个全能的政府，有足够的财力，能够保证各方面的充分供应，但是城市的竞争力不高。没有竞争力的和谐社会是不可能稳定的，因为经过一段时间之后，公众的能力会下降，政府提供公共资源的能力也会下降。因此，公用事业当中的资源的配置，对于一个城市的和谐指标，有着非常重要的作用。

公用事业是城市最基础的一部分，没有公用事业也就没有城市。对中国来说，公用事业的提供还存在瓶颈，特别在当前城市化加速的情况下，还需要巨大的投资，单靠我们现有的财政是难以支撑的，这就需要从全新的角度来考虑问题。事实上，公私合作制的方式，在国内也有了很多探索，有了积极的成果，但是也存在问题，主要是监管问题。谁来代表公众利益去实施监管呢？国际经验表明，关键是第三方监管。如果不能把这种监管权力从政府中分离出来，这种模式是运行不顺的，缔造一个合理的监管框架并执行有力是当务之急。

公用事业市场化，需要将竞争制度、产权制度、监管制度有机地统一起来，比如说，产权改革是公用事业改革当中的基本条件。另外，市场化改革的速度应该与社会条件相匹配，有些地方基础好一些，有些地方基础差一些，应该循序渐进。

中国社会科学院发布的《2012年中国城市竞争力蓝皮书：中国城市竞争力报告》提出一系列观点，如：我国城镇人口在2011年首次超过农村人口，标志着中国社会结构迎来了历史性转折；城市化在推动经济发展的同时，“城市病”也随之变化等。

中国城市和城市化发展使得大量人口由农村向城镇迁徙，由温饱小康向富裕过渡，由低素质向高素质提升，促使人类整体发展水平发生历史性的变化。中国城市崛起将为全球带来直接或间接的价值、福利和机会；中国城镇化加速推进将对世界经济在未来数十年内保持一定的增长率做出特殊贡献。

中国城市化推进和城市崛起将加快全球资源和要素向中国城市聚集，大大便利中国的技术创新和全球技术在中国的传播，提高中国整体的经济规模和效率，实现中国社会财富的充分涌流和增长。中国城市崛起所带动的经济振兴将推动中国社会文明发生质的飞跃。“当城市成功的时候，整个国家也会成功。”中国数以千计的大、中、小城市和数以万计的小城镇蓬勃增长以及由此产生的城市化效应，将创造新的奇迹。

过去，“三农”问题可能是中国经济社会面临的主要问题，因为农民是中国人口的主体。当城市人口超过了农业人口以后，农村的矛盾将会转移到城市中来。也就是说从现在开始，“城市问题”将是中国经济社会面临的长期问题和主要挑战。我们注意到，日前城市中最棘手的问题有就业问题、农民工问题、城市贫困问题、住房问题以及城市管理问题等，给城市发展带来许多不协调。在经济全球化和交通通信技术日新月异的背景下，“城市病”不仅程度加深而且形式多样，体现在环境污染包括精神和文化污染，亚贫困人群长期大量存在，当地人口和外来人口失业并存，住房短缺，市民健康尤其是心理健康存在隐患，自然或社会原因导致的灾害等方面。

过去十年城市化模式是以经济发展为中心目标，以工业化为主线，以市场与资金为牵引力，以地方政府为主导，以土地为主要内容，以物质资本大量消耗驱动力。过去模式的城市化问题导致空间结构失衡，中心与边缘发展水平差距扩大；产业结构失衡，房地产业过度繁荣；需求结构失衡，消费需求不足；要素结构与经济动力失衡，主要依靠大量消耗土地等资源推动城市化发展。国家有关部门和各级政府应对此予以高度重视，汲取其他国家的经验和教训，及早做好统筹规划，主动采取措施，避免落入城市化陷阱。

只有完成城市化的中国，才可能是崛起的中国。一个农业的中国，不可能是一个崛起的中国。城市是全球、国家和地区高质资源的集结点、经济发展的龙头和经济增长的极点，更是创新和创富的中心。21 世纪，全球的发展将主要依赖于城市的生机勃发。国家的竞争突出表现为城市的竞争，城市成为企业竞争优势的重要源泉，市民将从更具竞争力的城市中获取自由的发展机会，享受更充分的价值福利。

党的十七大提出，要走中国特色的城市化道路。要走好这条道路，需要把握四个非常关键的问题。

第一，以农村人口进城就业定居为核心推进城市化。要改变过去只允许农民就业，不允许农民定居的城镇化模式，让土地城镇化的速度与人口城市化的速度与规模相协调。实现人口的真正城市化，一是要让失去土地的农民转为城市人口，二是大幅度提高包括农民工在内的劳动者的收入水平。

第二，以城市群为整体形态推进城市化，只有合理的空间结构在总体上是均衡分布，才会形成土地的高效利用，并且是可持续的。中国人口众多，需要更多的城市群。此外，还要建设一些中小城市。

第三，优化现有建设空间的结构来发展城市化。现在的空间结构存在几个主要问题：一是生产空间偏多，生态空间偏少；二是工业和生产用地偏多，生活居住的空间偏少；三是村庄建设空间偏多，城市建设空间偏少。如果进行一些调整，建设用地的总规模足够中国实现工业化和城市化。此外，现在农民工实际是双重占有空间，他们住在城市，在家乡也要建房子，这种情况需要改变。

第四，以体制改革推进城市化。一是加快城乡体制改革，包括就业、户籍、住房等；二是大力发展城市教育与培训；三是要为农村人口进城规划城市空间。此外，需要加快对房地产业发展的政策引导。最后，要改革完善财税体制。

中国正面临着人类有史以来规模最大、进程最紧迫、问题最复杂、任务最艰巨，世界上其他国家从未遇到过的城市化大潮的挑战。当前，这一严峻的挑战中，必须直面的重要问题是以科学发展观为指导，不断提升城市化发展质量，实现城市化发展速度与质量的统一，实现城市化发展进程的城乡统筹、区域协调、社会和谐，实现资源节约和环境安全的统一，实现政府善治与民主发展的统一，实现民生福祉与国力增强的统一。

郭志族

2013 年 3 月

自从城市诞生以来，城市化与现代化进程相辅相成。现代化不仅要求经济结构转型，也要求社会结构发生根本性的转变。从工业革命以来发达国家的发展历史看，一国要实现现代化，在推进工业化的同时必须同步推进城市化。城市化是中国转变发展方式、扩大国内需求的战略重点，也是推动区域协调发展的重要动力，更是解决“三农”问题的重要途径。在改革日益进入深水区的今天，实施扩大内需战略必须以城市化为依托。

有人说，未来中国经济仍将保持高速增长，户籍及农村土地制度改革将成为最大的红利，是经济社会发展的最大驱动力。城镇化将成为今后二十年至三十年推动中国发展的最大动力。城镇化必须由一些重大的改革来激发，首先是城市的户籍制度改革，改善养老、教育、卫生等一系列民生大题；其次是农村土地改革，涉及承包地、宅基地、林地等一系列土地制度的改革。

我们认为，中国的城市化大趋势已经不可逆转。中国要实现现代化，必须坚定不移、积极稳妥地推进城市化。

对于时下备受关注的新型城镇化，一直存在较大争议。有人持悲观看法，认为农村已经空心化，城镇化率已经很高，因此城镇化没有多少空间，对经济拉动作用也很小；有人却非常乐观地认为，目前中国城镇化率很低，空间很大，地方很快将兴起基建热潮，推动经济长期高速发展。

到底该如何看待新型城镇化？它与过去的城镇化有何区别？又将带来哪些改变？

有观点认为，当前推动的城镇化与2002年以来中国所启动的“城市化”进程并不相同，当时的概念注重于大城市的外延和无限的扩容，而本次则更注重中小城市群，在城镇化的背后，不仅隐藏着巨大的内需扩容的空间，也是中国城乡二元体制的一个分拆与重塑的过程。城乡统筹发展是解决当前我国面临的根本矛盾的重要途径，把符合条件的农业人口逐步在城镇就业和落户作为推进城镇化的重要任务，放宽中小城市和城镇户籍限制，是农民享受教育、医疗、廉租房等城市公共服务的前提。

必须清醒地看到，中国城镇化发展的外部条件和内在动力都在发生深刻变化。随着资源环境瓶颈制约的日益加剧，主要依靠资源粗放式的消耗推动城镇化发展的模式不可持续。随着新老城镇居民发展的差距造成的社会矛盾日益凸现，主要依靠均等化的公共服务压低成本推动城镇化发展的模式不可持续。城镇化由数量扩张向质量提升的转型发展势在必行。

担忧者则认为，在宏观政策重回保增长的大背景下，已经展开的这一轮城镇化，一定还是重复征地导先、房地产开发驱动的模式，这显然是不明智的。有些地方打着推进城镇化的旗号，会再次推高房地产泡沫。

发展中国家的城市化道路，没有一个可以被认为是成功的，大都带来贫民窟化，因狭窄的空间内集中大量的贫困人口而造成社会矛盾加剧。

城镇化的提高应该是城乡社会、经济、市场、产业和文化发展的自然结果，政府不应自己动手，圈地迁人，按图造城，而应该并且只能是营造有利于城镇化的法律和政策环境。城镇化不能再走政府主导的老路。

我们认为，城镇化是扩大内需的最大潜力。但城镇化不是简单的人口比例增加和城市面积扩张，更重要的是实现产业结构、就业方式、人居环境、社会保障等一系列由“乡”到“城”的重要转变。我们要积极稳妥地推进城镇化，注重提高城镇化质量，科学规划城市群规模和布局，促进大中小城市和小城镇合理分工、功能互补、集约发展。同时，努力为农民工及其家属提供基本公共服务，使农民能够转为市民。展望未来，城镇化是我国经济增长的巨大引擎。

编者的话

第一章　中国的城市化时代

21世纪是城市化的世纪。诺贝尔经济学奖得主斯蒂格利茨曾经断言，“本世纪影响世界发展的最大两件事：一是美国高科技产业，二是中国的城市化”。

城市是人类文明的标志，是人们经济、政治和社会生活的中心。城市化的程度是衡量一个国家和地区经济、社会、文化、科技水平的重要标志，也是衡量国家和地区社会组织程度和管理水平的重要标志。

城市化不仅是区域经济发展和社会进步的动力，也是解决城乡二元结构的根本出路，是农业现代化的必然趋势和解决农村劳动力出路的有效办法。

从理论和各国发展历程来看，技术进步会使得一个国家农业比重越来越小，制造业的效率越来越高，农业和工业的劳动生产率提高，不需要大规模的劳动力从事生产。在这种情况下，大部分劳动力就逐渐进入到服务业。而服务业本身的发展也需要集聚效应，集聚效应的一个前提就是城市化。

工业化之前，农民收入的增加主要靠农业技术的进步；工业化过程中，则必须靠工业化和城市化提高农民的收入，促进农村的发展，推动农业的现代化。因此可以说，城市化是解决中国“三农”问题的根本途径。

中国正在开启一场历史性的变革，在这个农民占人口多数的国家，城市化进程正在加速。未来的城市化，不仅对传统行业有很大的需求，同时对新兴产业也有很大需求。中国本身就是一个需求强劲的大市场，扩大内需是拉动未来中国经济增长的主要动力。

第一节　城市化是现代文明发展的产物

城市在许多方面是现代文明的集中典范。现代城市是工业文明的产物，自出现之初就以迅猛的经济发展速度，高度集中的物质财富规模，便捷的人员信息交流方式等有利条件，在推动社会科技创新、思想创新、制度创新、文化创新等方面发挥着龙头的作用。城市是现代文明的骄子，又反过来以现代的方式极大地推动了现代文明的发展。

一、城市的起源与类别

城市是人类文明的主要组成部分，城市也是伴随人类文明与进步发展起来的。据研究，世界上最早的城市出现在埃及、美索不达米亚、印度河流域、黄河流域和中美洲等五处。

美国人类学家基辛父子认为："没有城市，文明就很少有可能兴起。"（陆学艺主编：《社会学》，知识出版社 1991 年版，第 222 页）

在我国古代汉语中，"城"指的是围绕人群聚落而修筑起来的环形墙壁，是指一种防御性的构筑物；"市"则是指人们进行物品交易的场所。

城市一词，由"城"和"市"所组成，提法本身就包含了两方面的含义："城"为行政区域的概念，即人口的集聚地；"市"为商业的概念，即商品交换的场所。"城""市"二字连用，最早见于《韩非子·爱臣》："是故大臣之禄虽大，不得藉威城市。"

在"城"与"市"相结合所产生的新概念"城市"一词中，"城"是城市的外形界定，"市"则是城市的核心内容。换言之，城市的一个重要特征就是城市能产生聚集经济的功效。而城市的出现，也同商业的变革有着直接的渊源关系。最初城市中的工业集聚，也是为了使商品交换变得更为容易而形成的。

在农耕时代，城市的作用是军事防御和举行祭祀仪式，并不具有生产功能，只是个消费中心。那时城市的规模很小，因为周围的农村提供的余粮不多。每个城市和它控制的农村，构成一个小单位，相对封闭，自给自足。后来，伴随工商业的发展，城市开始崛起，城市文明也随之传播。

早在原始社会向奴隶社会过渡时期，就出现了城市。但是，在相当长的历史时期中，城市的发展和城市人口的增加极其缓慢。直到 1800 年，全世界的城市人口只占总人口的 3%。学者们普遍认为，真正意义上的城市是工商业发展的产物。如 13 世纪的地中海沿岸、米兰、威尼斯、巴黎等，都是重要的商业和贸易中心；其中威尼斯在繁盛时期，人口超过 20 万。如今，城市的定义变为"人口集中、工商业发达、居民以非农业人口为主的地区，并成为周围地区政治、经济、文化的中心的地方"。

工业革命之后，城市化进程大大加快了，由于农民不断涌向新的工业中心，城市获得了前所未有的发展。1800—1950 年，地球上的总人口增加 1.6 倍，而城市人口却增加了 23 倍。在美国，1780—1840 年的六十年间，城市人口占总人口比例仅从 2.7% 上升到 8.5%。1870 年美国开始工业革命时，城市人口所占的比例不过 20%，而到了 1920 年，其比例骤然上升到 51.4%。从整个世界看，1900 年城市人口所占比例为 13.6%，1950 年为 28.2%，1960 年为 33%，1970 年为 38.6%，1980 年为 41.3%。所以，城市化过程是随现代工业的出现、资本主义的产生而开始的。

到第一次世界大战前夕，英国、美国、德国、法国等国绝大多数人口都已生活在城市当中。这不仅是富足的标志，也是文明的象征。

1921 年，英国地理学家奥罗索从社会学立场出发，着重于政治和社会因子的分析，以城市的专门化职能作为分类依据，提出了一个城市的分类方案：（1）行政城市；（2）防御城市；（3）文化城市；（4）生产城市；（5）交通运输城市；（6）游览疗养城市。该方案被认为是最具有影响的一般性描述分类法。

1943 年，哈里斯在《美国城市的职能分类》一文中，侧重分析城市的经济职能，用统计的方法，提出了划分城市类型的临界值。哈里斯把 605 个城市分为以下 10 类：（1）制造业城市；（2）综合型城市；（3）加工工业城市；（4）零售业城市；（5）批发业城市；（6）运输业城市；（7）游览疗养城市；（8）大学城；（9）矿业城市；（10）行政城市。哈里斯分类法实际上是主导职能分类法。

1955 年，纳尔逊在《美国城市的服务分类》中，根据一个城市的几项主导职能，对美国 897 个城市进行分类。纳尔逊分类法解决了作为决定城市形成和发展的产业部门所应达到的就业规模，比较好地解决了各城市主要职能上的差异。

1965 年，马克斯韦尔在进行加拿大城市分类的研究中采用了最低需要量分析法，将加拿大的城市分为五类：专门化的制造业城市、特殊城市、主要大都市、制造业相对重要的区域首府、制造业不甚重要的区域首府。马克斯韦尔分类法是多变量分类法，采用数学方法对城市职能进行分类，使城市分类计量化。

20 世纪以来，特别是第二次世界大战后，在世界各国，大量农村人口转入城市，城市规模迅速扩大，城市经济结构也发生了重大变化。这些变化带来了城市的一系列社会经济问题，如住宅、交通、环境、公共设施不足等，一些经济学家、社会学家为了探索产生这些问题的根源，寻求解决的方法，开始把城市作为一个整体进行系统的分析研究，于是产生了城市经济学。

城市经济学诞生于 20 世纪 60 年代，是与经济理论从微观经济学到宏观经济学再到中观经济学这一发展历程一脉相承的。1965 年美国汤姆逊的《城市经济学导言》问世，标志着城市经济学在美国首先诞生。虽然城市经济学作为中观经济学的重要学科之一只是经济学体系中的后来者，但它一经产生就体现出蓬勃发展的生机和对城市发展的重要指导意义。

此后，城市经济学作为一门新兴学科在欧美各国、日本、苏联得到较快发展。20 世纪 80 年代，城市经济学在我国兴起和传播，经过二十多个年头的风雨历程，城市经济学在我国已经得到长足发展，不论在理论上还是在实践上都取得了突破性进展。

根据城市的规模，城市经济学作了不同能级的分类，如小城市、中等城市、大城市、国际化大都市、世界城市等。对城市能级分类的一个标准是人口的规模，中国根据市区非农业人口的数量把城市分为四等：人口少于 20 万的为小城市，20 万至 50 万人口的为中等城市，50 万人口以上的为大城市，其中又把人口达 100 万以上的大城市称为特大型城市。

按城市综合经济实力和世界城市发展的历史来看，城市分为集市型、功能型、综合型、城市群等类别，这些类别也是城市发展的各个阶段。任何城市都必须经过集市型阶段。

集市型城市：属于周边农民或手工业者商品交换的集聚地，商业主要由交易市场、商店和旅馆、饭店等配套服务设施所构成。处于集市型阶段的城市在中国主要有集镇。

功能型城市：通过自然资源的开发和优势产业的集中，开始发展其特有的工业产业，从而使城市具有特定的功能。不仅是商品的交换地，同时也是商品的生产地。但城市因产业分工而形成的功能单调，对其他地区和城市经济交流的依赖增强，商业开始由封闭型的城内交易为主转为开放性的城际交易为主，批发贸易业有了很大的发展。这类型城市主要有工业重镇、旅游城市等。

综合型城市：一些地理位置优越和产业优势明显的城市经济功能趋于综合型，金融、贸易、服务、文化、娱乐等功能得到发展，城市的集聚力日益增强，从而使城市的经济能级大大提高，成为区域性、全国性甚至国际性的经济中心和贸易中心。商业由单纯的商品交易向综合服务发展，商业活动也扩展延伸为促进商品流通和满足交易需求的一切活动。这类城市在中国比较典型的有直辖市、省会城市。

城市群（或都市圈）：是指以中心城市为核心，向周围辐射构成城市的集合区域。自法国学者戈特曼 1957 年提出“大都市圈（带）”概念以来，大都市圈已成为衡量一个国家或地区社会经济发展水平的重要标志。城市群的特点反映在城市之间经济的紧密联系、产业的分工与合作，交通与社会生活、城市规划和基础设施建设相互影响。城市的经济功能已不仅是在一个孤立的城市体现，而是由以一个中心城市为核心，同与其保持着密切经济联系的一系列中小城市共同组成的城市群来体现了。如美国大西洋沿岸的波士华城市带，日本的东京、大阪、名古屋三大城市圈，英国的伦敦—利物浦城市带等。

上海所在的长江三角洲地区实际上也正在形成一个经济关系密切的长江三角洲城市群，其整体的经济功能已在日益凸现。

从都市圈形成规律看，一般要经历五个阶段："强核"阶段，核心城市由小到大、由弱到强的发展过程；"外溢"阶段，核心城市规模太大产生了一系列规模不合理的现象，由此内生了一股"外溢"的力量，其动力是产业结构升级和城市郊区化；"布网"阶段，城市功能的"外溢"和城市人口的"郊迁"，使城市建设的理念发生了根本性的转变；"整合"阶段，整合都市圈的功能，包括资源整合、产业整合、功能整合、管理整合等；"耦合"阶段，都市圈经济发展和规模扩大促使若干都市圈相互重叠、渗透、融合，形成了规模更大的都市经济带和城市群。

二、城市化的本质与相关概念

城市化一词源于英文 urbanization，其词头 urban 意为都市的、市镇的；其词尾 ization 由 iz（e） + ation 组成，表示行为的过程。城市化一词的出现，至今已有一百多年历史。

对于城市化内涵的界定，学术界向来见仁见智，说法不一，直到目前还没有形成一个获得普遍认同的权威定义。尽管不同学科对城市化的解释不尽相同，但城市化作为一个社会经济的转化过程，包括人口流动、地域景观、经济领域、社会文化等诸方面的内涵，而且随着经济、社会发展，城市化内涵也在发生变化。

（一）城市化的内涵和外延

"城市化"最早出现在 1867 年西班牙工程师 A. Serda 的著作《城市化基本原理》中，（杨秀珠：《关于城市化认识的回顾与展望》，中国城市化战略高级国际研讨会资料汇编，2000）他的理论是现代社会第一次对城市演进、运转和各组成部分相互作用进行的系统研究。到了 20 世纪，这一概念风行全球。上世纪 70 年代末，"城市化"的概念被引入我国。

其中，《中华人民共和国国家标准城市规划术语》对城市化的定义是："人类生产与生活方式由农村型向城市型转化的历史过程，主要表现为农村人口转化为城市人口及城市不断发展完善的过程。"

由于城市化研究具有多学科性，城市化过程本身具有复杂性，因此，对于城市化内涵的理解一直以来众说纷纭，莫衷一是。

人口学把城市化定义为农村人口转化为城镇人口的过程。其所指的城市化就是人口的城市化，是"人口向城市地区集中，或农业人口变为非农业人口的过程"。这种定义主要缘于在城市化的进程中，城市为农村解放出来的劳动力提供了工作岗位，农业人口转变为非农业人口，因此，城市化是一个把农村人口（农业人口）转化为城市人口（非农业人口）的过程，但是农村或者农业仍然需要劳动力从事农业生产，为城市提供生产资料。

从社会学的角度来说，城市化就是农村生活方式转化为城市生活方式的过程。这种定义缘于城市化进程中，有部分农村社会变成了城市社会，农村土地变成了城市土地，农民变成了市民，过着城市社会的生活。

经济学从工业化的角度来定义城市化，认为城市化就是农村经济转化为城市化大生产的过程，是工业化的必然结果。一方面，工业化会加快农业生产的机械化水平、提高农业生产率，同时，工业扩张为农村剩余劳动力提供了大量的就业机会；另一方面，农村的落后也会不利于城市地区的发展，从而影响整个国民经济的发展。这种定义主要缘于自工业革命以来，城市化率大大提高，工业化的过程中为就业提供了大量工作岗位，吸收了部分农村转移过来的劳动力，因此把工业化和城市化等同起来。

而一种从土地视角对城市化的定义是：以土地资源价值（产值）差异为前提、以人口的迁移为基础，在不同的土地上进行资源优化配置从而达到人类社会可持续发展的过程。简单说来，城市化是人口流动寻求土地资源优化配置以实现可持续发展的过程。

1983 年，中国城市规划设计研究院主持了题为“若干经济较发达地区城市化途径和发展小城镇的技术经济政策”的研究课题，该课题曾对“城市化”这一概念的内涵作了初步的界定。（杨秀珠：《关于城市化认识的回顾与展望》，中国城市化战略高级国际研讨会资料汇编，2000）并且指出，城市化是一个国家社会经济发展到一定阶段必然出现的历史发展过程，是全球性的社会现象，这种现象突出表现为农业人口向非农业人口、乡村人口向城市人口的转化与聚集。

然而，从发达市场经济国家城市化的进程中我们不难看出，“人口的转移和人口的集中”只是城市化的表现形式或重要前提，而“经济活动的集聚”则是城市化的主要内容，“社会经济结构的转变”才是城市化的实质与核心。

总体来看，以上对城市化内涵的理解都是从各自的学科领域出发而作出的解释，有较强的理论基础，但不够全面。城市化实质上是一个以人为中心、受众多因素影响的、极其复杂多变的系统转化过程，包括硬件结构和软件结构两大系统的更替和提升，是从传统社会向现代文明社会全面转型和变迁的过程。城市化不仅是农业人口转化为非农业人口，并向城市（镇）集中的聚集过程，而且是城市（镇）在空间数量上的增多、区域规模上的扩大、职能和设施上的完善和城市（镇）的经济关系、居民的生活方式以及人类的社会文明广泛向农村渗透的过程。城市化过程既是越来越多的农民从土地上解放出来的过程，也是广大农村居民物质生活和精神生活得到极大提高，逐步实现城乡协调发展，最终实现消除城乡差别和工农差别的过程。

城市化是一个有着丰富内涵和广阔外延的概念。对于它的外延，很多学者也是仁者见仁，智者见智，分别从自身的视角诠释城市化的外延，导致其对城市化外延的理解有失偏颇。对此，我们在上述城市化内涵界定的基础上提出对城市化外延的五点理解：

第一，城市化是一个综合性很强的过程，包括经济城市化、产业结构城市化、人口城市化、空间城市化、生活方式城市化等五方面内容。其中，经济城市化是城市化产生与发展的根本动力，这种动力产生的根本原因是工业化。随着劳动分工的不断深化，在市场经济机制的作用下，工业化必然导致城市化。产业结构城市化是城市化的重要组成部分，城市化过程就是产业结构不断由低层次向高层次演进的过程。人口城市化是人类社会发展到一定历史阶段的产物，是人类社会生产力与生产关系辩证发展的必然结果。它是指经济活动主体伴随着经济活动的扩展而转移的过程。这一过程是在农业内部推力和非农产业外部拉力的双重作用下完成的。空间城市化是指随着经济、人口城市化所伴生的反映在载体上的现象，即农村地域向城市地域的转变，或城市地域向农村地域的扩展。城市化过程在地域空间的外在表现，包括具有现代文明特征的城市载体形成和交通、通信等基础设施的不断形成与完善。生活方式城市化是一个更深刻、更全面的变革过程，是一种在经济、产业结构、人口、空间城市化进程中体现出来的城市化。在生活方式的城市化过程中，既有进入城市的人口慢慢接受、学习城市的生活方式、行为习惯和价值观念等，也有城市影响的扩散而使周围乡村生活方式改变的过程。（欧名豪等：《城市化内涵探讨》，《南京农业大学学报（社会科学版）》，2002 年第 4 期）应该说，城市化所包含的五个过程既相互独立又相互促进，缺少任何一个过程的城市化都不是真正意义上的城市化。

第二，城市化是一个时空演变的互动过程，既有集聚，又有扩散。城市化是农村与城镇之间的一个多维互动过程，它既包括农村的劳动力、资金、技术等要素向城市的流动，同时也包括城市先进的生产力向农村的渗透与辐射。这方面的含义主要体现在时间属性和空间属性两个方面。

时间属性就是指城市化发展的阶段性，并且每个阶段的集聚力与扩散力不同。在城市化阶段性研究方面，美国地理学家诺瑟姆 1975 年通过对各个国家城市人口占总人口比重的变化研究发现，城市化进程呈现出一条被拉平的 S 形曲线（陈甬军、陈爱民：《中国城市化：实证分析与对策研究》，厦门大学出版社，2002 年版，第 4 ～ 5 页）。这一曲线主要分为三个阶段：低速增长阶段（城市化率 10%～30%）、高速增长阶段（城市化率 30%～70%）、成熟阶段（城市化率70%以上）。在不同的发展阶段，集聚力与扩散力所起的主导作用是不同的。在低速增长阶段，集聚力远远超过扩散力，且扩散力微不足道；在高速增长阶段，集聚力超过扩散力，但扩散力已经得到了极大的增强；在成熟阶段，扩散力与集聚力基本均衡，并有超过集聚力的趋势。

空间属性涉及城市化的空间集聚与扩散。法国经济学家佩鲁的“增长极”理论强调了“吸引中心”对周边地区的人才、资金、劳动力等要素的吸纳能力以及“弥散中心”在区域发展中对于周边地区的辐射作用；瑞典发展经济学家缪尔达尔的累积循环因果理论指出，“回流效应”和“传播效应”对于一个地区的经济从不均衡发展向均衡发展至关重要。

我们认为，通过“点—轴—网”的空间合理布局，城市化的吸纳与扩散才得以在空间体系中完成。通过各种交通工具、高速公路、无线网络等有形与无形的基础设施，城市与城市、城市与乡镇之间建立了紧密的联系，使得资金流、信息流、劳动力流、商品流和服务流等在彼此之间流动。从这个意义上讲，城市化的过程在实质上就是劳动力、资金等生产要素随着产业结构的升级不断积聚到城镇，城市或城镇通过经济关联、社会关联、政治关联、技术关联等对周边乡村腹地产生“回流效应”的过程。

第三，城市化的进程是政府与市场之间辩证统一的过程。现代经济学的创始人亚当·斯密在其影响世界经济进程的名著《国富论》中写道，政府是一个社会的“守夜人”，保护着国家和人民的财产安全；市场是“一只看不见的手”，指挥着社会这部精良机器的运转。宏观经济学的鼻祖约翰·梅纳德·凯恩斯倡导政府对市场经济的积极干预，因为市场的失灵造成了国家严重的经济危机。目前来说，政府恰当的经济干预与市场机制的良性运转是实现经济增长与推进社会发展的两种重要而有效的手段。这一点已经在世界上任何一个国家或地区的改革实践中得到证实。现在关键问题是在经济领域中政府应与市场保持一种什么样的和谐关系才能推进城市化和谐发展。

市场的运转为政府的行政管理提供重要的信息，而政府的作为又起到了补充市场机制不足的作用。政府是市场经济体制运转中的关键一员。政府只有在需要它的地方出现，在不需要它的地方退出，在走错的地方纠正，才能在市场经济中做到恰如其分，才能成为经济适度增长的“领航员”。对此，由于狭义城市化过程处于城市化的快速发展时期，所以其推进动力主要来自于市场机制的良性运转和政府机构的合法、合理与科学的监管。农村城镇化过程处于城市化的成长时期，其主要动力源自于政府主导作用的正确发挥和市场经济的广泛渗透。城镇化的整体发展过程需要政府与市场协调互动，共同推进。

第四，城市化的进程是城乡关系从隔离走向不断融合的过程。城市化过程是一个深刻的、全方位的变革过程。它既包括经济结构、人口分布、空间结构的演化进程，也包括人们的生产方式、行为习惯、社会组织关系乃至精神与价值观念的彻底转变。前者体现了城市化有形的一面，具体表现出生产力方面的实质变革；后者体现了城市化无形的一面，具体表现出生产关系的实质变革。虽然生产关系是由生产力决定的，但它也会对生产力产生巨大的反作用。所以，无形城市化的发展过程就是城乡生产关系不断融合的过程。随着生产力和生产关系的辩证发展，城市与乡村之间也在经历着“隔离—合作—融合”的历史进程。

在城市化发展初期，城市与乡村相互隔离。城市由于工业化的推动而得到快速发展，乡村由于生产力水平低下而发展明显滞后。现代城市文明从此开始积累，农村也逐渐形成着自己的乡村文化。城市化发展到加速时期，城市与乡村之间开始逐渐合作，但摩擦较大。农村为城市提供了大量的劳动力、资源和原材料，使城市能够生产出丰富的商品，同时，城市为农村转播更多的信息、技术与知识。农村中更多的劳动力进入城市，接受、学习城市的生活方式，但仍不习惯；城市也渐渐发挥它的扩散效用而使周围乡村的生活方式逐渐改变，但辐射能力有限。城市化发展到成熟时期，城乡之间开始逐渐融合，农村对于城市的认同度逐渐提高，城市逐渐“认识”到乡村在城市化发展进程中对于城市的制约作用。这时的城市化是一种“质量型”城市化，体现出现代化的意蕴，城乡生活更加舒适便利，联系快捷高效，文化娱乐活动丰富多彩，城乡收入差异系数和城乡恩格尔系数逐渐缩小。

第五，城市化过程是一个融经济、社会和环境于一体的可持续发展过程。随着人类专业化分工的不断深化，城市得到快速发展，城市化水平不断提高。当城市化发展到成熟阶段以后，城市就出现了诸如资源枯竭、环境污染、交通拥挤等“城市病”。这一问题的日益严重导致了“逆城市化”现象，即在一些城市化水平较高的地区出现了城市人口大量从市区迁往郊区或乡村去生产、生活的现象。对此，城市化的可持续发展问题便被人们逐渐重视起来。

城市化的可持续发展与可持续发展在本质上并无二致。根据 1992 年 6 月联合国环境与发展委员会在《21 世纪议程》中的定义，可持续发展是既要满足当代人的需求，又不损害后代满足其需求能力的发展，实现经济与人口、资源、环境的协调发展。

借鉴城市化和可持续发展的内涵，我们认为城市化可持续发展就是在“以环境为本”的理念指导下，实现人口城镇化、经济城镇化、社会城镇化以及空间城镇化之间的和谐发展，最终促进经济的可持续发展。

总之，城市化的新发展就是城市化的可持续发展，也就是在城市化的推进过程中，合理开发与利用土地，尤其是耕地，有效利用日益稀缺的水、能源、矿产资源，科学防范资源利用过程中的外部效应，正确协调人与自然、人与人之间的关系，达到经济效益、社会效益和环境效益的有效统一。（王放：《中国城市化与可持续发展》，科学出版社 2000 年版）。无论对于城市化水平较低的地区，还是那些城市化水平处于加速或成熟阶段的地区，可持续的城市化才是真正意义上的城市化。

通过比较，我们可以发现对城市化的规定其内涵是一致的：城市化就是一个国家或地区的人口由农村向城市转移、农村地区逐步演变成城市地区、城市人口不断增长的过程；在此过程中，城市基础设施和公共服务设施不断提高，同时城市文化和城市价值观念成为主体，并不断向农村扩散。城市化就是生产力进步所引起的人们的生产方式、生活方式以及价值观念的转变的过程。

在现代化的实现过程中，最具有革命性的是经济现代化，即社会生产方式的现代化，而生产方式的现代化必然要求人力、资金的集中，城市化正是在这种生产要素高度聚合的背景下产生的特定现象。

从工业革命开始，城市化也就顺应了现代化发展的要求，促进了两种地域明显的分异：一种是促使了现代意义上城市地域的形成；另一种是导致农村地域发生了深刻变化。由于城市化过程中城市产生的巨大集聚力和辐射力，农村地域的优化要素不断向城市集聚，由此城市的劳动生产率得到了显著的提高，产业开始出现了专门化和多样化，科学技术在生产与生活中的作用越来越大，城市居民的生活也得到很大的提高，因此便完成了现代化的第一阶段——工业现代化阶段。

当城市发展到一定程度之后，城市化过程开始由要素的集聚走向扩散阶段，社会生产力进一步提高，产业分工更加复杂，科学技术成为第一生产力，城乡居民生活水平都得到了提高，现代化建设覆盖范围变宽，这时进入现代化的第二阶段——工农业及其他行业的现代化阶段。

将来随着城市化水平的进一步提高，城市要素与农村要素将融合共生，社会生产水平更高，社会文明程度在所有人群中得到共同提高，人民生活将更加富裕，现代化建设的内容将更加全面，这样就进入现代化的第三阶段——社会的现代化阶段。

可见，城市化发展过程所带来的各个方面的变化，正是现代化建设所要求变革的内容。所以从城市化引导的动力机制看，城市化的本质就是现代化。

（二）城市化相关概念解读

21 世纪是全球城市化的世纪，城市作为世界经济的区域或全球经济发展的节点，将扮演着越来越重要的角色。毫无疑问，在迈向社会现代化的过程中，城市化是一种必然的发展趋势，但是为什么在那么多地方，城市化往往就成了一个与大而无当、劳民伤财的形象工程形影不离的过程呢？表面上看，长官意志，不科学的建设态度，当然都是原因。但我们以为，在更深的意义上，这反映了我们对“城市化”及其相关概念的严重误读。为加深对城市化的理解，有必要澄清城市化的一些基本概念，掌握城市化的一般规律，从理论上认识城市化。

1. 同步城市化

是指城市化的进程与工业化和经济发展的水平趋于一致的城市化模式。这里的一致主要指城市化与经济发展呈显著的正向关系。此时，随着工业化的加速，城市化的速度也加快。据测算，发达国家在整个工业化中期，工业化与城市化的相关系数极高。1841～1931年英国为0.985，1866～1946年间法国为0.970，1870～1940年瑞典为0.967，整个发达国家为0.997。工业化在过去是，现在是，将来仍然是城市化的“发动机”。

大部分发达国家城市化进程中农村劳动力的转移方式，如英国的圈地运动方式、美国自由迁移方式和德国容克买办方式等，都具有地域迁移先于职业转换的特征，但基本上属于同步城市化模式。

2. 滞后城市化

是指城市化水平落后于工业化和经济发展水平的城市化模式。为避免城乡对立和“城市病”的发生，政府采取种种措施限制城市化的发展，结果不仅使城市的集聚效益和规模效益得不到很好的发挥，而且还引发了诸如工业乡土化、农业副业化、离农人口“两栖化”和城镇发展无序化等“农村病”现象，这是一种违背工业化和现代化发展规律的城市化模式。如印度、孟加拉、印度尼西亚等一些南亚、东南亚国家就属于这种状况。

改革开放前的我国城市化就是突出代表。1980年世界城市化水平为42.2%，发达国家为70.2%，发展中国家为29.2%，而中国城市化水平仅为19.4%。从城市化与产业结构的关系看，我国城市化明显滞后于工业化，1996年我国城市化率与工业化率之比仅为0.69，远低于该比值1.4～2.5的合理范围。这说明我国城市化的滞后，也表明工业化过度地孤军深入。

3. 过度城市化

如果城市化的速度大大超过工业化的速度，城市化主要是依靠传统的第三产业来推动，甚至是无工业化的城市化，大量农村人口涌入少数大中城市，城市人口过度增长，城市建设的步伐赶不上人口城市化速度，城市不能为居民提供就业机会和必要的生活条件，农村人口迁移之后没有实现相应的职业转换，就会造成严重的“城市病”。这就是专家所称的“过度城市化”。过度城市化又称假城市化，是一种先于经济水平的城市化，属于消极城市化的一种。

过度城市化形成的主要原因是二元经济结构下形成的农村推力和城市拉力的不平衡，而政府又没有采取必要的宏观调控措施。相当数量的发展中国家，基本上是这种城市化模式。如墨西哥的工业化与经济发展水平远远不如发达国家，但1993年其城市化水平已达74%，明显高于同期瑞士的60%、奥地利的55%、芬兰的62%和意大利的67%。

4. 逆城市化

“逆城市化”这个概念是美国地理学家波恩在1976年提出来的。它指的是西方国家的“城市化”发展到一定阶段之后，人口增多、交通拥挤、环境污染等“城市病”越来越严重之后，大量城市人口开始往郊区或者农村流动。第二次世界大战后，世界范围内城市化发展的总趋势是不断地集中化、大型化。但同时在少数经济高度发达、城市化趋于饱和的国家，投资方向从大城市转向小城镇与乡村地区，出现了城市中人口减少、经济衰落的现象，这种衰退在城市的“内城区”显得特别明显，而乡村地区人口却比以前增加。

在城市化的后期，由于大城市城区人口过于密集、就业困难、环境恶化、地价房租昂贵、生活质量下降，引起人口向环境优美、地价房租便宜的郊区或卫星城迁移；城市产业结构的调整和新兴产业的发展，带动了城区人口的外迁；交通、通信的现代化大大缩短了城市与郊区的时空距离等原因，出现了人口尤其是大城市市区人口郊区化、大城市外围卫星城镇布局分散化的趋势，也就是专家所称的“逆城市化”。逆城市化的倾向主要发生在20世纪50年代至70年代城市化水平很高的发达国家。

5. 郊区城市化

或称“城市郊区化”，简称郊区化。这是人口、就业岗位和服务业从大城市中心向郊区迁移的分散。所谓的郊区，指中心城市行政边界以外的邻接地域，主要是城市化地区核心以外的城市边缘。郊区化包括三种外迁：一是人口外迁，主要是因城市中心的巨大人口压力，以及这一压力对生活环境的不利影响而引发的。二是工业外迁，主要原因在于市中心以外有大面积的价格低廉的土地，以及能更好地与铁路、港口、高速公路等交通设施相互配置。三是零售业外迁，这是由于人口和工业外迁后，市中心商业面对来自郊区商业激烈竞争而被迫采取的措施。郊区化并不意味着大城市的衰落，只是城市由高密度集中向低密度扩张的转变，这一转变中，建成区在扩张，城市人口在增长。

6. 半城市化

“半城市化”概念，是指农村人口向城市人口转化过程中的一种不完整状态。其表现为，农民已经离开乡村到城市就业与生活，但几乎没有享受到城市市民的社会福利待遇和各种政治权利，他们在劳动报酬、子女教育、社会保障、住房等许多方面并不能与城市居民享有同等待遇，在城市没有选举权和被选举权，未能真正融入城市社会。因此，他们又被称为“灰色人口”。

半城市化现象是计划经济时代户籍制度的产物，最终需要通过持续的城市化和相关的体制改革来消除。我们要深刻认识到，以促进人的发展为主线，完成“半城市化”到“全城市化”的转变，变人口的压力为发展的动力，是中国城市化道路的必然选择。解决“半城市化”问题，必须坚持以人为本，使进城落户的农民真正享受到与城市居民同等的基本公共服务和各项权利，承担相同的市民义务，成为真正意义上的城市市民。

三、城市化进程的衡量

衡量城市化发展程度的数量指标，一般用一定地域内城市人口占总人口的比例来表示。城市化度量指标有单一指标和复合指标两种。在舆论倾向上单一指标经常遭到批评，认为它不能反映城市化的特点。

（一）各项指标

城市化水平又叫城市化率，是衡量城市化发展程度的数量指标，一般用一定地域内城市人口占总人口的比例来表示。城市化水平的整体评价体系应包括下列要素：城市人口比重（城市人口实际包括非农业人口、居住城区的农业人口和流动人口）；适龄人口入中学率；人均国内生产总值；城市第三产业占国内生产总值比重；城市人均道路铺装长度；城市用自来水普及率；城市人均住房面积；万人拥有医生数；人均公共绿地面积。

城市化进程的表现具有一定的特征性：城市人口占总人口的比重不断上升；产业结构中，农业、工业及其他行业的比重彼此消长，不断变化；城市化水平与人均国民生产总值的增长成正比；城市化水平高，不仅是建立在二、三产业发展的基础上，也是农业现代化的结果。城市化的衡量指标一般有：

1. 城市化水平指标

此指标的公式是：$PU = U \div P \times 100\%$；式中：$U$——城市人口；$P$——总人口。

在我国，因为户籍制度的长期存在，也有学者提出用市民化率这一指标来衡量和测度全国及各地区的人口城市化的质量。市民化率就是一个地区或城市中享受市民待遇的人口占全部常住人口的比重。其计算公式是：市民化率 = 享受市民待遇人口 ÷ 常住人口 × 100%。（张英红：《以市民化率作为衡量城市化的指标》，《农民日报》，2012 年 1 月 31 日）

在目前城乡二元户籍制度还没有破除的情况下，一个地区或城市往往以非农业户籍作为享受市民待遇的依据。因而一个简便的计算市民化率的公式是：市民化率 = 非农业人口 ÷ 常住人口 ×100%。

以此公式计算，2010 年，全国的市民化率为 34.17%，四个直辖市的市民化率分别只有 50.44%、46.53%、54.50% 和 38.37%。当前，以非农业户籍作为享受市民待遇的依据，主要是考虑在城乡二元结构中各城市将非农业户籍人口与享受市民待遇直接挂钩，要防止一些地方为片面追求政绩，在没有赋予农业人口或外来人口合理市民待遇的情况下简单地实行户口上的“农转非”。

2. 城市化速度指标

此公式是：$TA = 1 \div n\ (PUt + n - Ut)$。式中：$TA$——城市化速度；$n$——两时刻间的率数；$PUt + n$、$PUt$——在 $t + n$ 年和 t 年的城市人口百分比。要注意，公式中城市化速度（TA）的单位是城市人口比重平均增长（或减少）的百分点，而不是百分比。

3. 城市现代化指标体系

城市现代化是城市素质的综合反映，具体体现在城市发展水平的方方面面。衡量城市现代化的指标体系划分为三大类 11 个指标。

第一类，经济结构现代化水平指标。主要包括 3 个指标：人均 GDP（元/人）、第三产业从业人员比重（%）、第三产业增加值占 GDP 比重（%），用于反映经济发展水平。

第二类，基础设施现代化水平指标。包括 4 个指标：人均铺装道路面积（平方米），万人拥有公共汽车、电车（辆），万人拥有医生数（人），万人拥有电话机（包括移动电话）数（部）。它们分别反映交通、医疗卫生、通信的发展水平。

第三类，人的现代化水平指标。包括 4 个指标：人均拥有公共图书馆藏书、万人拥有在校大学生数（人）、人均居住面积（平方米）以及人均公共绿地面积（平方米）。分别反映人的素质和人的居住环境状况以及文化基础设施的发展水平。

4. 城乡一体化指标体系

城乡一体化是城市与乡村在一个相互依存的区域范围内结为一体，互补融合、协调发展、共同繁荣的过程。衡量城乡一体化的指标体系理论上包括 4 个指标：第一产业与第二、第三产业平均利润率，城乡之间物质流和信息流状况，城乡居民收入差异，城乡居民恩格尔系数差异。由于受统计资料的限制，选择了城乡居民收入差异（反映生活水平）和城乡居民恩格尔系数的差异（反映生活质量）两个指标来计算我国当前城乡一体化的水平。

我们认为，将市民化率作为衡量城市化质量的主要指标，是当前更加注重人口城市化的需要。提高城市化的质量，需要加快推进户籍制度改革，加快实现城乡基本公共服务均等化，加快推进公共财政体制改革，加快建立公共服务型政府。尤其要适应城市化和人口全国性流动的现实需要，尽快实现城乡社会保障的全国统筹和全国各地的正常接续。

在人口城市化进程中，国家调节城市人口规模最有效的办法，不是恢复计划经济时代严格的人口控制，而是对公共投资和公共资源在各个城市和地区之间的合理布局。在市场经济条件下，如果任何一座大城市既希望高度集中公共资源，又希望人口不要过度集中，这是一种难以实现的城市化。

（二）当前对我国城市化的认识误区

目前，我国正处在城市化中期加速发展阶段，我国城镇建设力度不断加大，城市化的水平和质量明显提高，城市化已经成为我国社会经济生活的重要现象。根据国家十二五规划，下一个五年特大城市要合理控制人口规模，大中城市要加强和改进人口管理，继续发挥吸纳外来人口的重要作用，中小城市和小城镇要根据实际放宽落户条件，鼓励各地探索相关政策和办法，合理确定农业人口转为城镇居民的规模。

然而，部分地方对城市化存在模糊甚至是错误认识，在推进城市化的实践中也存在不当做法。这些城市化误区如果得不到及时纠正，势必将严重影响我国城市化和社会经济的健康发展。因此，有必要澄清对城市化的错误认识，并使城市化真正成为推动社会经济发展和人民生活水平提高的重要手段。综合来看，对城市化的认识误区有以下几点：

1. 对中国城市化的理解还停留在表面

尽管二十多年来，我们致力于城市化，但是对于什么是城市化，特别是中国城市化的道路等问题一直争论不休，实际上对城市化的理解在一定程度上还存在片面性。

这些年来，一直有一种观点认为，中国的城市化率还非常低，而发达国家的城市化率非常高，因此中国的城市化还可以有很长的路要走。还有一种观点认为，即使是中国的一线城市和二线城市的规模已经足够大，但小城市和农村城镇的建设还有很大空间，所以未来城市化的空间还很大。（陈东海：《城市化的误区》，《第一财经日报》，2010 年 9 月 30 日）

在有些地方，“城市化”常常只是一场自上而下的经济性的造城运动，这样的城市化，虽然速度、规模惊人，“效率”显著，但背后付出的隐性的社会代价、生活成本却难以估量。由于一些城市长官意志严重，不按科学态度搞建设，劳民伤财的“形象工程”仍较为突出。当前，许多地方城市建设不是在特色和个性上做文章，而是在“大”与“高”上相互攀比，许多开发商为了赚取更多的利润，推倒了许多含有特殊文化遗产的古迹，也无形中毁掉了城市个性赖以存在的载体。同时，在招商引资的强烈欲望驱使下，尤其是一些经济欠发达的地区，少数工业园事实上已经变成污染企业的“乐土”，城市土地征用及房屋拆迁纠纷，已成为中国公民上访率最高的事件。

有些地方把城市化仅仅看成是农民迁入城市，城镇人口增加，城市规模扩大，这无疑是把城市化看得太过于简单了。一方面，就宏观社会经济而言，城市化不仅仅是城市人口的增加，城市规模的扩展。更为重要的，它是社会经济发展方式的根本变化，是农业社会向工业社会、信息社会的转变过程。在这个过程中，人类社会由以农业活动占主导地位的传统社会向以非农经济活动占主导地位的现代社会转变，人们的社会经济活动方式发生了显著的变化，区域空间景观也由农村占主体演变成以城市占主体。另一方面，对城市化的对象——农民而言，从农村迁移到城市更是一个艰难而又审慎的抉择，决不像农民从农村迁移到城市的过程本身那么简单。农民从农村迁入城市这个过程，从总体上来说是农民从农村社会进入城市社会，从传统农业社会进入到现代工业社会、信息社会的过程，它包含着农民经济活动由农业活动向非农产业活动的转变，生活方式由农村单一性向城市生活的复杂性和多样性的转变，以及文化活动方式、思维方式、各种价值观念的转变和再社会化，等等。在迁移决策中，迁入城市前涉及承包土地、农村原有住宅等问题；迁移到城市后，又涉及就业、住房，以及与户口身份有密切联系的各种城镇福利保障等问题。

可见，城市化是社会经济复杂变迁的过程。城市化内涵的复杂性要求政府各部门必须统筹安排，相互协调，周密布置，以促进城市化的健康协调发展。

2. 对城市化动力机制的认识简单化

对中国城市化动力机制的理解，可简化为二元理论模式，即自上而下型和自下而上型。前者指国家（主要由中央政府）有计划投资建设新城或扩建旧城以实现乡村—城市转型；后者以乡村集体或个人为投资主体，通过乡村工业化实现乡村城市化。

从动力主体来看，可以把城市化动力大致分为两种，一种动力来自于市场，另一种动力来自于政府，前者是城市化发展的根本动力，后者是城市化健康发展的保障，二者相互补充而又不可替代。改革开放以前，我国城市化发展是在政府单元动力推动下，“自上而下”进行的，城市化的主要动力来自于政府。改革开放以后，在市场经济的推动下，我国城市化的动力呈现多元化，市场成为推动城市化发展的主要动力。

对于当前我国城市化的动力机制，有一种观点认为城市化的根本动力来自于政府，城市化必须要靠政府去推动，市场机制不能促进城市化的健康发展，甚至认为市场推动下发展的城市化不符合社会经济发展的规律，因而是有害的。基于这种认识，有些地方过多地沿用计划经济的方法，甚至动用行政命令来推进城市化。相反，另外一种观点则认为城镇化就是市场化，城市化的根本动力在于市场，城市化完全靠市场去推动，并认为经济发展了，城市化水平自然就提高了，不需要人为地去推进城市化，城市化发展是水到渠成的事情，而政府介入往往容易违背市场经济原则，使经济要素流通受阻，延缓城镇化进程。因此，主张应采取自由市场化机制，让市场自由地推动城市化。很显然，这种政府对推进城镇化放任自流的观点，必然会导致城市化无序发展、大量农村人口盲目涌进城市、生产要素组合紊乱、脏乱差城市病并发等各种问题的产生，这方面的例子在很多发展中国家早已屡见不鲜。

虽然说上述两种观点有一定的合理性，即承认政府或市场对城市化的推动作用，但它们都片面地理解了城市化的动力机制，只承认一种动力的作用，而忽视或否定另外一种动力的作用，因而是错误的，在实践中必须摈弃。在市场推动城市化发展的过程中，政府干预是十分必要的，但必须是遵循市场经济运行规律的有效干预。

3. 城市化和经济发展的因果关系错位

城市化的基本动力是工业化。人口和其他生产要素在城市的集聚可以产生经济的规模化和专业化，反过来又推动社会经济的发展。因此，城市化和经济发展之间相互联系、相互制约，工业化和经济发展是城市化的因，城市化是工业化和经济发展的果，城市化对经济的反作用受经济发展水平的制约。

目前，有些地方颠倒了城市化和经济发展的因果关系，思想上形成了这样一个认识误区，即认为一个地区城市人口增多了，城市化水平提高了，就会刺激需求，拉动内需，促进第三产业发展，甚至用城市化水平提高一个百分点，可以带动国民经济增长多少个百分点来说明加快城市化进程的重要性。这种观点颠倒了经济发展和城市化之间的因果关系，过分地夸大了城市化对经济的推动作用。城市化的本质是伴随着工业化、经济增长和社会变迁的一个发展过程。一方面，只有当一个国家或地区的经济实力提高了，第二、第三产业得到快速发展，城市才会吸引非农人口和第二、第三产业的增加和集聚，进而发挥城市规模效应，促进分工和专业化，推动经济的发展。地方政府绝不能不顾社会经济发展水平，用行政手段集聚城市人口尤其是小城镇人口，提高城市化水平，以期促进经济的发展。这种拔苗助长的做法只会适得其反，欲速而不达。另一方面，对于城市化对经济的推动作用也不能抱有过高的预期。因为城市化对经济的反作用是建立在经济基础之上的，城市化对经济的推动作用直接受到经济发展水平的制约。我国经济发展水平还比较低，因此不能过高地期望通过提高城市化水平来推动经济的发展。实际上，我国当前的经济发展遇到的大多是经济本身、体制以及制度方面的问题，正是这些问题的存在阻碍了我国城市化的发展，它们已经成为制约我国城市化发展的瓶颈。

因此，要理顺城市化发展和经济发展的关系，以经济发展促进城市化，以城市化的发展推动经济发展，形成经济和城市化协调发展的机制。当然，在经济发展的基础上，政府运用相关政策给城市化以积极的引导也是必要的。

4. 对城市化道路认识狭隘化

在实践中，不少地方狭隘地理解了国家关于城市化发展的道路，不顾区域条件，误认为发展城市化、优化城镇体系结构就要按照大、中、小齐全的等级结构发展区域城镇体系，其实这是对我国城市化道路的片面理解。城镇发展有其内在的规律，我国的大、中、小城市（镇）协调发展的城市化道路符合城镇体系发展的规律。然而，有的地方不顾区域具体条件，盲目照搬这种城市化道路，严重脱离了当地的实际。

城市化进程不仅是城市数量和城市人口数量与比例的增长，更重要的是城市质量的提高。从城市化的内涵中我们可以看出，城市化不仅表现为城市人口的增加和城市规模的扩大，还表现在城市的更新、城市空间组织的优化、城市功能的完善等方面。城市化是城市量的扩张和质的提高的统一体，城市现代化是城市化内在的必然要求，也是城市化的重要内容。当前，人们往往只注重城市化量的增加，而忽略了城市化质的提高。这表现在盲目追求城镇人口的增加和城镇地域面积的扩大，而不重视城镇的更新改造和城市环境质量的提高等。其结果是导致城镇建设乱铺摊子，城市呈摊大饼状向外扩展，走的是外延型的城市化道路。这不仅浪费了宝贵的土地资源，同时还为未来的城市建设带来困难，对城市化的可持续发展构成了威胁。

目前，我国正处在城市化快速发展时期，我们不仅要注意城市化量的提高，更要注意城市化质的提升，要以发展集约式城市化，走内涵型可持续发展的城市化道路，实现城市化和城市现代化的统一。这不仅是城市化发展的内在要求，同时也是我国基本国情的要求。

第二节　城市化是社会发展的必然

加快城市化进程，推进城乡一体化是人类社会发展进步的必由之路，是解决当今中国经济和社会问题的重要途径，是全面建设小康社会的战略举措。

一、全球城市化的发展

城市化的历史进程从来不以人的意志为转移。18 世纪中叶的工业革命，解构着欧洲的政治经济体制。“二战”后，城市群的迅速崛起，改变着世界的竞争格局。建立在近代工业化基础上的，约二百六十年的世界城市化过程展现出多种多样的发展样式，到 2008 年，世界城市化水平已达 50%，标志着人类城市化已经过半，并进入最为重要的发展时期。

尽管城市的出现在人类历史上至少已有五千年，但到 1800 年，城市人口仅占世界人口的 3%。近二百年来，世界城市化趋势加快，方兴未艾的经济全球化更使各国城市以前所未有的规模和速度发展。现代化的交通和通信手段，已经把全世界的城市编织成一个相互紧密联系的网络。

城市化是社会发展的一个必然趋势，无论从恩格尔法则还是其他经济学理论上都可以清晰地得出这个结论，发展经济学的前辈、美国经济学家刘易斯等对此都已经有过很多的论述。

从城市的起源、发展动力和推进规模的角度，可以将人类城市化进程大体上分为三大发展阶段：一是工业革命前的城市化发展阶段；二是工业革命推动下的城市化发展阶段；三是建立在现代工业化基础上的世界全球城市化阶段。

（一）工业革命前的城市化

早期城市因生产力水平不高，可提供城市居民需要的农副产品数量有限，所以城市发展受到限制。那时城市数目少、规模不大，城市人口比重小，主要分布在灌溉发达、利于农业生产或便于向周围征收农产品的地带。早期城市主要为行政、宗教、军事或手工业中心。这个阶段延续的时间最长，城市人口增长缓慢，直到 1800 年，世界城镇人口仅占总人口的 3%。

从最一般的意义上讲，城市是人类文明诞生的标志之一，人类城市化进程几乎与人类文明史一样悠久。众所周知，人类是群居动物，人类的群居体被统称为人类聚落，城镇就起源于原始的人类聚落。

如果纯粹从经济角度来分析，早期人类聚落主要是农村聚落，由于农业人口承载能力低下，农村聚落规模都很小。随着农业效率的逐步提高，农业剩余产品增多，再加上手工业和商业兴起，这些人类活动的人口承载能力较大，因此人类聚落随之不断扩大，当规模大到一定的程度，城镇就开始形成了（目前这仍然是城镇形成的模式之一）。

当然，由于工业革命之前，建立在传统农业基础上的传统手工业和商业难以支撑较大规模的城镇人口，因此在这个漫长的人类发展历史时期，人类的城市化进程十分缓慢。

如果从五千五百年前世界四大古代文明，也就是城镇文明相继诞生开始算起，到18世纪中叶工业革命兴起，在这五千二百五十多年的历史长河中，人类城镇化水平仅增长了3个百分点，即从零增加到1750年的3%左右，世界城镇人口估计只有250万人。期间又经历了城镇起源及扩散阶段、中世纪商业城镇发展阶段和文艺复兴工业革命酝酿阶段，产生了古埃及都城、两河流域古城、印度古城邦、中国古都，还有中美洲的玛雅古城；出现了40万人口的雅典古城、100万人口的罗马古城、100万人口的西安古城和70万人口的北京元明都城等人类农业文明时期的最具代表性的城市。

（二）工业革命推动下的城市化

从18世纪中叶开始，迎来了城市发展史上一个崭新的时期。

19世纪，欧美国家的工业化广泛展开，城市化进程明显加快。1800年，第一个工业化国家英国的城市化水平仅为19.4%。一个世纪以后，英国的城市化水平已提高到67.6%。（保罗·贝劳奇：《城市和经济的发展：从古至今》，芝加哥大学出版社1988年版，第290页表18.1）不过，由于欧美国家的人口在世界总人口中所占的比率不大，在整个19世纪，世界总体的城市化水平提高不快。据估计，1800年前后，世界上大约只有3%的人居住在人口规模超过5000人（即够得上城市标准）的城市里。到1900年，世界城市化水平大约也就是13%。

在工业革命的浪潮中，城市发展之快、变化之巨，超过了以往任何时期。工业化带动城市化，是近代城市化的一个重要特点。欧美国家城市数目激增，城市规模快速增长，英国在1900年城镇人口比重达到75%，成为世界上第一个城市化国家。

近代世界城市化的又一特点是亚非国家城市化的兴起，出现了一元的封建城市体系向封建城市与近代城市并存的二元结构转化。世界城市体系的出现是近代城市化的第三个特点。1950年，世界城市化水平上升到29.2%。

工业革命开启了工业化推进人类城镇化的历程。相对于农业生产而言，机械化大工业生产具有手段先进、土地占用少、周期短、效率高、产量大以及产品丰富等一系列特点。这些特点归根到底，就是使得工业生产具有巨大的人口承载能力，能使人类城市聚落发展得更大，空间分布得更广，让更多的人得以在城镇中生活和工作，从而真正开启了人类城镇化不断发展的进程。

由于工业化对社会制度、人口素质以及技术知识水平要求的门槛比较高，早期由工业化推进的城镇化进程主要发生在西欧和北美等世界的局部地区。这个时期世界城镇化进程虽然比工业革命以前快得多，但是城镇化原发和早期国家不可避免地在探索城镇化正确道路过程中付出了不少的代价，走了不少的弯路，也有过不少的教训，再加上当时世界城镇化毕竟只是发生在很小的局部地区，而且起点也不高，因此，这一时期世界城镇化进程速度还不是太快。据统计，1750～1950 年的二百年间世界城镇化水平仅提高了 26 个百分点，仅从 3% 提高到 29. 2%。这个时期最大的成就是，西欧和北美少数国家完成了高度城镇化的历史任务，成为世界发达国家。如 1950 年，城镇化原发国家英国城镇化率已高达 82%，美国为 64%，当时整个发达国家城市化率为 53%。

这一阶段又可细分为工业化兴起阶段、西方国家基本完成城市化阶段以及两次大战期间的全球城镇化酝酿阶段，其中工业化兴起阶段是 1750～1850 年，这一时期主要是城镇化原发国家英国在唱独角戏，世界城镇化水平只提高到 6. 4%，而英国则提高到 50%（1861 年）；西方国家基本完成城市化阶段是 1850～1914 年（“一战”爆发），世界城镇化水平提高到 15%，而英国城镇化水平达到 70%，美国达到 50%（1920 年）；两次大战期间的全球城镇化酝酿阶段是 1914～1945 年，世界城镇化水平提高到 29. 2%（1950 年），西方发达国家城镇化水平过半。

（三）新时期城市化发展阶段

世界城市化的历史到 20 世纪进入一个新的阶段：这是一个有越来越多的人变成城里人，以及城里人在全部人口中所占的比率越来越大的时代；是一个城市转变的世纪，是全球社会从一个以乡村为主的社会向以城市为主的社会转变的世纪。（约瑟夫·古格勒编：《第三世界的城市化》，牛津大学出版社 1988 年版，第 1 页）

到 1950 年，这一比率很快提高到 29%。随后，世界城市化进程进一步加快，到 1975 年，世界城市化水平已达到了 39%。世界城市的总人口从 1950 年的 7. 3 亿，增加到 1975 年的 15. 9 亿。同期，乡村人口从 17. 94 亿增加到 24. 76 亿；也就是说，全世界的乡村人口增加了 38%，而城市人口则增长了 118%。随后，城市人口总量和城市化水平又有新的提高。1990 年，世界城市人口为 22. 63 亿，约占总人口的 44%。到 2003 年，世界城市人口达到了 30. 15 亿，占总人口的 49%。（世界银行编：《2005 年世界发展指标》，中国财政经济出版社 2005 年版，第 168 页表 3. 1）

可见，20 世纪的确是世界城市化大发展的一个世纪，无论是城市人口的增长率，还是城市人口的绝对数字，都反映出世界的城市化达到了前所未有的规模和水平，而 20 世纪下半叶的世界城市化速度几乎是爆炸性的。

世界城市人口在 20 世纪，特别是该世纪的下半叶快速增长的基本原因是发展中国家城市化的大发展。发展中国家的城市人口在世界城市总人口中所占的比率节节攀升。1950 年，这个比率仅为 39%；1960 年增至 45%；1970 年，这一比率上升到将近一半；1990 年达到了 61%。（保罗·贝劳奇：《城市和经济的发展：从古至今》，芝加哥大学出版社 1988 年版，第 427 页）可见，20 世纪下半叶世界城市化水平提高的关键在于发展中国家的城市人口快速增长，这一切大大加快了世界城市化的进程，发展中国家已经构成当今世界城市化的主体。

两次世界大战，将西方工业化和城镇化的先进理念传播到了世界各地，“二战”结束后整个世界开始了全球工业化和城市化发展的进程，世界城镇化更是以前所未有的发展速度向前迈进。

“二战”以后，世界城市化表现为四个特征：第一，发展中国家是世界城市化的主动力；第二，城市化水平最高的还是欧美发达国家；第三，大城市的规模和数量增长明显，而且在经济社会中的作用非常突出；第四，出现了多个大都市连绵带，也出现了一些全球性的城市。

从 1945 年到 2008 年，在短短的五十多年中世界城镇化水平提高了 23 个百分点，竟从 27% 左右提高到 50%，完成了世界城镇化过半的伟大历史创举，人类世界从此正式走进了普遍繁荣的城镇时代。

这一时期世界城市化的伟大成就主要表现在三个方面：一是发达国家城市化继续深化，成为新型的主要靠第三产业推动的后工业化时期的城市化先驱；二是一大批新兴工业化国家的快速崛起，成为这个时期城市化最主要的推动者；三是广大的发展中国家也积极地参与到世界城市化的进程中来，并发挥着越来越重要的作用。

世界城市化在全球统一的世界市场条件下迅速推进，到 2008 年世界城市化水平已经提高到 50%，年均提高近 0.44 个百分点，世界城市化进入快速发展的时期。其中，2003 年，美国的城市化水平为 78%，德国为 88%，法国为 76%，加拿大为 79%，日本为 79%，英国则达到了 90%。（世界银行：《2005 年世界发展指标》，中国财政经济出版社 2005 年版，第 166—169 页表 3.7）

2001 年，在联合国人居问题特别联大召开前夕，联合国人居中心发表了《世界城市状况报告》，就全球城市化发展趋势及其影响作了详细的分析，对各国的经济和社会发展有重要的参考价值。报告指出：

目前，世界人口约有一半居住在城市里，城市居民人数达到 30 亿。预计今后世界城市化的趋势还会加速发展，到 2030 年，世界城市人口接近 50 亿，约占世界总人口的 60%。

第一，发展中国家的城市化速度快于发达国家，经济最不发达国家的城市化速度最快。这是世界城市化趋势的第一个特点。到 2020 年，发展中国家的城市人口比例将达到50%。最不发达国家的城市人口将从19亿增加到2030年的39亿，这对许多最不发达国家的发展是一个巨大的挑战。

第二，世界人口更多地向大城市和特大城市集中。目前，世界上1000万人口以上的特大城市有19个，预计到2015年将增加到23个，其中超过2000万人的大城市将有5个。新增加的特大城市都来自发展中国家。除日本东京继续以2600万人位居第一外，发展中国家的特大城市名次将普遍上升。

第三，无论是在发达国家还是在发展中国家，城市在国家经济中的地位越来越重要。往往一个城市的经济就占据了某国国民经济的主导地位。如泰国首都曼谷市的经济就占全国经济的38%。即使在最不发达的非洲国家，城市经济也占国民生产总值的60%。

世界不同地区和不同种类的国家，城市化发展有相当大的差距。发达国家的人口城市化率已达到80%，今后其增长率会相当缓慢，预计到2020年人口城市化率将仅上升到84%，城市人口达到5.5亿。但是，大部分城市人口居住在中小城市，其中约一半的城市人口居住在5万～10万人的小城镇。

发达国家面临的城市问题主要是人口老龄化、种族和移民冲突、贫富悬殊等。亚洲和太平洋地区的城市化率目前只有35%，到2020年将上升到46%，城市人口近20亿，其中孟买、达卡、卡拉奇的人口都将超过2000万。城市贫困人口急剧增加是许多亚洲国家面临的严峻挑战。

城市的未来关系到国家的未来。如何解决世界城市化所带来的贫困、住房、交通、环境和社会问题，如何有效管理城市，使城市更适合人类的生活需要，正是人们所关注的问题之所在。

联合国前秘书长安南指出，城市可持续发展是人类在21世纪所面临的最紧迫挑战之一。随着越来越多的人居住在城市，世界上最重要的政治、经济、环境和社会问题都会出现在城市，也将在城市化过程中逐步解决上述问题。

早在1990年，联合国就曾根据世界各国人口普查数据，对全球未来城市化进程进行了分析和预测，详见表1。

表1　发达国家和发展中国家未来年平均城市人口增长率（%）

地区	1970～1975年	1986～1990年	1995～2000年	2020～2050年
发达国家	1.5%	0.8%	0.8%	0.5%
发展中国家	3.7%	4.5%	3.8%	2.2%

资料来源：《全球城市化展望》，联合国，1990年。

由此可见，在未来相当长时期内，发展中国家和地区的城市人口都将经历一个持续高速的发展期，从而使世界城市化水平迅速提高。其结果是全球特大城市聚集区的数量和分布发生了显著变化，特别是发展中国家特大城市的数量近几十年大大地增加了。1950 年全球 800 万人口及以上城市集聚区只有两个，全部分布在发达国家；1970 年有 10 个，5 个分布在发达国家，5 个分布在发展中国家；1990 年，增加到 20 个，其中 6 个分布在发达国家，14 个分布在发展中国家。

一个明显的例子是：2010 年 3 月 25 日，联合国发布了《世界城市化展望（2009 年修订版）》。该报告指出，截止到 2010 年，全球有 50.5% 的居民，或者说 35 亿居民生活在城市，世界人口总体上开始呈现城市人口大于农村人口的态势。其中，北美洲、拉丁美洲、加勒比地区、欧洲和大洋洲处于高度城市化，城市化水平从大洋洲的 70% 至北美洲的 82% 之间不等。同时，预计这些地区城市化的水平将继续增加。预计到 2050 年，除大洋洲以外，这些地区的城市化水平有望超过 84%。而相比之下，2010 年非洲和亚洲仍以农村为主，分别只有 40% 和 42% 的城市化水平。预计到 2050 年，这些地区的城市化水平将远低于其他主要的地区，非洲和亚洲的城市化水平将分别达到 62% 和 65%。

二、中国全面走向城市化是历史发展的必然

经济全球化为中国的城市化提供了新的机遇，使中国有可能发挥后发优势，进而抢占若干技术制高点，带动新兴产业的发展，构造新的城市网络体系。中国的城市化已经出现难以避免的快速发展过程，导致更多设市城市的诞生。

中国有必要建立世界城市和自己的创新中心城市，使之尽快成为连接中国与世界经济的新节点，并把中国各级各类城市融合到新的城市网络体系之中。

人们为什么走出农村向城市集聚？一个不容置疑的目的是为了效益：一是社会生产力发展的效益；二是社会现代文明传播的效益。从经济规律来看，一切生产要素的聚散、重组都是为了以最小的投入创造最大的效益。城市化就是为了节省时间，用空间换时间，追求最大的效益。这种集聚带来的不仅是时间的节约、要素的节约，更为重要的是人口的集聚改变着人的社会关系、人的本质，引起人自身的升华，从而产生更高的物质文明和精神文明。

由于历史基础和发展条件各异，世界各国各地区之间经济发展速度的不平衡是世界经济发展的重要规律之一。从世界经济发展历史来看，在不同的时期世界经济增长重心地区也不同。

18 世纪，近代工业革命的兴起，使英国首先崛起成为近代世界经济增长的重心，并持续了近百年的时间。进入 19 世纪，欧洲大陆、北美先后开始工

业革命，世界经济的增长重心也经欧洲大陆转向北美东部，大西洋两岸经济的共同发展，带来了世界经济的大西洋时代。进入20世纪，美国南部和西部经济迅速发展，经济重心由东部逐渐转向太平洋沿岸。进入21世纪以后，以中国、印度为代表的亚洲地区成为世界经济发展中最有活力的地区，其经济增长率比世界平均水平高出一倍以上。亚洲经济的蓬勃发展和美国经济增长重心的西移，使得世界经济增长重心开始向太平洋圈转移。

目前，从世界范围来看，后起的发展中国家特别是中国高速发展经济，正在逐渐形成新世界经济的格局，在世界经济舞台上扮演了越来越重要的角色。

2010年，联合国经济与社会事务部人口司发布了《世界城市化展望（2009年修正版）》。报告说，中国的城市化进程极为迅速，目前全球超过50万人口的城市中，有四分之一都在中国。1980年，中国只有51个城市人口超过50万，自上个世纪90年代起，中国超过50万人口的城市数量显著增加。从1980～2010年的三十年间，共有185个中国城市跨过50万人口门槛。报告预测，到2025年，中国又将有107个城市加入这一行列。拥有相当规模人口的城市数量显著增加，显示出中国城市化水平快速上升。中国的城市化水平从1980年的19%跃升至2010年的47%，预计至2025年将达到59%。中国正经历着城市化的重要转型。

（一）一般城市化进程中的动力

城市化作为一种世界性的社会经济现象和趋势，是一个经济、社会、生态和文化诸方面全面转变的动态过程，是乡村分散的人口、劳动力和非农业经济活动不断向城市集聚，城市文明不断向乡村扩散，城市成长为经济发展主要动力的过程。它是欠发达国家和地区社会经济发展的重要途径，也是我国当前社会经济发展的焦点问题。

城市化发展的动力机制是指推动城市化发生和发展所必需的动力的产生机理，以及维持和改善这种作用机理的各种经济关系、组织制度等所构成的综合系统的总和。在一般的城市化过程中，城市的吸引力与乡村的扩张力或称推力与拉力是构成城市化持续推进的动力机制。在推力与拉力的相互作用下，发达国家城市化道路走过了一条工业化水平不断提高、产业结构不断升级、城市化进程不断推进的内生化道路。

从现代城市化的历史来看，工业化是影响世界城市化进程的主要因素。但是，促使世界不同地区启动城市化的因素还是略有些差异。例如，在欧美发达国家，城市化进程同工业化进程紧密相关，英、法、德、美等国是世界上最早完成工业化的国家，又是最早启动城市化的国家，这些国家在不到100

年的时间内使其城市人口占总人口的比例达到50%以上。亚非拉大多数国家的城市化基本上不是以工业化为起点的，而是为了方便与西方宗主国之间的贸易而发展起来的。

为了较为定量地考察影响城市化水平的因素，可通过多元回归的方法分析城市化水平与经济发展水平、产业结构、人口密度、用地类型、城乡医疗卫生条件、城乡饮用水条件和农村人口拥有的耕地面积等指标之间的关系。采用世界银行2004年关于各个国家的截面数据进行估计，结果表明城市化水平与人均GDP的水平、非农产业的比重、农村人口拥有的耕地面积等指标有显著的正向关系，但与人口密度、耕地面积占国土面积的比例、城乡医疗卫生条件、城乡饮用水条件等指标没有显著关系。

从人类历史发展看，加快城市化进程是社会生产力发展的客观要求。首先，第二、第三产业的发展要求城市化建设与之相适应。工业的发展要求尽可能统一建设、共同使用基础设施，以降低投入，提高产出，要求各类生产要素高度聚集，以方便企业及时、充分、有效地利用。第三产业的发展也要求生产与消费在时间和空间上的高度同一性，要求人口相对集中。反过来，城市的发展也为工商业创造出前所未有的庞大的市场需求。工业化是城市化的动因，城市化是工业化的空间载体和物化表现。其次，实现农业现代化，解决农业、农村、农民问题需要加快城市化进程。把大量农民束缚在有限的耕地上，很难实现农业的大发展和农民的富裕。只有通过发展非农产业，逐步转移农村剩余劳动力，才有可能使农业比较效益和劳动生产率得到提高，为实现农业的规模化、产业化经营创造条件，才有可能拓宽农民的增收渠道，从根本上解决农民的富裕问题，也才有可能为农村科技、教育等各项社会事业发展奠定坚实的物质基础。再次，保持人口、资源、经济、环境相互协调的可持续发展，也要求加快城市化进程。一般来讲，城市的经济和社会发展水平、社会保障程度、优生优育水平、教育条件等都好于农村，更有利于人的全面发展。城市化还推动资源利用由粗放走向集约，也便于集中治理环境污染和综合利用，实现工业化与环境的协调发展。

从世界经济社会发展看，加快城市化进程是一种全球化趋势。世界发达国家的现代化无不伴随着城市化的进程。据联合国统计资料显示，世界城市人口的比重1950年为29%，1970年为36%，1995年为45%，2025年达到62%，2050年达到80%左右。目前发达国家城市化平均水平为75.2%，最高的达90%以上。后起的工业化国家城市化进程大大缩短。英法两国达到城市人口占总人口70%以上的高度城市化水平，用了一百二十年时间；德日两国则用了七十年左右；韩国起步较晚，只用了不到四十年。

改革开放以来，我国城市化发展速度也比较快，1978～1997年年均城市化水平提高0.63个百分点，是改革开放前的1.5倍。按照国际公认的理论，城市化水平达到30%以后，城市化进入快速发展阶段。可以预计，今后二十年我国城市建设将进入一个新的发展时期。

发达国家都经历了一个城市化快速发展的时期，这个时期的城市化速度对评价和确定我国的城市化速度具有较为重要的意义。据研究，日本1946～1973年为其快速城市化阶段，年均增长0.96个百分点；英国1805～1877年为其快速城市化阶段，年均增长0.67个百分点；德国1835～1912年为其快速城市化阶段，年均增长0.55个百分点；法国1919～1956年为其快速城市化阶段，年均增长1.2个百分点；美国1848～1945年为其快速城市化阶段，年均增长0.45个百分点。可见，发达国家进入快速城市化阶段的时间不同，其在快速城市化阶段城市化的速度也有较大差异。

我国的城市化路径表现出了和西方国家以及其他发展中国家不同的特征，也因此，对我国之前的城市化的动力机制的考察不应太多参照其他市场经济国家的发展历程，即以城市化率和工业化率之间的关系作为研究范式，我国城市化各阶段的动力如表2所示：（马驰：《浅析我国城市化进程中的动力因素》，《城市建设·下旬刊》，2011年第4期）

表2　城市化动力机制演变过程的一般划分

城市化阶段	城市化主要特征	动力机制演变趋势
初期阶段	发展速度比较缓慢；城市规模小、数量少；城市的扩张表现为“量”上的扩张，即外延扩大	工业化与制度是城市化的基本动力；第三产业吸纳劳动力增加；经济与技术等资源匮乏，制约城市化发展
中期阶段	城市化高速发展；城市在外延扩大的同时也开始了内涵的进展	工业化、制度仍是重要动力；产业结构的转移推动力开始显露；经济与技术等资源约束机制得到缓解
后期阶段	发展速度趋于平缓；城市化主要表现为内涵的扩大，即质量上的提高。	产业结构的转移已经成为主要的后续动力；制度的变迁能有效地促进城市化往更高层次发展

（二）推进中国城市化的动力分析

城市化动力机制是一个复杂的动态系统，不同时段、不同发展阶段的地区，其城市化动力结构是不同的。城市化进程的动力有很多，推动城市化发展的力是多种多样的，但在不同的发展阶段有不同的主导力量，城市化作为动态的过程，主要表现为政府政策影响、经济增长与技术创新和产业结构转换三种基本动力，属于城市化动力的核心表现。

城市化进展快慢跟动力机制有关。改革开放前我们国家的城市化进程比较缓慢，因为那个时候主要是政治因素为主导，政治因素没有办法提供连续的、强大的动力。尤其是在计划经济时期，公有经济（特别是国有经济）占有绝对的统治地位。国有经济由政府代表全民行使管理权。集体经济虽然不受政府的直接管理，但要受所属行政组织的支配，从而间接地纳入政府的管理体系之中。在公有经济的基础上，政府就建立起一套庞大而统一的管理体系。这套体系以中央政府为核心，依托于行政体系而运转，实现了政治和经济的统一。

改革开放以后，随着市场经济的发展，我国的计划经济管理体制也逐渐为市场经济管理体制所取代。城市化的动力机制发生了变化，国家超经济强制因素的减少以及市场因素的增加，导致城市化快速发展。其动力因素有四个方面：一个是制度变迁，一个是经济增长与科技进步，一个是产业结构转换，一个是农村剩余贡献。其可以综述为：

制度和政策因素对我国城市化，尤其是区域城市化的影响巨大。我国实行的是自上而下的城市化制度安排。人口在城乡之间的迁移具有明显的政治运动特征，而不是由于经济原因的驱动而引起的流动。国家对农村人口进入城镇实行了非常严格地控制，加上在农村不让农民发展工业、运输业和商业等制度安排，使农村无法内生发展小城镇，致使这一阶段城市化发展进程非常缓慢，甚至出现一定时段上的停滞和倒退。

从经济学角度看，城市化是在空间体系下的一种经济转换过程，人口和经济之所以向城市集中是集聚经济和规模经济作用的结果。经济增长必然带来城市化水平的提高，而城市化水平的提高无疑又加速经济增长。

科技在经济发展中的作用日益加大，经济发展的科技含量越来越高。科技进步会加速经济增长，深刻地促进产业集聚及产业结构的转换，影响城市化进程，可以说技术进步是城市化发展的原动力。先进的农业技术推动人口向城市转移。

中国城市化发展的最基本的动力是产业的空间集聚，也就是工业化过程。产业结构的调整和演进会改变城市的形态和规模，进而影响城市化的发展进程。城市化发展的本身，就是变落后的乡村社会和自然经济为先进的城市社会和商品经济的历史过程，所以农业发展是城市化的初始动力，而在产业革命之后，工业化则成为城市化的根本动力。

中国“一五”时期和改革开放以后的快速城镇化过程，也证明了工业化对城市化的巨大推动力量。随着工业化步入现代化阶段，第三产业开始崛起，并一跃成为城市产业的主角，成为大城市的后续动力。

经济增长与技术进步、产业结构转换和制度变迁共同推动城市化进程，但其各自推动的特征、方式及其表现形式是不同的。

经济增长与技术进步体现在城市效率与城市竞争力上，产业结构对城市化的推动主要是从整体上、总量上体现的；制度变迁对城市化的影响往往还要体现在结构上、形态上，比如对城市的规模结构的影响。

当前，我国的市场经济管理体制仍然保留了一些计划经济时期的手段和功能，如发展规划、宏观调控、监测监督等。当前，政府（尤其是中央政府）仍然把握着全局，对社会经济发展有着强大的调控能力。无论是经济建设，还是社会发展，总体上都是由政府来掌控的。政府可以通过舆论引导、制定发展规划、设立法规、调整政策、行政审批、监督检查等手段来支持或抑制某些行业或领域的发展，以引导经济和社会的走向 。

经过三十多年的探索和实践，我国已经走出了一条有中国特色的城市化道路，国民经济得到持续、快速、健康发展，因此，已经具备了城市化加速发展的基础和条件。

中共十七大报告明确提出了2020年我国国民经济发展的宏伟目标。我国国民经济已步入平稳发展的阶段，这无疑为城市化的加速奠定了坚实的基础。

随着改革的深入，长期的城乡隔离的二元结构将会改变，现行的户籍制度将根本改革，影响城市化进程的重要因素将基本消除，过去在一定程度上被压抑的城市化潜能将得到释放。城市化同工业化、城市化同经济增长的关系将渐趋协调，城市在外延上扩张的同时，注重内涵发展壮大将成为城市发展的主要趋势，特别是多数中等城市和小城市，随着基础设施的不断完善，经济实力和素质的增强和提高，对城市化将形成明显的推动。大城市和特大城市也将由于户籍制度的松动、社会经济规模的快速扩大，人口增长速度也会加快。此外，大城市的辐射作用，对中小城市的形成与发展也会起到很大的推动作用。

根据发达国家走过的城市化道路来分析，城市化的发展从起步开始大体上可以划分为早期、中期和成熟期三个阶段：城市化水平在10%～30%以下为早期阶段，城市化水平在30%～70%之间为中期阶段，城市化水平在70%以上为成熟期阶段。城市化中期阶段所耗用的时间，一般比早期阶段所耗用的时间少，如英国在城市化中期所耗用的时间比早期阶段少一半，也就是说，在城市化的中期阶段将是加速发展的时期。随着我国的城市化水平已超过50%，可以预料，城市化速度将进一步加快。

（三）提高城市化水平是改革发展的必然

近三十年来，中国的城市化一直受到人们的普遍关注和重视。随着我国经济改革和发展的加快，也出现了一系列矛盾和问题，如城乡差别越来越大，农业低效，农村剩余劳动力越来越多，第三产业发展受到牵制等。

城市化水平低，严重制约经济增长和限制产业发展，对增加农村人口收入和解决农村剩余劳动方面的负面影响也是极大的。加快城市化建设是解决这些问题的重要途径，不但可以扩大内需，推动经济增长，改善国民经济结构，优化经济布局，提高国民经济素质，还可以打破城乡二元结构，解决农村剩余劳动力的出路，意义十分巨大。提高城市化水平能解决诸多现需解决的矛盾和问题，是我国今后经济改革和发展的必然选择。

城市化与工业化如同一对孪生兄弟，有着相互促进、互为因果的关系。工业化必然带来城市化的发展，城市化反过来会促进工业化的进步，特别是适度超前的城市化是推动工业化的强大动力，这是工业化与城市化发展的一般规律。城市以其优越的区位交通条件、发达的服务设施、广阔的市场需求，形成对非农产业的强大吸引力，促进工业和第三产业在城市的高度聚集。

随着工业化的进一步发展，工业分工的深化，对生产的社会化程度的要求提高，对专业中间商以及对专业化服务经济的需求增强，从而对城市化提出了更高的需求。与此同时，城市规模的扩展，城市化速度的加速，也带来了集聚效益的提高，如：通过共用基础设施，降低了生产成本；通过交通运输费用的减少，信息交流的扩大，降低了企业的交易成本；通过服务业的分工细化，对企业的生产服务与对人口的生活服务能力增强；人口规模的扩大与市场范围的扩张，对工业产品的需求增加；等等。这些又都会促进工业分工的演进与专业化经济的提高，推动着工业化的深化。

城市化给我国带来的积极影响是非常巨大的。

首先，城市化可以大幅度地增加内需，促进我国经济增长方式由外需拉动为主向内需驱动为主转变，促进我国经济增长由工业化推动向工业化和城市化共同推动转变。原因在于，城市化带来的人口集聚会推动城市房地产投资、基础设施投资和城市相关产业的投资，由此产生持续、巨大的投资需求；进城农民工及其子女的衣、食、住、行、医疗、教育等也会带来巨大的消费需求。尤其是在世界经济不景气、外部需求持续萎缩的情况下，推进城市化发展已成为我国扩大内需、拉动经济持续稳定增长的重要途径。这在理论界早已达成了共识。

其次，城市化有利于实现经济结构的调整与优化，促进第三产业的发展，创造更多的就业机会，维护社会稳定。我国经济结构不合理突出表现在第三产业落后。2011 年，我国第三产业增加值占 GDP 比重只有 43.1%，不仅低于发达国家 70% 以上的水平，也低于发展中国家 50% 左右的一般水平。从城市的功能及其发展来看，第三产业的发展与城市化具有高度的相关性。我国第三产业发展滞后，吸收就业人口少，就是源于城市化水平低。因为城市化是第三产业发展的需求基础，生产要素和人口聚集形成的规模和集聚效应，不仅创造了生产性服务和生活服务的强大需求，而且会通过降低服务业的成本，促进服务行业的不断产生和独立化。

再次，城市化带来人口从乡村流向城镇，从欠发达地区流向相对富庶的地区，从而有利于缩小城乡收入差距和区域、行业差距，缓解社会不公带来的问题。中国是一个城乡、区域发展严重不平衡的人口大国，收入分配结构失衡、城乡贫富差距不断扩大，不仅导致社会需求结构的失衡，而且还会激化社会矛盾。在我国农村人多地少矛盾突出的情况下，如果继续把大量农民束缚在农业上，不仅会制约农业规模化、产业化的发展和农业劳动生产率的提高，而且会制约农民收入水平的提高，从而进一步拉大城乡贫富差距。而推进农村人口向城市转移，提高进城劳动力的就业水平和社会保障水平，是缩小城乡差距和贫富差距的最有效途径。

从收入水平看，按照世界银行的标准，我国目前已进入中等收入国家的行列。为了避免落入中等收入陷阱，无论是在促进经济增长由投资、出口拉动向由消费拉动转变，还是在合理调整收入分配结构，缩小贫富差距等方面，都需要通过推进城市化来实现。可以说，城市化是解决我国种种经济社会问题的根本所在。

从城市化发展水平看，目前我国城镇化率刚刚超过 50%，正处于世界城市化进程公理性曲线——诺瑟姆曲线的中期阶段，也就是城市化加速发展阶段。未来我国的城镇化率应该达到 70%～80%。这意味着我国还需要转移两三亿多农村人口。如果我们能够做好充分的准备，迎接城市化带来的挑战与机会，将有利于我国经济社会的转型与发展，保障我国经济的持续增长。

（四）以提高城市化水平应对金融危机

2008 年席卷全球的金融危机凸显了市场的力量，市场力量开始要求我们必须通过启动内需来推动经济增长方式的转变。客观地讲，如果不能建立一个有效消费社会，中国很难和西方竞争，也不能保证国际经济秩序的公正性。因此，从危机前的投资与出口主导型的经济增长模式转型为以内需为主导的经济增长方式，将是中国经济继续保持快速增长的必然选择。（葛兆强：《后危机时代中国经济金融运行演进趋势》，《上海证券报》，2010 年 1 月 4 日）

当前，在失业率居高不下、新兴产业发展尚未形成大的带动作用、政策空间受限以及政治社会矛盾加剧的情况下，美日欧等发达经济体难以摆脱经济低迷局面。受外部市场条件恶化和内生增长动力不足的双重制约，新兴经济体经济增速也普遍放缓。而中国在外需明显减弱的情况下，经济增速仍保持在预期范围之内。

中国在席卷全球的金融危机中受损相对较轻，一是金融经济严重欠发达，二是经济总量大，外向依赖度相对不高。

这背后离不开一个重大背景，那就是当前中国仍处于重要战略机遇期，城市化深入推进，国内需求潜力巨大。每年上千万人口进入城镇，将会对衣食等日用消费品、对住房和汽车、对城镇公共服务和基础设施形成巨大需求。这成为扩大内需强大而持久的动力。有专家测算，一个家庭，由农村进入乡镇，消费增加一倍；再进入县城，消费再增加一倍；如果再进入中心城市，消费还会增加一倍，即一个中心城市家庭的消费相当于一个农村家庭消费的 8 倍。

加快城市化进程，将为工业化的扩张提供更为广阔的市场空间。这首先在于城市化进程本身会释放大量的消费需求，从各类基础设施和公共消费品到包罗万象的个人消费品。

2003～2007 年中国的高速增长，主要得益于两方面的变化：从国内看，新世纪以来出现了住房和汽车两大消费品的爆发性需求，引导消费需求结构升级，使国内供给结构发生相应改变，能源、原材料、机械和电子产业由此获得巨大增长；从国际看，全球化出现新浪潮，引导中国出口结构升级，并且使出口成为这一时期增长最快的需求动力。但是次贷危机的爆发中断了新经济全球化的推进过程，也使中国经济退出了原有的增长轨道。世界经济失衡和再平衡将使我国外贸出口面临巨大的挑战，以往“大进大出”的贸易模式很难持续。包括高投资、高出口和“人口红利”在内的拉动我国经济增长的传统动力衰减趋势不可避免，原有增长动力正在消失。由于全球化的修复将会持续较长时间，如果中国经济想要继续保持较高增长率，就必须寻找新的增长动力。

启动城市化才能真正推动中国经济继续保持高增长。在结构不合理时，结构本身是压抑需求的，现在硬刺激出来的需求可能过一段时间后就没了，因此结构调整的核心就是启动城市化。结构调整的对象是内外失衡与产能过剩问题，这些问题都与城市化息息相关。

现代国家的经济现代化是依托工业化和城市化这两个过程完成的。工业化的过程也是城市化的过程，两者不可分割，因为工业化创造的现代消费品是面向城市人口的，而工业化所带来的社会分工要求，也只有在城市体系中才能顺利实现。工业化要以城市化为基础，城市化要靠工业化来推动。从经济学意义上讲，工业化创造供给，城市化创造需求。

城市化创造需求主要表现在三个方面：第一，城市化会创造出增加就业的生产性投资，增加公共品的基础设施投资和房地产投资。城镇的交通、供水、供电、通信、文化娱乐等公用基础设施建设快速发展，给建筑和房地产市场带来巨大需求，并带动多个相关产业的跨越式发展。据测算，城市化率每提高 1 个百分点，新增投资需求 6.6 万亿元。

第二，城市化会引发更多的消费需求。2010 年农民人均纯收入增速达到 10.9%，这是自 1998 年以来农民收入实际增速首次超过城镇居民。其中，农民的工资性收入持续增长。2011 年，在农民收入构成中，家庭经营性收入占总收入的近半，工资性收入占总收入的 41%，成为农民收入的第二大来源。农民收入水平的提高，使得农村潜在的消费需求变为现实的有效需求。相对而言，城市居民的消费能力要比农村居民的消费能力强得多，城市人口比重的提升就会带来消费总量的扩张。

第三，服务产业的发展与城市规模的扩张密不可分。城市化不仅依托于大工业体系发展，而且必须有与之配套的生产性服务体系，如流通与通信服务体系、金融与法律服务体系、劳动力市场与交易体系等。城市居民的基本生活保障与生活质量的提高，也离不开商业服务与医疗、娱乐等服务产业的发展，农村受到人口聚集程度和收入水平的限制，服务产业发展空间较小。

如果在未来十年中国的城市人口比重能上升到 2/3，年均 20 万亿元以上的投资规模就可以维持二十年，年均社会消费额就可以从目前的 10 万亿元增加到 20 万亿元。2008 年，中国的社会消费品零售总额为 10 万亿元，出口总额按人民币计算是 9 万亿元，如果仅国内消费就可以增加 10 万亿元，那么无论国际环境怎样恶劣，中国经济也可岿然不动，并且由此走向由内需主导的长期高速增长新轨道。

能够启动社会需求特别是消费需求的最重要力量就是城市化。城市化不仅会带来大量的市政、交通和住房投资，还可以创造巨大的消费需求；城市居民的消费升级会支持更多的企业从多方面进行的产品和技术创新。更为重要的是，城市发展所产生的更加高效和专业的流通服务机构，进一步降低交易费用，强化城市在商品流通中的节点效应，放大企业产品的流通半径和辐射距离。

当前，大力促进工业化与城市化互动发展比以往任何一个时期都更为重要。只有在深层次上全力推进改革，特别是在一些重大的经济制度上取得突破，彻底消除城市化进程中对大多数农村居民的隔离和阻碍，才能从根本上打破对居民消费特别是农村居民消费的制度束缚，使庞大的潜在消费需求得到有效激活和释放。这也是提升内需对经济增长拉动作用，以国内市场上的差异化竞争替代国际市场上的成本竞争，最终实现工业增长动力转型的制度基础和根本保障。

第三节　中国城市化之路演变史

西方近代文明的历史，说到底就是城市化进程的历史。中国大规模的城市化浪潮，第一次出现在明朝中晚期，第二次就是上世纪80年代之后。随着改革开放的持续深入，中国的城市得到了前所未有的发展。

一、中国城市发展简史

中国的城市起源很早。据考古报告，属于新石器时代的龙山文化城址已有多处被发掘出来，距今四千多年。从历史上看，中国城市功能齐全，是不同等级的政治中心、军事中心、经济中心和文化中心。

中国城市的发展史大致可分为五个时期：城市起源和初期发展时期；封建社会时期，包括前、中、后三个时期；近、现、当代时期。

（一）城市起源和初期发展时期

中国是世界上的人类发源地之一。距今七千年至八千年前的新石器时代，在黄河流域和长江流域出现了相当进步的农业经济。随着农业的出现，永久性的村落也开始出现。仰韶文化时代，聚落的规模已相当可观。河南渑池仰韶村遗址，面积近30万平方米；陕西西安半坡遗址，面积约5万平方米；临潼姜寨遗址，面积为5.5万平方米。这些村落都已有一定规模，特别是后两个遗址，在居住区外发现了起防御作用的壕沟。距今四千年至五千年前的龙山文化时期，生产力有了进一步的发展，氏族社会走向解体，部落之间的战争也日趋激烈，这时出现了城市的萌芽——城堡。

据早期的文字反映，在夏朝时已筑有城。但迄今从考古发掘的遗迹确认，中国最早的城市在郑州市中心及北关一带的商城。据考证，商城为商王仲丁的傲都，距今已有三千五百年历史。

该城的平面图形接近长方形，南北长2000米，东西宽1700米。城墙为夯土，相当坚实。城内房屋有地上的、半地下的，甚至有完全在地下的穴。墙由板筑成，房基中加有白灰夯实。住房有大小，大房附近有储藏谷物的窖穴。在南、北、西三面城墙外发现有大量的铜器、骨器、陶器以及酿造坊。由于现在只挖掘出一部分，整个面貌尚不清楚。

（二）封建社会前期城市的发展

春秋战国时期，由于诸侯的割据称雄，彼此相互征伐，战争连年不断。因此，为了防御的需要都极力扩大和加固城墙。由于生产的发展，交换的需要，商业贸易在城市的形成中占有重要的地位。

从城市的分布看来，当时在黄河中、下游地区，生产水平比较高，人口比较多，城市数量也较多。长江三角洲，汉水流域与四川盆地也开始出现一些新的城市。

当时，比较著名的城市都是各诸侯国的首都，如齐的临淄、赵的邯郸、燕的下都、魏的大梁、秦的咸阳、楚的郢都等，规模都比较大。

自春秋开始，中国奴隶制社会逐渐走向解体，至战国时代后期，封建制度最后得以确立。这一时期是社会大动荡、大分化时期，也是经济和城市发展最为活跃的时期。

西汉时期，中国的经济重心在北方，城市的分布也以北方为主。随着经济的发展，人口的迁移，城市由原来多集中在北方开始转向南方，王朝的首都也是由北方转向东南。东汉末期，北方军阀混战，黄淮流域遭到极大破坏。其后虽有魏晋时的短暂统一，但不久北方地区接连受到边远地区游牧部落的侵占，经济又遭到极大破坏。与此相反，江南地区自孙吴以后，经济逐渐发展，至唐后期成为中国新的经济重心。

从元开始，中国作为一个统一的国家就再也没有分裂过。明清两代，商品经济有了进一步发展，在城市发展上出现一批专业化的著名城市。元、明、清三代的统一局势，造就了中国城市发展史上最为雄伟、辉煌的都城——北京。但是，从总体看，随着封建社会开始走下坡路，元、明、清时期城市的发展未能在宋代的基础上取得全面突破，在某些方面甚至有所倒退。如明清时的海禁政策，就阻碍了港口城市的发展。又如，随着城市商业的发展，南宋都城临安市中心的商业非常繁荣，已形成中心商业区。然而，元大都乃至明清北京城的规划却将皇宫置于全城的中心，并按《考工记・匠人》所述的“左祖右社”的思想布置了天坛和地坛，这种“皇权至上”的布局充分反映了封建统治者利用城市规划来维护其最后的统治。

（三）近、现、当代时期的城市发展

鸦片战争中中国遭到失败，原来闭关自守的政策被打破，使我国沦为半殖民地半封建社会。这一方面使中国降到受屈辱、受压迫、受剥削的地位，另一方面促使中国封建经济的解体，为资本主义工商业发展创造了条件。随着资本主义世界工业革命的兴起，工业新技术和大机器生产的浪潮也波及中国，使中国城市的发展速度超过以往任何时期。但是，由于我国处于半殖民地半封建社会之下，城市化进程与资本主义国家相比，又是十分缓慢的。

随着帝国主义的侵略，外国资本输入或影响而产生较大变化的或新兴的城市。这些城市的情况也各不相同：

有些城市长期为某一个帝国主义国家所控制，特别是在该帝国主义国家主持下进行规划和建设的城市，这样的城市往往带上了该国的色彩，在城市建筑及布局方面都反映出来了。这类城市有青岛（先期受德国，后期受日本的影响）、哈尔滨（帝俄）、旅大（先期帝俄，后期日本）、威海卫（英国）等。

有些城市受几个帝国主义长期占据，这几个帝国主义在这种城市中都有租界地，租界内完全由其直接控制，如上海、天津、汉口等城市。这些城市后来成为我国最大的工商、交通城市。城市中的租界区与旧区及新发展的中国人的居住区不仅反差极大，各国的租界在建筑与布局上也各不相同。

还有一些沿海沿江地区，由于不平等条约被开设为商埠，或设有外国租界。由于商业的发展，往往在旧城旁或租界区发展成畸形繁荣的商业区，与旧城的格局及面貌完全不同，如济南、沈阳、福州、烟台、重庆等城市。

1949 年以后，我国经济有了较快的发展，城市发展与城市化进程开始进入一个新的阶段。城市人口大增，城市人口占总人口的比例也有明显的上升。城市数量急剧增加，城市规模上出现一批特大城市。在城市的分布与现代化的水平上也都有明显变化与提高。

在城市人口方面，1949 年为 5765 万，1979 年为 12862 万，1987 年增加到 26114 万。从绝对数字上看，前三十年增加了 7097 万，平均每年增加 236. 6 万；后八年增加了 13252 万，平均每年增加 1656. 5 万。可见，我国城市人口在 1949 ～ 1987 年的三十七年间增加了 20349 万，1987 年为 1949 年的 3. 55 倍，增加的速度比较快。其中前三十年城市化进展较慢，后八年明显加快。城市人口与总人口的比率，1949 年为 10. 6%，1987 年为 24. 4%，增加了约 14 个百分点，即增加一倍以上。如果按 1987 年抽样调查计，市（不含市辖县）、镇人口为 3965287 人（居在市区的为 2032574 人）。以此推算，全国市、镇总人口的比重为 37. 1%（市区占 19%）。与世界 1975 年的平均数 40% 的水平相比，我国还处于中等偏下的水平。这是由于我国人口基数大、原来城市人口比例低，人口自然增长快等因素造成的。

在城市数量方面，1953 年全国在 5 万人以上的城市有 173 个，到 1987 年达 362 个，城市数量增加一倍多。人口超过 100 万人的特大城市，在 1953 年只有 9 个，到 1978 年增加到 13 个，到 1987 年已达到 25 个，比 1953 年增加 1. 8 倍。其中北京与上海两城市（含郊区），人口已超过 1000 万，进入了世界前十名行列。近些年来，我国为搞活经济放宽政策，大力促进了小城镇的建设，到 1987 年，全国县辖建制镇已达到 9121 个，总人口为 23665 万人，其中非农业人口为 6142 万。

据民政部 2011 年 6 月 16 日发布的《2010 年社会服务发展统计报告》，截止到 2010 年中国设市城市数量增加到 657 个。直辖市 4 个、副省级城市 15 个、省会城市（首府城市）27 个、较大的市 49 个、地级市 288 个、县级市 455 个（数据截至 2010 年年底）。其中省会城市（首府城市）属于较大的市的范围，较大的市属于地级市及以上的范围。副省级城市比较特殊，包括 10 个省会城市和 5 个非省会城市。

二、新中国城市化政策演变

城市化过程是与城市化政策紧密相关的。新中国成立以后，我国的经济发展指导思想、经济体制和经济政策多有变动。与此相适应，我国的城市化政策在不同时期也有相当大的差别。

从时间顺序来看，城市化在经历了改革开放前的波折发展期后，从上世纪 80 年代起进入快速发展期。在未来十年内，将有 1.5 亿～2 亿农村人口转移进城；到 2020 年，我国城市化水平可能达到 60% 左右。根据国际城市化进程的历史经验，城市化水平在 40% ～ 70% 之间是加速城市化时期，而我国目前城市化水平正处在 50% 这一加速点。

新中国成立初期，劳动力的就业由国家和各地区劳动管理部门，根据经济发展的需要，进行有计划地调配。中国政府尽了最大的努力，安置了旧中国遗留下来的 400 万失业大军。自 1951 年起，实行城镇复员转业军人及毕业生由国家统一安排就业的政策。1955 年后国家进一步明文规定由劳动部门对城镇劳动力进行有计划地统一分配和调配。

在 1950 年至 1980 年的三十年中，全世界城市人口的比重由 28.4% 上升到 41.3%，其中发展中国家由 16.2% 上升到 30.5%，但是中国大陆仅由 11.2% 上升到 19.4%。城市化在改革开放之前，受制于两个因素：一是我国的生产水平与工业化发展水平的落后牵制着城市化水平的提升；二是计划经济体制对配置资源的能力远远不如市场经济来得普遍、持久、高效，虽然它在短期内可以解决一些问题，但无法从持久、广义的角度解决资源配置这个根本问题，以上两个因素的制约使得改革开放之前的城市化发展缓慢。

在市镇设置方面，1955 年，国务院规定常住人口在 2000 人以上，其中非农人口占 50% 强的居民区或人口在 1000 ～ 2000 人之间，其中非农人口在 75% 以上的居民区都为城镇。1963 年，中共中央、国务院《关于调整市镇建制、缩小城市郊区的指示》提高了建镇标准，规定常住人口在 3000 人以上，其中非农人口占70%强的居民区或人口在2000～3000人之间，其中非农人口在85%以上的地区才算城镇。建镇标准的提高使城镇数量锐减。到1965年，镇的数量从5402个减至2902个，减少了46.28%。

改革开放以前，中国的城市化呈现出以下几个特点：（1）政府是城市化动力机制的主体。（2）城市化对非农劳动力的吸纳能力很低。（3）城市化的区域发展受高度集中的计划体制的制约。（4）劳动力的职业转换优先于地域转换。（5）城市运行机制具有非商品经济的特征。

这种城市化的结果，是形成了城乡之间相互隔离和相互封闭的“二元社会”。这里所说的二元社会结构，是指政府对城市和市民实行“统包”，而对农村和农民则实行“统制”，即由财产制度、户籍制度、住宅制度、粮食供给制度、副食品和燃料供给制度、教育制度、医疗制度、就业制度、养老制度、劳动保险制度、劳动保护制度，甚至婚姻制度等具体制度所造成的城乡之间的巨大差异，构成了城乡之间的壁垒，阻止了农村人口向城市的自由流动。

改革开放后，城市化步伐显著加快。20世纪80年代，城镇人口平均每年增加1000万人以上，到90年代又增长到1500万人以上。进入21世纪，城镇人口平均每年增长接近2000万人，规模进一步扩大。同时，在90年代（1990～2000年），全国城市建成区面积平均每年扩大938平方公里，进入21世纪后（2000～2007年），则平均每年扩大1861平方公里，几乎加快了一倍。改革开放以来中国城市化速度并不算慢，但由于城市人口比重基数低、农村绝对人口总量大，加上计划经济体制下形成的城乡二元经济社会体制的影响，中国城市化水平仍远远落后于世界和发展中国家的平均水平。

改革开放以来，我国的城市化进程大致经历了以下阶段：

以农村经济体制改革为主要动力推动城市化阶段。这个阶段的城市化带有恢复性性质，“先进城后建城”的特征比较明显。第一，表现在大约有2000万“上山下乡”的知识青年和下放干部返城并就业，高考的全面恢复和迅速发展也使得一批农村学生进入城市；第二，城乡集市贸易的开放和迅速发展，使得大量农民进入城市和小城镇，出现大量城镇暂住人口；第三，这个时期开始崛起的乡镇企业也促进了小城镇的发展；第四，国家为了还过去城市建设的欠账，提高了城市维护和建设费，结束了城市建设多年徘徊的局面。这个阶段，就人口来看，城市化率由1978年的17.92%提高到1984年的23.01%，年均提高0.85个百分点。

1985年到1991年，乡镇企业和城市改革双重推动城市化进程。这个阶段以发展新城镇为主，沿海地区出现了大量新兴的小城镇。

进入20世纪90年代以后，我国城市化已从沿海向内地全面展开。1995年年底与1990年相比，建制市已从467个增加到640个，建制镇则从12000

个增加到 16000 多个；从人口来看，城市化水平也从 1990 年的 26.41% 提高到 28.62% 。1992 年到 1998 年，城市化率由 27.63% 提高到 30.42% ，年均提高 0.42 个百分点。

1978 年以后，在经济高速增长而城乡户籍分隔的背景下，积极发展小城镇就必然成为可供政府选择的最佳城市化政策。中国的城市化终于由被压制转为松动和放开，过去那种控制城市人口增长和城乡分隔的政策被鼓励小城镇发展的政策所取代。1980 年，在当时城乡分隔、大城市基础设施滞后的情况下，全国城市规划工作会议提出了“控制大城市规模，合理发展中等城市，积极发展小城市”的城市发展总方针。

为贯彻上述政策，上世纪 80 年代初，开始实行市（地级市）管县制度，地级市数量增加较快，1983 ～ 1998 年，共有 100 多个县级市升格为地级市，其中仅 1983 ～ 1985 年的三年里，地级市的数量净增加 50 个。

1983 年，著名社会学家费孝通提出“解决农村剩余劳动力问题要以小城镇为主，大中小城市为辅”，认为“加强小城镇建设是中国社会主义城市化的必由之路”。上述建议在当时的城乡户籍制度下，应该是最好的选择，因此得到社会和政府的认同。

1984 ～ 1986 年“撤社建乡”，并降低建制镇标准，结果三年里建制镇数量增加 7750 个；1992 ～ 1994 年，国家对乡镇实行“撤、扩、并”，结果三年里建制镇又增加 7750 个。这六年里建制镇增加数相当于 1979 ～ 1999 年间净增加数的 71% 。

1986 年国家有关部门修订“建市”标准后，县级市也增加很快。1986 ～ 1996 年的十一年间，县级市数量净增加 286 个。1992 年，国务院再次修订小城镇建制标准，促进了小城镇的发展。

1993 年 10 月，建设部召开全国村镇建设工作会议，确定了以小城镇建设为重点的村镇建设工作方针，提出了到 20 世纪末我国小城镇建设发展目标。会后，经国务院原则同意，建设部等 6 个部委联合颁发了《关于加强小城镇建设的若干意见》。1995 年 4 月，国家体改委、建设部、公安部等 11 个部委联合下达《小城镇综合改革试点指导意见》，并在全国选择了 57 个镇作为综合改革试点。1997 年 6 月 10 日，国务院批转了公安部《小城镇户籍管理制度改革试点方案》和《关于完善农村户籍管理制度意见》的通知。通知认为，应当适时进行户籍管理制度改革，允许已经在小城镇就业、居住并符合一定条件的农村人口在小城镇办理城镇常住户口，以促进农村剩余劳动力就近、有序地向小城镇转移，促进小城镇和农村的全面发展。农村新生婴儿可以随母或者随父登记常住户口。此后，许多小城市为促进经济发展，基本放开了户籍限制；不少大中城市，甚至北京、上海等，也放松了外地人口进入本市的限制。

1998 年 10 月，中共十五届三中全会通过了《中共中央关于农业和农村工作若干重大问题的决定》，提出“发展小城镇，是带动农村经济和社会发展的一个大战略”，进一步提升了发展小城镇的重要地位。2000 年 7 月，中共中央、国务院发出《关于促进小城镇健康发展的若干意见》指出，加快城镇化进程的时机和条件已经成熟。抓住机遇，适时引导小城镇健康发展，应当成为当前和今后较长时期农村改革与发展的一项重要任务。

2000 年 10 月，中共中央在关于“十五”规划的建议中提出：“随着农业生产力水平的提高和工业化进程的加快，我国推进城市化条件已渐成熟，要不失时机地实施城镇化战略。”为了加快城镇化，2001 年 5 月，国务院批转了公安部《关于推进小城镇户籍管理制度改革的意见》。意见指出：小城镇户籍管理制度改革的实施范围，是县级市市区、县人民政府驻地镇及其他建制镇；凡在上述范围内有合法固定的住所、稳定的职业或生活来源的人员及与其共同居住生活的直系亲属，均可根据本人意愿办理城镇常住户口；已在小城镇办理的蓝印户口、地方城镇居民户口、自理口粮户口等，符合上述条件的，统一登记为城镇常住户口。这标志着小城镇已经废除了城乡分隔制度，有些地方甚至采取了鼓励农民到小城镇居住和创业的政策。

进入 21 世纪后，限制城市规模的城市化方针逐步淡化，代之为对城市化发展速度的重视，我国“十五”计划提出要“不失时机地实施城镇化战略”。2002 年中共十六大提出，“要逐步提高城镇化水平，坚持大中小城市和城镇协调发展，走中国特色城镇化道路”。2006 年，国家发布的“十一五”规划建议：坚持大中小城市和小城镇协调发展，提高城镇综合承载能力，按照循序渐进、节约土地、集约发展、合理布局的原则，积极稳妥地推进城镇化，逐步改变城乡二元结构。

综上所述，改革开放以来，我国城市化政策的变化，主要体现在两个方面：一是由过去实行城乡分隔，限制人口流动逐渐转为放松管制，允许农民进入城市就业，鼓励农民迁入小城镇；二是确立了以积极发展小城镇为主的城市化方针。应该说，我国城市化政策的演变，是对于城市化规律和中国国情认识逐步深化的结果。

三、中国城市化发展的未来特征

中国城市被各方普遍视为新兴市场城市的典型代表。这种关注，有助于中国城市在新兴市场城市群体中发挥主导性作用，另一方面也对中国城市的发展方式提出了新的要求。

城市化水平决定于经济社会发展的程度和人口城市化的各项政策，但城市化本身也具有巨大的惯性作用。根据中国的经济社会发展状况和城市化的发展趋势，许多专家进行了预测。据有关专家预测，到2030年，我国的城市化水平将超过70%，全国的总人口达到15亿，市镇总人口将超过10亿。

城市化不仅仅是社会分工和经济发展的结果，而且也是文化扩散和融合交替发展的过程，因此，影响城市化的因素是众多的，不仅有经济因素，而且有自然、历史以及人文等因素，要把所有的因素都考虑其中，做出令人信服和十分精确的预测，几乎是不可能的。根据事物发展的历史趋势，综合考虑影响事物发展的重要因素，做出相对的大致的预测，是有一定意义的。

随着城市化进程的加快，城市的发展模式和功能作用将出现一些变化，这是因为经济全球化的大趋势和世界范围内的经济社会可持续发展战略将对城市发展带来巨大影响。因此，未来中国将涌现更多的城市，并将向国际化、连绵化、生态化、现代化的方向发展。

中国有可能在相对较短的时期内完成工业化过程，使绝大多数地区迈入工业化社会，并进而改变中国目前的城市化过程和城乡空间结构。又由于中国幅员辽阔，各地区经济社会发展水平悬殊较大，未来发展潜力难以在同一时期内发挥，在未来相当一段时期内仍将存在着较大的发展梯度，在一定时期之内，这种发展梯度还可能呈进一步扩大之势。随着市场经济体制的建立、户籍对人口迁移限制作用力的减弱和大量农村剩余劳动力向城市的涌入，未来中国城市化过程将出现难以避免的快速发展，导致更多设市城市的诞生，使中国城市体系步入到一个新的发展阶段。

随着经济的发展与改革开放的深入，中国的城市与世界交往日渐频繁，城市发展的国际性因素逐年增多，中国的一些特大城市将发展成为国际化大都市。

自上世纪70年代美国社会率先进入信息化社会以来，人们即开始关注信息革命可能带来的空间分散化趋势，并纷纷观察到城市边缘地带的快速增长过程，认定分散化趋势确实已经展开。但这一结论只适合于城市微观区域的情形。从更宏观区域来看，集中化趋势似乎更明显，近几十年来大都市连绵区和大都市带在世界各国的快速发展印证了这一集中化过程。国际化大都市是世界经济发展的产物，早在19世纪初，伦敦已成为国际性的城市，近三十年来，由于生产力与国际分工的进一步发展，建设国际性城市已成为世界各国大城市发展的趋势。一些发展中国家包括中国在内也迅速加入国际经济大循环；一些大的跨国公司纷纷在各国设立分支机构；国际金融业务不断扩大，促进了各国金融体系的国际化；现代化交通和通信使空间概念大大改变，为国际化都市的发展提供了物质保障。

中国的一些城市已具备建设国际化大都市的基本条件，北京、上海、天津、广州、重庆、武汉、沈阳、南京、杭州、西安、成都、青岛、大连等城市将率先进入国际化大都市的行列。2030 年，将有更多的城市成为国际性城市。

近四十年来，城市带和城市群的发展已从发达国家的北美、西欧等地区扩展到一些发展中国家，成为包括中国在内的世界各国城市密集地区发展的一个共同趋势。我国的主要城市集聚区——长江三角洲、珠江三角洲、京津冀、辽中南地区等已形成了城市连绵化的基本框架，其内部发达的交通通信网络、城市间密切的经济联系、优越的地理区位、集中的智力资源、一定规模的高新技术产业，使这些地区将迅速实现连绵化。

城市自身发展孕育了城市现代文明，促进了经济文化和科技的发展，并改变了人们的传统生活观念；与此同时，也造成空气污染、噪音污染、交通拥挤、用地用水短缺等一系列环境问题。20 世纪中后期，发达国家开始重视城市环境问题，遏止了随着城市规模的扩大而环境日趋恶化的势头。中国正处于城市化快速发展时期，势必吸取发达国家的教训，防止“大城市病”的出现，保护城市的生态环境，提高城市自然和环境的承载能力，真正实现可持续发展的目标，城市生态化将是未来大中城市发展的必然趋势。

中国城市的发展，也使市民阶层与中产阶层以远超预期的速度迅速成长为社会发展的中坚力量。有数据显示，中国的中产阶级人数在 2020 年就将达到总人口的 40%，是 21 世纪初的两倍。这一变化，将对中国城市的社会结构乃至政治、经济、文化发展格局产生深刻而深远的影响。

产业现代化、基础设施现代化和人民生活现代化是城市现代化的基本内容。迅速发展的第三产业将迅速取代第二产业成为城市的主导产业。科技进步将是发展中国家的城市超越其经济、技术鸿沟，追赶发达国家城市的动力与源泉，依靠科技进步来改造城市，调整与优化产业结构，发展高新技术和资本密集型产业，推动城市转型与升级，是我国城市增强国际竞争力和实现现代化目标的关键。科技的进步、信息产业的发展，将改变传统的产业模式与管理模式，使城市经济从倚重自然资源和制造业转向倚重高新技术、信息资源和服务业。

生态城市是系统地降低城市对自然生态系统干扰的发展模式。具体而言可通过绿色建筑、绿色交通、绿色基础设施、绿色小区、绿色产业等，共同构建成生态城市。所以说生态城市发展在中国正当其时。

值得注意的是，城市的“智能化”概念，已开始频繁地出现在中国多个城市的建设和规划当中。智能城市恰好处于中国面临的工业化、城市化、市场化、全球化、信息化“五化”交集上。它将推动城市化和信息化之间的融合，也是城市化和工业化的融合，并对市场化和全球化进程产生重大影响。

智能城市也恰好与中国的管理结构相吻合。对于中国强大的市政组织力量，智能城市是个极妙“抓手”，在推动城市又好又快发展的中间，它大有用武之地。

第四节　推进城市化进程是大势所趋

“城市既有序又无序，寄生在其中的有美丽也有丑陋，有美德也有罪恶。城市呈现出人类最好和最坏的一面。”这是联合国人居署《世界城市状况报告》中的一段话，城市的双刃剑效应在当代显现得淋漓尽致。

作为人类文明发展的结晶之一，城市会聚了众多的文明成果，让人们享受到诸多的便利，人类已经迈入城市化时代，城市化在全球范围高歌猛进。与此同时，城市的弊端却让人深受其害：交通拥堵、环境污染、“热岛效应”等诸多城市病不一而足。世界城市化的发展趋势，从总的来看，城市化的进程还要大大加快，大城市仍将快速增加，这一趋势以发展中国家最为突出；而在发达国家中，开发落后地区，大力发展小城市将成为城市化的重要趋势。

城市现代化是城市化必然要经历和完成的一个过程，是城市自身运动的高级阶段和城市存在的高级形式。中国目前的城市化主要还是数量和规模的扩张，表现为城镇人口和建设规模的不断扩大。但是，随着各级城市规模的急剧扩大，居民生活水平提高，对城市生活质量有更高的要求，城市发展的重心亟待由规模的扩张转到数量与质量的并重。与发达国家的城市现代化经历了一个长期、缓慢的发展过程不同，作为后发国家，中国可以借鉴先期城市化国家的经验教训，少走弯路。在世界经济发展的大背景下，中国的城市化是与工业化、信息化、市场化、国际化共同推进的。只要抓住机遇，采取正确措施，中国的城市现代化完全有可能与城市化进程同步推进和完成。

加快城市化进程是我国未来几十年发展的主题，是对我国发展全局和前途有着决定性影响的大战略。为此，我们要以高度的历史使命感和民族责任心，把城市化进程放进近代以来中国的和世界的历史发展进程与现实中进行冷静地总结和科学地分析。我们要认识到，在新的历史条件下，走现代化、市场化、城市化和全球化这一世界发展道路，是当代中国发展顺应世界发展潮流的必然选择和历史趋势，是中华民族实现伟大复兴的必由之路。

一、用城市化创造中国发展新动力

城市化是未来我国经济增长的主要潜力之一，实施积极的城市化发展战略，既是城市化发展本身客观规律的需要（我国已进入30%～70%的城市化加速发展的时期），又是我国工业化由初期阶段进入中期阶段的根本要求，而且还是在相对过剩的“买方市场”的条件下，寻求实现扩大内需的新的经济增长点的必要条件和前提。

（一）城市化促进经济发展

随着经济增长理论的发展演变，经济学用收益递增来解释经济的长期增长，这也为解释城市的存在和发展提供了新的理论视角。经济学家对于城市化的作用提出了新的认识：通过城市化，经济活动在城市地区聚集起来就会促进技术创新。依靠技术创新，依靠城市的多样性、城市在人力资本积累和生产协作方面的优势，提高生产要素的产出效率，成为现代经济增长的根本途径；城市化有利于扩展市场，提高产业协作效率，形成有利于分工的制度和文化，促进了分工的演进，从而进一步促进经济增长。从社会发展来看，政策的设计应从抑制城市化和城市增长转向城市治理，发挥城市在经济发展中的积极作用。

20 世纪 80 年代以来，经济学对收益递增的再发现为解释城市的存在和发展提供了新的理论视角，也使经济学家对城市和城市化的作用有了新的认识。许多研究文献表明，城市具有的优势远远不止传统的运输成本和市场规模方面的优势。人口和产业向城市地区聚集，不但可以缩短各个创新行为主体彼此之间的距离，可以促进创意的交流，提高交易效率，促进劳动分工的演进，而且在知识外溢效应和劳动分工效应的作用下，城市经济具有收益递增的特点，即便厂商在城市地区需要支付高工资、高地租，它们仍然愿意选择布局在城市，因为城市具有更高的生产率。

在新增长理论影响下，学者们对城市化在经济发展过程中作用的认识也发生了很大的转变。自 20 世纪 80 年代末起，经济学家对于城市化的作用提出了新的认识，认为城市化通过生产要素空间上的聚集，不仅使厂商共享基础设施，节约生产成本，获得规模经济效益，而且更重要的是由于厂商彼此接近，可以更快捷地获取技术和市场信息，提高交易效率，减少交易成本，从而促进分工和专业化发展，获得“范围经济”效益或专业化经济效益。正是在这些聚集经济效益的作用下，发展中国家的生产力往往随着城市规模的扩大而提高，世界银行 2000 年发表的发展报告就明确提出“有活力的城市是增长的发动机”的观点。

城市化是经济活动向城市地区聚集的过程。那么，为什么通过城市化，经济活动在城市地区聚集起来就会促进技术创新，从而促进经济增长呢？这主要是由城市的多样性、城市在人力资本积累和生产协作方面的优势所决定的。

在城市化、劳动分工和经济增长之间，存在两个相互作用、循环演进的机制：一方面，劳动分工是城市化的基础，是推动城市化的根本动力。没有分工的深化和交换关系的发展，城市化就失去了持续推进的动力，由此形成第一个循环演进的机制：劳动分工深化—经济增长—分工协作的需求增加—城市化发展。另一方面，城市化又是促进分工深化的空间组织形式，城市化通过把人口和产业聚集在一起，创造出大规模的市场，降低了协调交易活动的成本，提高了交易效率，从而推动劳动分工的进一步演进和深化，由此形成第二个循环演进的机制：城市化发展—交易效率提高—劳动分工深化—经济增长。

（二）城市化在扩大内需方面作用明显

在投资、消费、净出口三大经济增长要素中，高投资率和贸易顺差拉动了近年来经济的高速增长，但消费增长并未在中国经济中达到适当规模、起到应有的拉动作用。（杨涛：《以城市化促进消费应成为扩大内需重要战略》，《上海证券报》，2006 年 8 月 21 日）

如果我们用支出法进行国民经济核算，GDP 可分为最终消费和投资，最终消费又分政府消费和居民消费。我国的政府消费比重与全球平均水平及相同收入国家的水平基本相当，但居民消费比重明显较低。另外，我国的最终消费总额年均增速一直低于 GDP 增速，而近几年来消费对新增 GDP 的贡献比重也处于下降趋势。尽管自 1997 年后我国政府采取了扩大内需和促进消费的政策，但似乎难以达到较为显著的效果。

由于目前城市化与工业化已成为中国经济长期增长的主要动力源，所以如何围绕城市化的主线，以城市化来促进国内消费增长，是一个值得关注和研究的经济问题。

关于城市化与消费之间的关系，在此前的理论研究与政策制定中并没有得到人们的普遍关注，似乎两者之间并不存在着明显的关联关系。但是，从长期看，由于消费问题是制约中国经济的本源问题，而城市化也是中国经济长期增长的核心动力源，因而两者之间必然存在千丝万缕的关系。

在现代社会中，随着城市化水平的不断提高，小城镇与乡村的消费心理开始不断向城市靠拢或趋同，最终达到城乡一体化。在此过程中，一是农村消费心理向城市的趋同，主要是农村消费者把城市，尤其是县城当作消费潮流的风向标，并主动模仿城市消费；二是小城镇消费心理向大城市的趋同，由于大城市的消费信息更丰富，消费渠道更广泛，因此在小城镇消费中有巨大的示范效用；三是大城市居民自身的消费心理转化，城市的全面扩张自然伴随着可消费品的不断增多，消费心理也逐渐认同国际化城市的标准。由此可见，城市化从不同层面改变着社会消费心理，它与收入提高、消费环境改善等因素共同构成消费升级的必要条件。

城市化带来了消费结构内容的两种分化。一是城市“新移民”与农村人群的消费分化。城市“新移民”中的外来务工人员在进入城市生活后，收入增长的同时，在基本生活消费之外也大量增加了耐用消费品的购买。在多数乡村地区，虽然受到城市打工者的示范效应，但由于收入和消费环境的制约，消费内容仍然滞后。二是城市居民的消费分化。城市化加快带来了生活成本的巨大压力，中低收入居民由于需要把收入的较大比重用于基本生活支出，因此受到更大预算约束，消费内容仍然无法跟上城市化步伐；而高收入居民则出现较大消费升级，除汽车、高档家电等物品外，还注重文化、旅游、休闲类的新型消费产品。

城市化带来人口集中，进而为第三产业发展创造了条件，而第三产业的变革又从三方面影响着居民消费。一是产业内容的创新。城市化带来消费心理与内容的不断更新，进而为第三产业发展提供了无穷的商机，旨在改进居民在物质和精神生活质量方面的服务产品层出不穷，在客观上起到了“供给创造需求”的作用。二是产业模式的革新。人群的集中带来新的城市商业模式探索，如连锁经营、网络配送、打包销售等，最大限度发掘了居民的潜在需求，使得消费行为更加便利。三是通过城市边界的扩张，在时间和空间上使得城市第三产业网络逐渐延伸到农村地区。在我国第三产业产值总量中，城市占 80%，农村仅占 20%，农村第三产业发展水平大大低于城市，这在很大程度上是由于城市化的某些误区，大城市发展应与农村建设、小城镇建设结合起来，重点带动农村第三产业发展，为农民消费创造条件，这才符合城市化的一般规律。

根据测算，目前 1 个城镇居民的消费水平大体相当于 3 个农民的消费。有研究表明，城市化率每提高 1 个百分点，就会有 100 万到 120 万人口从农村到城市，由于城市人口的消费是农村的 2.7 倍到 3 倍，约拉动最终消费增长 1.6 个百分点。各国的经验都表明，农村人口向城市的迁移，确实会产生巨大的消费“累计效应”，并进而成为经济增长新的源泉。我国的情况也是如此，城镇居民消费对城市化的弹性非常大。所以，将来的城市化改革必须要保障这种“累计效应”的持续性。

如果城市化路径出现扭曲，则可能对居民消费产生三方面的“挤出效应”。首先，如果城市化只注重表面文章，忽视了消费软环境的建设，把有限的财源用来维持政绩，如大兴土木搞城市建设，而把居民衣食住行和收入提高等问题抛之脑后，自然会挤出消费的正常增长，否则会间接对消费产生负面影响。其次，中国城市发展的非均衡性想象比较突出，有些地方是城市化不足，有些则是城市化超前。在前几年流行的经营城市思路下，对城市的过度开发和土地制度的混乱，间接造成了以住房支出为核心的城市生活成本的非合理增长，从而对居民造成流动性约束，当期消费受到较大影响。最后，某些极端的城市化造成了对农村居民的严重福利损害。尤其很多地方把城市化与农村发展对立起来，在强制获得郊区农民土地后，没有采用合理的补偿和安置措施，导致了部分农民消费状况与城市化出现了负相关。

此外，城市化影响消费的“城乡差异”与“区域差异”。首先，工业化是解决城乡差异的主要因素。近年来发展经济学开始关注城市化对该问题的影响。研究表明，城市化的不同路径，可能会造成城乡差异扩大或缩小两种截然不同的结果，中国的情况似乎更接近于前者。一方面，由于城市发展普遍缺乏系统规划，新的“城乡二元”开始出现，如外来务工人员在住房、就业、教育、医疗等方面，享受不到与城镇居民相同的待遇，处于城市边缘化状态，难以融入城市生活。城市加快扩张和房地产无序开发，使许多原先的农民一夜之间成为市区居民，但对农民转化为市民过程中的保障、教育等方面，还缺少足够政策关注，这些都使得相关人群的消费增长受到约束。另一方面，现有户籍制度使城市化人为地促进了城乡消费差距。通过户籍改革彻底拆除分隔地区和城乡的“户籍篱笆”，形成公平的市场运行机制，将大大刺激消费，也将为城市化松绑。其次，由于各级政府对城市化缺乏统一认识与发展思路，中国的城市化发展进程是严重非均衡的，这带来经济发展的区域不平衡，进而造成了消费结构的区域差异。这样的情况在东中西部地区比较来看是明显的，即使在特定省份内也容易看到，如江苏城市化发展区域差异就在扩大，2005 年城市化发展水平自南向北梯度递减。这种城市化区域差异的扩大影响到经济布局，进而对收入增长、消费环境、消费模式和理念都产生深远影响。

城市化在长时期内将成为中国经济发展的一个主题，但迄今为止的理论和政策都更集中于城市建设投资方面，对城市化与消费之间的关系往往关注不足。从根本上看，我们认为，良性的城市化路径必须以人为本，逐渐带来居民消费的增长与升级，最终促进公众生活福利水平的全面提高。

中国经济内外失衡是一个市场热点问题，国内经济失衡是导致外部失衡的原因之一，其中国内需求不足又是造成我国内部经济失衡的重要因素。如果将城市化和促进国内消费需求两者关系处理好，势必能为扩大和刺激国内消费需求打开一个新的发展空间。这是一个值得关注的新的理论和实践问题。

二、我们要稳步推进城市化

城市作为现代工业和服务业的聚集地，在各国经济增长和社会发展中都具有十分重要的地位。

目前，发展中国家正在迅速迈向城市化。在20世纪70—80年代，城市化更多地被各国政府和政策决策者看作是发展面临的难题而不是机遇。当时大多数发展经济学家认为发展中国家出现了“过度的城市化”，导致城乡发展的不平衡，损害着国家的经济效益和经济增长的前景。于是，当时各发展中国家城市化发展战略的出发点也是如何通过农村发展来减缓和控制城乡间的人口流动，抑制快速的城市化，防止出现“过度城市化”危机。

但是，城市化可以促进技术创新，促进劳动分工的演进，是实现收益递增和长期经济增长的重要方式。在城市里，资本、人员、信息等各种生产要素高度聚集在一起，扩大了人们之间相互交流和接触的机会，扩展了市场的规模，促进了技术创新和劳动分工的演进。城市并不是吸纳国家资源的“黑洞”，而是知识外溢和技术创新扩散的场地，是经济增长的中心，是收益递增的源泉。因此，政策设计的目标应该从单纯抑制城市化和防止城市增长转向城市治理，充分发挥城市在经济发展中的作用。

中国在计划经济体制下，市场被计划所取代，重要的分工协调活动都是由政府这个庞大的科层组织来组织的，政府以“条条”和“块块”分割的方式对城市内的企业进行管理，使分属不同部门的企业之间往往无法建立起分工协作关系，在市场经济条件下城市提高交易效率、促进分工的发展、促进知识外溢效应的作用也无法充分发挥出来。

随着中国体制的转型，人口迁移和产业流动越来越表现出市场机制的作用，政府抑制城市化和城市增长的政策要么根本不起作用，要么使发展付出的代价太大，城市化进程明显加快。但是，在推进我国城市化进程中，除了要提高城市化水平外，更重要的是注重提高城市化的质量，即通过制度创新和技术创新，促进城市劳动分工与专业化水平，实现城市功能的差别化和多样化，改善城市的投资环境和人居环境，创造新的比较优势，充分发挥城市化带来的经济聚集效益。

在我国，一方面城市化进程发展快的地方，面临种种城市问题，另一方面还要加速城市化发展的步伐；一方面小城镇发展不足，另一方面大城市人口过分集中，给大城市建设、社会环境、运作机制等带来巨大压力；一方面城市体现着现代文明，另一方面种种“城市病”严重困扰着人们。

所有这些问题，我们认为，都是城市化发展中的现象。城市化是生产力发展、社会经济结构变动的必然产物。其中社会生产力发展水平、经济结构变动无疑是决定性因素。所以，随着技术进步、管理水平的提高和经济的发展以及城市化发展研究的深入，这些发展中的问题能够有效地解决，从而为城市的发展扫清障碍，加快我国的城市化进程。

加快城市化进程的本质并不是到处出现城市，而是要使全体国民享受现代城市的一切城市化成果并实现生活方式、生活观念、文化教育素质等的转变。即：实现城乡空间的融合发展——产业的融合、就业的融合、环境的融合、文化的融合、社会保障的融合、制度的融合等，以期真正实现城市和农村人民群众的共同富裕、共同发展、共同进步。

我国要如期实现全面建设小康社会的目标，必须稳步推进城市化。为此，需要走出一条新型城市化之路。

第一，确立全局性的国家城市化战略。一是考虑城市布局和发展阶段战略，在大中小城市、东中西部几个层面上避免城市的无序发展。二是建立城市化的国家标准，制定城市建设和管理的总体规划原则，如致力于解决城市环境保护、城市绿地少、水土流失严重、大气污染严重、水环境质量差等问题。这些是为了使中国城市化理性发展，为消费增长奠定基础。

第二，促进城乡一体化发展，缩小城乡居民收入差异。城市化应注重统筹城乡发展，城市反哺农村，工业支援农业，形成城乡经济一体化，促使更多的农业剩余劳动力向城镇转移，从而摆脱传统的农村消费方式，逐步向城市居民的消费方式转变。一是要避免城市化中的城乡对立，把农村产业化、小城镇建设纳入城市发展战略中。二是要对农民工技能培训提供系统支持，保护劳动力价格，并开拓农业人口进入城市的就业渠道。这样才能真正提高农民进城的收入，这种干预虽然可能暂时提高城市化成本，但却吻合了城市化的本质要求。三是破除农业人口流动的制度障碍，这既包括户籍制度，也包括地方规定的制约，最终使农民从土地和户籍的束缚中解放出来。四是解决城乡政策差异，包括在低保、医疗、住房、教育、再就业等方面逐渐统一城乡待遇。

第三，调整产业结构，加快工业化进程。工业化是城市化的前提和基础，我国产业结构的不合理制约了城市化进程。当务之急一要继续推进工业化，二要加快产业结构调整，为城市化奠定坚实的经济基础。

城市化的根本在于创造城市就业机会，将农民由第一产业转移至第二、第三产业，而第三产业对解决我国的就业问题作用最大，发展空间也很大。目前我国第三产业每增加一个就业机会，需两万元投资，而工业每增加一个就业机会则需 7 万元。对于资金仍是稀缺要素的我国，同样的资金投入，第三产业可以安排更多人就业。因此，大力发展第三产业对推进城市化有着非常重要的意义。

第四，创新城市化的思路。我国目前的人口分布不合理，有相当比例人口居住在生态环境脆弱、自然条件恶劣的地区，要使其就地达到小康水平需要付出高昂的代价，也将严重破坏生态环境。要通过城市重新布局与人口自然转移相结合，人口重心进一步向东南沿海或中西部经济发达、自然地理条件优越的地区集中，殊途同归地达到“西部大开发”的目的，也可使生态环境脆弱地区休养生息，为后代留下宝贵的生态资源。在没有迁徙限制的市场经济条件下，人口、生产要素会逐渐集聚到条件较好、面积较小的区域，美国就是如此：直至20世纪中叶，68%的美国制造业和43%的美国人口集中在以芝加哥为西端、以华盛顿到波士顿为东线，面积只占全国7.7%的区域内。但这种自然集聚过程是比较缓慢的，要适应我国现代化进程的要求，国家应采取有效措施加速推进、引导这种理性的人口迁移。

第五，充分利用产业全球转移的机遇推动城市化。新世纪我国的城市化是在经济全球化背景下进行的，全球化加速了产业转移，促进了承接地经济的发展、产业结构的调整和就业的增加，从而推进了城市化。

20世纪70年代日本产业向东南亚转移，20世纪80年代以来日本、亚洲“四小龙”以及东南亚产业又向中国转移，这种产业转移都大大推动了承接地的城市化进程。我国沿海一些城市如东莞、顺德、昆山等的快速城市化都与经济全球化分不开。只要利用好全球化带来的产业转移，我国就能借助全球化加速推进城市化进程。

第六，用科学发展观指导城市化，按照构建和谐社会的要求推进城市化。我国城市化水平较低，但与此同时很多城市已出现交通拥挤、公共设施和服务落后、环境污染、资源过度利用等问题，影响了城市功能的发挥和城市化的可持续发展。在未来需要用科学发展观指导城市建设，将可持续发展的理念贯穿于城市化发展中，城市化不仅要注重可见的、物质的“硬件”建设，也要注重制度、文化等“软件”建设，务实、科学、积极地推进城市化。城市人口高度集中，容易产生各种问题，是构建和谐社会的重点和难点。不论是城市规划、建设，还是城市管理、改革，都要按照建设和谐社会的要求进行，稳步、协调地推进城市化。

城市化是生产要素在区域空间合理积聚的过程，促进区域协调发展必须以城市化为载体。在城市化建设进程中，既要提升GDP的总量，也要保证GDP的质量；既要提升人居生态质量，也要防止出现农村凋敝现象。改革开放三十五年来，率先发展起来的地区在形成外向型经济格局的同时，也形成了城市群，有力地带动了东部沿海地区的快速发展。而处于内陆的中西部地区发展相对滞后。要解决区域发展不平衡，就要创造机制支持人口、资源在城乡间双向自由流动，实现全国及毗连区域的城乡统筹发展，促进经济增长和市场空间由东向西、由南向北梯次拓展。

有官员指出：中国的城镇化进程和市场经济国家另一个根本性的区别在于土地制度。公有意味着土地所有权的不可分割性，限制了要素的市场化的流动。低价征收则意味着中国的城镇化进程是以牺牲农村集体土地所有权益为代价的。土地形成的财政收益在中国城市化进程中扮演者十分特殊的角色，大量的土地收入转为城市基础设施投入后，拉大了城乡居民二次收入分配的差距，进一步固化了城乡居民分割的公共福利关系。

中国的城市实际上是行政区，大城市下面管着县、县级市、县级区和建制镇。等级化的关系，因为上级城市可以通过行政手段攫取下级城镇的资源，所以，高等级城市的公共服务水平远远高于低等级的城镇，城市之间或者行政区域之间的公共服务差别也被户籍制度的固化表现出来。原来的简单的城乡利益关系，又被行政区域间的公共服务差别化取代了。原来要改革的是农村人口进城的户籍关系，现在则变为本地人和外地人的户籍关系。我们现在的户籍制度改革又增加了更多难点。

中国城镇化进程仍有巨大空间，能够继续吸引农村劳动人口进入城市，使他们获得职业技能、提升购买力，有利于降低不平等。伴随着东部沿海城市生产要素价格上涨，中西部城市越来越受到企业的青睐，也已经成为农村劳动力进城务工的选项之一。

过去的城镇化进程仍有一些加剧不平等的因素，需要清除。比如，农村人口的社会保障，主要体现在在老家仍有土地。如果在城市没有社会保障，且收入较低，则无法在城市定居，子女就会成为留守儿童。这些子女缺乏良好的教育机会，未来仍要进城务工。这就造成了机会的不平等和劳动力不可流动。

我们要看到，城乡之间“二元结构”形成的差距是我国发展中最大的差距，城市内部“二元结构”形成的差距则是最突出的差距。农民工融入城市还面临诸多难题，城市低收入及中低收入的家庭生活仍较困难，有不少人还住在棚户区里。必须采取有效措施，创新体制机制，通过新型城镇化，着力破除影响社会公正的“二元结构”。

编者的话

第二章　中国城市化的特质是发展不平衡

中国城市化发展不均衡的现象存在已久，城市化发展的 GDP 增长的数量和速度与产生财富的质量之间的巨大不平衡、城乡差距、东西部差距等现象引发社会长期关注。

从一般意义上讲，GDP 只是说明经济增长数量的一个指标，甚至从最通俗的角度讲，只是表示经济活跃程度的一个指标。经济增长的品质必然通过经济增长对于社会发展、人民幸福、生态保护等方面的贡献率来说明。无意识状态之下的“GDP 崇拜”情结，可能是导致中国后发劣势的一种典型症候。

我国在城市发展中实行“土地剪刀差”，政府征用、征购土地之后，再将使用权出让给企业，政府从中获得了巨额“剪刀差”，投入到城市建设等方面，使城市分享了农村土地的商业价值。在城市化、工业化已经取得了巨大成就的今天，土地价值日益凸显，一些地方的农民的利益却没能随着城市化的进展同步增长。

改革开放以来，我国东部、中部和西部的城市化发展速度存在明显差异。这一显著差异正在迅速改变着我国城市化发展的格局。东部地区发展由于土地、劳动力、环境的制约，以及经济较为发达的现状，已经到了某些产业的高峰时期。只有推动中西部广大农村地区的发展，才能反过来拉动东部地区经济的持续发展。

可见，要缩小城乡居民的收入差距，必须做到：一是继续推进我国工业化、城市化进程，使工业化程度、城市化水平达到一定的高度。二是积极发展我国中西部地区的经济，缩小地区之间经济发展的差距。我国政府所采取的西部大开发、振兴东北地区等老工业基地、促进中部地区崛起等战略思想正是缩小城乡居民收入差距的行动体现。

第一节　中国城市化的不平衡

城市化是经济发展的结果，经济发展到一定程度，城市化水平自然而然会提高。快速健康的城市化的前提是发展经济，城市能够提供更多更好的就业机会，来吸引更多的农村人口进入城市，而这些人进入城市以后，就能够获取足够的收入很快地融入到城市中去，这才是真正健康的城市化。

现在城市化发展的不平衡性，最突出的是城市出现量化结构问题和城市贫困群体多元化问题，包括农民工、流动人口、退休职工、“农二代”等，而教育、医疗等社会公共服务跟不上人口发展的速度。无论从哪一个层面看，农民进城的权利与土地进城的权利都在成长。突出的问题是，此两项事关城市化大局的关键权利，“发育进度”很不平衡。结论是土地进城易、农民进城难，由此，才发生了“土地城市化快于人口城市化”的现象。（周其仁：《城市化的权利不平衡》，《经济观察报》，2012 年 8 月）

一、GDP 体现经济发展中数量和质量不平衡

2011 年 6 月，国家统计局下属的中国统计学会发布了《综合发展指数研究》报告，试图扭转原来县际、区际、省际的 GDP 竞争，为经济社会政策的方向性转变提供了初步依据。

该报告中的综合发展评价指标体系的构建遵循导向性、前瞻性、开放性、可操作性和公认性原则，具体包含了经济发展、民生改善、社会发展、生态建设、科技创新、公众评价六个方面 45 项指标，涵盖了经济、民生、社会、生态、科技、民意等领域，体现了“以人为本”的核心理念和“全面协调可持续”的基本要求，突出资源节约和环境友好，强调科技创新对于转变发展方式、推动科学发展的重要作用。

在今天这样一个中国与世界力量对比出现历史性变化的时刻，在中国经济崛起、发达国家正面临重重经济危机的时刻，回顾 GDP 为什么会成为衡量一国内部与各国之间经济社会发展基本标准的历史，可能别有一番风味。

（一）GDP 与 GDP 核算

GDP 是国内生产总值的英文 Gross Domestic Products 的缩写，指一定时期内（一个季度或一年），一个国家或地区的经济中所生产出的全部最终产品和劳务的价值，常被公认为衡量国家经济状况的最佳指标。它不但可以反映一个国家的经济表现，还可以反映一国的国力与财富。

国内生产总值有三种表现形态，即价值形态、收入形态和产品形态。从价值形态看，它是所有常住单位在一定时期内生产的全部货物和服务价值超过同期投入的全部非固定资产货物和服务价值的差额，即所有常住单位的增加值之和；从收入形态看，它是所有常住单位在一定时期内创造并分配给常住单位和非常住单位的初次收入之和；从产品形态看，它是所有常住单位在

一定时期内最终使用的货物和服务价值与货物和服务净出口价值之和。

中国国内生产总值核算的常住单位是指在中国大陆的经济领土范围内拥有一定的活动场所（厂房或住宅），从事一定规模的经济活动，并持续经营一年以上的单位（包括住户），不包括中华人民共和国特别行政区香港、澳门以及中国领土台湾省内的单位。

GDP 核算与 GDP 不同。GDP 表示的仅仅是一个总量指标，而 GDP 核算则是指在一个完整的理论框架下围绕 GDP 这个总量指标而进行的一系列核算活动。GDP 核算从核算时间上可以分为年度核算和季度核算，从核算使用的价格上可以分为现价核算和不变价核算。

我国的 GDP 核算始于 1985 年，是统计改革的产物。在此之前，与计划经济体制相配套，我国国民经济核算使用的一直是 MPS 体系，即源于苏联计划经济的物质平衡表体系。1985 ～ 1992 年间逐步向 SNA 体系过渡，即向联合国推荐的源于西方市场经济的核算体系过渡。

随着我国经济体制中市场化成分的不断增强，计划成分的不断削弱，SNA 核算体系越来越适合中国国民核算工作的需要。因此，自 1993 年起，国家统计局不再并列提供 MPS 核算资料，而是彻底转向 SNA 体系。国民经济主要总量指标的核算由 MPS 转向 SNA 的过渡期至此宣告结束。经过十多年的努力，国家统计局国民经济核算司已经完成了一整套包括 GDP 核算在内的立足于中国国情的中国国民经济核算体系的构建工作，并配套出版了《中国新国民经济核算体系编制与计算方法系列丛书》，全面概括了我国核算领域在理论层面和操作层面上的有关问题。

GDP 核算有三种方法：一是生产法，由第一、第二、第三产业增加值的总和代表 GDP，各产业增加值的计算方法是各产业总产值减去中间消耗；二是收入法，用劳动者（个人）收入、国家税收（含规费）、企业利润和折旧三者的总和来核算；三是支出法，用居民消费、政府消费、固定资本形成、存货增加、净出口几项的总和来核算。三种方法是从三个不同角度去核算，从理论上说结果应是基本一致的。实际上，任何国家的核算结果都不可能绝对准确地反映实际情况，但只要按照科学的态度去做，核算出的 GDP 及其增长率是可以基本反映总体经济增长水平和发展趋势的。我国目前以生产法 GDP 为准。

由于 GDP 涵盖了国民经济活动的各个部门，所以其计算是建立在专业统计及部门统计与会计核算的基础之上的。由此可见，GDP 核算是一个各方面数据全方位相互印证、相互平衡的系统工程，具有很强的理论性和技术性，是一个国家在核算期内总活动成果的综合反映。

我国的官方统计机构负责 GDP 核算，实行分级核算，国家和地区各自核算本辖区范围内的数据。即全国的GDP由国家统计局负责核算，地区的GDP则由各省、市统计局负责核算。在这种体制下，各地区的GDP汇总之和与国家的GDP数据并不相等，这主要是由资料来源方面的差异造成的。这种情况并不是中国特有的，所有存在地区核算的国家都会遇到类似的问题，只不过有的国家通过特定的核算程序和技术处理人为地使国家和地区数据汇总之和保持一致，而我国则未做进一步的要求，只是由国家对地区数据进行定期的评估。

GDP的作用根据用户对象的不同而不同。根据需求的近似性，我们可以将用户大致分为三大类：政府用户、专家用户和其他一般公众用户。（赵红：《GDP与GDP核算》，中国统计信息网，2003年5月23日）

对于政府用户来讲，GDP核算的作用主要是用于了解宏观经济运行的总体规模和健康性，为政府宏观决策提供依据。比如，宏观决策者将根据GDP运行的总量、态势和轨迹来预计经济增长率、通货膨胀率和失业率，并制定相应的控制目标，采取必要的货币政策和财政政策来干预宏观经济的运行情况。

对于专家用户和研究团体来讲，GDP将为他们提供实证分析和模型预测的基础数据，使他们可以根据理论对经济运转的合理性作出逻辑上的判断，对未来的经济活动进行预见或对现存的经济理论进行修正，从而向决策者提出合理化建议，帮助决策者共同实现宏观经济的健康运行与合理增长。具体地讲，他们可以利用GDP或人均GDP数据来研究诸如贫困问题、收入分配问题、经济增长问题、生产率问题等。

对于一般公众用户来讲，了解了GDP以及政府是如何使用GDP的，便是了解了自己赖以生存的大环境。比如：当一个企业管理者知道财政政策、货币政策是根据GDP等有关信息做出的，那么他就能在宏观政策出台前，对可能出现的宏观政策做一个预测。如果货币紧缩的可能性很大的话，那么他就能知道下期生产获得资金不容易，生产成本会增高，就要及早地想办法，调整计划。当一个人了解了GDP的相关知识后，他就能根据GDP的走向判断出自己的就业难度、工资增长可能性的大小等。经济增长率高（即按不变价计算的GDP增长速度），就业的难度就小，工资增长的可能性就大，但同时可能要面对的是物价增高的情况，这样他就可以调整个人生活规划，降低生活成本，提高生活效用。可见GDP与我们每个人的生活都是息息相关的。就连十六大制定的小康社会的奋斗目标也不可能不以人均GDP作为其指标体系中的一个关键指标，因为人均GDP是目前全世界通用的衡量贫富的一个首要尺度。

值得注意的是，GDP虽然是衡量国民经济发展情况的一个最重要的指标，是最受关注的宏观经济数字之一，但它不是万能的，它只是衡量生产的尺度，而无法全面反映效益、福利等其他与发展相关的指标。另外，GDP 总量也不是越大越好，因为一个国家或地区的综合实力如何，不仅与 GDP 总量有关，还与 GDP 结构有关，包括 GDP 的生产结构、支出结构和使用结构，只有合理的结构才能保证国民经济的健康和可持续发展。再者，GDP 核算本身在核算技术上还存在一定的问题，主要是指在理论框架、指标体系、口径范围、计算方法、数据来源等方面还存在不完善的地方。这种不完善是任何一个国家的核算体系和核算实务都面临的问题，并不是中国所独有的。

尽管 GDP 与 GDP 核算仍旧存在着上述问题和不足，但我们必须看到 GDP 作为一个国家和地区经济活动总量的测度指标具有其不可替代的作用，已被广泛地应用于政治、经济、外交、研究等各个领域，深刻地影响着我们每个人的生活。GDP 核算也将随着其不断完善和细化的过程在宏观生产数据的生产和专业数据质量检测方面发挥越来越重要的作用。

（二）“GDP 崇拜”隐忧

今天，中国 GDP 紧随美国之后，成为全球第二大财政收入经济实体国，特别是在全球金融危机还未全面复苏的局面下，更象征着一种国际符号。

但是，GDP 只是一个经济参考指标，并非国家强盛的决定因素。随着我国人口红利的逐渐消退，依赖低人力成本的经济增长方式已无法维系。无论是从环境承载能力，还是民生幸福角度考量，都应该抛弃旧有的增长模式，转向科技立国、低碳经济、民生为重的发展道路。

2011 年 7 月 29 日，由科学出版社出版的《中国科学发展报告 2011》在京发布。这是国内第一部专题研究科学发展理论、总结科学发展实践、评估科学发展水平的综合研究报告。

2011 年中国各地区 GDP 质量排名与数量排名的对比

地　区	GDP 数量排名	GDP 质量排名	GDP 数量与 GDP 质量之差
北　京	13	1	+12
天　津	20	4	+16
河　北	6	13	-7
山　西	21	23	-2
内蒙古	15	18	-3
辽　宁	7	9	-2

续表

地 区	GDP 数量排名	GDP 质量排名	GDP 数量与 GDP 质量之差
吉 林	22	14	+8
黑龙江	16	15	+1
上 海	8	2	+6
江 苏	2	5	-3
浙 江	4	3	+1
安 徽	14	19	-5
福 建	12	7	+5
江 西	19	21	-2
山 东	3	8	-5
河 南	5	12	-7
湖 北	11	17	-6
湖 南	10	22	-12
广 东	1	6	-5
广 西	18	24	-6
海 南	28	10	+18
重 庆	23	11	+12
四 川	9	20	-11
贵 州	26	28	-2
云 南	24	25	-1
陕 西	17	16	+1
甘 肃	27	29	-2
青 海	30	27	+3
宁 夏	29	30	-1
新 疆	25	26	-1
西 藏	-	-	-

《中国科学发展报告 2011》显示，从 GDP 数量排名地区分布上看，东部发达地区数量仍大大超过中西部地区。其实，中西部 GDP 增速高于东部，是中国区域经济结构变化所致。资源丰富的中西部地区得益于近年来能源和原材料价格的大幅上涨，经济获得了飞速发展。而处于下游的东部地区，受上游原材料成本上涨等因素的倒逼，放慢了经济发展的步伐。区域发展不平衡

导致各地区 GDP 质量指数差别较大，GDP 质量排名前十省市的工业化已经比较成熟，而末尾的中西部一些省市的工业化还处于发展阶段。GDP 数量大的，基本上发展质量也相对高，这其实就表明了质量和数量是一样的。

中国 GDP 总量已经位居世界第二，各个省份的 GDP 总量也有很大提升，部分省份甚至达到富可敌国的水平。但在令人骄傲的成绩面前，切勿兴奋过头，要清醒地认识到，我国 GDP 总量虽高，但 GDP 质量却不高。在未来的经济发展中，需要大力调整产业结构，重点提升 GDP 质量，才能真正成为经济强国。

我国经济对外依存度过高，经济增长情况依赖于国外消费市场。外资企业、合资企业、对外加工贸易企业等创造的产值，占据 GDP 总量的大多数份额。一旦国外市场因金融危机陷入低迷状态，就会导致我国外向型经济萎缩困顿，而去年出口总额大比例下滑，正是外向型企业遇冷所致。由于缺乏核心竞争力，绝大部分企业仍停留在加工阶段，赚取微薄的加工费，资本积累不足，产业结构升级缓慢。

目前制定的 GDP 考核标准，已成为地方政府的政绩导向标，一切以追求 GDP 总量为准则。我国多个发达省份，都陷入对外招商的恶性竞争困局，依靠承接发达国家的产业转移而崛起，却付出环境污染的巨大代价。而由于外资、合资、对外加工贸易企业享受优惠政策，在市场竞争中处于有利地位，直接挤压了本土企业的生存空间，同时还造成大量税收的流失，等于是拿中国人的利润去补贴外国消费者。

另外，由于民生保障体系不完善，实际人均收入增长有限，国内居民消费长期不振，国内市场拓展难度大，片面依赖投资带动增长。大量资金沉淀在基础建设和房地产领域，只能短期拉动 GDP 总量，却不能转化为实际的消费增长，长期下去就会带来经济失衡，加重生产过剩的恶化态势。

事实上，GDP 是典型的美国制造，而且生逢乱世，出生在对经济萧条及其所带来的社会混乱进行反思、矫正、补救的新政时代。

1929 ～ 1933 年的经济大萧条，激发了美国政治、经济、社会各个层面的新政改革，后者让美国彻底成为一个现代国家。在经济领域，为全面评估个人、企业尤其是政府的经济绩效建立一个可靠的单一标准，至少为应对周期性的经济衰退提供了一个相对准确的决策依据，成为当时的一个重要任务。1937 年，国民账户研究专家、经济学者西蒙·库兹涅茨（Simon Kuznets）向美国国会提交了一份报告，题目就是“1929 ～ 1935 年的国家所得”，正式提出了国民生产总值也即 GDP 这个计算标准。

七年以后，GDP 又成为 1944 年布雷顿森林体系的一部分，世界银行、国际货币基金组织均采纳了 GDP 标准，从而将 GDP 这个美国标准变成了全球标准。

GDP 的家世告诉我们，GDP 是现代世界比较晚近的产物，体现的是将整个国家经济发展状况清晰化进而做出准确决策的努力。今天，我们中国人对 GDP 崇拜的反思，也正是对这种美国治理模式的反思。自从史无前例的大萧条以来，美国经历了十一次经济衰退，最近一次是 2008 年以来金融危机所带来的大衰退。最近一段时间，美国两党围绕财政债务上限的激烈斗争，以及标普下调美国信用等级后引发的美国股市暴跌，都体现了 2008 年金融危机的顽强“生命力”。

可以看出，美国经济衰退每次至少持续 8 个月以上，最长的是 1980 年代初的 20 个月。我们当然不能将衰退归结为 GDP 这个计算标准，但其过度注重经济发展而忽略社会发展的逻辑值得认真反思，其背后隐藏的深层社会分化和严重贫富差距需要严肃对待。2008 年美国金融危机已经将希腊、西班牙、葡萄牙、意大利、爱尔兰甚至英国搞得人心惶惶，它们高筑财政债台维持高福利政策的内部脆弱，在面对外来冲击时的不堪一击，趋向保守的移民政策、种族问题、年轻人的高失业率、高等教育大众化以及社会不满情绪，都可能在这个时候成为暴力骚乱的导火索。这是十多年来这些国家社会抗议活动高涨，以及英国伦敦骚乱的症结所在。

因此，综合发展指数的问世，尽管还没有成为正式的官方标准，但可以视为中国尝试改变单纯 GDP 标准的努力的一部分，归根结底是为解决我们自身社会问题提供更准确的政治、法律与公共政策决策依据。人们对 GDP 数字的某种不信任，很多时候不是具体考证你的计算方式，而是某种社会不满情绪的投射。在希望人们用更加理性、实证、科学的精神思考问题的同时，做出切合社会期待的政策变革也是必需的，及时回应社会需求是民主体制的内在要求。

（三）GDP 作用与局限相辅相成

2010 年 4 月，国家统计局局长许宪春以官方身份在是年第 9 期《求是》杂志上撰文名为《GDP：作用与局限》，文中称“仅凭 GDP 这一指标来评价国民经济的发展状况，并不能得出全面正确的结论”，理由列举了不能全面反映社会进步、不能反映经济发展的质量差异、不能反映资源环境的变化等，试图从官方的角度比较客观地阐述 GDP 的作用及其局限性，目的在于让公众全面地理解 GDP、客观地评价 GDP，正确地使用 GDP。该文认为：

在通常情况下，GDP 是反映一国经济增长、经济规模、人均经济发展水平、经济结构和价格总水平变化的一个基础性指标，因而是国际上普遍适用的考察国民经济发展变化的重要工具。正确认识并合理使用这一指标，对于考察和评价我国经济全面协调可持续发展状况具有重要意义。

GDP 是反映国民经济发展变化情况的重要工具。第一，GDP 增长率是描述经济增长情况的最重要的宏观经济指标。世界上几乎没有哪一个国家不关心经济增长，因为没有经济的适当增长，就没有国家的经济繁荣和人民生活水平的提高。目前，各国政府的统计部门都把 GDP 增长率作为描述经济增长情况最重要的综合性宏观经济指标。

第二，GDP 是描述经济规模的最重要的宏观经济指标。一个国家的经济规模是其经济实力和国际地位的重要标志之一。当然，经济规模与经济实力和国际地位并不是对等的。在同样的经济规模下，因为经济增长的质量和效益、经济增长的科技含量以及经济增长的潜力不同，经济实力和国际地位存在较大差距。但是，没有一定的经济规模，就谈不上有经济实力，也很难在国际上发挥应有的作用。

第三，人均 GDP 是描述人均经济发展水平的重要指标。人均经济发展水平在一定程度上反映了一个国家的富裕程度和人民生活水平的高低。有的国家经济规模较大，但人口众多，人均经济发展水平很低，仍然被认为是穷国；有的国家经济规模不大，但人均经济发展水平很高，被认为是富裕国家，例如瑞士、瑞典、丹麦等国。

第四，GDP 是描述经济结构的重要指标。经济结构始终是经济发展中的关键环节。许多重要的经济结构，如产业结构、消费需求、地区经济结构等，都是通过 GDP 来描述的。目前，我国产业结构、需求结构和地区经济结构都存在一些突出的矛盾，如产业结构中第三产业比重偏低，需求结构中消费需求比重偏低，地区经济结构中中西部地区比重偏低，等等。这些问题都是通过 GDP 反映出来的，它们是制定经济结构调整战略和政策的重要依据。

第五，GDP 是描述价格总水平变化的重要指标。国际上通行的描述价格总水平变化的指标有两个：一个是 CPI，即居民消费价格指数，它描述的是用于居民消费的最终产品的价格变化；另一个是 GDP 缩减指数，它描述的是所有最终产品的价格变化，即除了用于居民消费的最终产品外，还包括用于政府消费、固定资本形成、存货变动和进出口的最终产品的价格变化。CPI 很重要，因为它直接影响居民的实际生活水平，涉及居民的切身利益；GDP 缩减指数也很重要，因为它反映的价格变化更全面。

GDP 是制定经济发展战略目标和宏观经济政策的重要工具和重要依据。首先，GDP 是制定经济发展战略和规划目标的重要工具。例如，“十一五”规划关于经济社会发展的主要经济指标有 22 个，其中和 GDP 有关的指标有 6 个，包括两个经济增长指标，两个经济结构指标，两个人口资源环境指标。两个经济增长指标，一个是 GDP 年均增长 7.5%；另一个是人均 GDP 2010 年比 2000 年翻一番，年均增长 6.6%。两个经济结构指标，一个是服务业增加值占 GDP 的比重，从 2005 年的 40.3% 提高到 2010 年的 43.3%；另一个是研究与试验发展经费支出占 GDP 的比重，从 2005 年的 1.3% 增长到 2%。两个人口资源环境指标，一个是单位 GDP 能源消耗 2010 年比 2005 年降低 20% 左右；另一个是单位工业增加值用水量 2010 年比 2005 年降低 30%。上述目标是“十一五”规划确定的目标，特别是单位 GDP 能耗，是约束性指标。

其次，GDP 是制定宏观经济政策的重要依据。我国的宏观经济政策与经济增长和价格总水平变动存在十分密切的关系。例如，1998 年受亚洲金融危机的影响，经济增长率和 CPI 涨幅迅速回落，国家实施了积极的财政政策；2003 年至 2007 年，我国经济又一次连续保持五年两位数高速增长，经济运行再次出现过热的现象，2005 年至 2006 年国家实施了稳健的财政政策、货币政策；2007 年实施了稳健的财政政策和货币政策，货币政策适度从紧；2008 年 9 月，国际金融危机爆发，外需急剧收缩，经济增长率迅速回落，国家实施了积极的财政政策和适度宽松的货币政策。可见，GDP 描述的经济增长率是宏观经济决策的重要依据。

GDP 是检验宏观经济政策科学性和有效性的重要手段。GDP 不仅是制定宏观经济政策的重要依据，而且是检验宏观经济政策科学性和有效性的重要手段。例如，在经济衰退的时候，国家往往采取刺激性经济政策，这些刺激性政策是否有效地抑制了衰退，促进了经济的复苏；在经济过热的时候，国家往往采取紧缩性经济政策，有关紧缩性政策是否有效地抑制了经济过热，拉动经济回归到正常水平；在经济结构不合理的时候，国家往往采取调整经济结构政策，有关调整经济结构政策，是否发挥了预期的作用。所有这些宏观经济政策的科学性和有效性，都要通过 GDP 来检验。

GDP 是对外交往的重要指标。一个国家承担国际义务的轻重，享受优惠待遇的多少，以及在国际社会发挥作用的大小，往往和这个国家的 GDP 有密切的联系。例如，GDP 和人均 GDP 是联合国确定其成员国承担联合国费用、维和费用的重要依据之一，也是世界银行确定其成员国享受优惠待遇的重要指标。同时，国际货币基金组织在确定其成员国发言权时也要重点考察这一指标。

然而，随着社会经济的深入发展，仅凭 GDP 这一指标来评价国民经济的发展状况，并不能得出全面正确的结论。

GDP 不能全面地反映经济发展。第一，GDP 没有充分地反映公共服务在经济发展中的重要作用。政府部门提供的行政服务、公共安全服务、教育服务、医疗卫生服务、环境保护服务等公共服务在经济发展中发挥着重要作用。但是，GDP 核算是以市场活动为主体，它衡量经济活动的标准尺度是市场价格。由于政府部门提供的公共服务不存在市场价格，目前国际上通行的做法是利用政府部门提供这些公共服务投入的成本来衡量其价值，而这些投入成本远不能反映这些公共服务在经济发展中的重要作用。

第二，GDP不能反映经济发展的质量差异。不同国家的产品质量、拥有的品牌数量差异很大，尤其是经济发达国家与发展中国家之间具有显著差异；不同国家的技术水平、劳动生产率、资本生产率、资源产出率差异很大；不同国家的排放强度也具有很大的差异。GDP没有反映出这些经济发展质量的差异。

第三，GDP不能准确地反映财富的增长。一个国家的经济实力在很大程度上取决于它所拥有的财富存量，而不仅仅是当期新增加的财富；一个国家的人民生活水平在很大程度上取决于这个国家的人民所拥有的财富存量，而不仅仅是当期新增加的财富。经济增长质量不高会导致财富的巨大损失和浪费，导致财富存量的减少。在这种情况下，财富存量不能与经济增长率保持同步增长，从而GDP不能准确地反映财富的增长。

第四，GDP没有反映非市场性家务劳动。家务劳动对于人民生活来说是必不可少的。经济发展程度不同的国家，家务劳动的市场化程度截然不同。一般来说，发达国家家务劳动市场化程度比较高，而发展中国家家务劳动市场化程度比较低。不管家务劳动市场化程度高或低，这些劳动本身都是存在的，但由于GDP只计算市场化的家务劳动，从而导致经济发展程度不同的国家，其GDP具有一定程度的不可比性。

第五，GDP不能全面地反映社会进步。一是GDP没有充分地反映公共服务在社会进步中的重要作用。由于GDP利用政府部门提供这些公共服务投入的成本来衡量其价值，它没有充分反映这些公共服务在社会进步中的重要作用。二是GDP不能反映就业状况。GDP反映的是生产活动的最终成果，但是它并不涉及多少人参与了这种生产成果的创造活动，更不涉及还有多少人希望参与到生产活动中去，因此，它不能反映一个国家的就业状况。三是GDP不能反映收入分配是否公平合理。GDP是一个生产指标，不是一个收入分配指标，它只是利用这几种收入形式反映生产活动成果，不能完整地反映收入初次分配，更不能反映收入再分配，从而不能反映一个国家收入分配是否公平合理。四是GDP不能反映社会福利改善情况。例如，GDP不能反映社会最低生活保障、失业保障、医疗保障、住房保障的改善情况。

第六，GDP不能反映资源环境的变化。GDP是反映经济发展情况的指标，但是经济发展势必消耗自然资源，也往往对环境产生负面影响，例如消耗土地资源、水资源、森林资源、矿产资源；例如水污染，空气污染、土地污染等，GDP没有反映经济发展所带来的资源消耗成本和环境损失代价。GDP也不能全面地反映人类的自觉行动对自然环境的改善。因此，国际上有人提出绿色 GDP 的概念，这是一个科学的理念，但实际操作起来很困难。目前，国际上还没有一套成熟的方法计算绿色 GDP，还没有一个国家的政府统计部门正式发布绿色 GDP 数据。

第七，GDP 不能全面地反映人民生活水平的变化。一是 GDP 没有充分地反映行政服务、教育服务、医疗卫生服务等公共服务在经济发展和社会进步中的作用，从而它不能全面地反映这些公共服务的改善对人民生活水平的影响；二是由于 GDP 不能反映就业状况、收入分配状况和社会福利状况，从而它不能反映这些方面的社会进步所带来的人民生活状况的改善；三是由于 GDP 不能反映自然环境的变化，从而它不能反映环境损失和环境改善对人民生活质量的影响。

综上所述，GDP 既有重要的作用，也存在明显的局限性。我们应当客观地评价这一宏观经济统计指标，在强调它的作用的时候，不要忽略它的局限性；在看到它的局限性的时候，不要否定它的作用。我们不能奢望 GDP 能够满足方方面面的要求，世界上没有哪一个统计指标能够做到这一点。关键是我们要清楚利用 GDP 能够做什么，不能够做什么，在它的适用范围内，正确地使用它；在超过 GDP 适用范围的领域，要发挥其他合适的统计指标的作用。

耐人寻味的是，《GDP：作用与局限》文章一出，即刻引发了外界对于中国经济转向的各种揣测，但许宪春迅速通过官方媒体做出了回应，称媒体曲解了他的本意，他再次引用了萨缪尔森将 GDP 称作 20 世纪最伟大的发明之一的话语，又强调“可以说，到目前为止还没有一个更科学的指标能够取代它”。

（四）告别“GDP 崇拜”

回溯几年前，在国民经济核算中加入环境因素的绿色 GDP 概念曾红极一时，却迟迟未能进入操作层面，几乎已被确定“胎死腹中”。早在 2006 年，经济学家厉以宁就提出，中国应当实行有利于可持续发展的新的 GDP 核算方式，将发展中涉及的自然和社会成本都考虑进去，比如应当扣除安全生产事故、突发事件以及司法腐败带来的各项损失。

谁能取代 GDP，这一直是经济学界的老话题。萨缪尔森提出了一个“纯经济福利”的概念，即在 GDP 中减去污染、环境破坏这些对社会福利有负面作用的项目，再加上家务劳动、闲暇价值这些有福利贡献却没有计入 GDP 的项目。但也有很多人认为，这种方式在操作上根本不可能实现。

同样作为诺贝尔经济学奖得主、一直关注福利经济学的阿玛蒂亚·森认为，目前不大可能发明一种全新指标取代 GDP，他认为只可能以 GDP 为关键性指标，再将环境和生活质量等因素加入其中，建立综合指标库。

事实上，联合国早已开始这样的尝试，1990 年，联合国在《人文发展报告》中首次提出了人类发展指数（HDI），这是一个以“预期寿命、教育水准和生活质量”三项基础变量组成的综合指标，阿玛蒂亚·森正是 HDI 编制者之一。在中国成为世界第二大经济体的 2010 年，联合国发布第二十个报告，中国在 169 个国家的 HDI 排名中仅名列第 89 位，这一年的报告首席撰稿人库鲁格曼在提及中国的时候说，“经济增长本身并不一定能自动带来医疗和教育的改善”。

当反思单一 GDP 标准成为一种社会共识，我们接下来就需要思考用什么来告别“GDP 崇拜”了。有趣的是，第一个从学术上反思 GDP 标准的，正是“GDP 之父”库兹涅茨的学生摩西·阿布拉莫维茨（Moses Abramovitz）。1959 年，阿布拉莫维茨质疑用 GDP 来衡量社会总体福祉的有效性。之后，对 GDP 的反思就越来越多，GDP 的替代或者补充指标体系也开始出现，诸如 1972 年不丹的国民幸福指数、1990 年联合国开发计划署人类发展指数、1996 年联合国可持续发展指数、1996 年英德等各国可持续发展战略、2000 年联合国千年发展指数、2009 年“美国状况”工程的开启、2008 年法国菲图西—阿马蒂亚森 – 斯蒂格利茨委员会报告提出的测量幸福的十二个维度，等等。我们的综合发展指数研究有可能成为这些努力的最新成果。当然，它能否从“学术指数”上升为“政治指数”，能否扭转 GDP 拜物教，还需要时间观察。

综合发展指数意味着我们对单一 GDP 标准弊端的反思，对拿什么告别“GDP 崇拜”的反思已经告一段落，反思已经取得了阶段性的胜利。下一步，我们考虑的也许是，整个反思与矫正的方向并不是用一个新的标准彻底取代 GDP，而是调整好社会发展和社会治理具体指标与经济发展具体指标之间的比重，实现以人为本的全面、持续、协调发展。

与此同时，同样重要也许更为重要的是，GDP 标准思维的一些基本原则也需要坚持，“可采集、可量化、可对比”这样的清晰化、标准化思维，是治理现代化大型工业社会所必需的，沉迷于修辞、清议、德性的农业社会已经成为历史。为了记取我国内部结构脆弱、无力应对外来强权压力的百年屈辱教训，不能用极端的方式反思现代性及作为其产物的 GDP 思维。

一个真实、准确、清晰、标准化的世界，可能导向社会控制，但也是政府向国民个体传送公共服务、社会向政治过程传递需求压力所必不可少的。与发达工业化国家相比，我们在这方面还有很多可改进之处。

随着 GDP 越来越饱受争议，“幸福感”的城市衡量指标逐渐为人们所重视。2012 年，中国城市竞争力研究会公布了 27 份中国城市分类优势排行榜，其中，“2012 年中国最具幸福感城市排行榜”最受关注。

据不完全统计显示，全国至少有18个省（市、区）明确提出了“幸福”的概念。相关数据显示，已有100多个城市提出建设“幸福城市”。江阴市提出力求“个个都有好工作，家家都有好收入，处处都有好环境，天天都有好心情，人人都有好身体”的幸福口号；北京市平谷区提出“幸福蓝图”，含12年免费义务教育在内的18个“免费”、“三公经费”公开等18个“百分之百”，另有18个“全覆盖”；湖北省在编制幸福指数统计指标体系时，则把影响幸福指数的要素归并为健康状况、经济状况、家庭状况、职业状况、社会保障、文化教育、环境条件7个方面。

中国城市竞争力研究会评价“城市幸福感”的主要特征是：市民普遍感到城市宜居宜业、地域文化独特、空间舒适美丽、生活品质良好、生态环境优化、社会文明安全、社会福利及保障水准较高等，而“中国幸福感城市评价指标体系”由包括满足感指数、生活品质指数、生态环境指数、社会文明指数、经济福利指数在内的5项一级指标和21项二级指标、47项三级指标构成。其中，城市环境、硬件设施、经济因素被作为衡量居民幸福感的三个最主要因素。

二、“剪刀差”造成城乡发展不平衡

二元社会结构最早是由荷兰经济学家博克在观察荷兰殖民地印度尼西亚的社会经济时提出的一个概念，指的是一国内存在着两个在生活条件、生活方式、生活观念等方面完全不同质的相互独立运行的社会子系统。

城乡二元经济结构一般是指以社会化生产为主要特点的城市经济和以小生产为主要特点的农村经济并存的经济结构。我国城乡二元经济结构主要表现为：城市经济以现代化的大工业生产为主，而农村经济以典型的小农经济为主；城市的道路、通信、卫生和教育等基础设施发达，而农村的基础设施落后；城市的人均消费水平远远高于农村；相对于城市，农村人口众多等。这种状态既是发展中国家的经济结构存在的突出矛盾，也是这些国家相对贫困和落后的重要原因。发展中国家的现代化进程，可以说在很大程度上是要实现城乡二元经济结构向现代经济结构的转换。

这些年，在强调统筹城乡发展的同时，城乡失衡的矛盾和问题在某些方面又有所突出。例如，近几年城乡收入差距仍然有所扩大。为什么会形成这种局面？我们的看法是，在工业化主导的时代，劳动力成本优势与城乡二元经济结构直接相联系。城乡二元经济结构失衡，不仅是城乡发展失衡的主要症结所在，也是我国经济结构、分配结构失衡的重要因素。

（一）我国的城乡差距

收入分配影响生产效率、民众的切身利益和社会的稳定。

在党的十一届三中全会以前，我国处于计划经济体制下，平均主义的原则主导着收入分配。这种平均主义的收入分配格局既没有效率，又制约了收入提高的可能性。因此改革开放后加大居民收入差距既是提高经济效益所必需的和必要的，也是发展与改革阶段不可避免的，这是飞跃性的进步。

衡量居民收入差距的重要指标之一是基尼系数。按照国际通行标准，基尼系数处于0.2以下为收入分配高度平均；0.2～0.3之间为收入相对平均；0.3～0.4属于合理区间。同时，国际上通常把0.4作为收入分配贫富差距的“警戒线”，认为0.4～0.6为“差距偏大”，0.6以上为“高度不平均”。

1978年召开的党的十一届三中全会吹响了收入分配制度改革的号角——改革开放的列车正式启动。

1982年农村实行了以“家庭联产承包责任制”为核心的经济体制改革，最有效地将农民的收入同他们的劳动成果挂起钩来。这种经营方式极大地提高了农民生产的积极性和劳动生产率，农作物产量增长迅速。为了保障农民的利益，政府也采取了相应措施：不断提高对粮食等农副产品的收购价，下调对与农业生产相关的生产资料诸如化肥、农药等的价格。这些措施大幅度地提高了农业劳动生产力发展水平，提高了农民从事农业生产的收入。与此同时，随着乡镇企业的蓬勃兴起，农民的收入来源渠道进一步拓宽。农村的改革与发展增大了对生产资料与生活资料的需求，促使城市中这些部门得到相应发展，城镇居民收入来源扩大，收入有所增长，但增长幅度不大。城镇居民的收入主要还是劳动收入，基本上处于同一收入水平。

从1984年开始，国家经济体制改革的重心从农村转移到城市，对国有企业先后实行了利改税、企业承包制等措施，在推进国有企业改革的进程中，所有制结构发生多元化变革，个体经济、私营经济、三资企业等非国有经济迅速发展起来。在城镇，人均收入不断攀升，平均主义这个最大的分配不公问题得以解决，新的收入分配格局开始形成，发挥了收入分配的激励作用。

1987年，中共十三大报告提出坚持“以按劳分配为主体，其他分配方式为补充”的分配原则。十三大还再次重申：当前深化改革的任务主要是围绕转变企业经营机制这个中心环节。国有企业职工的工资和奖金同企业经济效益相挂钩，职工工资总额和企业经济效益按比例浮动。加之非国有经济得到大力发展，城镇人均收入不断攀升。

1992年，邓小平南方谈话以后中国经济又进入新一轮改革开放的高潮期，国家加大了以市场化为导向的改革力度。

1996 年，市场经济体制已经基本确立，生产要素市场逐渐发育，尤其是资本市场和证券市场的发展为资本投资开辟了新的渠道，多种经济成分获得了充分的发展。与此相适应，收入分配体制也有了更大突破。

1997 年，中共十五大明确了按生产要素分配的地位，多种分配方式并存的制度得以具体化。“坚持按劳分配为主体，多种分配方式并存的制度，把按劳分配和按生产要素分配结合起来”，明确“坚持效率优先、兼顾公平”，以及按劳分配和按生产要素分配相结合的分配制度，发挥了收入分配的激励作用。

1998 年以后，我国经济持续高速增长，带来了居民收入的大幅度提高，而城镇居民人均可支配收入的增长速度一直明显快于农村居民人均纯收入增长速度，致使 1998 年之后城乡收入差距呈逐年增大态势，城乡收入比由 1998 年的 2. 51∶1 增大到 2003 年的 3. 23∶1。1998 ～ 2003 年，我国的基尼系数在 0. 30 ～ 0. 37 之间变化，属于收入分配合理区间。

由国家发改委、国家统计局和中国社科院等单位的专家共同编写的《中国居民收入分配年度报告（2004）》指出：“最高收入 10% 的富裕家庭其财产总额占全部居民财产的 45% ，而最低收入 10% 的家庭相应比例仅为 1. 4% 。”根据国家统计局发表的《农村居民贫困状况》，2006 年农村按贫困标准每人每年 693 元，全国共有 2148 万人，贫困发生率 2. 3% 。

中国社会科学院社会学所 2008 年 6 ～ 7 月在全国进行了第二次全国综合抽样调查数据的初步分析表明，在非农从业人员中，被调查者个人月收入（工薪收入与经营收入之和）差距明显有所扩大：收入水平最高的 20% 被调查者的收入份额，是最低的 20% 被调查者的收入份额的 18. 7 倍。

因此，在分配过程中要逐步提高居民收入在国民收入分配中的比重，提高劳动报酬在初次分配中的比重，加大再分配环节对收入分配的调节力度，注重解决分配中的公平问题。在经济的持续增长中逐渐缩小城乡居民的收入差距，让广大的人民群众共同分享到经济发展好处。这是近期和今后比较长的一段时期内必须着力解决的问题，是与广大人民群众的利益息息相关的问题，也是建设和谐社会的内在要求。

（二）中国城乡差距的原因分析

2008 年 8 月 28 日，时任农业部部长孙政才在向全国人大常委会作“国务院关于促进农民稳定增收情况”的报告时指出，近几年是我国农民收入增长最快的几年，但城乡居民收入差距也在不断扩大。2007 年，农村居民人均纯收入实际增长 9. 5% ，为 1985 年以来增幅最高的一年；而城乡居民收入比却扩大到 3. 33∶1，绝对差距达到 9646 元（农村居民收入 4140 元，城市居民收

入 13786 元)，也是改革开放以来差距最大的一年。(《中国青年报》，2008 年 8 月 29 日)

这个数据出自农业部部长之口，但来源自国家统计局。应该看到，这是一个以户籍人口为标准进行统计的数据，如果以职业人口为标准进行农业、非农业人口收入的数据统计，差距可能还会更大。当时孙政才部长表示，2007 年我国农村外出就业劳动力达 1.26 亿人，乡镇企业从业人员为 1.5 亿，扣除重复计算部分，2007 年农民工达到 2.26 亿人。这 2.26 亿农民工在城市打工的收入，事实上都计算为农村居民收入而不是城市居民收入了。要想了解中国城乡差距的真实状况，应该把农民打工的非农收入计入城市居民收入而不应该计入农村居民收入。

我们来做一个不完全准确的简单加权法推演，把 2.26 亿农民工及其背后的供养人群计为城市人口，再来算算实际城乡收入差距。中国社科院研究报告称，2006 年中国城市化率为 43.9%。不妨假设 2007 年中国城市化率为 44%，则我国有城市人口 5.72 亿，农村人口 7.28 亿。2006 年 10 月，国家统计局曾发布城市农民工生活质量状况专项调查，结果表明：进城就业的农民工工资收入比较低，生活质量比较差，居住、医疗条件得不到保障，休闲方式比较单调，劳动技能普遍偏低，子女教育问题比较突出。从收入看，进城务工经商的农民工的平均月收入为 966 元，一半以上的农民工月收入在 800 元以下，其中月收入在 500 元以下的占 19.67%，月收入在 500～800 元的占了被调查农民工总数的 33.66%，只有一成的农民工的月收入超过了 1500 元。依此数据，假设 2.26 亿农民工 2007 年平均月收入 1000 元，每人每年就是 12000 元，平均到 7.28 亿农村人口上，平均每人每年是 3725 元。

和 2007 年农村居民人均收入 4140 元作比较，这是一个非常惊人的数据，意味着今天的中国农民，从总体上看，其 90% 的收入已经来自非农收入。如果有关部门在城市化率的计算中包含了 2.26 亿农民工，在计算农村居民收入时又把他们算作农民，那么，其 7.28 亿元收入平均到 2.26 亿农民身上，人均每年亦达到 2843 元，占 4140 元总收入的 69%。

这便是今日中国城乡差距的真实面目。扣除城镇经商和务工收入，农民收入与城市居民收入差距在天壤之间；如果加上城市居民拥有而农村居民所没有的各种社会保障，两者之别，差距更大。它意味着农民的绝大部分收入已经不可能从传统的农业中获得。正如美国学者 R. H. 托尼所言，单个的小农生活在齐脖子深的水中，稍有一个细小的波浪就会将他们彻底淹没。

在此情况下，无论是农业科技，还是农民以组织化生存的方式组织起来，都会面临着组织化、科技化成本过高而收益过低的问题而无法实施，中国农民的唯一出路在于，农民数量大规模减少，顺利成长为城市居民。这一点，无论人们情愿还是不情愿，都挡不住农民背井离乡的艰难却又坚定的脚步。

在此情形下的中国，将面临挑战：一是未来谁来种地？谁来养活中国？二是城市将以什么样的制度和心态迎接农民进城？三是对未来的人口政策构成了挑战。

中国人民大学人口与发展研究中心主任、国家人口计生委专家委员会委员翟振武曾介绍说，我国自1973年施行计划生育政策，人口生育率从6下降到1978年的2.6；进入90年代，生育率下降至1.8；2000年至今，人口生育率已下降到1.65～1.7。而且，该趋势很可能还会延续下去。2008年8月19日《生命时报》数据显示，上海、北京等城市人口生育率达到了极低生育率的水平，几乎到了1以下。这比发达国家的生育率还要低很多，如日本和德国都是1.4，美国为2.1。尤其是1990年以来，我国出生人口数量持续下降。2000年第五次人口普查的数据显示：0～4岁的人口只有6897万，仅相当于10～14岁人口的一半左右，下降速度极为惊人。中国也许将很快面临“未富先老”的局面。人口出生率的急剧下降，与中国的城市化同步。即使完全改变现有的计生政策，人口出生率下降的趋势也无法避免。无疑，这将给我们的人口与生育政策提出新的课题。

改革开放后，我国取得了举世瞩目的发展成就，同时也积累了城乡差距拉大的发展隐患。从经济学理论角度分析，城乡发展差距越来越大的根源就在于城乡要素交换关系不平等。以要素禀赋即拥有资源的数量和质量而论，城市与农村各有长短：城市多知识与资本，农村多人力与土地；城市长于第二、第三产业，农村长于第一产业。在市场经济理论鼻祖亚当·斯密看来，要素禀赋差异是发展市场经济的前提，通过社会分工与市场交换，拥有不同要素禀赋的区域或利益主体各得其所，普遍富裕。但是，改革开放前搞计划经济，虽然强调分工但却否定市场经济，对农产品实行统购统销政策，在工业品与农产品之间搞不等价交换。改革开放后，城乡要素交换关系中的市场因素大大增加，既刺激了农村经济的大发展，也通过农村要素大规模转移推动了城市经济空前繁荣，但从总体上看，农村要素价格偏低的状况依然需要从根本上改观。

首先是计划经济时期的体制和政策仍然大量地残留在社会主义市场经济体制框架内，农村要素价格低于城市的制度并没有彻底改变。比如，城市廉价征用农村集体土地，农村劳动力还不能与城市劳动力同工同酬等。其次，在要素流向和利益分配方面，单纯的市场竞争机制相对有利于城市和非农产业，不利于农业和农村，使农村的各种资源和利益向城市富集。比如，谷贱伤农，即农民为消费者提供了充足的农产品反倒会减少收入；为了获得更多的家庭收入，大量农村青壮劳动力进城打工，农业生产第一线劳动力素质下降；农村发展缺乏资金，但大量的农村储蓄资金却用不到农村；等等。因此，按照科学发展观的统筹兼顾根本方法，形成城乡经济社会发展一体化新格局，体现在经济发展实践中，最终要落实到城乡要素报酬均等化这一根本点上来。

2004 年以来，国家对农村实行“多予、少取、放活”的方针政策，“十一五”期间大力建设社会主义新农村，推行城乡基本公共服务均等化，在较短的时间内农村面貌发生深刻变化：粮食连续七年增产，农民年均增收幅度超过了 6%，多数行政村路面得到硬化，通信设施配套安装，农村教育经费由县级财政统筹，95% 以上的农民参加了新型农村合作医疗，新型农村养老体系正在建立。这些说明，在要素的比价关系上正在向有利于农村的方向转变。这是符合一般经济发展规律的可喜现象。其实，在城乡均衡发展的发达国家，不论是人多地少的国家如日本、韩国，还是人少地多的国家如美国、法国，都离不开城乡要素平等交换这条基本经验。

（三）造成城乡差距的重要因素

改革开放以来，我国对农村劳动力流动的政策经历了一个由控制到鼓励，由引导到配套改革的过程。中国户籍管理制度大致可划为三个阶段：第一阶段，1958 年以前属自由迁移期；第二阶段，1958 ～ 1978 年，为严格控制期；第三阶段，1978 年以后为半开放期。严格的城乡户籍管理制度，把城镇户口和农村户口分开管理，抑制了人力资源自由流动的愿望，造成了城乡分割的二元劳动力市场。户籍管理制度使得城乡劳动力流动大多只是暂时性的转移而不是永久性的。大部分农村劳动力无法实现真正的从农民身份向城镇人口的转变。另外城市对于自发前来经商和务工的“民工潮”，从禁阻到经济性接纳用了十年的时间。上世纪 90 年代中期以来随着城市失业率的上升，更使得许多城市制定并实施了大量限制农民在城镇就业的制度。

从农业生产过程看，受到良好的教育的劳动者更易于接受和学会使用新的生产技术，甚至主动去搜寻新的技术或改进生产技术或条件，其劳动生产率比知识水平低者更高。从获得非农就业机会看，经济的转型期从某种意义上看就是寻找获得更大收入机会的过程，而且这种机会寻找和利用的过程是不完全竞争的，受教育水平高的劳动者与受教育水平低的劳动者相比更能够发现并利用这种机会，从而获得较高的收入。众所周知，我国的城乡居民在接受教育方面的机会先天就是不平等的，这就直接决定了城乡居民在人力资本禀赋方面存在巨大的差异，而这种差异在最近几年随着城乡发展的不平衡而进一步拉大。目前，全国县级以下（包括县本级）人口的平均受教育年限为 6.23 年，而城市为 8.68 年；农村人口中具有大专以上文化的仅为 0.3%，而城市为 7.97%；现在在校的大学生中，城镇居民的子女占 70%，农村子弟约占30%，这同全国总人口中，农村占70%，城市居民占30%的格局正好相反；具有高中文化程度的人口，农村只有4.87%，城市则达22.17%；文盲以及小学文化程度人口，在农村高达64.1%，而城市只有34.9%。农村教育的这种现状是现代化进程的沉重包袱，严重影响到对先进农业技术的接受能力，进而使科技在农村的普及推广难度增大，科学技术转化为现实生产力的效率不高，最终影响到农民收入的继续增长。

长期以来，我国实行的都是偏向城市的非均衡发展战略。中国从被列强入侵总结出“落后就要挨打”的教训，从此开始“赶超行动”，而由于把失利的直接原因归之于“中国一盘散沙”，所以，“中国式赶超”坚持以国家为主体，无论是社会主义计划经济还是社会主义市场经济，在“集中力量办大事”这一点上是完全连贯、无缝衔接的。只要国家行动是有效的，国家从分配格局的得利有助于提高国家行动的效率，那收入分配体制就是天然合理的。坚持多年的“效率优先，兼顾公平”的分配原则，首先是国家包括国企的“效率优先”（顾骏：《扭曲的分配体制致中国资本过剩》，《中国经营报》，2012年7月6日）。出于历史的原因，“以工补农”“以乡养城”是国家工业化原始积累阶段的必要过程，但不可否认，长期以来这个做法对农村的发展有着很大的阻碍。一个典型的做法就是国家持续的制度化的从农村汲取资金投向城市工业体系建设。1952—1989年，国家通过工农业产品价格“剪刀差”和税收，从农村汲取资金7000多亿元（同期国家支农资金约3000亿元），约占农业新创造价值的1/5，超过当时国有工业企业固定资产原值。1990～1998年间，国家通过财政渠道、工农业产品价格“剪刀差”和金融渠道，又从农村汲取资金19222.5亿元。众所周知，任何一个产业的发展都需要资金的投入，尤其对周期长、受自然因素影响大但又关系到国际民生的农业而言，更是如此。但是国家政策的走向，财政的支持力度都决定了农村的发展将会在很长一段时间内落后于城市。

我国的社会保障以及福利制度向低收入者倾斜不够且城乡不公，很大程度上也加大了城乡收入分配差距，如何通过社会保障和福利的转移支付缩小城乡分配差距，是现代劳动市场转型新阶段中我国面临的又一个严峻挑战。目前我国社会保障制度改革的重点是养老保险、失业保险、医疗保险和城市居民最低生活保障。而这些制度最终的实惠却没有让乡镇企业职工以及进城务工的农民有多少分享。一般而言，养老保障由三部分构成：一是社会基本养老保险；二是企业年金；三是个人为养老准备的资金，包括保险、基金等。由于目前我国社保仅能提供基本水平的养老保障，而企业年金的发展尚处于初级阶段，因此个人自筹养老金便显得尤为重要。相比其他发达国家，中国老龄化呈现高速、基数大、差异大、社会化养老水平低等特色。而农村养老问题在乡村“空心化”趋势日益明显的背景下，也很快被摆上台面。对此，在全国新型农村社会养老保险试点工作会议上，温家宝总理就指出，建立新型农村社会养老保险制度，将会使农民“养老不犯愁”，逐步解决后顾之忧。这对应对国际金融危机、扩大国内消费需求、加快完善覆盖城乡的社会保障体系、推动和谐社会建设和国家的长治久安，都具有重要意义。

在我国单纯的农业仍在农村经济结构中占据主要地位，而城市则是建立在现代工业化的基础之上的。在市场经济条件下，相对的“低效率”和“高风险”，使得稀缺生产要素并不青睐于农业而转向收益相对较高的工业，从而导致农村经济一直处于弱势地位。2003 年中国 GDP 结构中第一、第二、第三产业分别占 14. 78%、52. 94% 和 32. 28%，与 1985 年相比，第一产业所占比重下降了 13. 62 个百分点，第二、第三产业则分别上升了 9. 84 和 3. 78 个百分点。另外，相对于工业而言，农业生产是一个不太适合集体经营的产业，很难获得规模效益。如今随着现代化的建设，家庭分散经营模式越来越显示出其弊端，大大阻碍了农业劳动生产率和农产品商品率的提高；再加上市场经济条件下由于经营前景的不确定，农民行为普遍短期化，缺乏连续投资的动力；集体经济组织功能软弱，家庭分散经营势单力薄，很难有效抵御自然风险和市场风险。而反观其他产业，中国的发展都非常迅速，其从业人员的薪水也大大提高，相比农业而言更有数不尽的优势。

近年来，我国城乡居民收入差距不断扩大，给我国社会稳定带来了一些不安定的因素。从根本上说这不是由于城镇居民收入水平过高，而实质是农民收入趋缓，其原因很大程度上归咎于农村经济发展的滞后。因此要缩小城乡收入差距应该从制度上着手，加大对农村建设的资金投入，并完善户籍管理制度、福利制度等；同时也要加强软件的建设，尤其是教育的投入，为培养高素质的农村人才以及提高农村劳动生产率添砖加瓦。

三、东部沿海与中西部地区发展失衡

梯度推移理论是我国上世纪 80 年代初制定区域发展战略的理论基础。根据梯度推移理论，我国实行东部地区优先发展战略，待东部发展到一定阶段有了余力后，再逐步将资金、技术推进并扩散到中西部地区，最终实现共同富裕。

由于梯度推移理论模式的着眼点符合当时的国情和改革开放的需要，赢得了决策层的支持。其理论主张在国家“七五”计划地区发展战略中得到了突出体现。其结果是东部沿海地区迅速发展，承接了国际先进生产力的梯度转移，积累了强大的经济总量。作为非均衡发展战略的重要组成部分，梯度推移理论的实施对于我国经济的迅速增长，特别是东部沿海地区的腾飞起到了巨大的推动作用。

然而进入上世纪90年代后，国家经济发展并未出现梯度推移理论模式所预言的发展重点由东向西推移的趋势，反而进一步扩大了东西部发展的差距。

2010年5月28日，中共中央政治局召开会议，研究深入实施西部大开发战略的总体思路和政策措施，提出今后十年的目标任务和要着力做好的重点工作。在实施西部大开发战略十周年之际，对下一步工作进行全方位部署，不仅有利于推动西部地区的新一轮发展，也将为促进我国区域协调发展发挥更加积极的作用。

十年前，针对区域发展不平衡问题，国家作出了实施西部大开发战略的重大决策，后来根据国家整体发展的需要，又先后实施了东北地区等老工业基地振兴、促进中部地区崛起战略，形成了比较完善的区域发展总体战略。近年来，又出台了一系列区域规划和政策文件。在这些区域发展战略和政策的有力推动下，中西部和东北地区发展速度明显加快。2008年，中西部和东北地区国内生产总值增速全面超过东部。2009年，东、中、西和东北地区国内生产总值增速同比分别增长10.7%、11.7%、13.4%和12.5%，西部地区增速继续处于领先地位，中部和东北地区增速继续快于东部。目前，中国经济四大板块逐渐成形，区域协调发展取得明显成效。

当然也应看到，解决区域发展不平衡问题是一个长期的过程，需要付出持之以恒的努力。

（一）我国区域经济发展战略的演变

从20世纪50年代初到70年代末，我国采取了区域经济均衡发展战略，“即以内地为投资建设的重点，以缩小沿海与内地之间的差距，实现社会主义生产力的均衡布局为基本目标，追求地方经济的同步发展和自成体系”。在1949年后的二十五年中，国家先后在大西南、大西北地区投入2000多亿元，形成固定资产1400多亿元，建成大、中型骨干企业和科研单位2500多个。特别是在“三线”建设时期，东、西部的工业差距得到了进一步的平衡。到1975年，“三线”地区的11省区全民所有制工业固定资产原值在全国全民所有制工业固定资产原值总额中占的比重，由1965年的32.9%上升到35.3%；工业总产值在全国的比重，由22.3%提高到25%。全国将近1500家大型企业，40%以上分布在“三线”地区。1965～1975年间，内地工业总产值增长143.9%，快于沿海123.3%的速度；内地工业总产值在全国工业总产值中的比重由1965年的36.9%提高到1975年的39.1%。区域经济均衡发展战略的实施，在新中国成立后三十年里取得了巨大的成就，改变了以往的不合理的生产布局。

但是由于资本短缺、基础设施落后、传统供给等因素使“均衡”的发展战略难以为继。“三五”时期，沿海地区的投资额在全国基本建设投资总额中仅占30.9%，比“一五”时期下降了10.9个百分点，轻工业投资仅占全国基本建设投资总额的4.4%，“四五”期间，仅占5.8%，造成很长时期轻工业产品的严重短缺。其主要原因是：

第一，新中国成立初期，全国工业总产值的77%以上集中在占国土面积不到12%的东部沿海狭长地带；占国土面积45%的西北和内蒙古广大地区，工业总产值仅占全国的3%；占国土面积23%的四川、重庆、云南、贵州和西藏，工业总产值仅占全国的6%。改变这种工业偏集中于沿海的状况，成为新中国领导人首要考虑的问题。

第二，迫于当时的国际形势，东南沿海面临着以美国为首的“半月形包围圈”的封锁，工业基地偏集中于此对国家安全十分不利；20世纪60年代中苏关系恶化，使加快战略后方的建设成为必然。出于对国防安全的考虑，生产力布局应以均衡为原则。

第三，在理论渊源上，这种区域经济均衡发展战略源自于苏联的“社会主义生产布局理论”。20世纪70年代末，理论界、中央决策层开始反思新中国成立后30年区域经济均衡发展战略的经验教训，得出了以下几点共识：经济发展应尊重其自身规律，不应强加其更多的人为及政治因素，经济发展应将效率放在首位；由于我国各区域在自然资源、区位优势、生产力水平、技术条件和社会发展基础方面存在着较大差异，从而也就在客观上存在着经济发展的“梯度推移”；在促成经济增长的要素既定的前提下，提高单位要素的效率是唯一的选择；一个国家或一个地区区位发展的选择与周边关系有着十分重要的联系。

基于上述认识，20世纪80年代初期以对外开放为特征的非均衡发展战略率先在东部沿海地区实施。1980年五届人大第十五次常委会批准了在深圳、珠海、汕头、厦门设置经济特区并通过了《广东省经济特区条例》。1984年5月，在总结经济特区经验的基础上，国家决定进一步开放从东北沿海一直到广东南海的14个沿海港口城市，同时在这些城市逐步兴办起经济技术开发区。1985年年初，又确定将长江三角洲，珠江三角洲，闽南厦门、漳州、泉州三角地区，以及胶东半岛、辽东半岛开辟为经济开放区；1988年，决定兴办海南经济特区。同时，国家加大了对东部的资金投入。

至此，以加快沿海地区开放为特征的区域经济非均衡发展战略已基本形成。

改革开放以来，区域经济非均衡发展战略的实施使得我国在整个80年代国民经济以超过12%的速率增长，90年代也未低于8%，而这主要得益于东部地区更高的增长水平。与此同时，由于国家经济发展重心的“东移”，使得东部地区与中西部地区的绝对和相对差距迅速扩大。1978 年，中国东部地区与中西部地区之间人均 GDP 的绝对差距分别为 153.6 元和 212.9 元，到 1990 年分别扩大到 700.1 元和 885.8 元，1998 年又分别扩大到 4270 元和 5490.9 元（当年价）。再从相对差距来看，在 1983～1994 年间，中国东部与中部地区人均 GDP 的相对差距系数由 29.8% 上升到 46.7%，而东部与西部地区间的相对差距系数则由 44.4% 迅速增长到 55.9%，二者分别扩大了 16.9 和 11.5 个百分点。到 1998 年，东西部地区人均 GDP 相对差距系数已扩大到 57.7%，比 1994 年扩大了 1.8 个百分点，西部地区的人均 GDP 水平已不到东部地区的一半，形势不容乐观。

就国民经济整体而言，东西部的经济发展是相互依存的，西部地区的过度滞后，对整个国民经济的发展是不利的：西部资源的供给弹性无法及时改善，难以满足东部沿海地区及西部自身经济日益扩张的需求；西部市场容量因人均收入低而扩大较慢，不利于国民经济的持续稳定发展；西部的人才、资金大量流向沿海地区和高回报产业，进一步削弱了西部的发展能力；西部大量劳动力因缺乏发展就业机会而流向沿海，一方面使西部发展更受影响，另一方面又使沿海社会基础设施承受了巨大压力。

在这一背景下，江泽民同志于 1999 年 6 月 17 日发表重要讲话，正式提出了“西部大开发”战略并重点指出：“逐步缩小全国各地区之间的发展差距，实现全国经济社会的协调发展，最终达到全体人民的共同富裕，是社会主义的本质要求，也是关系我国跨世纪发展全局的一个重大问题，要把逐步缩小东部与中西部地区的发展差距作为一条长期坚持的重要方针。加快西部地区的经济发展是保持国民经济快速健康发展的必然要求，也是实现我国现代化建设第三步战略目标的必然要求。”

从国家区域经济发展战略的演变轨迹来看，“西部大开发”战略总体上是以一种新的均衡战略来平抑、弥合东西部之间过大的差距，从而保持国民经济的稳定、协调发展，是对以往均衡发展战略的否定之否定。在这一实践的过程中，我们不难发现，新中国经济取得较大成就的阶段，正是在区域经济非均衡发展战略的指导之下，原因何在呢？首先，非均衡发展战略充分考虑了各经济区域的差异，因地制宜，以效率为先，充分发挥了各区域的比较优势；其次，非均衡发展战略更多地依靠、利用经济发展规律，而均衡发展战略更多地依据人的主观意志和愿望，在一定程度上忽略和违背了经济发展的客观规律；最后，就发展中国家的经济发展特征而言，主要问题在于资源的缺乏，尤其是资金的短缺，非均衡发展战略有利于稀缺的资源得到最优化的配置，发挥最大的效益。但均衡发展战略也有其自身的优点：它“强调平等的重要性，认为区域发展的不平衡，区际收入的差距日趋扩大，会引起社会的振荡，恶化经济发展的社会环境，危害经济发展”。而这正是非均衡发展战略所容易产生的消极后果。由于两者在功能上的差异和互补，决策者为了使经济得到良性、协调的发展必须对两者同时加以运用，在不同阶段对两者“相机抉择”。另外，就发展的本质而言，发展本身就是一个均衡与非均衡相互转化的过程。这也就是我国在不同阶段选择不同的区域经济发展战略的哲学依据所在。

综上所述，新中国成立以来，我国的区域经济发展战略经历了均衡—非均衡—均衡的演变。一国区域经济发展战略的选择，不能将均衡与非均衡的发展战略绝对化。因为无论是从两者功能上的差异，还是从发展的本质而言，均衡与非均衡的相辅相成才能使经济健康、快速、协调地发展。

（二）区域发展不平衡的影响

中国城市化大体上可以分为两种类型：一类是传统模式，即从计划经济时期一直延续下来的计划模式；另一类是新兴模式，包括前面提到的市场模式和外向模式两种形式。传统模式至今仍在发挥着作用，以政府为主导因素，主要通过行政的力量来配置资源，促进经济发展，推动城市化进程。尤其在中西部地区，这种城市化模式目前仍占主体地位，甚至是唯一的模式。新兴模式是在改革开放后出现的，以资本为主导因素，由市场来配置资源，通过发展经济，推动城市化进程。新兴模式主要存在于东部沿海，尤其集中在长江三角洲和珠江三角洲地区。

一个内部差距巨大的经济体，其整体发展最终将会受制于这种内部不平衡的影响。对于中国来说，在未来，东西部地区收入的趋同将是一个大趋势。中西部和东部之间收入和就业环境等方面差距的持续缩小也将是中国经济未来可持续发展的重要动力；但是，趋同并不意味着收入差距在可见的将来会完全消失，趋同的过程在中西部地区的大城市或者经济密集区将表现得更为迅速。最后，中西部的开发并不是简单地把东部的产业发展模式移植到西部，而是在东西部收入差距缩小的背景下全国经济版图的重构，这需要我们在产业转移和发展方面做出更多的引导。

经济社会系统保持一定程度的不平衡，有利于系统内部保持竞争的压力与活力。区域间保持必要的经济落差，有利于打破平均主义，有利于促进经济资源和生产要素流动与配置的优化，对提高整个国民经济整体效率是有积极意义的。

改革开放前，我国长期实施区域均衡发展战略，强调平抑沿海和内地的差距，这对开发内地资源、推动内地经济发展、维护民族区域稳定和团结的确起了非常重要的作用，但在实践中也出现了经济发展总体效率和投资效益不高等问题，使得我国与发达国家和地区的差距不断拉大。实践证明，这种人为强调的均衡发展不是走向共同富裕的有效办法。

改革开放后，我国开始实施“效率优先”为主题的非均衡发展战略，随着东部地区的快速发展，尽管地区发展差距有所扩大，但因为有中西部地区和广大农村的强有力支持，整个国民经济的总体实力和效率明显提高了，与发达国家的差距也迅速缩小。同时，正是由于综合国力的提高，国家才有能力全面实施区域协调发展战略，这也是“两个大局”战略思想的切实体现。

区域发展差距长期过大可能引发四个方面的严重问题：一是加剧地区间产业结构的趋同。在传统的价格体系下，落后地区主要输出廉价的农矿资源等初级产品，为防止不合理的利润流失和税收转移，这些地区往往热衷于投资价高利大的加工类产品，从而导致与发达地区产业结构的趋同，进而造成地区间产业重构和过度竞争。二是给国民经济的持续健康发展造成不利影响。地区差距长期过大，国家必然要通过加大投资等手段对落后地区予以重点支持，如此可能导致整体投资过度扩张，引发需求拉动型或成本推动型的通货膨胀。城乡差距长期过大导致农村居民消费增长缓慢，影响整个社会消费需求总量的增加和消费结构的优化升级，进而使整个国民经济发展难以保持平稳、健康的发展态势，给宏观调控带来很大难度。三是给落后地区和广大农村造成严重损害。在强大的发展势差下，中西部地区和广大农村的资源、资金和人才等生产要素会不断地向东部地区和城市流动，这将对落后地区的起步和发展带来严重影响，不利于这些地区自我发展能力的形成和区域统筹发展，从而阻碍我国全面建设小康社会的总体进程。四是可能引发政治和社会问题。

区域发展差距问题不仅是经济问题，处理不好还可能引发政治和社会问题。当发展差距过大问题与民族问题、宗教问题纠结在一起时，往往会成为一些国家社会动荡，甚至国家分裂的诱发因素。

总体来看，我国目前的区域发展不平衡已较为严重，但基本上还可以为发展规律所容许，但如不采取措施对其进行经常性的调整，任其扩大，经济社会发展到一定时期必然会滑向极度不平衡。

第二节　理性看待我国城市化不平衡

城市化是人类社会发展的普遍规律之一。它是一个自然的历史过程，而非单纯的经济活动。从历史发展进程看，城市化过程与人类社会的生产活动同步，并随着生产力的发展而发展。可以说，没有工业化，就没有城市化的动力。仔细研究新中国六十年的城市化发展，对比前后两个三十年，一个明显和突出的经验就是城市化不仅是工业化和现代化的结果，更是市场经济的产物，而非相反。把城市化当作促进经济社会发展的原因，而非结果，实质上是曲解了发展经济学的二元经济理论。城市化的发展是建立在现代经济部门的基础之上的。一般来说，随着经济发展水平的提高，城市化水平也相应提高，虽然，城市化的发展也反作用于社会经济，但从根本意义上说，城市化终究还是社会经济发展的结果，世界各国的经验早已证明了这一点。

一、发展不平衡带来的问题

中国城市化进程始于新中国成立，1949～1978 年近三十年的时间里，我国实行的是高度中央集权的计划经济体制，城市化的发展模式是政府发动和包办型的自上而下的城市化，广大农村和众多农民游离于工业化的进程之外，大量的剩余劳动力滞留在农村，不能进入城市化的进程，这就使我国城市化水平仅仅从新中国成立初的 10.6%、136 个建制市增加到 1978 年年底的 17.9%、193 个建制市。

改革开放以来，中国的城市化进入了快速发展的新时期，城市化的发展模式是以市场为导向的改革进程中新出现的由民间力量或社区组织发动并得到政府认可或支持的自下而上的城市化。这期间城乡之间的壁垒被逐渐打破，各种生产要素开始在城乡之间跨地区流动。伴随着农村经济的快速发展、乡镇企业的崛起，大量农村剩余劳动力摆脱了土地和农业的束缚，向城镇和非农产业转移，有力地推动了我国的城市化进程。

1999 年年底，我国城市人口已达 3.76 亿，占总人口的比重为 30.9%，比 1978 年提高了 13 个百分点。全国建制市共有 668 个，比 1978 年增加了 475 个。在这些城市当中，百万人口以上的特大城市 37 个，50 万～100 万人的大城市 48 个，20 万～50 万人的中等城市 205 个，小城市 378 个。初步形成了以特大城市为中心，大中城市为骨干，小城市为纽带协调发展的城镇体系。

尽管如此，但是由于中国工业化刚刚起步，城市化水平与世界水准仍有较大的差距。2000 年中国的城市化水平仅有 36% 左右，而世界平均水平已达到 48%，发达国家超过 70%～80%，发展中国家也有 55%～60%。可见我国的城市化水平还处于由初期起步阶段向中期加速发展阶段转换的时期，伴随着国家工业化和经济市场化、社会化、现代化进程的加快，城市化的发展也必将与世界性潮流接轨，进入加速发展阶段。

因此，分析我国城市化进程中出现的问题，探索适合我国国情的城市道路新战略显得至关重要。

改革开放以来，我国城市化进程明显加快，进入到加速发展的新时期。

城市化水平较低、城市化地区性差异明显、城市化滞后于工业化、农村剩余劳动力增长与城镇容量间的矛盾突出等成为中国城市化进程中出现的主要问题。

2000年，我国的城市化率为36%。2003年，中国城市人口总量为世界的17%，居世界第一位。从比率指标来看，中国城市人口占总人口的比重在《世界发展指标2005》统计的151个国家中居第107位；中国第二、第三产业就业量在《国际统计年鉴2005》统计的32个国家中居最后一位。综合比较，中国城市人口呈现双重性：中国城市人口总量居第1位，城市人口比率指标居第70位。根据联合国的估测，世界发达国家的城市化率在2050年将达到86%，我国的城市化率在2050年将达到72.9%。我国的城市化水平除了受制于工业化以及经济社会发展水平之外，还要受到体制、政策与形势等的影响。

实践证明，城市化的主要动力是市场推动。城市的核心是“市”，城市化的核心是“市场化”。然而目前的城市化进程中依然强调政府去“抓”，而没有真正依靠市场来“育”。所以中国的城市化要变政府推动为市场推动，要打开城门，让市场去调节，降低城市发展的非市场成本。国际经验也说明，城市化是市场经济的必然要求，市场经济是城市化的推进器。

特殊的地理环境造成我国各地的经济发展水平和城市分布相对集中在东部地带，东中西三大地带呈现明显的梯度差异，在城市化发展上亦呈现明显的地区性差异，从总体上看，东部地区明显高于西部地区。从城市数目看，东部地区城市数目增长快。在2000年全国667个城市中，东、中、西部城市数分别为300个、247个和120个，分别占全国总数的44.98%、37.03%和17.99%。与此同时，东部地区的城市化进程比中、西部地区明显要快，已经进入城市化发展的中期阶段，中部地区正处于初期向中期的过渡阶段，西部地区仍处于城市化发展的初期阶段。

新中国建国以来，中国走的的是一条在推进工业化进程的同时，控制城市发展的道路，使得中国的城市化滞后于工业化。究其原因，除国家经济发展水平低的因素外，更为重要的是经济体制和政府政策的影响。高度集中的计划经济体制和城乡分隔政策极大地阻碍了城市化的发展。我国城市化发展的滞后，已经制约了社会经济的进一步发展。我国在新中国成立后直到改革开放前的三十年间，城市化的发展水平平均增长0.28%，远低于世界的平均水平0.4%。到2000年，全国城镇人口达到45844万人，占我国总人口的36.22%，二十二年中城市化水平年均提高0.83个百分点，成为我国城市化进展最快最好的时期。

但是大量的研究表明，我国目前的城市化进程仍然落后于工业化进程，根据学者测算，我国当前的城市化水平低于工业化水平10～15个百分点。特别是我国工业化程度较高的沿海经济发达地区，城市化水平落后于工业化水平的差距比这一数据还大。城市化滞后的结果不仅使工业化和农业现代化进程受到严重阻碍，而且还引发了诸如工业乡土化、农业副业化、离农人口“两栖化”、小城镇发展无序化、生态环境恶化等“农村病”的产生。这是一种违背工业化和现代化发展的城市化模式。

由于人口基数庞大，劳动力过剩，就业不足问题在较长一段时间内仍将困扰我国。进入20世纪90年代以后，由于乡镇企业发展速度的减缓，吸纳数量呈减少的态势。与此同时，由于国企改革的不断深化，使企业中富裕职工显性化，城镇内部失业人口与待业人员日益增多，下岗职工再就业的任务十分严峻。随着经济增长方式由粗放型向集约型转变，产业结构调整，技术水平提高，城市对劳动力需求增长幅度相对减缓，城市劳动力供过于求的矛盾将更加突出。根据预测，在未来二十年中，我国将面临的挑战是每年如何创造出2000万个就业机会来完全吸纳剩余劳动力，这是一个艰巨的难题。一方面，大量农村人口的流入，使城市原本薄弱的基础设施更显紧张。据估算，进城务工农民的人数每年在1亿人左右，仅上海、北京两市就超过600万人。另一方面，中国城市化进程中滥占耕地、重复建设、浪费资源、破坏生态的现象，严重违背了中国的现实条件和基本国情。居于国民经济基础产业地位的中国农业，因其面临的基本国情矛盾——人地关系高度紧张，因此在城市化进程中并未得到充分发展。

二、如何看待发展不平衡问题

发展不平衡问题是各种复杂因素共同作用的结果，对待这一现象要有一个客观的、历史的、辩证的认识。既不能放任各种不平衡发展，对不断拉大的不合理差距熟视无睹，也不能抽肥补瘦，搞平均主义；既不能因不平衡的客观存在产生消极负面情绪，怀疑改革开放和中国特色社会主义道路的正确性，也不能过分强调发展不平衡的合理性。

经济学所讲的平衡，是指国民经济各组成部分处于一种结构合理、相对协调的状态，此时系统功能达到了最优；不平衡则是指相反的一种状态。任何一个经济体都是不断运动发展的，在运动发展中旧的平衡被打破，不平衡出现，再通过矛盾的不断解决使新的平衡得以实现。所以，不平衡是绝对的、长期的；平衡是相对的、暂时的。

（一）我国发展不平衡问题的成因

改革开放三十多年来，我国经济社会发展取得了举世瞩目的巨大成就，但也出现了较严重的发展不平衡问题，主要体现在区域发展不平衡、城乡发展不平衡、居民收入差距不断扩大、经济社会发展不平衡、经济发展受到资源与环境的约束加剧等方面。

我国发展不平衡问题由来已久，其原因有历史的、现实的、自然的、社会的、体制与机制的、政策与措施的等很多方面。改革开放前三十年的计划经济体制时期，包括上世纪 70 年代至 80 年代初，国家对东北和西部地区进行大规模工业化建设，主要项目是重工业和国防工业。当时东北的经济总量与东部差别不大。随着改革开放进程的不断加快，特别是 1992 年以后，市场在资源配置中的基础性地位不断强化，东部地区具有地理位置优势、人才优势、政策优势、投资环境优势，成为吸引和利用外资的主要区域。由于投资效益最高，国内资金、人才等生产要素不断流向东部地区，形成了东部地区快速发展之势，迅速拉大了其与中西部及东北地区的差距。

改革开放的三十年，我国实际实施的是不平衡发展战略，即要让一部分地区、一部分人先富起来，然后先富起来的地区帮助落后地区，实现共同致富。开放政策的路径是由点到线再到面，即由四个特区，到沿海 14 个开放城市，再到内陆。沿海省份是改革开放的排头兵，占尽了政策优惠、区位优势，率先发展起来。等到优惠政策惠及内陆地区，区域发展差距已经拉开。可以说，今天我国区域发展不平衡的现实是过去不平衡发展战略的结果。

我们对发展的片面理解和不科学的认识是导致今天产生不平衡的思想的原因。邓小平提出发展是硬道理，十一届三中全会把党的工作重心转移到经济建设上来，这是总结我国改革开放之前三十年社会主义革命和建设经验教训后的正确抉择。但实际上，一些地方把发展片面理解成了经济总量的增长，片面追求 GDP 的数量扩张。由于对发展的不科学、不全面的认识导致发展方针的偏差，经济与社会发展不平衡，经济增长方式长期无法转变，结构不合理问题长期得不到解决，经济增长与资源、环境、生态的矛盾不断加深，经济总量不断增长的同时出现内外失衡，内部失衡表现为产能过剩和流动性过剩，外部失衡表现为“双顺差”。

“三农”问题一直是困扰我国工业化、城市化、现代化、国际化的根本性问题。1984 年以后我国改革的重心由农村转向城市，城市发展加速，一些地方“三农”问题没有得到应有的重视，工业化重点在城市推进，城市的定位视野窄，没有做城乡一体化考虑，城市基础设施和公共服务局限于自我发展的圈子里，辐射功能、带动功能、聚集功能、龙头作用没有发挥出来。一些城市的功能不全，基础设施没有向周边乡镇延伸，户籍制度阻碍了城乡人口流动，使我国城乡差距没有得到根本改善。

在分配问题上，我们先是采取了按劳分配与按要素分配相结合，坚持效率优先，兼顾公平的原则。一些地方实际执行的结果是要素收入高于劳动收入占比，突出效率优先了，公平原则却没有兼顾。

（二）正确认识发展不平衡问题

一是要看到发展不平衡的存在是有客观性、合理性、积极性的一面。只要我们引入市场机制、进行市场化改革就必然会出现发展不平衡的问题，产生区域、城乡、居民收入的差距和“外部性”问题，这些是市场机制失效的具体表现，也意味着政府宏观调控的不可或缺。我们要看到，改革开放后期不平衡的产生和存在与改革开放前的不平衡是不可等同的，这是在经济持续三十年的快速发展、人均 GDP 已超过 3000 美元、经济总量已跃居世界第 2 位的基础上出现的发展不平衡，是发展中的问题，是在各地区、城乡、全体居民实力大增，生活水平大幅度提高基础上的相对不平衡，同改革开放前一穷二白、物资匮乏、资源短缺的不平衡不可同日而语。

从积极的角度看，发展不平衡能够形成竞相发展的局面，导致活力倍增，为经济社会持续、快速发展提供动力。回顾改革开放三十年的历程，正是当初按照邓小平同志的指示，建立了经济特区，打破了计划经济体制造成的僵化局面，整个经济才开始有了活力。珠江三角洲的搞活和率先改革开放带动了其他地区的比学赶超，虽然地区差距出现了，但是起到了满盘皆活的效果。没有收入分配制度的改革、不打破平均主义大锅饭，就难以做到人尽其才，调动每个人的积极性。

二是要看到当前的发展不平衡存在着严重的弊病，孕育着严重的后果，危及可持续发展。区域发展不平衡长期得不到改善，差距过大，会进一步造成生产要素向发达地区集中，发达地区资本过剩、人才过剩、人口过密，易出现城市病。而欠发达地区则相反，易产生马太效应，强者恒强，弱者更弱。分化的结果是整个经济体结构功能下降，发展速度下滑。城乡差距过大会加剧城乡矛盾，使广大农村居民的消费能力进一步萎缩，对于构建内生型经济增长方式、扩大消费需求不利，也不利于加快城市化进程、消除二元经济结构。在社会保障体系尚不健全的情况下，居民收入差距不合理扩大会使一部分低收入者的生存成为问题，直接影响社会稳定。

三是既要正视和承认发展不平衡这种客观现实，又不能以此否定改革开放和完善社会主义市场经济的正确方向。对发展不平衡这一严峻问题视而不见是错误的，但也不能因发展出现严重不平衡问题而否定改革开放和中国特色社会主义方向，目前出现的发展不平衡说明我国的发展水平还不够高，改革还不到位，开放还不全面，社会主义市场经济体制有待进一步完善，而不是相反。

解决发展不平衡问题不是要彻底消除各种差距，而是要把差距控制在合理的范围内，实现协调发展。发展不平衡问题是长期发展过程中各种因素共同作用的结果，只能通过有力的政策措施逐步加以解决。

一要全面贯彻落实科学发展观，统筹区域、城乡、经济与社会、人与自然、国内与国际五个方面的发展。要以科学发展观指导、检验我们的各项工作，使我们的发展观念从过去片面的、不协调的、不够科学的转变为全面的、协调的、可持续的科学发展观上来，坚持以人为本的出发点。

二要落实好已有的区域发展政策，保持东部发展势头，加快实现东北振兴，促进中部崛起，继续推进西部大开发。国家应在已出台的政策基础上尽快完善配套政策和实施细则，从区域经济社会协调发展的高度调整投资结构和战略性资源的配置，充分调动各地区的积极性，发挥区域优势。

第三节 发达国家城市化对中国的启示

城市化，几乎成为现代国家促进经济发展、提高民众生活水平的共同选择。而与中国正在经历的城市化进程相比，有的国家已经先于我们完成了城市化，还有的，则正在和我们一样，在城市化的道路上艰难地探索。他们的实践、教训或经验，都可以成为我们的借鉴。

一、英国的城市化模式

英国是西欧国家城市化的典型代表，其城市化发展是典型的工业主导下的同步、集中型城市化模式。英国城市化经历了一个漫长的发展期，城市化率从 1801 年的 32% 到 1999 年的 83% 用了接近两百年的时间。以英国为代表的西欧给我国目前城市化的发展提供了不少有益的启示，如城市化道路的选择应采取的模式，在人口流动问题、户籍管理制度方面应通过深化改革适应城市化发展的要求等。

（一）英国近代城市化的历史特点

从 1760 年到 1881 年一百多年的时间，英国的城市化水平由开始的 10% 左右提高到后来的 72%。纵观英国近代城市化的历史，英国的城市化走的是高度集中的城市化，有以下特点：

城市化的启动与圈地运动、工业革命密切相关。圈地运动使大量劳动力流向城市；工业革命使工业和商业迅速发展，吸引大量人口进入城市，实现了工业化和城市化进程的同步协调发展。

城市化的部分启动资金源于殖民掠夺和对外贸易。通过大量的对外贸易、殖民霸权及侵略战争掠夺积累了大量资本，为城市化进程准备了大量的启动资金。

城市化过程中伴随着产业结构调整优化。城市化初期，以纺织、煤炭等劳动力密集型工业为主导工业；第二次技术革命后，机器制造、汽车和电子等资金技术密集型产业逐渐代替了原产业结构；后期的产业结构则以服务业为主导。

近代的英国是资本主义世界的首富，是最强大的工业帝国、殖民帝国、世界金融中心，成为休闲、疗养城市发展的重要社会基础。英国海岸线长达11450 公里，有发展这类城市得天独厚的优越条件，良好的交通设施也进一步保证了这类城市的发展。

在英国近代城市化的过程中，城市人口中外国移民较多。初期主要为爱尔兰人。他们在国内饥荒和贫困的驱使下，大批涌入英国，其中的大部分在工业区定居下来，他们承担了煤矿、纺织、建筑、码头等笨重而又工资低廉的粗活，对促进工业及城市的发展起了很重要的积极作用。在城市化的后期，进入英国的移民成分发生了变化，随着城市化向更高层次迈进，其他国家的实业界人物、高科技人员开始涌入英国，他们大多集中在大城市，尤其是伦敦，1881 年全英国的外国移民总数为 12. 4 万人，其中 6 万人聚集在伦敦。

（二）英国近代城市化的启示

英国近代城市化所走的道路基本上是成功的。经验多于教训，联系目前我国城市化的实际，可得出许多有益的启示：

首先，与英国的早期城市化相比，我国的城市化最大的不同在于所面临的全球环境的差异。英国的城市化是在工业革命和全球殖民主义的条件下发展的，其城市化道路建立在对全球资源环境的掠夺基础之上，其早期的发展也是“高投入、高消耗、高污染”的粗放发展模式，忽视资源环境成本而追求最大化的经济增长。但当这种城镇化发展带来了较为严重的环境、资源问题后，他们又凭借工业化带来的资本积累进行治理，或借助其跨国投资优势将“污染工业”转移至发展中国家。

其次，应当继续加快我国城市化前进的速度。英国近代城市化的前进速度非常之快，它对于推动英国工业化向纵深发展乃至整个社会经济的全面发展所起的积极作用是非常巨大和明显的。当然，在英国城市化的过程中也出现了许多问题，但这些问题大部分随着城市化的发展而逐渐得到解决或缓解，是属于前进道路上的问题，是很正常的。相反，僵化和保守则没有出路。而我们在过去一段时间内，在发展工业的同时忽视了城市的发展，实行乡村化战略，搞“山、散、洞”，其教训是惨重的。一些拉美国家则与我们不同，他们在实现工业化的同时，实行全方位的城市开放制度，取得了很大程度的成功。尽管人们惊呼拉美某些国家（如墨西哥）出现了所谓的“过度城市化”，但人们同时却不得不承认，拉美已成为亚非拉发展中地区的“发达地区”。

最后，加快农业、交通运输业等其他基础产业的建设，为城市化的进一步发展打好基础。英国近代城市化的发展是比较成功的，这与英国发达的农业和先进的交通运输业是分不开的。城市化之前的英国，享有“欧洲的粮仓”之誉；在交通运输业中，如铁路、运河、海运等交通条件都非常发达，这保证了整个社会经济发展的血脉通畅，是城市化及社会经济全面发展不可或缺的条件。

世界经济发展史证明，“几乎没有哪个国家不是首先或同时发展它们的农业来保持经济的持续增长”。我国作为一个农业大国，目前农业的发展水平并不高，农业生产力发展落后迟滞了城市化的进程。造成这种结果的原因主要是我国大量的小农经济，小范围的经营无法形成规模经济，大量的剩余人口又使机械化的发展缺乏动力。对此，应当在生产责任制的基础上进行农业的产业结构调整，允许土地兼并已形成规模经济。

当前，全球城市化面临的背景已经发生了重大变化，我国不可能再沿袭西欧国家早期的城市化道路，“先污染再治理”的模式在我国这样一个人口大国是不现实的，也是难以持续的。但西欧国家采取的集中型城市化道路，以及在城市化过程中对于本国土地资源的保护等方面是值得我们借鉴和学习的。

二、美国的城市化模式

与欧洲国家所经历的漫长城市化进程相比，美国的城市化进程显得迅速而激进。从 1890 年起，仅用了三十年时间，美国城市化水平就从 30% 提高到了 51.2%。美国的城市化始于 1690 年，随后经历了酝酿期、初步完成期、郊区化时期三个发展阶段，每个时期都具有鲜明的特征，即内生的自我发展性、跳跃性、流动性。

美国是高度城市化的国家，它早在 19 世纪就开始了从农村社会向城市社会的转变。工业化的启动以及国内市场的扩大使城市数量迅速增加、城市规模逐渐扩大，城市空间结构也随之发生显著变化，由最初的紧凑和密集结构向多中心分散结构发展。如今，美国的城市化又出现了一系列值得探讨的新趋势，其发展的一般规律以及特点对我国的城市化有重要的借鉴意义。

（一）美国城市化的进程

美国城市发展始于 1609 年的欧洲移民，由于地缘因素以及自然优势，早期城市主要是港口城市，集中于美国东海岸。城市化则是近代工业化的产物，工业化促使城市手工作坊转变为工厂，城市由原来的商品集散地转变为工业生产集中地，非农人口逐渐向城市集中并最终超过农业人口，这是初步的城市化。美国城市化的每个阶段都具有鲜明的特征。

美国城市化的起始阶段发展很慢，特点是以沿岸城市化发展为主。东北部工业革命的开展带来了本地区的繁荣，推动了城市化的起步。1790 年全国城市化率为 5.1%，东北部区为 8.1%，到 1830 年全国为 8.8%，东北部区为 14.2%。

从 19 世纪 20～30 年代到第一次世界大战爆发前，美国的城市化是与中西部的开发、农业的发展、交通运输方面的改革紧密联系在一起的。中西部城市大规模兴起，是美国工业化向纵深发展的最直接反映。西部开发一个显著的特点就是它没有遵循先农业后工业再到城市这一模式，而是直接以城市为先导带动西部的全面开发。19 世纪后期是西部开发的重要时期。交通运输的改进使运费降低，从而为西部提供充足劳动力。到 1910 年，西部城市化率为 47.9%，中北部区为 45.1%，东北部区已达到 71.8%，而南部只有 22.5%。

1920 年以后，美国城市化进入郊区化发展阶段。它不同于欧洲的郊区化，美国的郊区化是从城市核心向外自然扩展，其推动力是商业利益和消费偏好，即城市管辖范围随着微观个体包括各类企业、居民户、政府区位向郊区转移自然向郊区延伸。1920 年东北部城市化率已达 75.7%，属于高度城市化，此后城市化进程缓慢，而西部和南部一直保持旺盛增长的势头，到 70 年代，南部达到 64.6%，西部则为 82.9%，超过东北部。美国的工业“有 3/4 的制造业集中于北至五大湖和圣劳伦斯河，西至密西西比河和南至俄亥俄河与南北分界线的这些地区的中间”。近几十年政府实行投资倾斜，通过庞大的军事订货合同和资助建立现代化的工业基础设施，大大促进西部与南部的城市发展。此外科技进步为西部和南部城市创造了大量的就业机会，吸引了众多移民的到来。这个时期一个很引人注目的现象就是美国的人口从市区向郊区转移，从东北部、中西部老工业区的大都市区迁往非大都市区的西部和南部地带，即人们常说的逆城市化运动。到 1970 年，美国第一次出现郊区居民多于中心城市居民的现象，打破了工业过于密集的局面，使工业由集中走向相对分散，这也是城市化向纵深发展的结果。

“二战”后，美国大都市区的郊区化加速。郊区化是由于美国经济发展到一定阶段，随着产业结构、交通运输技术、通讯技术、人均收入水平的提高，在郊区优势日益凸显的条件下，城市经济活动在空间上重新分布的必然结果。郊区化的实质是城市功能在地域上的横向延伸或大都市区化，其强调市区与郊区的联系与合作，符合美国郊区化发展现状。这一时期城市化的特征表现为以下方面：

第一，城市人口密度下降明显；第二，从人口和就业岗位的比例变化看，城区人口比例以及就业岗位比例一直下降，而郊区人口以及就业比例却持续上升；第三，从都市区的数量不断壮大可见，郊区化加速导致都市区数量以及规模不断扩大，郊区化过程与都市区化过程是一致的。

这一阶段美国郊区化加速的原因是多方面的：

一是汽车的普及促进了人口的郊区化。郊区化初期，迁往郊区的人口仅限于富人和部分中产阶级，他们的工作地点仍然在城市，因此与中心城市保持着较高的通勤率，此时的郊区只有居住功能，没有就业和商业功能。“二战”后，由于州际高速公路建设以及私人汽车的普及，人们的活动空间迅速扩大，美国人口大规模郊区化成为可能。据统计，早在1930年，美国就已拥有汽车2700万辆，达到每千人拥有211辆汽车；“二战”后，汽车量逐年上升，由1960年的6200万辆上升到1990年的15700万辆，每千人拥有的汽车量增加至631辆。自汽车普及后，城市的地域范围不断扩展至郊区，郊区逐渐成为就业和商业发展的次级中心。

二是交通运输技术改善，促进了工业区位向郊区转移。20世纪20年代以前，制造业的市内商品运输主要依赖马车，而区际大部分原材料和产品运输依靠铁路。“二战”后，由于公路质量的提高，特别是州际公路网的全面发展，使得卡车的运输成本相对于马车以及火车的运输成本大大降低，而且公路运输使得工业区位选择范围大为扩展。

三是联邦政府实施了有利于郊区化的政策。比较显著的是州际高速公路计划和住房贷款政策。在此政策作用下，环城公路周边的廉价农地成为建设郊区住宅、商场、工业园和停车场的理想地段，促使城市中心的人口和产业向郊区转移。美国政府采取的低首付、固定利率的长期抵押贷款政策和相关的配套政策，对战后第一批郊区住宅的建设起到了至关重要的作用，美国著名的郊区住宅模式——莱维敦就是那时诞生的。此外，这一时期的税收政策也使得购买郊区住宅更加容易，联邦政府允许房屋所有人从他们的税收收入中扣除全部利息支付财产税，由于联邦所得税的累进性质，这意味着高收入家庭购买郊区住宅更加容易。20世纪50年代，美国又提出了在郊区建设小城市的建议。60年代以后，美国又实行示范城市试验计划，实现分散型城市化。这些城市政策实际上都有力地推动了郊区化进程。

郊区化的加速缩小了城郊差别，促进了大都市区的形成，也造成了中心城市不同程度的衰落。不过值得关注的是，郊区化缓解了中心城市人口密集、交通拥挤、住房紧张、环境污染等问题，改善了城市生活质量。更为重要的是，中心城市在人口和产业外迁，经历“产业空洞化”的阵痛后，实现了功能的转变，完成了工业经济向服务性经济的转换和升级。中心城市的居住、生产职能逐步削弱，而其流通、信息等服务性功能趋于强化，成为信息交换和经济决策中心。中心城市功能的转变使其逐渐摆脱了衰落困境，走上了复兴之路。

（二）美国城市化历史进程简析

美国用一百年左右的时间实现了城市化，截至20世纪末期，美国城市化率达到70%以上，成为世界上城市化水平最高的国家之一。纵观美国的城市化进程，结合各个历史阶段的特点，可以发现其城市化过程中的一些总体性特征。

首先，美国的城市化动力主要是内生型的。其次，高质量城市化进程与农业现代化密切相关。城市化进程中实施的农业现代化政策使其城市化过程不断获得农村剩余人口的支持，促进了工业化进程，为城市化进程的良性发展提供了保证。最后，城市化过程经历了由集中到分散的过程。

从美国区域发展阶段看，建国之初，经济活动偏于东北部。19世纪初期，商业贸易成为城市化的主要动力，促进了东北部的繁荣；内战后至20世纪20年代，工业化和城市化进入鼎盛阶段，中西部脱颖而出，成为新的重工业区；20世纪60年代以来，高科技和第三产业的长足发展，太平洋沿岸后来居上，成为高科技聚集区，落后的南部也随之异军突起。在区域发展的这几个阶段中，城市规模逐渐由小到大，形成了城市体系、大规模郊区化，直到大都市区的不断扩展。美国区域发展由发散到收敛的过程以及城市空间形态由点状、线状再到面状的发展过程无不体现出内生性特点，虽然期间美国政府也出台了一些有利于城市化的政策法规，但这些政策法规只起辅助作用，其主导因素还是内生因素，如产业结构动态变化、交通运输状况改善等。

都市蔓延和无序扩张是美国20世纪最重要的城市地理空间变化之一。美国的蔓延式城市化是在经济高速增长和家庭所有权、政府补贴和高速公路建设、郊区基础设施的投资高速增长等因素的驱动下形成的。“二战”后，随着家庭汽车的普及和居民可支配收入的增长，郊外的田园生活模式逐渐由富有阶层向中产阶层延伸并随之普及。1956年至1970年代早期，美国4.3万英里的州际高速公路、快速路以及大量的环路成为都市蔓延的关键。

人口自由迁移一方面是因为美国人天生好动和勇于冒险的性格，但更重要的是铁路网、公路网建设以及汽车的普及。在城市化的不同阶段，人口迁移方向也不同。在集中城市化阶段，人口主要从农村迁往城市，而在郊区化阶段，人口又从大都市区内的市区迁往郊区。从人口的区际迁移的角度讲，在美国城市化过程中，人口从东北部和南部地区迁往中北部和西部，美国一百多年来的人口迁移使得人口在地区分布上趋于均衡，西部和东北部的人口比例各在20%左右，而南部和中北部的人口比例各在30%左右。这从一个侧面也说明了美国工业以及城市的地理分布由工业化初期的不均衡性，在内战后逐步走向均衡的过程。人口自由流动促进了美国的城市化，人口区际迁移过程与美国区域发展以及城市化由发散走向收敛的过程刚好一致。

（三）美国城市化历史的启示

美国城市化不仅具有鲜明的个性特征和脉络清晰的阶段性特点，也呈现出与世界上大多数国家所经历的相同的“S”形曲线，这是美国城市化与其他国家（发达国家或发展中国家）的城市化的共性所在。无论是共性还是个性，我们都可以从中得出一些规律性的认识，以对我国城市化有所启示。

在二百二十多年的历史发展中，美国走过了工厂手工业时代、制造业时代和信息产业化时代。其经济中心从东部向西部、南部依次推进，区域经济由不均衡走向相对均衡。不断升级的产业结构为美国城市化提供了持久动力，一个产业带衰落了，另一个产业带随之兴起。棉纺织业、钢铁业、汽车业、飞机制造业、高新技术产业、信息产业相继成为城市化发展的动力。

美国城市化理论分析和实证考察表明，城市化必须建立在工业化的基础之上。从整体上说，没有工业化就没有城市化，但工业化发展到一定阶段以后，对城市化的促进作用渐趋减弱，而服务业等第三产业的兴起，将会继续推动城市化的发展。美国的工业化率在1950年代以后开始下降，但是城市化率仍持续上升，说明服务业在1950年代后逐渐成为美国城市化的主要动力。在工业化初期，工业发展所形成的聚集效应对城市化率的提高具有直接的带动作用；而当工业化接近和进入中期阶段之后，产业结构转变和升级的作用超过了聚集效应的作用，非农产业就业比重上升促使城市化率上升，而非农产业就业比重上升主要不是工业而是服务业的就业增长带动的。据统计，截至20世纪末期，美国服务业的就业比重几乎达到制造业就业比重的3倍，这对城市化进程具有重要的影响。我国现阶段城市产业结构不尽合理，表现为产业结构的固化，缺乏弹性和持续性，产业结构的低级化以及产业结构趋同，第三产业严重不足等。另外，一些城市的主导产业的萎缩往往导致城市的衰落，影响城市化进程。对我国而言，城市产业结构的动态调整并非一味追求产业结构的高级化，二元经济结构的存在意味着在很长一段时期内，城市产业承担着吸纳农村剩余劳动力的任务，而一味追求产业结构升级将不利于农村劳动力的城市就业。因此，我国要促进城市化，城市产业结构的调整必须因地制宜，充分考虑农村人口就业于城市的需要。

美国的城市化过程中，大都市区扮演了重要的角色，以大纽约区、五大湖区和大洛杉矶区为代表的三大都市带的GDP占全美国份额的76%，这是美国多年推行大都市区经济的结果。从我国目前的状况看，推进珠江三角洲、长江三角洲和京津冀区域经济一体化也是为了建设大都市区，发挥大都市区经济的龙头作用。目前，虽然区域经济有所发展，但由于受行政区的限制，还没有在城市之间形成合理分工、竞争有序的产业体系和公共设施体系，其经济增长潜力还没有得到充分的发挥。以2002年的数据为例，我国三大城市群（珠三角区、长三角区、京津冀环渤海区）的GDP占全国的份额只有38%。因此，我们应该充分借鉴美国的经验，使政府在跨行政区划的规划方面发挥协调和引导作用，从而使我国的大都市区经济在国民经济中发挥更大的作用。

美国政府对郊区化实行政策鼓励，其利用市场机制优化城市空间对我国大城市的发展具有很好的借鉴意义。在郊区化的作用下，美国城市空间结构由单中心逐渐发展成了多中心，形成了大都市区，带动了广大地区的发展。虽然在这一过程中，中心城市出现了一定程度的衰退，但联邦政府以及地方政府采取有力政策，使得中心城市职能发生转变并逐步走向复兴。我国的城市化处于发展阶段，郊区化处于萌芽阶段。因此我国政府应该将城市郊区化纳入城市整体的长期发展规划中，建立正确的城市空间发展政策，积极引导城市向合理的方向发展。同时，在郊区化发展的同时，要提高中心城市的现代化功能，发挥其区域经济发展中心的作用。

“二战”后，美国产业结构出现新的变化，服务业的比重日益增加，而传统制造业的附加值越来越低，这一变化必然造成传统制造业集中的东北部以及中西部城市开始出现衰退，成为所谓的“冰雪带”。美国各级政府采取各种措施复兴这些老工业城市，如利用高新技术复活重要的制造业，通过开展基础设施建设振兴衰退的老城区，通过发展高新技术产业改变老工业城市的单一工业布局等。得益于这些措施，到20世纪90年代中后期，处于“冰雪带”的老工业城市开始重新崛起。目前，我国东北老工业城市的衰退比较明显，尤其是资源型城市，在33个资源型城市中，近三分之一处于萎缩状态。东北老工业城市的振兴可以借鉴匹兹堡、克利夫兰等美国老工业城市的复兴经验，如培植自身优势产业，推动合理的工业布局；运用高新技术手段改造和调整产业结构，寻找新的经济增长点等。

总的来说，美国的蔓延型城市化，既有其自身的历史和物质原因，也有着深刻的社会制度和价值文化方面的根源。随着我国城市化的快速发展，在美国城市化过程中出现的郊区化现状在我国个别地区已经显现，我们应当吸取美国城市蔓延的教训，在城市发展中控制城市低密度无序扩张。

对此，国家住建部副部长仇保兴在南京举行的2011年中国城市规划年会上的讲话中多次以美国城市化进程为对比，呼吁中国城市规划绝不能步美国后尘。仇保兴认为，在城市化进程中，美国大幅降低单位土地面积上的人口密度，造成严重的能源、生态、耕地等资源的浪费，在这点上中国的单位人口面积远远低于美国，必须选择紧凑型城镇的发展模式，坚持每 1 平方公里建成区 1 万人口的占用地标准。其次，中国面临和美国当年相同的城市化和机动化同步发展的现状，随着城市空间面积的增大，必须警惕机动车辆，特别是私人小汽车数量的巨幅增加，目前中国已经面临能源短缺的问题，促进城市节能减排是重要工作之一。再次，美国鼓励现代化城市的扩张，导致了千篇一律、无特色的大都市在全国的蔓延。中国应避免这种问题，保持城乡之间互补性的特色差异，多发展绿色特色小城镇，保护极富地方特色的乡村风景。

三、日本的城市化模式

通观世界经济发达国家的城市化的轨迹，寻求城市化的共同性的规律，借鉴他们的成功经验，吸取他们的教训，是我国实现农村城市化的合理选择。中日两国国情不同，推进农村城市化的方式各异，但中日两国同属东亚国家，农业与农村有许多相似之处，因而，较之欧美国家，日本的经验更值得我们借鉴。

（一）日本城市化的过程与特征

日本城市化开始于明治维新时期，但直到 1940 年，城市化水平仍落后于当时的欧美工业化国家。

纵观日本的城市化进程，仅用了五十年时间，就完成了欧美国家一百年的城市化进程。1956～1973 年是日本经济高速发展的黄金时期，人均 GDP 进入 3000～10000 美元阶段，城市化进入加速期，城市化水平由 1960 年的 63.5% 跃升至 1975 年的 75.9%，成为高度发达的城市化国家。日本城市化有其独特的模式，主要表现为：

政府引导型城市化。经济快速增长带动高度集中发展的城市化，再进行城市化的综合治理，走自上而下的城市发展道路。

工业化带动城市化。“二战”后，特别是 1950～1960 年，日本政府十分重视工业重建，大力发展出口导向型经济，使产业向沿海城市高度集中，全国最大的 10 个城市均集中分布在太平洋东岸的工业带，其中 7 个位居东京—大阪都市带。

高度紧凑发展的城市化模式。受国土狭窄、资源贫瘠等条件的限制，日本城市化空间以东京、大阪、名古屋三大都市圈为中心，尤其是东京大都市圈，自 1960 年以来就呈现出以近域蔓延和同心圆式分散为主的圈层状大都市区空间结构，几乎囊括了国家政治、经济、文化及国际金融等全部城市职能。

日本的这种城市化模式，一方面发展速度快，另一方面空间过度集中，因而导致城市化过程中出现住房困难、地价高涨、交通拥挤、远距离通勤、生活环境恶化等一系列城市化带来的问题。鉴于对高度集中城市化模式的反思，自70年代中后期，东京大都市圈开始实施“多核分散”的设想，试图将东京的部分城市功能分散到周边的神奈川、千叶、玉、茨城、群马、枥木诸县，构建区域多极多圈层的城市化空间结构。然而，90年代的经济全球化浪潮，再次粉碎了实施“多核分散”的设想。

1956～1973年是日本工业发展的黄金时期，农业劳动力转移量年均达到42.9万，城市化也进入加速期，并于1975年达到75.9%，实现了人口城市化。在日本城市化的进程中，同样出现了大都市区（日本称之为大都市圈）超前发展的现象。按日本政府的定义，日本共有7个中心城市人口达百万以上的大都市圈，其中最为著名的是“东京圈”“名古屋圈”“京（京都）阪（大阪）神（神户）圈”三个大都市圈。此外，日本还有4个中心城市人口达50万以上的都市圈。

在日本城市化发展的过程中，政府对工业发展和城市布局起着重要的指导作用。“二战”后，特别是五六十年代，日本政府为工业的重建提供了重要的投资基金，在工业建设用地、工业区的准备、工业用水和交通设施的建设以及技术帮助等诸多方面，提供了多种多样的金融支持和帮助。另外，政府大力倡导发展出口行业，外向化的经济战略使产业向沿海城市高度集中。1980年以来，随着经济不断发展，人口和社会各项职能开始向东京集中，形成了“东京圈”控制其他区域的局面。日本最大的10个城市也集中分布在太平洋东岸的工业带，而且有7个位居从东京到大阪的东海道都市带内。为解决区域发展不平衡问题，日本先后制定和实施了五次全国综合开发规划，形成了包括区域规划与城市规划在内的较为完善的规划体系。

日本在处理城市与农村发展关系方面较为成功。日本政府比较注意农村、农业的发展问题，制定了大量法律促进农村发展，如为扶持山区农村及人口稀疏地区的经济发展，制定了《过疏地区活跃法特别措施法》《山区振兴法》等；为促进农村工商业的发展，制定了《向农村地区引入工业促进法》《关于促进地方中心小都市地区建设及产业业务设施重新布局的法律》等。同时，日本政府也比较重视对农村、农业的投资，投资方式多样化。中央政府主要对建设项目进行财政拨款及贷款，地方政府除财政拨款外还可发行地方债券进行农村公共设施建设。农村基础设施的改善，加强了城市间、城乡间的联系，为实现城乡一体化提供了可能，而农村发展也为城市产业和人口的扩散开辟了道路。由此，日本农村发生了很大的变化，农业不再是农村的支配产业，到1980年农村从事第三产业的比率高达42%，小城市得到了较快发展。

日本推行广域行政，实行町村合并。在日本，市町村是最基层的行政区，市是城市化地区，町和村都是农村的基层行政区，町和村之间没有明显的差别，但町含有“城下町”的意思，它的规模一般要大于村，在形态上更接近于集镇。为推进农村城市化进程，日本政府在指导思想上倾向于广域行政，即行政区范围要大。为此，日本于1953年出台了《町村合并法》，町周围的村进町。进一步以一个城镇为中心，周围3～4个村、十几个自然村，在合并后成立市，并在城市化过程中成为真正的市。随着町村合并的进程加快，市的数量迅速上升，而町村数量急剧减少。1953年，市町村总数为9868个，其中市286个，町村9582个；至1978年，市町村总数急剧下降到3255个，其中市646个，町村2609个。合并的结果，使市町村的人口数量和财政规模大为增加，町村能集中财力从事地方建设，并使建成的公共设施有更大的利用效率。

（二）日本城市化对我国的启示

启示一：改革投资体制，加快小城镇基础设施建设。基础设施的数量和质量直接影响着小城镇的发展水平。日本的农村城市化水平较高，是和日本政府十分重视农村的基础设施建设分不开的。而从目前我国小城镇建设情况来看，大多数小城镇的基础设施建设落后。造成这种情况的原因固然有多方面，但根本原因还是在于资金的投入上。具体来讲，一是建设资金筹集渠道单一，规模过小。目前我国小城镇建设资金主要依靠当地镇级财政投入，而镇级财政又不是一级完全财政，预算内的收入都要上缴，支出由县（市）财政下拨，这样，乡镇一级的财力十分有限，无力承担小城镇的基础设施建设的巨大支出。二是政府投资方向不明确。政府不是把本来十分有限的资金投资在一些最基本的公用设施上，而是去建设楼堂馆所以及各种专业批发或零售市场。三是缺乏真正的融资主体。虽然镇政府承担了基础设施建设投资，但它并非法人或实体，没有资格向银行借款，也无还贷的保证。因而，尽快构建国家、集体和个人共同投资的多元投资体制，加大资金投入是我国加快农村城镇化建设的当务之急。政府在其财力允许的前提下，对小城镇予以一定的支持是责无旁贷的，可考虑国家从目前的基础建设投资中划拨一部分资金专门用于小城镇的公用设施建设，发挥国家对小镇发展的拉动作用。政府在城镇基础设施进行一定投资的同时，还应着力完善市场，健全市场机制，鼓励企业和个人投资或参与建设小城镇的公用设施。坚持政府管规范、企业来投资的原则，真正做到谁投资、谁所有、谁受益，谁失误、谁负责。

启示二：发展小城镇工业，实行工业托镇。工业是集镇发展的依托，没有工业的集镇是不能长久发展的。目前我国农村城市化水平滞后，城镇化进程缓慢，这和目前城镇工业普遍落后有很大的关系。参照日本农村工业的发展模式，我国在发展城镇工业时，当前应重点搞好几个方面的工作：

一是加快乡镇企业向小城镇的集中。构成我国大多数集镇经济支点的乡镇工业，是我国农村的一大亮点，但由于“离土不离乡”及“三就地”思想的影响，导致目前乡镇企业布局分散、规模偏小、效益不佳，它的集聚效益没有发挥出来。近年来，虽然国家采取了一些措施，鼓励乡镇企业向小城镇集中，但实际效果并不理想。究其原因，一方面是小城镇“门槛”过高，企业难以承受。另一方面是企业产权不清，难以突破社区壁垒。大多数乡镇企业的建立最初是依托农村社区，具有浓厚的社区色彩和行政干预，企业产权主体相当模糊。为了加快乡镇企业向小城镇集中，我们应做到：第一，小城镇在严格建设规划、保持农业用地总量动态平衡的前提下，允许小城镇的集体土地使用权采取作价入股、出租、转让等方式参与小城镇的开发，降低企业进入小城镇的用地成本。第二，对于已分散在小城镇区以外的乡镇企业，要根据其占用土地面积和质量的高低，采取适当方式，提高其用地成本。第三，继续推进乡镇企业的股份合作制改造，明晰企业产权，明确企业的权责利关系，促进企业生产要素的流动，追求要素报酬率的最大化。第四，严禁地方政府和各部门向乡镇企业乱摊派，降低企业在小城镇的经营成本。

二是积极引导大城市市区工业向小城镇迁移。随着大城市的规模迅速扩大，交通、环境、人口、住房等问题日益突出，居于大城市的企业向外迁移是一种趋势。对于小城镇而言，应抓住这一机遇，以适当优惠的政策（包括土地、税收、户籍管理等方面）吸引大城市市区的工厂迁往郊区集镇，鼓励城市工业企业到集镇办分厂，与集镇企业联合办厂，或来料加工或来件装配。这可以把城市企业的资金、技术、信息及管理优势与集镇的土地、劳动力及某些基础条件方面的优势结合起来，促进城乡经济协调发展。

三是创办新的工业。我们应注意以下方面：根据城镇的历史传统和现时特点，以市场为导向，结合自身优势，确立有自己特色又结构合理的产业政策，鼓励发展适宜的产业，抑制不适宜产业的发展。城镇工业的发展应加强对农村资源的利用和农村市场的开发。

启示三：加强总体规划，实现科学建镇。与日本相比，我国小城镇建设规划滞后，存在有许多问题：一是规划缺乏权威性，随意性色彩较浓，许多地方都存在有“头头换，规划换”的现象。二是规划缺乏地方特色，没有突出产业优势。许多城镇在规划、布局及产业上大致相同。三是规划的执行情况差。一方面各届政府官员在追求在任时的政绩而不顾实际情况大上、快上项目，导致不该超前的超前，不该浪费的浪费了；另一方面，规划本身的不科学性和可操作性差而影响了它的实施。由于规划及执行中的问题，导致目前我国存在有城镇数量偏多、规模偏小、中心城镇数量过少、城镇功能定位不准、布局不合理、过度竞争和资源的极大浪费等问题。参照日本的经验，在搞好小城镇的规划时，我们应做到以下几点：真正建立一个高效、专业、权威的规划部门；本着科学规划、合理布局的基本原则，解决好改造与新建、合理用地与节约用地、城镇集群与个体优势、节约与开发能源，经济效益、社会效益和环境效益，短期规划与长远发展等问题；科学、合理的规划一经制定，不能随意变更，要保证它的严肃性、权威性和相对稳定性。

启示四：健全法规体系，实现依法建镇。和日本相比，我国农业立法尚处在初始阶段。为了加速小城镇建设的步伐，我国应适当参考日本在国土利用、农村自然环境保护及振兴农村经济等方面的立法经验，真正做到“以法促建、以法兴农”，这样才能尽快避免和克服我国小城镇建设中的混乱、无序状况，真正做到有法可依，依法行事。

启示五：推进行政改革，实行和谐建镇。日本是一个中央与地方分权制的国家，和日本相比较，我国小城镇在管理体制上存在两方面的不足：一是乡镇行政区划偏小偏多，导致各个小城镇之间争土地、争粮食、争资源和基础设施重复建设现象极其严重。因而，在农村城镇化的过程中，我们应结合国家政府机构改革的统一部署，积极进行乡镇区划调整，撤乡并镇，撤镇并镇，减少小城镇数量，扩大管辖范围。二是乡镇管理的权力分散。我国绝大多数农村人口归属县或县级市政府管理，而作为最基层政权单位的乡（镇）政府则是直接管理者，乡（镇）政府虽然设置了与县政府相对应的行政职能部门，但大多数处于“一无权，二无钱”的境地，进行有效管理十分困难。新体制的建立应该是结合小城镇区划调整，逐步走向自治，使其真正成为基层政权单位。

四、德国的城市化模式

德国是世界城市化发展比较快的国家之一，是高度发达的工业国家，经济实力居欧洲首位。

据统计，2004 年德国城市化率达到 88%，位居世界前列。德国贝塔斯曼公司不久前发布的一份有关德国人口发展的研究报告显示，到 2025 年，德国城市化趋势将进一步加强。多年来，德国在城市规划、土地管理和人口政策等领域进行的有益探索和丰硕成果值得借鉴。德国是一个后起的资本主义国家，国民经济虽然因为第一次及第二次世界大战战败跌入低谷，但在战后能够迅速崛起，创造世界经济奇迹，其中的原因值得深思。

（一）德国城市化发展的进程及特点

从工业革命开始，德国城市化和工业化、人口流动，对德国经济较为均衡发展产生了很大影响。德国城市化的发展也随着德国政治的变化而变化。德国城市化大体经过以下几个阶段：（1）1815 年到 1840 年是城市化兴起的准备阶段。在这个时期，农村人口依然多于城市居民。尽管如此，农村多余劳动力尤其东部农业区的人口逐渐向城市转移，城市的经济开始获得较快发展。（2）1840～1872 年德意志帝国建立是德国城市迅速发展的阶段。在这期间，德国西部的一些城市发展很快，东部一些城市人口增长已经超过农村人口增长的速度。（3）从 1871 年帝国建立至第一次世界大战之前是德国城市化的第三阶段。这一时期是德国城市化极大繁荣和发展的时期，城市化水平从 1871 年的 36.1% 增长到 1910 年的 60%。（4）1914 年到 1949 年是德国城市化发展的起伏阶段。受两次世界大战和经济危机的影响，德国经济出现了“倒退—恢复—再倒退—再恢复”，经济发展没有多大实质性的进展。（5）1949～1990 年德国实现统一是德国城市化迅速发展的阶段，这期间德国国民经济进入“高速发展”时期，城市化水平也得以飞速发展。

1990 年 10 月东德和西德实现了统一，德国的负担也从此加重，并且多方面的发展也处于摸索之中。德国的经济并没有明显的变化，1998 年的城市化水平和 1988 年的城市化水平 86% 相比仅增加了 1 个百分点；2002 年德国的城市化水平达到了 87.9%。

德国城市化的发展速度较快，城市化的水平较高。与英国、法国、美国相比，德国工业革命起步较晚，但是它实现城市化所用的时间与英国相近，少于法国和美国，这说明城市化发展的速度快。到 1996 年，德国城市化水平已达 87%。在发达国家看来，德国城市化水平比较高。至今，德国是当代发达的市场经济国家，人口将近 8200 万，德国的非农就业人口高达 96%。例如，从德国的法兰克福经济区看，该区农业人口仅为万分之四，实现了高度城市化。该经济区为德国的 12 大经济区之一，区内有各类行政小区（近似于我国的乡镇）1408 个，6 万～12 万人的小城市 50 多个。

与欧洲各国相比，德国的独特之处在于，它的中小城市、小城镇星罗棋布于全德各地，在城市化过程中，各类城市相对协调发展，布局较为合理。大城市人口发展很快，小城市也不落后。到 20 世纪初，各类型城市在德国土地上纷纷崛起，奠定了德国今日城市布局、经济发展、社会结构的大框架。德国的近距离人口流动人数多、流动范围广、流向分散。德国人口流动的特点也说明德国小城镇分布广、布局合理、经济发展协调均衡。德国的中小城市多，分布比较均匀，人口过于集中的大城市少。虽然德国也出现了一些大城市，但是无畸形发展现象。城乡之间，地区之间，经济、社会、环境协调发展。

德国城市发展注重均衡和协调发展。德国在联邦宪法中规定，追求全德国城市的平衡发展和共同富裕。因此在城乡建设和区域规划的政策上，有两项最高宗旨：一是在全境内形成平等的生活环境，减小各地区的差异；二是追求可持续发展，使后代有生存和发展的机会。东德并入西德以后，德国为使全区域生活水准平等，设立了团结税，每年有5000亿欧元对原东德地区投资，修建高速公路等大量基础设施，缩小东西部的差距。

德国村镇建设注重规划，城乡基本无差别。德国的村镇建设经验主要体现在四个方面：一是政府高度重视村镇改造和建设，颁布了一系列保护农业用地、保护农产品价格的法规，加强管理机构、管理队伍的建设，完善村镇建设的投资机制，加大政府的支持力度，形成了比较均衡的城镇结构体系；二是优先考虑基础设施和社会服务设施的建设，为改造村镇的居住环境，提高村镇居民生活的舒适度，政府十分注重基础设施、社会服务设施的建设和各种公益事业的健全完善；三是注重单体设计与整体景观协调，德国村镇的特点是村落建设与自然巧妙地融合在一起，主要是靠村镇改造规划和设计的调控作用，德国的村镇建设是满足规划的统一要求；四是注重环境建设和保护古建筑。因此，德国的城和乡的概念已经没有什么严格的区别，除了规模及作用和影响范围不及大城市外，一般的生活设施水平同大城市差别不是很显著，即使是最小的村镇，也有着大城市所具备的某些设施。

（二）德国城市化的动力整合机制

德国之所以能够迅速实现城市化，其因素是多方面的，择其主要的加以论述。

19世纪四五十年代，工业革命全面展开并迅猛发展，极大地推动了德国传统社会经济制度的变革。德国工业革命及其引发的经济发展与转变是“德国近现代史中最引人注目的方面、整个近现代史中最令人惊异的篇章之一”。19世纪中叶德国的科技革命推动了工业的高速发展，用了四十年的时间完成了英国100多年走过的工业化道路。

20世纪60年代后期，民主德国明确了科技进步在社会生活中的地位和经济发展中的重要性，强调科研与生产相结合，着手科研改造及其管理体系并开展对外交流。同时，德国不断开创科学技术新领域，使科学技术得到了进一步的发展，大量科研成果和科学文明的出现，有力地促进了其社会经济的发展，推动了城市化的发展。在政府的鼓励下，仅民主德国科学院从1981—1985年五年间就有940项自然科研成果在国民经济中得到运用，这些科研成果与革新涉及工业、农业、交通运输业等各个领域。

同时，德国的社会保障管理体制实行政事分开的管理原则。德国在宪法上规定了人的基本权利，如选举、工作、迁徙、就学、社会保障等平等的权利。在社会上没有明显的农工、城乡差别，可以说农民享有一切城市居民的权利，农工差别只是从事的工作性质的差别。

交通业是德国国民经济中的动脉系统，促进了德国城市化的发展。德国的所有大城市已通过铁路相连，德国铁路的发展伴随着工业化的进行，不仅拉动了机械制造业、钢铁冶炼业和煤炭业的发展，吸收了大量农村剩余劳动力，而且铁路网与工业基地建设的结合，促进了农村人口的集聚，带来了集聚地的繁荣继而发展成为中小城市。

德国在城市化发展的过程中，也出现了一些问题，例如城市环保、城市交通等诸多社会问题，在这一过程中，德国政府采取了一系列措施，对城市化中出现的问题进行了整合。

随着德国城市化的发展，有许多因素例如工业的发展等造成了对城市环境的污染和破坏。德国为保护环境，节约资源，对水资源、污水处理实行高额收费政策。一方面起到了抑制居民和企业有害垃圾投放量的作用，另一方面可将垃圾处理费用于垃圾处理厂的建设与运营，增加处理设备，保护环境。德国为解决城市交通拥堵问题，对公交、地铁等行业，政府在核算成本的基础上，重点考虑减少城市交通流量，从实现最大社会效益出发，制定比较低的价格。

随着城市化的发展，城市人口拥挤膨胀。德国由于政府和社会双方重视，住房问题解决得比较好。德国在城市建设和管理上形成了“全面规划、综合治理”的基本指导思想。第一，制定统一的城市规划管理法规，将城市住宅建设纳入城市的综合规划之中，并进行法制化管理。第二，鼓励半政府性机构和企业参与住宅建设。第三，政府建造经济适用房屋，解决低收入阶层的住房问题。

（三）德国城市化经验及其对我国的启示

综上通过对德国城市化动力机制和整合机制的简要分析，我们可以看到，德国城市化发展的经验对于我国城市化的发展，有很好的启示作用。主要有以下三点：

德国城市化发展遵循一条规则：既要考虑市场竞争的原则，也要顾及社会公共利益的需要。德国由联邦、联邦州、地方政府（市县，社区）三级政府构架。宪法规定由联邦、州和地方乡镇三级共同承担城镇建设发展的任务，注重城市的统一规划和协调发展。德国的城市化发展，是以中心城市为依托，建构大中小城市协调发展的合理体系，从而避免了“城市病”的出现，城市与自然和谐共处，同时也充分发挥了中心城市的经济文化辐射与集聚效应，形成雁阵式的发展。在城市化过程中，各类城市相对协调发展，布局较为合理。大城市人口发展很快，小城市也不落后。这一点是值得我们认真学习的。

在我国，党的十六大提出，加快推进中国特色的城市化进程要坚持大中小城市和小城镇协调发展。协调发展不是均衡发展，各地把加快城市化进程当作政府的一个重要目标，这本身没有错，错就错在大家都想把自己行政区划内的城市、城镇做大，有一些根本不具备做大条件的城市，在规划中也把自己的架子搭得很大，在这种大家争做中心城市、中心城镇的思想指导下，各地都是遍地开花搞城市化建设，到处是工业园、开发区，这其中大多数是当地城市化发展的需要，但也有不少是开而不发，一些地方连县城都不成样子，却提出要发展多少个小城镇。还有一些地方在小城镇建设中不从实际出发，盲目模仿城市的做法，增加了农民进入小城镇居住的成本。

因此，在城市化的进程中，应该根据实际情况，尤其要注意城市与城市之间的协调发展。城市化是一个经济布局、就业岗位和人口居住空间三位一体的问题，要根据不同区域的资源和环境承载能力，以及现有的发展水平，来具体地确定城市化推进的具体区域和发展方针、城市规模的大小。在中国人口稠密、经济发达的地区，可以学习德国的经验，注重发展中小城市，加强城市之间的交通网络建设，使数量众多、相距不远的小城镇构成联系紧密、相互促进的城市群落，建构城乡一体的城镇体系。在城市化水平较低，人口相对分散，城市密度偏低，经济相对落后的地区要重点发展大中城市，积聚人气，形成中心城市，强化大城市的辐射带动作用，走相对大城市化的战略。

城市化的实质在于现代化，即在于社会生产方式、生活方式、价值观念的现代化，而不仅仅是人口在地域空间单纯的移动问题，也不仅仅是居住区向城市的汇集，更重要的是乡村传统封闭的文化向城市现代化开放文化的转变和人们的生产方式、生活方式向城市的存在方式和运行方式发展。

德国城市化过程既有大量农业人口向城市集聚的过程，也有很多就地转化的城市化过程。由于拥有十分发达的公路交通网络和便捷的城乡公交系统，许多人居住、生活在小城镇，而工作在其他地方，因而形成“分散化的集中型”的城市布局，大大减少了人口大量转移和高度集聚对中心城市形成的压力。生产方式的变化带来生活方式的转变：目前，居住在小城镇中的居民与大城市的生活无异；同样，生活在小镇上的农民与居民并无二致。一位教授在课堂上说：当时他出生的小镇，以前大部分是农民，而现在 1000 户居民中，只有 4 户是农民。在施瓦本哈尔县的一个农业合作社中，其农家的生活已与城市居民一样，生产方式也转变为大生产的农业化。

因此我们应该充分认识到城市化发展的实质内容，不仅仅是人口从农村向城市的移动，最根本的是城市建设要重内质，不要一味追求规模。德国的城市化建设，其规划和产业政策的重点均以中小城市为主，适应市场经济规律，实现了城乡协调发展，占其城市总量90%以上的中小城市，虽然规模不大，但功能突出、基础设施齐全，且很现代化。我们不能片面地把城市化理解为建高楼大厦和标志性建筑物，城市化的真实内涵应当是人民生活质量、生存环境的实质性提高和城乡经济的协调发展。

德国在城市发展过程中，注重城市建设中的公民参与。公民参与城市规划的根本目的一方面是为了确保公民的合法权利，另一方面则是在最大限度上增强城市规划的方案的科学性、合理性、可操作性。公民参与城市建设，通过规划城镇的再开发，消除原有城镇的缺陷，对城市的良性发展起到了不可替代的重要推动作用，不仅促进了城市物质文明的建设，在科学完善的方法的指导下，德国的城市规划与城市建设也兼顾到了社会效率与公平，奠定了城市长久发展的基础。因此，在城市建设与规划过程中，我们也应注重公民的参与。在战略上的城市整体规划，应该由决策者、专业部门、专业学者来共同制定；对于贴近市民的详细规划，要注重听取群众的意见，充分让群众参与其中：让群众参与规划，参与监督，参与管理。

从环境保护事业在德国的发展可以得到的启发是：一个国家的经济与社会发展水平并不完全看国民生产总值或者人均收入的数量，还必须看在这数量后面的质量问题。德国没有单纯地追求更大的数量而继续以牺牲环境为代价的保护与改善的做法，是他们的聪明之处。德国城市规划已经将生态环境的保护与建设作为工作的重点，而将规划编制过程中环境鉴定的方法通过法律形式固定下来，将其制度化、正规化，充分显示了德国城市规划强调了环境保护的重要性和生态建设的决心。全世界多年来都把德国的环保当作榜样，包括环保体制、环保法律、环保科研体系、城市生态建设、自然资源保护、文化遗产保护、环保意识和环保舆论等多个环节。德国在经济部门中很快就形成规模日渐扩大的绿色文化和环保产业，把环保事业和国家的整体发展成功融合在一起，环保产业的产品和环保技术还成为德国重要的输出项目，在对外贸易中占了相当大的份额，而且效益日渐显著。因此我们应该学习德国的这种以环境为本来发展经济的做法，无论何时都不要以牺牲环保来求得经济的发展。

综上，德国城市化发展的经验值得我们借鉴，同时德国城市化中所产生的问题，我们也须认真思考，避免产生同样的问题。总体上，我国处于城市化加速发展阶段，但是我国城市化水平地区差别很大，发展不均衡。我国城市化、城市现代化水平与发达国家的差距，以及省内发展水平的不平衡，决定了我们绝不能照搬国外的经验。我们的发展必须依据中国的国情，借鉴先进国家的经验，总结他国的教训，通过我们自身的努力，使我们的发展更加顺畅，更加稳健，更加迅速。

与发达国家的城市化相类似，中国的城市化之路中还面临着诸多困难和挑战。城市的可持续发展将是要解决的重点难题。城市的空间布局、公共服务供给能力、政府治理能力也面临一系列新挑战。同时，从规划、建设和运营等环节创新城市基础设施管理模式，也对城市政府提出新的要求。这就要求我们要在土地制度、户籍制度和城市环境治理上进行大刀阔斧的改革，以壮士断腕的气概打破城市化进程中的艰难险阻，共同推动城乡发展一体化；破除城乡二元结构，推进城乡要素平等交换与公共资源均衡配置，实现城乡地域系统的空间优化与效率提升。

过去的城市化给我们的教训，是造成了为数不少的农村征地悲剧。这些悲剧的直接原因并不难找，无非是征地补偿标准不公，农民和政府达不成征地协议，地方政府却动用公权力强征强拆。不过，如此多的征地补偿不公，并非由个别地方官员腐败贪婪造成，而是中国当前发展模式和征地制度的必然结果。征地补偿过低的直接原因，不仅在于农村法治不健全，地方政府不按法律规定给予足额补偿，而且也在于我国《宪法》《物权法》《土地管理法》等基本法律都没有确立世界各国普遍适用的“公正补偿”原则。

更有学者明确指出，现在“集体经济”者，早就不是土改后的那个以农民土地私产为基础的经济，也不是当年列宁以为“唯一可以把农民带入社会主义的”、以农民私产为基础、自愿缔约而成的合作经济。土改后的农民私产，权利边界很清楚。但是到了“集体”，人口与土地的家庭边界就起了模糊。特别是人民公社实行“政社合一”，所有在当地已经出生的以及未来将要出生的人口，事实上都是集体之所有者，都有权分享集体土地。自此，农民和农民家庭之间的土地权利边界，就随着各家人口的变动而变动。这是集体制最重要的经济本质。它再也不是合作制，更不是农民的土地私产制。

有些官员认为，在这种情况下，虽然市场对城镇化拉动经济增长和蕴藏的投资机会报以了很大的期望，但这一进程要推进，仍然面临很多挑战。除粮食安全外，土地问题仍面临产权制度和用途管制、征地和用地制度、农村集体建设用地、农地经营制度、土地金融等多方面的具体问题。

在城镇化进程中，土地制度面临第一个问题是在制度层面，涉及产权和用途管制。保护土地权益人的权益是必须的，但任何权益都应在用途管制的框架内。很多讨论更多的关注在权益人的权益，而不太重视土地用途的管制。

而在市场经济成熟的国家，对土地用途的管制都非常严格，土地的使用必须符合规划。我们需要建立一个私权和公权的均衡机制，但这个均衡机制能不能实现，归根到底，取决于规划是不是科学、合理、公开、透明。

对于农村集体建设用地的交易和使用，“自有自用”原则必须坚守，否则农地守不住，国家的粮食安全就无法维护。

还有观点认为：城镇化可能是把双刃剑。城镇化在扩大内需的同时，也会带来一系列城市病，由于各种资源向大城市和行政中心高度集聚，带来了如环境污染问题、住房问题、医疗问题等诸多难题。当前我国的城镇化发展呈现“两极化”态势：大城市患了“膨胀病”，有吸纳能力，无承载能力；小城镇则因“发育不良”不断衰落，有承载能力而无吸纳能力。近年来小城镇数量越来越少，城市规模结构有向“倒金字塔”型演变的趋势。

从现实来看，要持续提高农民工收入，必须推动农民工向利润率较高、附加值较高的产业部门转移，但农民工学历和职业素质偏低，而且多数没有参加过任何技能培训，不能实现转移，就无法从根本上提高工资水平和生活水平。

转变农民工生活方式将带来巨大的、难以化解的财政压力，而且也无法通过土地财政来解决。“市民化”成本的最大部分是城镇住房，土地出让价格攀升有利于政府筹措资金解决压力，但地价上升抬高房价并进一步削弱农民工依靠商品房体系自我解决住房问题的能力，加重农民工对保障房的依赖和需求，形成恶性循环。如果无法实现农民工“市民化”，中国可能重蹈拉美国家覆辙，出现大规模城市贫民和贫民窟，或者维持现有“不完整”城镇化，保留大量定期往返于城乡之间的流动人口。

我们认为，在目前的财税体制和公共服务体制下，各级地方（城镇）政府作为公共服务的主要提供者，无论是对户籍制度改革，还是提供城乡一体化的公共服务方面，均缺乏财力，也没有足够动力。预计我国将有可能用50年左右的时间，走完西方发达国家一二百年才走完的城市化之路。这就造成西方发达国家在不同时期渐次出现的“城市病”在我国相对短的时间里集中表现出来。因此，中国的“城市病”就具有了普遍性、特殊性、突发性、复合性的特征。要解决好这些“城市病”，难度的确很大。当前，在城市化快速推进过程中，如何避免各方面“城市病”发生“共振”，从而导致系统性城市运行风险爆发，是城市管理者应当高度关注的问题。

编者的话

第三章　中国城市化面临的挑战

2012 年 10 月 31 日，中国科学院科技政策与管理科学研究所在《2012 中国新型城市化报告》中披露了 50 个内地城市的“新型城市化水平指数”。数据表明，中国内地城市化率已经突破 50%，城市化发展进入关键阶段。

值得注意的是，该报告针对中国当下的城市化进程，指出了五大隐忧：①在世界格局中，中国的城市化明显滞后于工业化所对应的“非匹配”；②中国的城市化进程中，明显表现出土地城市化快于人口城市化的“非规整”；③中国的城市化亟须克服“城市和农村、户籍人口与常住人口”的“非公平”；④中国的城市化偏重城市发展的数量和规模，忽略资源和环境的代价，呈现粗放式生产的“非集约”；⑤中国的城市化必须解决如何进入现代管理制度、消除城市病的“非成熟”。

率先走出金融危机的中国正进入新的成长阶段，在新成长时期，城市化将成为推动经济社会快速发展的重大动力。

地方政府推进城市化的冲动，更多的是表现在土地的城市化方面。这是由于土地的升值幅度和潜力很大，对地方经济增长和财政收入有很大的促进作用，土地的城市化成为地方发展的一个重要手段。

然而，土地工商化并非真正的城市化，因为城市化是以人的城市化为衡量标准。中国在这方面的巨大障碍，在于进城农民工难以转成市民。许多试点经验表明，即使农民将户籍从农村转为城市，他们还需要解决在城里就业、住房、纳入城市保障体系、子女教育等棘手问题。

各地大规模推进城乡统筹和城乡一体化，这个过程应该不仅仅是处理户籍问题，而是要在城乡社会保障、公共服务和社会管理方面，缩小城乡居民之间的差距。

第一节　现行土地制度亟须完善

随着工业化、城市化进程的加速，我国的工业增加值一直保持着两位数的增长，在工业增长高歌猛进的同时，中国也进入城市化进程的快速道。1998～2007年，我国的城市化率以每年1.5个百分点增长。

在这一时期的工业化、城市化进程中，土地起到了非常重要的作用：它不仅为工业化、城市化的顺利进行提供了基础性保障，而且在一定程度上扮演了“发动机”的角色。土地从农地转向市地的使用，带来的土地经济价值的大幅提升，以及土地作为抵押品为地方政府进行城市建设提供的融资功能，为城市基础设施投资和城市扩展作出了重大贡献。但是，由于土地制度和财税政策等多方面的制约，土地的非农化也出现了一些问题，既影响城市化进程，又影响了经济社会可持续发展。

我国城市化加速，推动了全国规模的农地转为非农业用地的浪潮。但是，在现行土地制度下，相关利益主体的行为不可避免地扭曲。因此伴随城市化的加速，城乡协调发展受到很大冲击，农地转用的资源配置效益十分低下，农民土地权益遭严重剥夺。同时，围绕土地的社会冲突呈上升趋势，特别是政府机构和官员个人违法、违规屡禁不止，土地腐败严重。

但是，我们又必须看到，城市化加速不但合乎国民经济发展的要求，而且也是包括农民在内的多方面经济利益实现的基本途径，因此必须肯定。问题的根源不是城市化，也不是市场关系的深化刺激的城市化加速，而是约束我国城市化的土地制度的历史性滞后。根本问题是，现行法律在允许政府按市场原则转让土地的同时，却仍然维持政府独家征用农地的垄断，禁止和限制农村集体和承包农户对非农建设用地的转让权。

正是对土地转让权的不当管制，使市场价格机制不能在土地资源配置中发挥正常作用。要从根本上解决问题，必须全盘改革现行土地产权制度。仅靠清理整顿土地市场、紧缩农地供给，不但不能从根本上解决问题，而且可能加剧国民经济的波动。

一、土地城市化呈现粗放型特征

我国正处在工业化、城市化加快发展的阶段，国外经验教训表明，这个时期正是大量土地被占用的时期。我国的基本国情是人多地少、人均土地资源相当稀缺，而我国的城市化路径又有其不同于西方发达国家的特点，对土地资源的占用和浪费现象可能会更严重。处理好工业化、城市化进程中的土地问题，珍惜和合理利用每一寸土地，避免在土地问题上犯错误，关系到我国现代化建设的进程。

近三十年来的城市化脱胎于计划经济体制，政府力量在其中起主导性的推动作用，由此带来了一些失误和偏差，也带来了一系列的土地问题。如不能及时认识并予以解决，这些土地问题本身又会进一步强化城市化失误，使我国的城市化失误和土地问题陷入一种相互强化、恶性循环的怪圈。

(一)《土地管理法》二十年

自 1986 年以来,《土地管理法》作为我国土地管理的基本法和全面推进土地管理改革的纲领性文件,对我国土地法律制度的完善和土地市场的发育成长起到了基本保障作用。其历史贡献和现实作用都无法否认。我国的土地管理事业能够从无到有、从小到大,能够建立起遍布全国城乡的土地管理网络,可以说,《土地管理法》功不可没。

1.《土地管理法》的诞生

20 世纪 80 年代初期,随着我国经济建设的发展,建设占用土地的规模迅速扩大,人多地少的矛盾日益突出。在土地管理城乡分立、部门分管的多头体制下,我国城市土地管理机构不健全,职责不清,政出多门,没有形成完整的管理体系;在城市没有建立起完善的地籍档案,土地资源家底不清,土地权属混乱,纠纷频繁,城乡非农业建设乱占滥用土地以及土地浪费等问题已相当严重,耕地锐减。

顺应形势的需要,1986 年 6 月 25 日,第六届全国人大常委会第十六次会议通过并发布《中华人民共和国土地管理法》,1987 年 1 月 1 日起正式施行。这是新中国成立后,我国颁布的第一部关于土地资源管理、全面调整土地关系的法律,它的颁布是我国土地管理工作的重大转折和管理体制的根本性改革,标志着我国土地管理工作开始纳入依法管理的轨道。

1986 年《土地管理法》的颁布,从根本上开创了我国土地管理工作的崭新局面,这主要在三个方面体现出来:实现了全国城乡土地统一管理制度,土地管理法律法规体系的框架初步形成,土地利用开始走向有序轨道。

2.《土地管理法》的三次重要修订

时代在发展,法律制定的社会背景和社会经济条件在变化,随着我国经济的快速发展,根据我国土地管理及社会经济发展的需要,《土地管理法》先后进行过三次修改。

20 世纪 80 年代末,我国土地使用制度改革步伐加快,深圳、上海等地在土地有偿使用制度方面迈出了重要一步,全国各地也相继仿效。土地有偿使用已成为我国土地使用制度改革中不可回避的核心问题。适应这一要求,1988 年 4 月,七届全国人大第一次会议通过了《中华人民共和国宪法修正案》,根据该修正案,删去了宪法第十条第四款中"禁止土地出租"的规定,同时在该条款中增加了"土地的使用权可以依照法律的规定转让"的规定。同年 12 月 29 日,七届全国人大常委会根据宪法修正案通过了关于修改《中华人民共和国土地管理法》的决定,在《土地管理法》中删除了"禁止出租土地”的内容，并增加规定“国有土地和集体所有的土地的使用权可以依法转让”“国家依法实行国有土地有偿使用制度”等内容。

同时，为适应新形势下土地管理工作的需要，对农村集体建设用地的审批、非法转让土地和破坏耕地的违法行为处罚、处罚程序等内容也进行了修改。《中华人民共和国宪法》和《土地管理法》对土地使用制度改革的修改规定，奠定了这一时期土地立法的基调，那就是一切为土地使用制度改革服务。在此基础上，国务院于1990年发布了《城镇国有土地使用权出让和转让条例》和《外商投资开发经营成片土地暂行管理办法》，管理城市土地的一部重要法律《城市房地产管理法》也于1994年7月正式出台，该法对土地有偿使用制度作了较为全面的规定。

随着改革的深化和形势的发展，1988年修改的《土地管理法》已经明显不能适应加强土地管理、切实保护耕地的需要，不能适应社会主义市场经济的需要。特别是20世纪90年代末期，我国耕地保护面临的形势十分严峻，开发区热、房地产热导致耕地面积锐减，人地矛盾日益尖锐。面对经济形势的变化，《土地管理法》呈现出了局限性，例如：对农用地转为建设用地缺乏严格的法律限制、对土地违法行为缺乏强有力的法律监督体制和手段、对土地征用缺乏严格的法律限制且比较分散，以及对国有土地资源和市场管理缺乏明确的规定等。

在这种情况下，党中央、国务院于1997年4月15日下发了《关于进一步加强土地管理切实保护耕地的通知》（即通称的中央11号文件）。在这个文件中，中央提出了一系列加强土地管理和耕地保护的措施，决定在冻结非农建设占用耕地的同时，完成《土地管理法》的修订工作，同时也提出了修订《土地管理法》的重要原则。

1998年8月29日，第九届全国人大常委会第四次会议修订并通过的《土地管理法》于1999年1月1日施行。这次修订，不是个别条文的变动，而是土地管理方式和土地利用方式的重大变革，是土地管理思想发生根本转变的集中体现。它是除宪法等基本法律外，第一部在立法思想、基本原则和主要内容等方面对原法进行全面修订的法律，是第一部经过全民讨论、全国人大常委会三次审议的法律。《土地管理法》在修订过程中，草案全文在社会上公开，广泛征求意见，进行了全民讨论，共收到人民来信675件，充分体现了立法的民主性。

1998年修订后的《土地管理法》于1999年1月1日实施以来，在耕地保护、控制建设用地总量等方面取得了重大的阶段性成效。但同时，随着经济的发展，经济结构的不断调整，用地需求的不断扩张，《土地管理法》中的一些局限性也开始暴露出来，各类开发区遍地开花，地方政府低价出让土地、圈占土地等现象又呈蔓延之势，政府或政府部门土地违法案件仍居高不下，征地制度、农村集体建设用地流转制度、土地规划制度等亟待进一步完善。2004 年 10 月 21 日，针对一些地方耕地被大量占用、在征地中农民利益受到损害等问题，国务院发布了《关于深化改革严格土地管理的决定》，为今后的《土地管理法》修改提出了许多指导性意见。

2004 年 3 月 14 日，全国人大第十届二次会议通过的《中华人民共和国宪法修正案》，将宪法第十条第三款“国家为了公共利益的需要，可以依照法律规定对土地实行征用”修改为：“国家为了公共利益的需要，可以依照法律规定对土地实行征收或征用。”同年 8 月 28 日，十届全国人民代表大会常务委员会第十一次会议对《土地管理法》作出修改，一是将《土地管理法》第二条第四款修改为“国家为了公共利益的需要，可以依法对土地实行征收或者征用并给予补偿”；二是将其他条款中的“征用”修改为“征收”。

3. 《土地管理法》的现实与未来

2004 年《土地管理法》修正区分“征收”和“征用”。1998 年修订的《土地管理法》，针对土地征用中存在的突出问题，已经对土地征用制度进行了修改和完善，包括上收了征地的审批权限，提高了征用土地的补偿标准，增加了征地批准后“两公告一登记”制度，加强了对征地补偿费用使用情况的监督检查等。但是，近年来土地信访数量不断攀升，其中绝大多数涉及征地问题。据国家信访局统计，2003 年下半年，国家信访局共收到反映征占土地问题的来信 4466 件次，同比上升 85. 93%；接待来访 1576 批次，同比上升 104. 41%。因征地补偿引发的矛盾和纠纷成为人民群众日益关注的社会热点问题之一。

回顾二十年间《土地管理法》实施的历程，成绩是辉煌的，它使我国的土地管理事业在极其复杂的历史条件下和十分尖锐的人地矛盾中，用二十年时间走完了西方发达国家上百年甚至几百年的路。《土地管理法》的每次修改，都代表着一个经济发展的阶段，都表明着其不断成长和完善的过程，并使得我国的土地管理在法制的轨道上平稳运行。在今后社会经济发展的历程中，《土地管理法》将继续推动我国的土地管理事业向前发展。

（二）行政主导下的土地城市化

根据我国近十年的统计数据和人口规模推算，城市化率每提高 1 个百分点，新增建设占用耕地约 490 万亩，每年近 2000 万农民进入城镇。

中国城市化更多的是土地城市化，产业不断向城市集中，重复建设、超前建设、大量征占农村土地及级差地租收益分配不公等现象严重，这跟我国土地征用及收购储备制度有关。根据法律，政府为了公共目的可以强制取得土地，城市土地一级市场也必须由政府垄断供应。从土地征用角度看要具备三个要件，即政府特有的权力、只用于公共目的、行使这个权力时必须给予合理补偿。征用土地大部分用以发展社会公用或公益事业，如道路、公园、基础设施建设等，小部分用于改善低收入者的住宅建设及城市再开发。土地收购储备制度是从 20 世纪 90 年代开始逐步建立起来的，目的是从盘活城市存量土地以及规范土地市场的角度管理城市土地。

1. 行政主导城市化的两面性

按理说，城市化源于经济发展的内在需要，城市的发展本应是伴随经济发展的自然演化的动态结果。在城市化的进程中，政府只能是在短期内、在表象层面上起到一定的辅助性的推动作用，这是世界发达国家城市化进程中表现出来的共同规律。然而，我国的城市化进程表现出与这一规律较大程度的背离，政府推动力量扮演着远比市场力量更为重要的角色。

城市级差地租对于城市土地的利用来说，土地的位置是非常重要的，因为土地的位置及其周边环境决定着土地的生产效益，这会对城市土地使用者的选址决策和经济利益产生影响。土地的位置和质量的不同而形成的级差地租也不一样，级差地租不单纯由自然条件形成，在城市化进程中往往跟城市规划和建设联系在一起。通过人为的因素改变土地功能，将城市分为经济繁华区、政治区和教育区等，或者将各个功能进行综合，或者以某个功能为主。办工厂则会考虑该区的交通条件、相关产业生产的分布情况和该地段的地价等因素，往往会选择在郊区。有小孩上学则会选择以教育功能为主的地区。商场的创建则往往会考虑该区的人口数量、人口流动状况和现实的和潜在的顾客的购买力……在城市规划下，人们会根据边际效用而排出先后顺序，然后不同的级差地租和房地产价格便形成了，政府作为土地垄断者则利用城市化和土地获得巨额租金和收益。（见表 1）

表 1　2010 年城市土地出让金排行

排名	城市	2010 年出让金（亿元）	2009 年出让金（亿元）	同比
1	北京	1628.54	927.79	75.50%
2	上海	1513.43	1025.29	47.60%
3	大连	1157.75	275.29	320.60%

注：数据来源于 CREIS 中指数据和中国房地产指数系统

在 GDP 为目标的发展模式下还存在一些怪象，那就是政府间的竞争可能也是我国土地价格决定过程中的重要因素。为了 GDP，各地政府纷纷低价出让工业用地，工业用地的价格远远低于征用成本，因此要想办法提高商业地价进行弥补，从而推动房地产市场价格上涨。土地使用双重价格的根源在于各地政府在考核机制的引导下，不按照市场机制配置土地，为了多出快出招商引资的业绩而引发的竞争，实质上是由政府官员所面对的激励机制所决定的。

新中国成立初期，我国城市化发展模式肇始于重工业优先发展的战略，在地域空间布局和主导产业培植方面表现出明显的计划经济色彩。改革开放初期，乡镇企业异军突起加快了中国的城市化步伐，表现为小城镇迅速增加、人口就地城镇化的显著特点。表面看起来，推动这一时期城镇化的动力更多地来源于经济因素，然而，政府行政力量则通过“建制城市化”自上而下极大地助推了这一进程。此后至今，我国的城市化进程越来越突出地表现出“政府主导推动型”模式。

这种政府主导推动模式过分扩大了政府在推进城市化中的作用。由于缺乏相关利益主体的有效制约，政府强权与资本结合在一起，导致征地欲望膨胀以满足城市化建设用地的巨大需求，由此造成了耕地资源的大量被占用。同时在征地过程中，又因为拆迁补偿的不合理，严重侵犯了农民的土地权益，引发了不少社会纠纷，进而沉淀为潜在的社会不稳定因素。近年来各地频繁出现的强拆自焚事件即是例证。

政府主导的城市化具有两面性：在推动城市化发展的同时，又成为城市化快速发展的重要制约。为此，需要政府自我约束不断推动城市化扩张的欲望，尽快形成以经济因素为主要驱动力量的城市化新格局。在制度层面，关键是要对征地制度进行改革。因为在现行征地补偿规则下，地方政府能够从征地中获取大量的可支配的财政收入，因而不管中央政府如何调控，如何收紧土地审批权还是实行“世界上最严格的耕地保护制度”，都不可能从根本上扼制地方政府的征地冲动。为此，可以将现行的政府主导下的征地模式改变为“集体主导、政府监管”的模式。该模式的主要特征是农地所有者即农村集体通过各种途径将农地转变为建设用地，将这些建设用地参与城市开发或各种产业开发，将土地收益留在农村集体。在这种关系框架下，首先要明确区分公益用地和开发用地。对于公益用地，仍保留政府征地的模式；而对于开发用地，则完全由市场来解决，这时，政府的一个非常重要的角色就是对农地非农化市场进行监管。采用集体主导、政府监管的模式将对我国的经济增长方式、城市的扩张模式、城乡关系、房地产市场产生巨大的影响。经济建设和城市开发过程中建设用地的供应成本将比现行模式大大提高，有利于保护耕地和农民土地权益，促进城市建设用地的集约利用，促进城市健康可持续发展。

2. 粗放型城市化导致土地市场化流转不畅

与政府主导推动的城市化路径相一致，迄今我国的城市化本质上是一种粗放式的增长模式。虽然改革开放以来，我国城市化进程取得了很大的成就。城市化率从1980年的19.39%快速上升到2009年年底的46.6%；全国有超过6亿的城镇人口，形成了建制城市655座，其中百万人口以上的大城市有118座，千万人口以上的超大城市有4个。但我国的城市化在很大程度上被简单看成是一个非农居住人口增加、行政区域变更，甚至是仅靠“圈地运动”以扩张城市规模的过程。尤其是上世纪80年代以来“摊大饼式”的小城镇发展战略的推行以及大、中城市新城区、超大广场等标志性建筑的建设热潮，导致对建设用地的需求无限膨胀、对土地的非集约化利用问题突出。

据统计，在1981～2004年共二十三年的时间里，我国城市建设用地从7415平方公里增加到30781.28平方公里，增长了300%以上，平均年增长率为22%，远远超过城市经济的增长速度。

近几年对建设用地的巨大需求得到了一定程度的遏制，但是土地利用不合理，利用率低等造成的浪费现象依然严重。因此，如何扼制城市化对建设用地的非集约利用问题，是保证城乡经济协调和可持续发展的重要保证。

众所周知，目前我国正处于城市化高速增长阶段，但土地自然供给的有限性和城市建设对土地需求无限性之间的矛盾，决定了我国城市化发展的道路不能再依赖用地规模的扩张。在这个特定的背景下，我国的城市化道路不能再因袭粗放式增长的老路，必须限制城市外延式扩张，走内涵式综合利用与开发、集约用地的道路。这就要求我们要转变土地利用方式，按照经济效益、社会效益和环境效益统一的原则来利用土地，改变目前粗放化、低效率的土地利用模式，集约利用土地资源。为此，提高农地非农化过程中的土地价格可以促使各地城市化过程中集约利用土地。

政府主导推动的城市化，同时也是一个土地过度城市化的过程。所谓土地过度城市化，是指城市土地扩张超过人口城市化。在土地过度城市化的情况下，大量农村人口涌入城市，城市建设步伐赶不上人口移居城市的速度，城市不能为居民提供就业机会和必要的生活条件，农村人口迁移之后没有实现相应的职业转换，造成严重的“城市病”。

我国的土地过度城市化有自己特殊性，主要表现在城市空间的迅速扩张和（真正能够融入）城市人口的缓慢增长。近些年来，一些城市只是热衷于通过修编城市规划、设置开发区，盲目拉大城市框架，扩大城市占地面积，却不支持农村富余劳动力及人口向城市转移，甚至对农民进城务工经商和落户设置种种障碍。1990～2006年，中国城镇人口增长91%，城镇建设用地面积增长168%，城镇用地增长率与人口增长率之比为1.8∶1。而且城市化水平的提高，相当程度上是统计口径变动和行政区划调整的结果，如果扣除统计意义上的城镇人口，城镇用地增长率和人口增长率之比会更高，土地城市化过度超前于人口城市化（郑文晖，宋小冬："劳动与资本双重过剩下的中国城市化进程"，《人口研究》，2009 年第 3 期）。据中国可持续发展信息网（2004）公布的数据，我国近年来被占耕地农户中，有 1.5% 的人得以安置就业，仅有 5.8% 的人得以转为城市居民。

我国现有的城市化水平难以真正从社会学意义上真正解决"三农"问题。在小城镇热、开发区热等一系列热潮过去之后，农民的土地被"城市化"，但他们自身及其家属却被抛在了城市之外。土地过度城市化导致失地农民增加，而农民（工）融入城市困难，一个直接后果就是农地的市场化流转受阻，农业的适度规模经营难以达成。其中的逻辑是，数亿农民虽然长期在城市务工，但内心深处知道自己不是城里人，或迟或早要回到农村，土地（至少在农民的心中）依然具有相当重要的生活保障功能；于是，在土地的保障意义大于依靠流转追求土地收益最大化的时候，土地的市场化流转不畅通自在情理之中。

因此，必须改变盲目求"大"求"快"的土地城市化战略，真正地依靠产业驱动来发展城市化，加强城市的内涵建设，以接纳更多的农村迁移人口。只有这样，才能从根本上保证农民真正获得"城市人"地位，享受"城市人"待遇，真正解决农民多土地少的矛盾，促进土地的市场化流转。

二、土地财政难以为继

近十年来，各地土地出让金收入迅速增长，在地方财政收入中比重不断提升。资料显示，2001～2003 年，全国土地出让金达 9100 多亿元，约相当于同期全国地方财政收入的 35%；2004 年，收入近 6000 亿元；2009 年达到 1.5 万亿元，相当于同期全国地方财政总收入的 46% 左右。在有些县市，土地出让金占预算外财政收入比重已超过 50%，有些甚至占 80% 以上。地方政府严重依赖土地出让金等相关收入，被形象地称为"土地财政"。

土地财政，是指一些地方政府依靠出让土地使用权的收入来维持地方财政支出，属于预算外收入，又叫第二财政。中国的"土地财政"主要是依靠增量土地创造财政收入，也就是说通过卖地的土地出让金来满足财政需求。

土地征收是国家为了社会公共利益的需要，按照法律规定的批准权限和程序，将农民集体所有的土地转变为国家所有，并给农民集体和个人以补偿的法律制度。我国现行征地制度是历史的产物，在中国工业化城市化发展过程中发挥了重要作用。由于我国人口城市化明显滞后于土地城市化，农民土地财产权利得不到应有的尊重和保护，一些地方以农村土地属集体所有为名，不与农民沟通、协商就强占和乱占农户的承包地，严重损害农民权益。有统计显示，税费改革后排在上访第一位的是被征地、被拆迁的农民。征地拆迁中的矛盾已经上升成为社会问题。

（一）土地征收法律制度的缺陷

随着我国经济的飞速发展及各地工业化、城市化进程的加快，大量的农村土地被征收，用于非农化建设，农村集体土地征收的状况更加混乱。因此农村集体土地在征收过程中所暴露出来的问题也就越来越多，有些行为已严重违背了土地征收的基本原则和立法本意。主要表现在以下几方面：如土地征收权被滥用、各地补偿标准及范围不合理、征收程序不规范不民主及以租代征，等等。

这一系列问题的存在，如不加以妥善解决将直接侵犯广大农民的利益，另外也直接扰乱国家整个土地资源规划和利用。

土地征收制度是《中华人民共和国宪法》和《土地管理法》为社会公共利益所确立的一种基本法律制度。对土地征收的概念理论界无大的争议，在以前有的称土地征用即国家依照法律规定将土地收为公用。有的还称为国家建设征用土地，也就是国家运用行政权力把农民集体土地转为国家所有的行为，如 1998 年《土地管理法》就沿用此概念。因此我们现在一般认为土地征收是指国家为了社会公共利益的需要，按照法律规定的批准权限和程序，将农民集体所有的土地转变为国家所有并给农民集体和个人以补偿的法律制度。

土地作为农民生产的基本要素和人类赖以生存的物质基础，其重要性是不言而喻的，但是目前除了一部《土地管理法》及其实施条例和宪法的原则性规定外，我国没有一部专门的《土地征收法》，这显然与土地征收的法律地位及其重要性不相适应。另外随着我国经济的飞速发展和各地工业化、城市化进程的加快，大量的土地被打着“公共利益”的旗号而滥用，用于非农化建设，有些纯粹是经营性的开发，完全是为了获得企业私利。

这些行为严重违背了土地征收的基本原则和立法本意，所暴露出来的问题也越来越多，已严重影响了我国土地征收市场发展的秩序。

1. 目前我国土地征收的法律概况

我国土地实行的是社会主义公有制，即全民所有制和农民集体所有制。那么作为土地所有制的法律表现形式，土地所有权也相应分为国家土地所有权和集体土地所有权。而按照我国《土地管理法》第二条第四款的规定，我国的土地征收也只能发生在国家和农民集体之间，因此本文所谈的土地征收不包括国有土地使用权的征用。

近年来随着我国城镇化水平的进一步提高，土地征收现象越来越普遍，它也成为农村的一个基本法律问题。另外土地征收本身就是经济发展的结果，它和经济的发展密不可分，经济越发达的地区，土地征收发生率也越高，这就使我国的土地征收和经济发展紧密相连并且表现得越来越明显。

土地的征收在国民经济生活中显得是如此重要，但是我国目前还没有一部专门的《土地征收法》，目前的土地征收、征用主要靠《中华人民共和国宪法》《土地管理法》及其《实施条例》，以及国务院《大中型水利水电工程建设征地补偿和移民安置条例》等相关行政法规、规章来调整。就目前来说国家只要是为了“公共利益”的需要随时都可以对农民集体所有的土地实行强制征收；并且按照《土地管理法实施条例》第二十五条的规定对征收这种法律行为，任何单位和个人不得提出异议，如对征收土地的补偿费用有异议也只能提请批准征地的政府裁决。但征收补偿、安置争议不影响征收土地方案的实施。另外按照现行《土地管理法》第四十七条的规定，征收耕地的补偿费用仅包括土地补偿费用、安置补助费以及地上附着物和青苗补偿费，至于补偿标准为该耕地被征收前三年平均年产值的六至十倍，特殊情况下不超过三十倍。从以上立法可以看到我国的土地征收补偿采用的是有限的低价补偿，并且补偿范围也只限于《土地管理法》第四十七条的规定。

实质上，土地征收的补偿费用在我国是和当地的经济发展相适应的，东部地区往往高于中西部地区。但就目前中原地区一般耕地年产值仅为 1000 元左右，也就是说每亩耕地的土地补偿费用为 3 万元，这点费用根本不能保障失地农民以后的生活，而征地后土地的市场价格往往为补偿费用的十几倍甚至几十倍。土地征收前后的巨大差价诱惑着部分地区大搞各类开发区，导致前几年出现大规模的“圈地运动”，甚至有些地方出现了征而不用，等待升值使大量土地闲置，浪费土地资源的现象。另据有关部门统计：在《中华人民共和国土地管理法》通过后的 1986 年至 1995 年，耕地累计减少 10266 万亩，年均减少 1027 万亩，在这些减少的耕地中，其中违法用地总量达 428. 7 万亩。全国 1/3 以上的群众生活归因于土地问题，而其中 60% 左右直接由征用引起。因此基于上述土地使用状况，土地征收制度的改革也是势在必行。

2. 当前土地征收制度的缺陷

当前土地征收过程中所存在的一系列问题与我国土地征收法律、法规的不完善和政府对土地管理的缺位有关。《中华人民共和国宪法》第十条第三款规定：“国家为了公共利益的需要，可以依照法律规定对土地实行征收或者征用并给予补偿。”《中华人民共和国土地管理法》第二条规定：“国家为了公共利益的需要，可以依照法律对土地实行征收或者征用并给予补偿。”实际上公共利益的概念已被扩大到经济建设，可以说许多企业都打着“公共利益”的名义来申请用地，那么这就存在一个“公共利益”如何界定的问题。

另外，“公共利益”外延界定的不明确也导致土地征收权被国家权力机关极度滥用。因为我国土地征收的补偿费用实行的并非真正的市场价格，而是由国家单方制定的补偿标准和范围，远远低于市场价格。即使这样的低价也往往是由用地单位来支付的，国家实际上是无对价取得土地，这就加剧了土地征收权的滥用。

按照目前的土地征收制度，实际上是土地所有权的转移，即由农村集体所有转变为国家所有。既然是两种所有制的转移，那么在市场经济条件下土地的价格就应该由市场来决定，就应该由法定的土地价格评估机构来评估。而现行法律规定是按照被征用土地前三年的平均产值的 6 ～ 10 倍来计算的，一方面这种制度受多种因素的影响，如市场、土地用途、地区差异、种植条件等。另一方面按照法律规定集体土地征收是单方强制性的，被征收单位不得拒绝，按照《土地管理法实施条例》第二十五条规定，被征收土地的农村组织和农民只有对土地补偿标准有异议的，才有权要求批准征收土地的人民政府裁决。这个异议是指对 6 ～ 10 倍以内，而对于被征地单位的补偿要求高于 10 倍的救济措施在立法及司法解释中并未提及。另外这样的规定也违背了民法规定的财产所有权的基本权能，体现不出农村集体组织作为土地所有权人的法律地位。

从现行的法律法规来看，土地征收的补偿范围一般限于土地补偿费、安置补助费、青苗补偿费、地上附着物补偿费、新菜地开发建设基金、土地复垦费或耕地开垦费等。这样的补偿范围在土地市场发展的今天远远弥补不了农民失去土地的损失。因此是否能考虑像国外一样进一步扩大征地的补偿范围，如加拿大的土地征收补偿一般包括：被征收部分的补偿，必须根据土地的最高和最佳用途及当时的市场价格；有害或不良影响补偿，主要针对被征收地块剩余的非征地，因建设或公共工作对剩余部分造成的损害，可能还包括对个人或经营损失及其他相关损失的补偿；干扰损失补偿，被征地所有人或承租人因为不动产全部或基本征收，因混乱而造成的成本或开支补偿；重新安置的困难补偿。

一方面，德国对土地的补偿范围也值得借鉴，如土地或其他标的物权利损失补偿标准为：以土地或其他标的物在征收机关裁定征收申请当日的转移价值或市场价值为准。营业损失补偿标准为：在其他土地投资可获得的同等收益，征收标的物上的一切附带损失。

另一方面土地的补偿标准也有点过低，按照法律规定补偿标准为被征收前三年亩产量的 6 ～ 10 倍，这样算下来荒地补偿费每亩为 5000 元左右，即使可耕地在有些农村也只有 20000 元，不要说弥补损失了，甚至连原来的生活水平都难以维持。

此外，还存在安置补助费过低，解决不了劳动力安置问题，另外也与我国现行劳动法不协调。例如湖北省的安置补助费一般在5000～14000元/亩，这样低的安置费，用人单位根本不愿接受。一方面在劳动力安置方面《土地管理法》虽然作了多次修改但仍未脱离计划经济的阴影，主要表现在与我国现行劳动立法不协调，如企业现在都是自负盈亏的市场经济主体，企业有自主与劳动者签订劳动合同的自由，强行向企业安排劳动力显然干涉了企业的用工自主权。另一方面企业实行的是全员劳动合同制，当劳动者违反劳动合同或劳动法规时企业有权单方解除劳动合同，这样的结果是被安置农民的就业权利根本无法得到保障。

3. 土地征收程序不规范导致乱象频发

我国《土地管理法》及其实施条例虽然对建设用地的规划、批准及其实施方案作出了具体规定，但在实施过程中存在许多问题，严重侵犯了被征地农民的利益。如《土地管理法实施条例》第二十五条规定：市、县人民政府土地行政主管部门根据经批准的征用土地方案，会同有关部门拟订征地补偿、安置方案，在被征用土地所在地的乡（镇）、村予以公告，听取被征用土地的农村集体经济组织和农民的意见。而事实上在征收土地的过程中不但不听取意见，甚至在补偿方案未出台的情况下用地单位就将推土机开到地里，在生活中这样的事早已不是新闻。另外，在签订土地补偿合同时，应该由征地单位和土地所有权人或土地承包人依法签订土地征收补偿合同，而在操作过程中显得很混乱。

实质上不管是《土地管理法》及其实施条例或是《中华人民共和国村民委员会组织法》，其立法目的都是为了规范和监督在土地征收过程中存在的问题。也就是防止征收权利被滥用，在这里主要是指村民委员会和村民小组的主任、组长，因为他们的民主法律意识很淡薄，有些事情不要说召开村民会议，甚至事后也不通知群众，严重违反《中华人民共和国村民委员会组织法》第十九条规定的民主议定原则。一个小组长甚至连上百亩的土地都敢私自出卖，完全不顾村民的利益，更不考虑失去土地的农民以后的生计，这也是近年来土地上访案件逐渐增多的原因之一。

《土地管理法》及其实施条例对农村土地的征收程序作出了相当严格的规定，目的是不言而喻的，在这里我们并不是反对租用土地，而是由于立法滞后用地单位及有关部门忽略了土地租用后的复耕等一系列问题，最终受害的还是农民。我们认为之所以出现这些问题，租用土地的双方只考虑短期利益，不考虑土地的长期用途是一方面的原因，而作为政府部门由于缺乏相应法律依据无法加强监管也是主要原因。

总的来看，改革征地制度已经成为我国经济社会发展中亟待解决的问题。

中国经济发展水平有了很大提高之后，不能再靠牺牲农民土地财产权来降低工业化和城市化的成本。

（二）土地财政容易加剧经济风险

政府主导推动的城市化，容易导致城市化泡沫。城市化泡沫本质上是一种泡沫经济，指的是在城市化过程中，由于存在超过城市经济发展实际需求的投资而形成的虚假的城市繁荣。

有人指出，我国的城市化泡沫风险主要表现在三个方面：一是功能雷同的大都市泡沫；二是过分追求城建乘数效应的房地产泡沫；三是不计成本的所谓城市化建设高潮。中国的城市化泡沫实有其例，如在高房价、卖地财政、公务奢侈消费以及政府融资平台的金融风险纠结之中，位于鄂尔多斯的“鬼城—康巴什”成为中国城市化泡沫的浓缩样本。

城市化泡沫的财政基础就是卖地财政，或称土地财政，两者之间形成了相互强化、相互支撑的互动机制。一方面，地方政府为了增加财政收入，追求城市扩张直至城市化泡沫也在所不惜。但在财权上收入的同时并未相应减少地方政府的实权，同期地方财政支出占总支出的比重却从 71.7% 提高到 74.1% 。在这种情况下，地方政府的工作重点自然会转向可支配税收多的项目。地方的发展模式也就从最初的追求工业为主，转为追求城市发展为主的发展方式。于是，地方政府纷纷通过低价征得土地来搞工业园区、招商引资，且只有通过土地获得银行贷款来搞基础设施建设，从而推动城市化发展，一发不可收拾，城市化泡沫频现。另一方面，城市扩张则为地方政府开辟了名副其实的滚滚（土地）财源。财政收入为地方政府推进城市化建设提供了额外的资源，而且在一定阶段内城市化程度越高，房地产价格越高，单位土地出让金收入就越多，为政府提供了更多的财源。

土地财政及其支撑下的城市化泡沫给宏观经济带来了巨大的风险。一是地方政府融资平台所隐藏的债务风险。在东南沿海的一些县市，基础设施建设投资每年高达数百亿元，财政投入仅占 10% ，土地出让金约占 30% 左右，60% 靠土地抵押从银行贷款融资。西部地区更高，2000 年以来，陕西省咸阳市已经完工和正在施工的 15 个项目，实际投资 9.53 亿元，银行贷款占 76.7% 。这些贷款都是政府的土地储备中心、政策性公司和开发区管委会以土地作抵押或者以政府财政信用作担保获得的。这种依靠农地转用而发展地方经济的道路潜藏着很大的金融风险和危机。二是房地产泡沫破裂的金融风险。近年来各大中小城市的房价持续非理性高涨，其主要原因在于土地财政所助推的土地价格上涨，房价泡沫蕴藏着巨大的金融风险，这是日本、美国等发达国家和我国香港地区所共同经历过的教训。三是超过城市发展需求的城市设施给城市发展带来的包袱。因为作为公共产品或准公共产品的城市设施的使用或运行是需要成本的，如果城市设施的运行成本大大高于对这些设施利用的收益时，这些设施为城市带来的不是福利的增长，而是包袱的加重。

因此，抑制城市化泡沫，落实城市化的科学发展观显得尤为重要。根本的出路就在于斩断城市扩张与土地财政之间的利益链条。具体措施可以通过法律手段强行从土地出让金中划拨出较大比例的资金用于公租房和保障性住房建设，以满足城市低收入群体和进城农民工的住房需求。其次，我们要加大城市市场体制和城市管理制度改革，从制度供给高度，建立预防城市化泡沫的预警系统，使中国城市化在“市场主导型”而不是“行政主导型”轨道上健康推进。

（三）土地财政容易诱发强拆现象

2011 年 5 月 13 日，国务院办公厅发出通知，决定立即在全国开展征地拆迁制度规定落实情况专项检查，强化监管，严肃问责，坚决制止违法强拆行为，切实维护群众合法权益。

通知要求，各地区、各有关部门要认真贯彻 2011 年 1 月国务院公布施行的《国有土地上房屋征收与补偿条例》和《国务院办公厅关于进一步严格征地拆迁管理工作，切实维护群众合法权益的紧急通知》等征地拆迁制度规定，严格依法按程序办事，切实落实地方政府责任，坚决制止违法强制拆迁、暴力拆迁，从源头防范化解矛盾，做到依法、文明、和谐拆迁。

拆迁是近年来国人议论的焦点话题，也成为社会矛盾爆发的集中点。为什么我国的拆迁会牵动全国人民的心，甚至引来全世界舆论的目光？仅仅从法律的角度来解读拆迁问题是不够的，经济发展现状、城市化进程、居民收入水平等因素共同促成了我国城市拆迁问题的形成。

城市化的发展必然会增加大城市的人地矛盾问题。受到城市土地供应的制约，拆迁似乎成为城市发展的较好选择。但是，由于拆迁，进而引发的拆迁补偿不到位，补偿标准低，回迁难等问题却一直没有得到解决。这些都是社会敏感性强，群众关注度高，直接关系民生的重大问题。如何解决？如果拿不出解决方案，政府公信力就会受到影响。

仅一字之差的拆迁和强拆，本质却有天壤之别。无数因强拆而起的矛盾、祸端无不是变了味的“拆”，于是乎，强拆成了城市建设中拆迁的常态，给原本没有矛盾的关系蒙上了层层阴影。

强拆挑战政府公信力。一些地方打着集体土地旗号，以公共用地为借口，从农民手中以一亩几万元“收购储备”大量土地，然后转手以几百万元甚至更高的价格卖给开发商。而开发商将土地开发成商品房后以几千元或者几万元一平方米售出，将高价地转嫁到了住房价格之中，售卖给城市市民。一个土地问题使得地方政府和开发商两头通吃：一头“吃”农民，另一头“吃”市民。试想，这样的土地征用问题怎能不带来矛盾和问题？在某些强拆案例中，政府居于一个特殊而尴尬的地位，有的官员甚至充当强拆“排头兵”，让原本就复杂的、难以平衡各方利益的拆迁变得更加扑朔迷离，个别官员的行为严重影响了政府在人们心中的形象，使政府的公信力大打折扣。

其实，这些乱象并不是政府的初衷。国务院办公厅就曾下发紧急通知，要求城镇房屋拆迁立项前要广泛征求社会各界特别是被拆迁人的意见，进行社会稳定风险评估；国土资源部更是一再发文，严禁各地方政府直接插手土地开发、拆迁。遗憾的是，中央的三令五申，部委的明确禁令、要求的“和谐拆迁”思想都没能化作一些地方的执行力，没能改变某些地方领导干部的“土霸王思维”。在各方利益的协调中，始终做得不到位，导致了像“宜黄9·10”这样的恶性强拆事件。

强拆危及社会稳定。社会是由人构成的，如果连社会最基本的构成因子的合法权益都无法保障，那后果无疑是可怕的。暴力拆迁破坏的恐怕不单单是一个家庭几口人的生计问题，如果任由类似事件一再发生，那么原本“形单影只”的个案就足以形成连锁反应，进而破坏整个社会的经济结构。

1989年，财政部颁发《国有土地使用权有偿收入管理暂行实施办法》，规定城市土地出让收益的20%留给地方政府，用作城市建设和土地开发费用，其余80%按四六分成，中央政府占40%，地方政府占60%。1994年，中央政府实行分税制改革，大幅度提高中央财政收入占全国财政收入的比重，地方政府税收比例锐减；与此同时，土地收益开始全部列入地方财政收入，一些地方政府对土地经济的追求欲望达到空前。

一些地方政府介入拆迁过程一个重要理由便是“公共利益”那么，公共利益和非公共利益（商业利益）如何划分呢？2009年12月，国务院法制办召开的《国有土地上房屋征收与拆迁补偿条例》草案专家研讨座谈会上，北京大学法学院教授沈岿等人获邀与会。沈岿认为，必须严格区分公共利益和商业利益，建议采取“列举＋民主程序＋司法程序”的方式来界定公共利益，将商业利益纳入到新条例中。遵从“因公共利益的需要才征收”的原则，规定由县级以上政府确定的房屋征收部门具体组织实施房屋征收与补偿工作。对于“非公共利益”的商业拆迁，由建设单位与房屋的所有权人按照自愿、公平的原则，订立拆迁补偿协议。

在拆迁形成的特定“场域”中，地方政府、开发商与被拆迁人等是主要的利益主体，但不完善的拆迁制度并不能从根本上改变拆迁中的矛盾和冲突。越来越多的案例表明，只有一个完善的公平诉求、正义原则以及强大的利益表达机制，才可能减少拆迁中的冲突及沉重的社会代价。

三、土地权益分配制度面临改革

土地是人类赖以生存的空间，是人类社会生产中重要的自然资源和生产资料。经济社会的发展，必然带来土地利用方式的转变，土地收益分配是土地利用方式转变过程中土地资源配置与开发利用的核心问题。

土地收益金（土地增值费）指土地使用者将其所使用的土地使用权转让（含连同地面建筑物一同转让）给第三者时，就其转让土地交易额按规定比例向财政部门缴纳的价款，或土地使用者将其所使用的土地使用权出租（含连同地面建筑物一同出租）给其他使用者时，就其所获得的租金收入按规定比例向财政部门缴纳的价款。

土地收益分配制度是国家对土地进行开发、利用、经营、管理的重要基础制度。土地收益分配也是政府进行宏观调控的重要经济手段。

目前，我国的土地收益分配体系存在关系错位、重复设置、结构失衡等问题，同时不同收益分配形式内部也存在各种各样的问题。土地收益分配体系的不合理，导致一些收益分配主体的利益受到侵害，也是地方政府强烈“圈地”、“批地”的基本成因。因此调整和完善土地收益分配体系，保护不同利益主体的土地收益，是落实科学发展观，促进经济社会可持续发展，维护社会稳定的重要保障，对于优化土地资源配置，完善社会主义分配体系，具有十分重要的理论和现实意义。

我国的土地城市化源于分税制带来的财政压力，这是土地城市化的必要条件。扭曲土地要素价格和农村集体用地的产权残缺，农民无土地的发展权，是土地城市化的必要条件。我国的土地城市化是地方政府竞争和经济增长投资偏向的结果。土地城市化，即扩张建成区面积、“摊大饼式”的城市发展模式的初衷是希望通过政府推动的城市化进程，减少城乡收入差距，实现全民小康。

然而与土地城市化的初衷相违背，土地城市化却成为影响城乡收入差距的重要因素。土地城市化影响城乡收入差距的增大原因：第一，政府推动下的城市发展模式，是扭曲土地要素资源价格为前提，“土地剪刀差”农民无法得到正常的要素报酬。第二，投资偏向经济增长模式，形成了经济政策的城市偏向。城市产业结构因此发生改变，更加偏重资本密集型和知识密集型。资本对劳动的替代，较低人力资本积累的农民工无法形成稳定的城市工作预期，其工资收入也要低于城市收入的平均水平。

我国现行的土地权利制度是在以市场化为目标取向的改革过程中逐步形成的。在现行的土地权利制度里，承载着土地资源的优化配置和利用以及实现社会个体对土地财富的分配是土地的使用权制度。由于特殊的政治、经济以及历史的原因，现行的土地权利制度极具特色。承包合同（债）、登记制度不健全、受让主体范围限制、土地承包权流转市场的缺失是当前制约土地承包经营权流转的因素。

（一）我国土地制度的变迁过程

在中国的历史上，土地上的权利制度曾经有“田骨权”（又称“田底权”）与“田皮权”（又称“田面权”，即永佃权）的“一地两主”结构，形式较为简单。

清末以来，西法东渐，伴随着大陆法系私法体系的继受，至民国时期，建立起了以物权为表现形式的土地权利制度。土地上的权利有：以确定土地归属关系的所有权，以规范土地利用关系的他物权。后者则包括对土地的使用价值加以利用的用益物权（地上权、永佃权、地役权）和对土地的交换价值加以利用的抵押权。

新中国成立后，在生产资料所有制方面，从1953年开始，通过社会主义改造运动，全面建立起了社会主义生产资料公有制。土地作为最为重要的生产资料，经过社会主义改造以后，变为国家所有（全民所有）和集体所有，土地的私有彻底被废除。1982年《中华人民共和国宪法》对此予以了确认，宪法第十条规定：“城市的土地属于国家所有。农村和城市郊区的土地，除由法律规定属于国家所有的以外，属于集体所有；宅基地和自留地、自留山，也属于集体所有。”

1982年《中华人民共和国宪法》第十条规定：“任何组织或者个人不得侵占、买卖、出租或者以其他形式非法转让土地。”1986年《民法通则》第八十条仍规定“土地不得买卖、出租、抵押或者以其他形式非法转让。”

显而易见，这种使用不构成基于权利的使用，而仅仅是一种事实的使用。这样，以土地的使用收益为目的的用益物权不可能存在。在担保物权方面，由于法律明文禁止土地抵押，因此即便是随着房屋抵押而事实上存在着的土地抵押，法律上也难以成立。这一点从最高人民法院在相当长期间内所作的有关房屋典当和抵押的司法解释中，可见一斑。

改革开放以后，随着经济体制改革的不断深入，在不改变土地公有制的前提下，土地制度发生了新的变化，土地权利制度也改变了过去的仅有所有权而无其他权利的单一状态，逐渐形成了包括土地所有权和其他土地权利共存的多元的土地权利制度。

改革首先从农村开始。发端于安徽农村的联产承包经营责任制打破了农村土地“集体所有、集体经营”的旧的经营方式，一纸承包合同创立了集体土地“集体所有、社员承包经营”的新的经营方式，产生了农村社员对集体土地的承包经营权。

1986 年《中华人民共和国民法通则》第八十条规定：“公民、集体依法对集体所有的或者国家所有由集体使用的土地的承包经营权，受法律保护。承包双方的权利和义务，依照法律由承包合同规定。”1986 年通过的《土地管理法》第十二条也对土地承包经营权作了规定。2002 年的《农村土地承包法》进一步对农村的土地承包经营权作了规定。

在城市国有土地改革方面，1979 年制定的《中华人民共和国中外合资经营企业法》第五条规定：“中方合营者的投资可包括为合营企业经营期间提供的场地使用权。如果场地使用权未作为中方合营者投资的一部分，合营企业应向中国政府缴纳使用费。”国有土地上的使用权第一次得到确认。1987 年，深圳市首开土地使用权有偿出让的先例，国有土地使用权制度随之得以确立。1988 年的《宪法修正案》规定，“土地的使用权可以依照法律的规定转让”，为国有土地使用权的确立提供了宪法的依据。同年修改的《土地管理法》第二条进而规定：“国家依法实行国有土地有偿使用制度。”1990 年，国务院第 55 号令发布《中华人民共和国城镇国有土地使用权出让和转让暂行条例》，规定“国家按照所有权和使用权分离的原则，实行城镇国有土地使用权出让、转让制度”（第二条），出让的土地“使用权在使用年限内可以转让、出租、抵押或者用于其他经济活动，合法权益受国家法律保护”（第四条）。土地使用权作为一项独立的财产权制度得到了法律的确认。除出让土地使用权外，上述国务院第 55 号令第 7 章规定了“划拨土地使用权”，依行政划拨方式所取得的国有土地使用权（即划拨土地使用权）也得到法律的确认。

同时，土地使用权尤其是出让方式取得的建设用地使用权抵押被广泛运用于经济生活，抵押权作为一种他物权在立法上得到确认。1994 年 7 月通过的《中华人民共和国城市房地产管理法》和 1995 年 6 月通过的《中华人民共和国担保法》等都对抵押权作了较为系统的规定。

2007 年，在总结以往立法的基础上，全国人民代表大会通过了《中华人民共和国物权法》，规定了所有权、用益物权和担保物权，对改革中产生的农村土地承包权、建设用地使用权作了规定，同时还规定了地役权，建立了包括土地所有权、农村土地承包权、建设用地使用权（包括国有土地的建设用地使用权和集体土地的建设用地使用权）、宅基地使用权、地役权和抵押权（土地使用权抵押）在内的多元的土地权利制度。

（二）土地制度所承载的功能

土地是人类社会赖以生存的最为重要的自然资源，具有不可再生的特点；

同时，也是最为重要的社会财富，具有保值、增值的特性。在历史的长河中，争夺土地资源几乎构成了几千年来战争的主要原因。作为一种不可再生的自然资源，存在着一个如何合理配置和有效利用的问题；作为一种具有保值增值功能的社会财富，则存在着由谁占有且如何占有为公平的问题。

在法治社会里，解决上述问题的制度设计是土地法律制度，一般包括土地权利制度和土地管理制度，但土地的管理制度须以土地的权利制度为基础，因此土地权利制度是土地法律制度的根本。一般来说，土地上的权利越是单一，意味着土地资源利用的效用越小，土地所释放出来的财富价值也越少；反之，土地上的权利越多元，意味着土地利用的效用越大，土地所释放出来的财富价值就越大。因此，考察土地上的权利构造是单一的还是多元的，对于判断土地资源的利用和财富效用，是一个较为直接的途径。

在我国经济体制改革之前，土地只能归国家或集体所有，而不能私有；且在土地上排除任何个体（公民个人和法人组织）对土地的权利。

改革开放以后，逐步建立起多元的土地权利制度，公民个人以及法人组织不仅可以参与土地资源的利用，而且可以直接参与土地财富的分配，土地资源得到了较为合理的配置和利用，土地发挥了巨大的财富作用。农村土地承包制的推行，彻底改变了我国农村长期以来经济落后的面貌，解决了农村乃至全国人民的基本温饱问题，亿万农民也从中获得利益，为国家的发展与稳定奠定了必要的基础；城镇国有土地出让制的推行使得土地所蕴含的财富价值得到空前的释放，带来了城市建设日新月异的变化，也大大改善了城市居民的居住条件和生活条件。

从我国土地权利制度的变迁看，土地的所有权没有变化，仍然是国家所有和集体所有；变化的是土地的使用权，农村土地承包制和国有土地使用权出让制的推行，使得土地资源和土地财富不再完全集中在国家和集体手中，公民个人和法人组织也有权分享土地资源和土地财富，这使得土地资源和土地财富的占有和享用趋于合理和公平。因此，在我国现行的土地权利制度里，承载着土地资源的优化配置和利用以及实现社会个体对土地财富的分配的不是所有权制度，而是土地的使用权制度，包括土地承包权、建设用地使用权以及基于此的抵押权（建设用地使用权抵押）等。

上述情形与允许土地私有的社会不同。在土地私有的国家和地区，承载着土地资源配置和实现个体对土地财富的分配的主要是土地的所有权制度。因此，在私有制社会，所有权绝对原则构成了其财产法乃至整个社会法律体系的最为重要的支柱。但在我国，在土地公有制下，所有权制度无力承载土地资源配置和实现个体对土地财富的拥有的功能，人们只能从土地的其他权利上去寻找能够承载这种功能作用的权利制度。

在这种情况下，土地使用权制度便取而代之，成为实现对土地资源进行市场化配置和实现个体对土地财富拥有的法律载体。这就是我国建设用地使用权不同于大陆法系民法的地上权而更加接近于土地所有权的原因所在，也是一些民法学者多年来力主物权立法应从所有权中心移转到“以利用为中心”的实质所在。

土地的使用权包括对土地使用价值利用的用益物权和对土地交换价值利用的抵押权，它们在承载土地资源配置和土地财富的分配方面具有的功能是不完全相同的。即便是用益物权，不同的用益物权所具有的功能也有较大的差别。在土地使用权制度中，抵押权的对象只能是土地使用权（包括出让方式取得的建设用地使用权以及随着房屋而抵押的其他建设用地使用权和宅基地使用权），其所承载的参与土地资源配置和土地财富的分配功能只能从属于土地使用权。在用益物权中，农村土地承包权和集体所有的建设用地使用权以及宅基地使用权，则承载着实现集体土地的合理配置和财富分配的功能作用；国有土地上的建设用地使用权尤其是出让方式取得的建设用地使用权，承载着实现国有土地资源配置和财富分配的功能作用。

（三）城乡二元下的土地权利制度

在城乡二元社会体制下，集体土地上的权利与国有土地上的权利存在着明显的差别。

首先，尽管法律规定禁止土地买卖或以其他方式非法转让，土地所有权的民事流转不具有法律的可行性，但是这并不排除通过其他方式实现土地所有权的流转。

其次，城镇国有建设用地使用权与农村土地承包权的创设，都对社会经济的发展起到了巨大的作用，并构成了承载当前城市与农村土地资源配置和土地财富分配的最为重要的法律形式。然而，在城乡二元体制的社会格局里，二者发挥的作用却相距甚远。

为此，2008 年 10 月召开的中共十七届三中全会通过了《中共中央关于推进农村改革发展若干重大问题的决定》，提出了“城乡社会经济发展一体化”的新思路，提出要建立和健全农村土地承包经营权流转市场，试图通过促进农村土地承包权流转改革，促进农村社会经济的发展，缩小城乡差别，实现城乡一体化发展的目标。然而，由于制度上的因素，农村土地承包权流转仍然存在着诸多瓶颈。当前制约土地承包经营权流转的因素，主要有四项：

第一，来自承包合同（债）的制约。从法律上看，权利要成为交易的对象，必须具有独立性。虽然《中华人民共和国物权法》已经将土地承包经营权设定为物权，但从实际情况看，尤其是在经济相对落后的地方，土地承包经营权的物权性没有得到应有的彰显，土地承包经营权受到承包合同的制约还是非常突出的。这主要表现在土地承包权的流转受到发包方集体经济组织的制约上，不仅承包人无法自主地转让承包权，甚至承包人的承包权还会受到来自发包方随意解除承包合同收回承包地的威胁而无法自保。土地承包经营权受到来自承包合同的制约情形，与城镇依出让方式取得的建设用地使用权形成了鲜明的对比，后者虽然也产生于出让合同，但建设用地使用权一旦成立后，即具有了独立性，其受土地出让合同的约束就相对小，建设用地使用权人只要不改变土地用途，一般不会受到出让方的制约。建设用地使用权的独立性为其依法流转提供了内在的条件。

第二，来自登记制度不健全的制约。按照公示公信原则，动产物权的变动以物的交付为准，不动产物权的变动以权利登记为准。因此，不动产物权的流转必须依赖于健全的不动产登记制度。通过不动产登记，使得物权得以确定，可以为人们所认知，从而有利于确保交易的确定性和安全性。只有在具有确定性和安全性的情况下，交易才是可行的。然而，在土地承包制推行的三十多年时间，我们一直没有建立相应的土地承包经营权登记制度。按照《中华人民共和国物权法》的规定，土地承包经营权只要依承包合同即可发生，也不须登记。这一规定对于确认承包户的土地承包经营权具有积极的意义，但对于土地承包经营权的流转却是不利的，它难以解决土地承包经营权流转的确定性和安全性问题。这也是构成不利土地承包经营权流转的一个制度性因素。

第三，来自受让主体范围限制的制约。在城乡二元结构的社会体制下，城市与农村之间存在着一道不可逾越的鸿沟。反映在土地承包权流转问题上，就是对集体土地承包经营权流转中受让主体范围的限制。按照现行的政策法律，土地承包经营权的流转只限于同一集体经济组织的成员之间，不仅城镇居民不能受让集体土地承包经营权，而且集体组织成员也不能跨集体经济组织受让土地承包经营权。这就大大限制了土地使用权的流转。

第四，来自土地承包权流转市场缺失的制约。市场是长期交易形成的产物，也是交易顺利进行的平台。在市场化改革过程中，许多市场都是在政府的主导下逐步建立起来，这种政府主导构建的市场对于促进交易的发展具有积极的作用。土地承包经营权的流转就更需要在政府主导下建立相应的市场。这主要是由于土地承包权流转必须坚持三个“不得”（“不得改变集体土地所有权性质，不得改变土地用途，不得损害农民土地承包权益”）的原则，为了确保三个“不得”，不可能对土地承包权的流转采取放任的态度，而必须严加管理。这就需要在政府主导下来构建土地承包权流转市场。

（四）土地级差收益流失

在工业化、农村城镇化、旧城镇改造、基础设施建设进程中，以及山地流转规模产业的开发中，有个绕不开的问题——征地拆迁。对征地拆迁和拆迁安置中的问题，农民体会最深，最有发言权，最能提出从根本上解决问题的创造性意见。这是因为土地是农民的命根子，他们对土地的资源属性和资本特征体会最深。而且随着市场经济的完善，土地升值潜力剧增。

征地拆迁的问题其要害在于：开发商拿走了经济利益的大头，牺牲的是亿万农民的土地权益。征地拆迁户在整个过程中，往往处于弱势地位。征地过程中，农民要求最强烈的是：补偿费应与经济形势发展相匹配，不能补偿过低；必须让失地农民享受与城市居民同等的低保；征用土地，必须建立土地入股机制。土地对农民有社会保障功能，因此征用土地必须解决失地农民的养老保障问题，必须让土地入股，让农民同享改革成果。

与征地拆迁的问题类似，“以租代征”现象也颇为引人关注。2007 年上半年，国土资源部发动清查土地违法“百日行动”，以打击“以租代征”为重点，最终查出的土地违法面积高达 100 多万亩。

产权是现代市场经济的核心，产权明晰是市场经济活力的源泉。先行在江西、福建等地实践的林权改革，标志着我国农村改革已从承包制的层面推进到了全面的产权改革层面，必将继续为林业、农业带来巨大变革。

林权改革后，随之而来的便是山地流转。但是现在的山地流转，多是在廉价的租金下，买（征）走了农民的山林经营权，类似征地拆迁的种种问题尽出。矛盾的要害之处还是经济利益关系，是各方在争夺资源，在资源配置方面进行博弈。

同样，在新农村建设中，也或多或少涉及土地问题。一些新农村建设点中，就发现有或因补助款没有及时到位或因无偿占用土地或因拆迁补偿标准偏低而引发对抗性矛盾。深入分析一下，矛盾的根源无非是没有充分保障农民的经济受益权，没有让农民充分享受到改革与经济发展的成果。

中国的土地分为两类：一类是国有土地，主要集中在城市；城市土地所有权归国家所有，其实是归各级地方政府所有，但政府可出让国有土地使用权。一类是集体土地，归农村集体经济组织成员所有。集体土地又分为两部分，大部分为耕地（含林地、草地、果园、滩涂等）。除此之外还包括小部分宅基地、乡镇企业用地、乡村公共设施和公益事业用地等农村集体建设用地，在全国农村的集体土地中至少占到 2.7 亿亩。

这部分土地的流转，目前并没有全国性的法规和政策，实际情况最为混乱，在实践中，也出现了出租、入股、联营、抵押、转让等多种形式。

土地是中国最为稀缺的资源之一，农地更是农民赖以生存和发展的基础，是农民问题的核心。随着经济的发展，土地问题已经远远超出了农民和农村的范畴，它是连接农村与城市的纽带，是各方利益的交结点。

2006 年全国取消农业税后，土地冲突就取代税费问题成为农村社会的主要矛盾。因土地问题上访的案例不断增加，其中一类是属于征地拆迁问题，另一类则是属于农民内部土地流转引起的矛盾与问题。

（五）土地收益应平等

土地收益平等包含两层意思：农村地区之间在同等投入状态下的土地收益平等，农村居民与城镇居民之间同等投入下的收益平等。土地占有平等仅是形式，土地收益平等才是农村土地公平的实质。新一代的农村青年所向往的已经不再是农业社会的平均地权了，他们所希望的是能够获得均等的收益。社会经济发展为他们提供了土地之外的收益选择，他们会根据土地收益与务工收入的对比来取舍：如果通过扩大种养规模等使土地收益高于务工收入，他们选择务农的可能性较大；如果土地收益与务工收入相同，他们会根据发展前景兴趣等来选择务农或务工；如果土地收益严重低于务工收入，外出打工就会成为他们的最佳选择。目前，尽管农村土地承包责任制的平均地权是农村土地公平的重要体现，这种“责、权、利”相结合的主体架构应当长期坚持。

但是，基于城市乡村、农村地区、农村家庭和农民个体之间等的主客观情况的不同，在土地占有均等的状态下，实际上掩饰着某些起点、机会、标准的不平等，由此产生的收益结果必然包含着一定的不公平性。

众所周知，我国农村实行土地使用权承包责任制后，起初土地收入差距不太明显，但是，由于各地、各人、各种主客观因素不同，某些起点不平等逐渐地显现出来。农村承包地平分是由带主观色彩的人来操作的，不排除或多或少对土地的公平分配产生一定的负面影响。不同农村地区地点位置、自然环境、承包地面积不一样，土地的肥沃程度、土壤成分、水利设施、阳光辐射、气候温度、自然灾害、交通状态、市场远近和基础设施等客观状态不同，使种植植物、品种不同，收益也不同；使种植一样的物种，获得的收益不同；使农民的农副产品成本价格、从事副业状况不一样，获益也不同。耕作者对土地投入多寡、技能高低、体能强弱等主观状态不一样，农民之间无论天赋好差、能力大小、技能优劣，都是人均一样多的地，就如无论个子高低体形肥瘦，每人都发一块同样大小的布去做衣服一样，没有体现不同主观能力者应当不同对待的公平。基于农民之间不少主客观因素的差异是不由自主生成的，他们不能够自由地选择自己所喜欢的位置、地点和环境，他们只能在其父母所提供的区域、村庄、家庭条件下成长、生活、学习和劳动。城镇、农村、家庭之间存在的各种不以人的意志为转移的客观差异的不平等，这对于不少农村人来说，是不可规避的现实。

因此，应当注重消除农村地区之间、农民家庭之间表面的土地占有平等和所掩饰的收益的不平等。土地占有平等不是目的，农民之间的收益平等才是最根本的。特别是农村基于长期保持人均占有约一亩地的状态，使不少人一直处于仅能维持生计的状态。而城镇第二、第三产业的经济随着市场化改革的深度、广度、速度的提高，市场竞争刺激了经济不断向前发展，使城乡经济发生了根本的逆转，导致城乡居民之间的收入差距不断地扩大。由于存在着诸多起点的不平等，因此，我们不能将农民家庭之间的收入差异、城乡居民之间的收入差距，简单视为勤劳状态不同的公平结果。

机会不平等表现为人们选择权的不平等。由于生存状态、环境、条件等不一样，产生的机会不平等。如前所述，农村地区、农村家庭和农民之间的主客观情况不同，表面上大家一样获得平等的地权，但实际上不同地区所蕴藏的各种资源不同，处于不同状态的农民，可以向利用自然资源发展、向旅游产业发展、向乡镇企业发展、向专业化特色化农业发展和向农工商贸一体化发展等，这些机会并不是所有农村地区的农民都拥有的，有的兼有各种发展机会，有的具有其中某些机会，有的仅有其中一种机会，有的所有的机会几乎都没有。机会不同发展前景就会不一样，大多数人对此是没有选择权的，他们只能够被动地接受这些不平等的机会。

由于政策不一样，带来的机会不平等。除了不同农村地区重视程度不同，享受的支持帮助扶持力度不同，所获得的外来利益的形式、方法、途径和手段等不同之外，根据户籍管理等政策规定，城乡之间、城镇之间、农村地区之间，要想相互转换户籍，享受相应的待遇也比较困难。明知同等劳动、投入、付出，非农产业收益高于农业，这一农村地区收益高于那一农村地区，这一村庄收益高于那一村庄，但绝大多数农村居民只能选择在农业、在低收益农村地区、在低收益村庄中生存发展等。

由于教育不一样，呈现的机会不平等。农村居民主要依靠人均约一亩多地来维持生计，经济状态普遍不佳，用于发展教育的开支，无论是政府、乡村和个人的投入都有限，从教学师资、教学设施、教学信息和教学环境等来看都与城镇有较大的差距。一般城镇家庭子女至少都能够读大专或中专，而一般农村家庭子女九年制义务教育后，不少人就会踏上自谋生路的征途，即使现在政府采取措施对农村青年上中专给予一定的优惠，但他们原来的文化基础较差，家庭较贫困，无人际关系和受传统习俗影响等因素，使得绝大多数农村青年仍然无法与城镇青年在同一平台上进行竞争，只能从事某些一般、简单、体力的农业耕作生产和城镇的苦、脏、累、重、危的工作，导致他们与城镇某些特殊、复杂、脑力的高文化、高技能、高收入的工作无缘（尽管有的农村青年已经具备了这种能力）。

随着基础设施建设的不断推进，环境的美化，城中村改造，城镇化扩张，城镇人口增长，人们对住房享受需求不断提高，对住房和环境的宽敞明亮卫生等提出了更高的标准和要求。同时，房价不断地猛涨，给房地产开发带来了诱人的利润，催生了一些政府卖地以获得高收益的心态，占用农村土地的现象越来越多样、频繁、普遍，土地显得越来越珍贵，在征地与被征地方基于利益的激烈博弈中，征地安置拆迁的成本不断攀升。基于不同时期、地区、位置、人脉、态度等状态，呈现出土地收益极大的差异性。同时被征地时间、时机不同，收益不同，当时势有利于被征地方时，其收益明显增长，否则其收益会受影响，一般先被征地者获得的补偿不如后被征地者等。农村居民土地所处的位置已经成为决定财富多寡的重要前提，成为导致城乡居民之间和农民之间收益悬殊的重要原因之一。被征土地者交际范围能力手段态度等不同，也会导致土地收益不同。一般来说，越是交际广泛、声援势大、态度强硬和方式激烈等，收益愈大。

总之，大幅度提高农民在土地增值收益中的分配比例是改革征地制度的首要要求。要调整过去土地收益中的比例，即将政府和开发商在土地中的过高收益让渡给农民，是结构比例的调整，而不是推高土地总价值。

改革征地制度的关键问题还在于解决失地农民的生产生活问题。要将政府、开发商和农民在土地收益中的一部分用于建立失地农民的社会保障，使得失地农民变身为真正的市民。在就业、医疗、养老、住房、子女教育等方面与城里人享受一样的待遇。这是从根本上、从长远考虑来保护失地农民的利益。

第二节　户籍制度下的二元社会

2010 年 3 月 1 日，全国 13 家媒体同步发表共同社论，敦促有关部委尽快废除 1958 年颁布的《中华人民共和国户口登记条例》，提出全国户籍制度改革的明确时间表，逐步以人口信息登记制度取代现行户籍制度，直至最终消除。

该社论指出，市场经济是由市场配置资源的自由经济，人的流动是市场经济题中应有之义。中国经济的飞速成长的同时，我们也要警醒经济结构的转型已经迫在眉睫。人口红利正在消失，自然资源也非源源不绝，中国经济下一轮成长的动力已经更多地指向内部结构的调整与资源使用效率的优化，而非粗放式的外沿扩张。

户籍制度的改革不仅利于民生，更能加速中国的城镇化进程，为中国经济注入更多的活力。更重要的是，户籍制度的改革将能帮助确立中国以人为本的价值理念，成为中国社会各阶层均衡进步、构建和谐社会的基石。

一、户籍制度的历史与现状

从理论上来说，过去三十年，中国经历了快速的城市化，逾 2.7 亿农村居民迁入城市，每年平均为 1300 万左右。

但这部分人群中超过 1.5 亿人仍被视为“流动人口”，这种城市化进程实际上很容易就能逆转。他们永久性定居城市的一个主要障碍就是中国的户籍制度。这种制度通过世袭式的户口，将中国公民分为城市居民和农村居民。

我国现行的户籍制度自上世纪 50 年代初步形成，在上世纪 80 年代基本定型，并一直实行至今；虽然户籍制度在制度设计上以人口信息采集与社会控制为取向，并没有以限制社会成员的迁徙自由与社会福利为目的，但是当前户籍制度所引发或与户籍制度相伴生的种种弊端已经凸显，社会上要求改革现行户籍制度的呼声高涨。

近年来，警察学、经济学、法学等领域的专家学者与政府部门研究人员都开始针对户籍制度改革这一课题开展研究，推动了社会公众对现行户籍制度所引发社会问题的关注，但对于户籍制度改革之路径尚未取得共识；这也证明了户籍制度改革的复杂程度与户籍制度改革的困难程度之大。

（一）我国户籍制度变迁

户籍制度是一项基本的国家行政制度。传统户籍制度是与土地直接联系的，以家庭为本位的人口管理方式。现代户籍制度是国家依法收集、确认、登记公民出生、死亡、亲属关系、法定地址等公民人口基本信息的法律制度，以保障公民在就业、教育、社会福利等方面的权益，以个人为本位的人口管理方式。

直到今天，户籍制度仍然是我国人口管理中的一项基本制度，在社会生活中对每个人的生活与工作都发挥着重要的影响。

新中国成立后，政府废止了旧的户口制度，制发了新的户口簿册，建立了新的户口登记制度。但由于历史传统、文化观念和计划经济体制等多种因素的影响，从总体上看，仍保留有大量传统户籍制度的内核。如户籍带有深深的身份烙印，城市户口和农村户口之间存在着等级差异性，享受的待遇明显不同；户籍被打上世袭的烙印，农村居民的子弟除考学等少数途径外，绝大部分都承袭了父母的农村户籍；户籍管理带有很强的社会治安功能等。

1950年公安部制定的《城市户口管理暂行条例》《关于特种人口管理的暂行办法》，奠定了现行户籍制度的雏形。

1953年的《全国人口调查登记办法》《中共中央关于粮食统购统销的决议》以及1954年的《内政部、公安部和国家统计局联合通告》等法律法规与政策的出台，标志着户口制度开始与社会福利制度挂钩。1955年6月，国务院发布《关于建立经常户口登记制度的指示》，规定全国城市、集镇、乡村都要建立户口登记制度，开始统一全国城乡的户口登记工作。1956年、1957年不到两年的时间，国家连续颁发4个限制和控制农民盲目流入城市的文件。

1958年1年间，全国职工人数增长了85%。全民所有制单位职工猛增到4532万人，比1957年增加了2000多万。这就大大超过农业的承担能力，并严重冲击了农业生产。此时，以《中华人民共和国户口登记条例》为标志，中国政府开始对人口自由流动实行严格限制和政府管制。第一次明确将城乡居民区分为“农业户口”和“非农业户口”两种不同户籍。

1975年，宪法正式取消了有关迁徙自由的规定，此后一直没有恢复。

这样，以户籍制度为中心，附着了住宅制度、粮食供给制度、副食品和燃料供给制度、生产资料供给制度、就业制度、医疗制度、养老保险制度、劳动保护制度、婚姻生育制度等十几项制度，构成了维护中国特有的城乡二元结构的制度壁垒。

改革开放以后，国家的发展战略发生了根本的改变。为了适应“全党工作重心转到经济建设上来”的需要，必须改变过去“画地为牢”的做法，使人才得到合理流动，解决职工切身利益最大的“两地分居”等问题。为此，国家出台了一些政策，对户籍制度进行了一些局部性的调整，人员调动和“农转非”的政策有所放宽。

1984年，中共中央发布了“一号文件”，允许务工、经商、办服务业的农民自带口粮在城镇落户。这是“文化大革命”后对户籍制度一次较大的改革，意味着在计划经济长期构建起来的城乡壁垒上打开了一个口子。

1984年10月，国务院发《关于农民进入集镇落户问题的通知》，允许农民自理口粮进集镇落户。

1985年7月，公安部又颁布了《关于城镇人口管理的暂行规定》，“农转非”内部指标定在每年万分之二。同时，作为人口管理现代化基础的居民身份证制度也在同样的背景下由全国人大常委会于1985年9月宣布实施。社会主义市场经济的逐步确立，终于使户籍制度作出了相应的初级改革。

1997年6月，国务院批转了公安部《小城镇户籍管理制度改革试点方案和关于完善农村户籍管理制度的意见》，明确规定：从农村到小城镇务工或者兴办第二、第三产业的人员，小城镇的机关、团体、企业和事业单位聘用的管理人员、专业技术人员，在小城镇购买了商品房或者有合法自建房的居民，以及其共同居住的直系亲属，可以办理城镇常住户口。

1998 年 7 月，国务院批转了公安部《关于解决当前户口管理工作中几个突出问题的意见》，解决了新生婴儿随父落户、夫妻分居、老人投靠子女以及在城市投资、兴办实业、购买商品房的公民及随其共同居住的直系亲属，凡在城市有合法固定的住房、合法稳定的职业或者生活来源，已居住一定年限并符合当地政府有关规定的，可准予在该城市落户等几个群众反映强烈的问题。

2001 年 3 月 30 日，国务院批转了公安部《关于推进小城镇户籍管理制度改革的意见》，对办理小城镇常住户口的人员，不再实行计划指标管理。

近年来，中国许多地方进行了不同程度的户籍制度改革，尤其是 2008 年以来，各地改革加速推进。

其中，2010 年 7 月 29 日，北京市人大常委会第十九次会议上，市人大常委会针对制定北京市国民经济和社会发展“十二五”规划提出了一揽子建议，建议在合理调控城市人口规模的基础上，加强对流动人口合法权益的保护。要加强对流动人口结构的分析研究，对那些已经在京拥有合法所有权住房、具有稳定职业和收入、连续居住并缴纳社会保险金达到一定年限，符合一定条件的流动人口，研究采取新的户籍管理模式，让他们更快、更好地融入北京。

2010 年 8 月 2 日，北京市政府公布《首都中长期人才发展规划纲要（2010～2020 年）》，首次明确提出：为适应京津冀一体化发展要求，北京将逐步推行京津冀地区互认的高层次人才户籍自由流动制度。

截至 2011 年 10 月 12 日，上海基本公共卫生服务已覆盖全市实有人口，凡是在上海生活、工作的人可免费享受到 12 大类基本公共卫生服务项目。上海自 1997 年开始实施社区预防保健等公共卫生服务项目以来，覆盖人群逐步从户籍人口向包含户籍人口、外来常住人口、流动人口在内的全体实有人口扩展。

（二）户籍制度作用简析

户籍管理是国家行政管理的重要组成部分和重要基础性工作，也是国家行政管理的一项基本制度。在国际上，实行户籍管理制度的国家并不少，一些国家的户籍管理称为“民事登记”“生命登记”“人事登记”。

新中国成立之后，政府之所以要建立严格的户籍管理制度，是基于两方面的原因：

首先是经济原因。中华人民共和国成立之后，百废待兴。但是由于连年战争的严重破坏，以及朝鲜战争等外部因素的影响，粮食等日用必需品的供求矛盾越来越突出，为此，国家逐步实行与户口性质相挂钩的粮油统购统销政策。

第二个原因则是为了稳固新生的共和国政权。第二次世界大战之后，世界产生东西方对峙的两大阵营，新生的共和国政权不仅需要继续与偏安台湾岛的国民党残余势力进行斗争，还不得不直接与以美国为首的西方阵营进行短兵相接的较量。在中国大陆，还残留着一定数量的土匪、敌特分子。在这种情况下，实行户籍制度有利于打击敌对势力的渗透，确保共和国的安全。

不可否认，户籍制度曾经发挥过重要的历史作用，时至今日，户籍管理制度在社会管理中的作用也是不可完全抹杀的。公安部一位负责人评价户籍制度的作用时指出：一方面可以通过公民身份登记，从而证明身份并确立民事权利和行为能力；另一方面可以为政府制定国民经济和社会发展规划、劳动力合理配置等提供基础数据和资料；此外，户籍管理是治安管理的基础和重点，在维护治安、打击犯罪方面起到了巨大作用。（邹建锋：《特定历史产生特定制度》，《中国经济时报》，2005 年 4 月 30 日）

上世纪 50 年代是我国户籍制度形成的重要时期，今天的户口登记、户口调查与审批、不同类别户口的人享受不同的社会福利等都可以上溯到上世纪 50 年代。随着市场经济体制的逐步建立和完善，划分“农业户口”和“非农业户口”、实行城乡分割的户籍管理二元结构，已经越来越阻碍人力资源的优化配置和地区间的合理流动，越来越不利于城市化建设和农村经济的发展，越来越不适应形势发展的要求。

户籍制度在形成之初就具有社会控制与人口统计的功能；这两种功能也正是政府制定、实施户籍制度的目的。传统户籍制度是政权的基层网络，社会控制网络以及统计调查网络，它最主要的功能是维持社会治安和政权的稳定。在超稳定社会经济结构的条件下，它是限制人口流动，尤其是乡村人口向城镇流动的强有力的政治工具。在计划经济下，户籍制度上述主要功能基本保留下来了，而且更加健全和严密。这在新中国成立初期是十分必要的，曾对巩固政权，维持社会治安和保证计划经济顺利实施起过良好的作用。

在传统社会的静态背景下，户籍制度虽然也对每个居民的生活与工作也发生影响，但并不很显著。因此，我国户籍制度在上世纪 50 年代至 80 年代前期对社会的影响主要是正面的，其作为一种社会控制手段为维护社会秩序发挥了重要功能，同时其作为一种人口统计手段为政府其他决策提供了重要的帮助。

自从 20 世纪 80 年代我国改革开放以来，尤其是社会主义市场经济制度形成与分配制度改革以后，人、财、物流动的频率与数量加快，我国已经由传统的静态社会转为流动的社会，我国城市化进程不断加快。在现代社会的开放背景下，自由、平等、权利等成为社会成员的主流价值观念，要求社会控制“从身份走向契约”。而户籍管理制度却仍然依靠那种几乎静止的户口分类来管制社会成员进而实现社会稳定，已经不合城市化发展的需要，甚至成为开放社会进一步发展的阻力。

在户籍制度中，户籍审批是一项重要的管理制度。人们在申报户口登记过程中，都需要户籍管理机构的审批。而各地户籍管理机构的审批程序和条件也各不相同。北京、上海等大城市的户口管理机构在办理迁入登记中的审批时，还适用当地的地方性法律法规。其中，目前北京户口的审批不同于上海户口，上海户口采用评分制，而北京户口是落实到毕业生就业单位。单位和学生达成就业意向，并且单位有户口指标，承诺给解决北京户口后，就开始进入北京户口的审批程序，相关政策及流程须参照北京市人事局关于当年毕业生接收、户口政策。

当户口成为分配社会福利的一种依据的时候，户口管理机构作为政府的一个部门，有其特殊的地位，因而人们有理由期待其实现社会的公平、公正。但是，由于户口管理机构办事的模式主要是审批制，而审批制作为政府管制的一种模式，本身是有缺陷的。

在户口管理制度中，户口与社会福利紧密联系在一起，户口成为分配社会福利的主要依据，户口管理机构的审批制则是政府管制社会福利的一种主要模式。当前与城市户口联系的社会福利主要体现在教育、就业和社会保险等方面。在教育方面，没有城市户口的流动人口子女需要支付借读费才能获取城市公共教育资源的规定至今仍未完全取消；同时，城市户口是获取城市中高考资格的重要依据，拥有城市户口的学生因城市较高的高考录取率而拥有更多的接受高等教育的机会。在就业方面，一些城市的机关和事业单位招聘仍然要求应聘者具有当地城市户口，体现出地方政府对城市居民的就业保护，城市居民还能获得职业培训等非户籍从业人员无法获得的就业服务。在社会保障方面，城市居民的参保权利能够得到较好的保障，参保待遇也好于农村人口与非当地户籍人口。此外，最低生活保障制度与廉租住房制度实行的是属地化管理，城市户口成为享受最低生活保障和廉租住房政策的首要条件。

户籍制度的最初功能设计是人口统计与社会控制，但由于将户口分为不同的类别，并与有差别的社会福利分配制度联系在一起，加上采取了户口审批的政府管制模式，最终使得户籍制度的种种缺陷在城市化进程中暴露出来。由此可见，户籍问题的所指，并不在于户籍管理本身。中国户籍制度的独特之处在于依附在户籍之上的各种权利和福利在城乡居民之间的二元安排，这才是不合理的症结。然而，实践已经证明：取消城乡居民的户口差异容易得可以一蹴而就，而使进城农民享受同等的权利和福利却需全面立体的顶层设计。

二、户籍藩篱束缚生产力发展

户籍在当今中国的大城市，不仅关系到人们自身的社会保障，更关系到下一代教育问题，同时隐含着他们心理上与这座城市的亲疏。

因此，改革城乡二元政策是必需的，但要注意改革的力度和顺序。虽然户籍制度是其他制度安排的基础和前提，并且形成于其他制度之前，但根据现实的情况，改革的次序只能是反向的。也就是说，应先逐步取消城市居民享有的各种优惠待遇，降低城市户口的“含金量”，然后才能完全废除现存的户籍管理体制，归还农民宪法所赋予的迁移自由，实行国际通行的登记户口制。

就户籍改革问题而言，设置过多前提条件，无异于坐视各种新规在城乡二元政策沉疴上再添新痛，为他日改革平添新难。户籍改革的首要原则应是公平，只有在此基础上，才可适当兼顾其他因素。

（一）城市化背景下的户籍制度改革

中国现代化最终是城市化，这也是发达国家实践所证明了的，当前城市化的速度受到户籍制度的严格制约，其规模并不足以矫正扭曲的城乡人口分布结构，因而计划外的人口流动成为必要的补充，所以即使其他条件不变，城市人口数量的增加本身就具有积极的调整意义。

可喜的是，高层对此已经有了大政方针方面的决策方向，这为将来的户籍改革提供了重要决策依据。

2009 年 12 月 5 日至 7 日召开的中央经济工作会议，在部署 2010 年经济工作的主要任务时明确提出：要把解决符合条件的农业转移人口逐步在城镇就业和落户作为推进城镇化的重要任务，放宽中小城市和城镇户籍限制。

2010 年春节期间，《求是》杂志刊登的中共中央政治局常委、中央政法委书记周永康署名文章提出：要加快推进户籍管理制度改革，着力解决流动人口就业、居住、就医、子女就学等问题，探索“以证管人、以房管人、以业管人”的流动人口服务管理新模式，提升流动人口服务管理水平。

2010 年 5 月 31 日，中国政府网全文公布了《国务院批转发展改革委关于 2010 年深化经济体制改革重点工作意见的通知》，全年经济体制改革的重点共 11 个领域。通知提出，“深化户籍制度改革，加快落实放宽中小城市、小城镇特别是县城和中心镇落户条件的政策。进一步完善暂住人口登记制度，逐步在全国范围内实行居住证制度”。

2010 年 6 月 6 日，新华社播发经党中央、国务院批准的《国家中长期人才发展规划纲要（2010—2020 年）》，该规划提出“逐步建立城乡统一的户口登记制度”。

“十二五”规划建议则明确提出，“积极稳妥推进城镇化，坚持走中国特色城镇化道路”“把城镇化发展战略放在经济结构战略性调整的重要位置上”。“十二五”期间，我国城镇化水平预计超过 50%。但在新一轮城镇化进程中，我们也面临一系列挑战，诸如怎样摆脱对土地资源的过度依赖，如何有效维护征地农民利益，城镇化人口以何种方式获得同等社会权益等“三大难”。

2011 年 2 月 19 日，胡锦涛同志在中央党校举行的省部级主要领导干部社会管理及其创新专题研讨班开班式上发表讲话强调，要扎扎实实提高社会管理科学化水平，建设中国特色社会主义社会管理体系。提出要进一步加强和完善流动人口和特殊人群管理和服务，建立覆盖全国人口的国家人口基础信息库，建立健全实有人口动态管理机制，完善特殊人群管理和服务政策。

2011 年 2 月 27 日，国务院总理温家宝接受中国政府网和新华网联合专访，同海内外网友进行在线交流时指出，“要积极稳妥地推进户籍制度改革”，“要让老百姓活得更有尊严”，“要给人的自由和全面发展创造有利的条件”。

2011 年 4 月 26 日，中共中央政治局就世界人口发展和全面做好新形势下我国人口工作进行第二十八次集体学习。胡锦涛在主持学习时发表讲话，要求“积极稳妥推进城镇化”，“把流动人口管理和服务纳入流入地经济社会发展总体规划之中，为人口流动迁移创造良好政策和制度环境”。“完善社会保障和养老服务体系”，“加大对孤儿监护人家庭、老年人家庭、残疾人家庭、留守人口家庭、流动人口家庭、受灾家庭以及其他特殊困难家庭的扶助力度”。

2011 年 5 月 16 日，国土资源部副部长王世元在全国土地变更调查汇总暨加快推进农村集体土地确权登记发证部署会上表示，我国将在“十二五”期间巩固地籍工作在国土资源管理中的基础地位，初步建立产权明晰、权能明确、权益保障、流转顺畅、分配合理的土地产权制度。

2011 年 5 月 30 日，中共中央政治局召开会议，研究加强和创新社会管理问题。会议指出要“牢牢把握最大限度激发社会活力、最大限度增加和谐因素、最大限度减少不和谐因素的总要求”，“加强流动人口和特殊人群服务管理”。

2011 年 6 月 8 日，中国政府网全文刊载我国首个全国性国土空间开发规划《全国主体功能区规划》。该规划范围为全国陆地国土空间以及内水和领海

（不包括港澳台地区）。该规划按开发方式将国土空间划分为优化开发区域、重点开发区域、限制开发区域和禁止开发区域。规定“优化开发和重点开发区域要实施积极的人口迁入政策，加强人口集聚和吸纳能力建设，放宽户口迁移限制，鼓励外来人口迁入和定居，将在城市有稳定职业和住所的流动人口逐步实现本地化”；“改革户籍管理制度，逐步统一城乡户口登记管理制度。加快推进基本公共服务均等化，逐步将公共服务领域各项法律法规和政策与现行户口性质相剥离。按照属地化管理、市民化服务的原则，鼓励城市化地区将流动人口纳入居住地教育、就业、医疗、社会保障、住房保障等体系，切实保障流动人口与本地人口享有均等的基本公共服务和同等的权益”。该规划推进实现主体功能区主要目标的时间是2020年。

2012年2月23日，《国务院办公厅关于积极稳妥推进户籍管理制度改革的通知》（国办发〔2011〕9号）发布。该通知要求各地区、各有关部门认真贯彻国家有关推进城镇化和户籍管理制度改革的决策部署，积极稳妥推进户籍管理制度改革。该通知提出要分类明确户口迁移政策；放开地级市户籍，清理造成暂住人口学习、工作、生活不便的有关政策措施；今后出台有关就业、义务教育、技能培训等政策措施，不要与户口性质挂钩；继续探索建立城乡统一的户口登记制度；逐步实行暂住人口居住证制度。

2012年9月1日起，公安部决定在北京、天津、上海、重庆、广州、深圳等6个流动人口较多的城市推行非本市户籍就业人员和在读大学生办理出入境证件的便民措施。这一措施，是对公民申办出入境证件条件和程序进行改革的积极探索，使流动人口与户籍居民平等享受基本公共服务，覆盖面广，受益群众多，对便利公民出行、服务经济社会发展具有重要意义。

（二）打破户籍壁垒才能更好发展生产力

大多数相关问题研究者都将户籍制度的弊病集中在两个方面：一是阻碍劳动力资源的市场化配置，从而从总体上降低了生产效率，影响了经济增长；二是通过对农民经济利益的剥夺，加剧了城乡二元结构的矛盾。

通常认为，发展中国家多以工业化为带动和促进整个社会经济发展的主要动力。这些国家的领导人相信，工业部门才是经济迅速增长的催化剂，在这种战略思维主导之下，农业部门相应地成为工业部门的陪衬，或者说是工业部门发展的牺牲品。

改革开放前，中国政府推行重工业优先发展战略，相应地把城乡经济关系变成了计划控制的组成部分。城乡之间劳动力流动被人为阻断。

与此同时，重工业的资本密集程度高，劳动吸纳能力较弱，因而推行重工业优先发展战略，意味着牺牲掉大量的就业机会，因此国家要针对就业问题，作出相应的制度安排。

一个社会离不开管理，特别是人口流动问题，离开管理是无法想象的。单纯从经济的角度看，1958 年起实行的户籍管理制度，在当时的历史条件下是必需的，也是有效的。随后的饥荒之年，如果人口毫无管理地盲目流动，造成的社会危害与社会管理成本将是无法想象的。这个制度在当时对稳定社会经济有积极作用。但与此同时，条例的颁布也在城乡之间、城市之间构筑了一道道高墙，而现在为各方人士深感头痛的城乡“二元经济”也由此蔓生出来，并一直影响着中国经济的结构性调整，困扰着中国经济的发展。

我国正在由劳动力过剩向劳动力短缺转变，重视新生代农民工群体的诉求，无疑是未来十年城市发展的动力所在。然而，当前的情况是，一些新生代农民工想留在城市，但因为子女教育、父母养老等问题无法在城市安居。虽然改革开放以来人口管制相对松动许多，农民出来打工，城乡间人口流动已是很平常的事，但由于户籍管理制度没有根本性的变化，城乡居民之间的差别性待遇问题并没有得到根本解决。户籍制度影响经济发展首先体现在其阻碍了劳动力流动和国内统一劳动力市场的形成。由于户籍制度的存在，不仅城乡之间一体化的劳动力市场难以形成，而且一些发达地区的农村也开始以户籍的方式排斥外地劳动力。由于作为生产要素中最重要组成部分的劳动力不能自由和有效地流动，从而加剧了部门、城乡和地区之间的经济发展差距。

发达国家的经验已经告诉我们，缩小差距的重要方式就是通过人口的自由迁移实现地区间的平衡发展。而任何劳动力流动的障碍都会加剧部门、城乡和地区之间的经济发展差距。但由于户籍制度的存在，农村劳动力无法有效地从生产率低的农业部门真正融入到城市化过程中去，导致农业部门的生产效率无法根本提高，并扩大了和其他经济部门的差距；同样，由于农村劳动力无法在城市永久居住，使得城乡间的人口比例一直无法迅速地提高，这样也无法从根本上提高农民收入。由于户籍制度的存在，农民数量长期不能下降，是城乡差距的根本原因。

户籍制度已经成为一些社会不公平的根源。只要与户籍制度相联系的补贴（无论是明补还是暗补）、福利措施和制度安排（如社会保障措施）没有和户籍相剥离，户籍制度就会成为一些社会不公平的根源。这些政策的剥离也将成为户籍制度下一步改革的核心。

正是户籍管制造成了中国产业结构的畸形发展，即第一、第二产业过重，而第三产业严重滞后。而且滋生了诸多腐败现象，比如，曾经为争得“农转非”指标，获得“城市户口”所带来的实实在在的利益，一些相关人员不择手段，大肆行贿受贿，使本来应该按有关政策规定运行的程序变成了权钱交易的不法行为。

虽然许多城市的偏向政策已经或正在进行改革，但只要户籍制度存在，就存在着政策周而复始的可能性，如在上世纪90年代中期以后已经有所松动的城市就业政策就再次复归到城市偏向的轨道上，加大了对外地劳动力的排斥。

打破户籍管制，从而使人口得以更自由地流动。既是社会发展到特定阶段的必然现象，也是现代化过程得以进行的一个必要条件。因此，打破区域壁垒促进人口流动是贯彻科学发展观，全面建设小康社会以及实现和谐发展的现实需要。

户籍壁垒最大的负面影响是削弱了经济要素的自由流动，阻碍了经济的可持续发展，不利于形成全国统一的劳动力及人才市场。其次是阻碍了城市化进程，对农业现代化及农村人口的转移形成体制性障碍。中国大量的农村人口需要转移，但事实上进城限制却没有从根本上放松。再者是遏制了消费市场的进一步发展。大量城市务工农民，连基本的生存条件及安全感都没有，身份不明、工作不稳，城市需求及消费畸形发展。

此外，户籍制度加剧了城乡割裂，阻碍了城乡统筹，加剧了社会分化。与住房、消费，如购车、教育、社会保障等利益直接挂钩，不同的户籍有不同的待遇，不仅人为地把本应平等的身份划分为三六九等，而且加大了贫富差距。

北京市社科院最近一份抽样调查报告显示，“流动人口”不流动的现象越来越突出。半数流动人口在京居留时间在五年以上，平均来京时间接近六年；流动人口在京居留时间的增长极为迅速，而且呈现出越来越明显的留京意愿。这表明政策定义的所谓“流动人口”，已经慢慢成为事实上的“固定人口”。而我们的户籍政策并没有随着这种人口流动的趋势而流动起来，许多人的工作和居住地点与户籍地点没有统一起来，形成了人们的事实上的流动但政策上的不流动，这种政策的不流动损害了众多的事实上已经流动了的人们的利益。这部分人由于不能平等享受市民待遇，相当于生活在另一个虚拟的世界之中和城市边缘之中。说千道万，现行户籍政策从制度上限制了人口的自由流动，实质是对生产力的严重禁锢。

生产力是最活跃的因素，人是生产力的第一要素，不应该被束缚于某个地域。中国历史上曾有过“民族大融合”的时代，实际上也就是人口自由流动最彻底的时代，也是被我们的史书所津津乐道的有过生产力短暂辉煌的时代。

现在，从中国经济可持续发展的角度，来调整人口流动的制度问题，已是一个绕不过去的课题。户籍制度要改，但怎么改，大有讲究。一般来说，在保持社会安全稳定的前提下，人口流动管理方法的改动，应该朝着有利于改善经济结构、促进经济发展的方向去努力，就目前而言，应该朝着逐步消除城乡“二元结构”的方向去努力。

当然，户籍制度的变化，绝不是一个单纯的经济问题，还有深厚的社会历史文化法律制度等课题需要同时加以研究。但不管怎么说，通过户籍制度改革进一步解放生产力，应是此项改革首先要考虑的命题之一。在社会平稳发展时期，人口流动的巨大经济效益已十分明显地呈现在大家面前。而户籍制度改革又将会激发多大的经济潜能，显然是可以乐观预期的。

社会主义的本质是“发展生产力，解放生产力”。胡锦涛总书记在党的十七大报告中也指出：“改革开放是党在新的时代条件下带领人民进行的新的伟大革命，目的就是要解放和发展社会生产力。”“党的一切奋斗和工作都是为了造福人民。要始终把实现好、维护好、发展好最广大人民的根本利益作为党和国家一切工作的出发点和落脚点，尊重人民主体地位，发挥人民首创精神，保障人民各项权益，走共同富裕道路，促进人的全面发展，做到发展为了人民、发展依靠人民、发展成果由人民共享。”归根结蒂，一切理由都要让位于改革，让位于解放生产力和发展生产力，让位于党的宗旨，让位于人民的利益与福祉。这几点又都是一脉相承的。

我们欣喜地看到，有的省份坚冰已开始打破，降低了城市入户门槛，向自由迁移迈出了一大步。现在改革时机已经成熟，早日攻破户籍这一计划经济时代的最后一块堡垒必将是顺应民心之举。

第三节　城市生存环境出现恶化趋势

烛照当下，环境恶化持续，资源枯竭加速，生态承载能力不断减弱，已成为全人类面临的严峻挑战。18 世纪工业革命后，欧洲的环境状况日趋恶化。20 世纪五六十年代，西方国家由于只重视经济发展，不重视环境保护，其后果是成为世界上环境污染最严重的国家。面对严重的环境污染，发达国家痛定思痛，开始认真着手解决环境问题，严格立法执法，加大污染治理力度，转变经济发展模式，发展循环经济和绿色经济，取得了举世公认的成就。

自改革开放以来，中国经济连续二十多年保持高速增长，被称为中国奇迹。学者们在高度评价中国经济发展成就的同时，也在反思高速增长的代价，特别是急剧推进的工业化和城市化带来的城市环境污染代价。国家环保总局 2005 年 6 月公布的《中国城市环境保护》报告指出了我国城市环境保护工作面临的三大新问题：一是城市环境污染边缘化问题日益显现；二是机动车污染问题更为严峻；三是城市生态失衡问题不断严重。

在一段时期内，一些地方高度重视经济建设，快速做大了社会财富蛋糕，也显著提升了人民生活水平，但同时也带来一些不良后果。表现在生态层面，就是土地、水、能源等资源约束愈发趋紧，生态环境的承载力愈显脆弱。生态环境的破坏，最终损害的是人民群众的根本权益。传统经济发展方式已难以为继，走人与自然、经济与生态和谐发展的道路势在必行。

一、环境污染造成生态灾难

城市化快速发展造成资源的过度使用和浪费，同时，产生大量污染物，造成严重的环境污染。城市化过程是一把双刃剑，快速发展一方面带来了社会、经济的繁荣和物质文明的巨大提高，为城市居民提供了优越的物质和文化生活条件；另一方面也造成严重的生态环境问题，包括生态严重破坏、资源过度利用以及严重的环境污染等。

首先，城市化快速发展造成资源的过度使用和浪费。经济发展的主要载体是城市，长期以来，我国经济的高速增长依赖高投入、高消耗、高污染、低效率的粗放型增长方式，以“资源换增长”的发展模式仍普遍存在。与国外主要发达国家相比，我国的资源相对紧缺，人均资源占有量大大低于世界水平。然而，我国能源消耗却十分巨大，能源利用率较低，2008 年每万美元能耗是世界平均水平的 2.6 倍，是美国的 4 倍，是德国的 4.4 倍、日本的 8 倍、英国的 5.7 倍，甚至是巴西的两倍。

还有就是城市土地资源的浪费。我国城市发展的“摊大饼”现象相当严重，造成了土地利用效率较低。

其次，城市化快速发展产生大量污染物，造成严重的环境污染。从 1999 年开始，中国城市生活污水排放总量就已超过了工业废水排放总量，氨氮、总磷等主要污染物的排放成为水体污染的主要祸首。虽然 2007 年全国化学需氧量和二氧化硫排放量第一次出现“拐点”，实现双下降，但目前我国水和大气中的主要污染物排放已经超过了环境容量和负荷。机动车数量快速增加，机动车尾气已经成为大城市空气污染的主要来源，空气污染问题逐渐从煤烟型转化为煤烟型与机动车污染型的混合型污染。城市垃圾的处理水平较低，大量垃圾未经合理、安全的处置就堆放在城市的周边地区，不仅占用了大量土地，还造成了严重的土壤、水体污染。

现代城市被钢筋水泥的建筑所包围，城市的自然生态系统受到了严重的破坏，生态失衡问题严重，自然绿地减少、“城市热岛”等问题十分突出。同时，城市自然生态系统的退化进一步降低了城市自然生态系统的环境承载力，加剧了资源环境供给和城市经济社会发展的矛盾。

（一）城市环境污染问题

城市环境问题是由人类经济、社会发展与环境的协调关系被破坏，主要是资源的不合理利用和浪费所造成的。具体来说，有这样几方面的原因：一是人口的增长和经济的发展超出了环境承载能力和环境容量；二是发达国家的高生产、高消费政策，使城市生活过度奢侈，浪费了大量的能量与物质，使得排废过多，恶化了城市环境；三是资源的利用率低，增加了废弃物排放的可能性；四是不尊重生态规律，不以反映城市生态规律的理论为指导组织经济、社会生活，不能合理使用土地与空间，建筑布局、工业布局混乱，从而破坏城市的生态系统，减弱城市生态系统的调节机能。

城市环境问题的表现形式主要有大气污染、水污染、噪声污染、垃圾污染等。

大气污染是指人类生产和生活活动向大气排放各种污染物，超过了环境所能允许的极限，使大气的质量发生恶化，从而对人们的生活、工作、身体健康和精神状态，建筑物及设备财产等方面，直接或间接地产生破坏性恶劣影响。

造成大气污染的污染源，从产生来源看，主要有三种：城市居民燃烧煤炭等燃料做饭和取暖所排出的烟尘，各种类型的工矿企业排放的烟气，以及汽车、飞机、火车等各类交通工具所排放出的尾气中含有一氧化碳、氮氧化物、碳氢化合物、铅等污染物。随着工业发展和生活水平提高，大气污染日益加剧，造成的各种损失十分惊人。大气污染影响人体健康的恶性事件，最有名的有缪斯河谷事件、多诺拉事件、帕萨利卡事件、伦敦事件、博帕布尔事件，以及由汽车废气产生的洛杉矶光化学污染事件等。

水污染是指外来物质进入水体的数量达到破坏水体原有用途的程度。水污染的来源很多，城市工业废液和居民生活废水是最重要的来源。目前，我国工业废液每天排放7000多万吨，大部分都未经处理，任意排放，使水源质地受到严重的破坏。据44个城市的地下水质调查，其中有41个城市受到污染。

目前，不论是大城市还是小城镇，水污染都十分严重。造成水污染的原因与生产和生活大量用水有关。如用水较多的造纸、纺织、化学等工业都是最大的污染源。污染水不仅对人体健康有害，而且腐蚀管道，破坏城市内部娱乐用水域。还有些有机污染物，会使水体营养化，造成水中溶解氧缺乏，影响鱼类和其他水生物的生存。生活用水因城市生活现代化已大大增加。这种未经处理、含有大量细菌和需氧污染物的生活污水，成为流经世界上一些大城市河流变黑发臭的主要原因之一。水污染对人体健康危害的典型例子，是 1956 年在日本熊本县发生的一种神经错乱的怪病，称为“水俣病”。

噪声是指妨碍人们休息、工作和交谈，以及损害人体健康的声音。当噪声成为城市环境中的普遍问题时，就构成了噪声污染。城市环境噪声源主要来自交通运输、工业生产、建筑施工和社会活动。

交通噪声主要来自各种机动车辆，它是各种环境噪声中最严重的一种。国外一些调查表明，80%～90%的噪声来自汽车。在房屋修建和道路施工期间，各种建筑机械和运输车辆产生的施工噪声，对周围居民的干扰很大。此外，还存在由社会活动和家庭生活而产生的社会噪声，如娱乐场所、车站、菜场、学校等噪声。

垃圾污染是指随着工业生产发展，建设规模扩大，居民消费水平提高，城市固体垃圾等废弃物急剧增加而未得到及时处理，达到危害人体健康和环境的程度。城市垃圾包括炉渣、粉煤灰、生活垃圾中的纸类、塑料、食品等，以及建筑固体废弃物，如灰土、砖瓦等。据估计，城市堆积如山的废弃物，不仅占用土地，而且还含各种有毒物质和各种腐蚀性酸，长期无法降解的有机材料及重金属，对地下水源、饮用水和耕地都造成污染，更严重的是危害了人体健康。世界所有国家都面临垃圾污染问题，如果垃圾有增无减，人类几乎是向地球环境宣战，最终也是向人类自己的财富遗产宣战。

（二）中国城市化进程的环境问题

城市是人口和经济社会活动最集中的地方，相应地也是环境压力最大的地方。2005 年“世界环境日”的主题是“营造绿色城市、呵护地球家园”，表明城市环境保护对于全球可持续发展具有越来越重要的作用。

当前我国城市中的环境污染呈加剧蔓延的趋势，已由过去的单个城市污染发展为区域性城市污染，且污染物也由单一型向复合型发展。由于我国是后发国家，因此在二十多年内集中爆发了发达国家在不同发展阶段出现的城市环境问题。这种问题的复杂性和严峻性，是其他国家在工业化、城市化进程中从未有过的。当前我国城市发展面临的最突出环境问题包括下列几个方面。

1. 空气污染日趋严重

城市空气污染包括烟尘、酸雨、光化学烟雾、可吸入颗粒物等，经过物理、化学、生物等作用和反应，形成复合型污染。空气污染和城市规模基本呈正向关系，大型城市空气污染明显重于中小城市，尤以人口规模在 100 万至 200 万的特大型城市空气污染为最重。

环保总局于 2005 年 6 月公布的《中国城市环境保护》报告指出：目前，我国城市总体上空气质量较差，在 2004 年检测的 500 个城市中，只有 38.6%

的城市达到国家环境空气质量二级标准，有五分之一的城市人口居住在空气污染严重的环境中。

2010 年试点城市 PM2.5 检测的年均值为 40 ～ 90ug/m^3，超过新修订空气质量标准限值的 14%～15.7%。WHO 公布了世界 1082 个城市，2008 ～ 2010 年可吸入颗粒物年均浓度分布，我国 32 个省会城市参与排名，均在 800 位以后。

目前城市空气污染的一个突出表现就是大气灰霾。近年来灰霾在黄淮海、长三角、珠三角等地区开始呈现区域性的特征，特别是在城市密集地区，这种现象更加严重。以珠三角为例，现在一年四季都受灰霾困扰，灰霾已经成为其主要的气象灾害之一。珠三角的灰霾已经客观上影响到了香港。室内空气污染也已成为城市空气污染越来越重要的一个方面。由于城市居民大部分时间在室内工作或生活，因此室内污染的影响不容忽视。

我国的工业化和城市化过程必须要走上绿色低碳发展的路径，走上这样的一个路径首先必须要促进产业转型，建设以低碳排放为特征的产业体系。我们要争取工业部门的能源消费和二氧化碳排放率先区域稳定，并且达到峰值。

2. 水质快速恶化

城市化的快速推进使得水质恶化成为威胁城市可持续发展的另一重大环境问题，就连欧盟也面临水资源缺乏和经常遭受过度污染的问题。虽然近几年在水资源保护方面取得进展，但欧盟境内水资源的质量仍不能令人满意。与此同时，水资源分布不均衡的问题也令人担忧，一方面相当一部分欧洲地区水资源短缺，另一方面很多成员国越来越多地遭受诸如洪灾等与水有关的自然灾害。

而据中国环境科学研究院赵章元表示，对我国 118 个大中城市地下水监测资料的分析表明，目前全国地下水已普遍受到污染，部分地区超标严重，且还在继续恶化。特别是北方城市的地下水，不仅污染元素多，而且超标率高，仅海河流域水质劣于国家地下水质量Ⅲ类标准的水体面积就多达 7 万平方公里左右，北京地区的地下水也普遍被污染，已形成较大范围的重污染区。

水质问题已经严重影响到了城市居民的饮用水安全。据全国人大环资委主任委员毛如柏向媒体透露，在 46 个重点城市中，仅有 28.3% 的城市饮用水源地水质良好，26.1% 的城市水质较好，45.6% 的城市水质较差。黄河流域水资源保护局抽查显示，目前黄河干流近 70% 的城市集中饮用水水源地已不能满足水质标准，中上游的石嘴山市、包头市、三门峡市饮水功能区更成为水质达标“零分区”，2004 年全年无一天达标。水质差不但增加了水处理的成本，而且有一些有害污染物将直接危及人体健康。世界卫生组织的调查表明，人类疾病80%与水污染有关。

水质恶化还造成很多城市的水质性缺水。特别是在南方地区，资源性缺水的城市不多，但是大面积地存在水质性缺水，甚至一些著名的江南水乡地区也由于水污染产生严重缺水。

水质危机是世界上所有城市化快速发展的国家都会遇到的重大问题，但在我国由于庞大的城市人口、较低的环境治理水平而表现得尤为明显。

3. 城市地面沉降加剧

在快速城市化的过程中，城市地面沉降的问题日益突出，在东部地区的大城市更是如此。据中国地下水资源与环境调查成果通报会透露，我国有50多个城市不同程度出现了地面沉降和地裂缝灾害，沉降面积扩展到9.4万平方公里，出现地下水降落漏斗180多个，总面积约19万平方公里，发生岩溶塌陷1400多起，海水入侵面积逐年扩大。以上海为例，进入上个世纪90年代以来，上海的高楼数量迅速增加，地表不堪负荷，加之长期存在的地下水超采，导致陆地沉降现象日益严重，上海平均每年下沉1厘米，已经影响到了地铁和高层建筑的安全。其实上海只不过是个典型而已，长三角、环渤海地区的整体情况也好不到哪里去，如长三角地面沉降大于200毫米的范围已达到近1万平方公里。

地面沉降还造成了严重的经济损失。国土资源部南京地质矿产研究所的研究表明，长三角地区因地面沉降所造成的地面损失已经达到3150亿元。

4. 突发事件引发环境危机的风险加大

近年来，由突发事件引发的环境危机屡屡出现，已成为对城市可持续发展的重大威胁，需要引起高度重视。环境危机对城市居民可能带来的直接影响有两方面，一是对正常生活的冲击，二是威胁到人身安全。

环境问题之严重，和环境群体性事件的激增，都是不容回避的真问题。2012年7月间，四川什邡、江苏启东相继发生了因环境而引发的群体事件。

《人民日报》评论启东事件时，使用了“环境敏感期的新考题”的说法。对此，解决之道包括完善环境立法、重点项目环评的听证制度；探索社区环境圆桌对话机制，而司法作为纠纷的终极解决手段，能避免矛盾久拖不决；法院作为超然于当事各方的中立机构，有助于绝缘官民之间的直接冲突。

虽然很多环境问题长期以来一直存在，但真正由于突发事件导致环境危机并引起舆论高度关注，可能还是始于2004年2月的四川沱江特大污染事件。由于四川化工股份有限公司第二化肥厂违规技改并试生产，设备出现故障后，氨氮含量超标数十倍的废水倾泻而下，加之当地环保部门监管严重失职，导致沱江流域严重污染，下游部分城市停水，逾百万人受影响，成为1976年唐山大地震之后，我国持续时间最长、面积最大的一次城市停水事件。

其后不久的2004年4月，重庆天元化工厂氯气泄漏爆炸事故直接造成了20余人死亡，300余人中毒或受伤，15万余人紧急疏散。到了2005年11月，中石油吉林石化分公司双苯厂爆炸事故引发松花江水污染事件，对下游城市供水的影响大大超过沱江污染，一度成为国内外关注的焦点，并直接导致了国家环保总局局长解振华的黯然离职。根据环保总局有关负责人在2005年12月5日的通报，在此前不到10天的时间里，全国各类事故引发的环境事件多达数十起。

更令人担忧的是，2003年以来各地掀起了发展重化工业的热潮，且布局上存在一定的环境风险隐患。以石化为例，从东北的辽宁到西南的广西，沿海各地都正在建设或准备建设大型石化基地，且定位动辄为“中国最大”、“世界级”，发展势头极其迅猛，但在建设时大多没有充分考虑环境因素的制约，有的项目选址甚至位于国家自然保护区之内。客观地看，新上的大型石化项目都具有较高的工艺水平，能够达到相关的排放要求，但是布局在环境敏感区域的项目毕竟有隐患，一旦突发环境污染事故就会造成重大影响。

5. 噪声污染难以控制

噪声污染已成了城市环境公害之一。城市噪声污染有交通噪声、工业噪声、建筑施工噪声、社会生活噪声等，目前在很多城市，交通噪声所占比重处于第一位。2004年，在由环保总局监测区域噪声环境的312个市（县）中，108个城市为轻度污染，占34.6%；9个城市为中度污染，占2.9%；1个城市为重度污染，占0.3%。噪声问题是如此严重，以至于除了国家就噪声防治专门立法外，一些地方也出台了一些法规，如天津市颁布了《环境噪声污染防治管理办法》，沈阳市出台了《沈阳市环境噪声污染防治条例》等。

噪声极大地影响了群众的正常生活，对人民健康也造成很大危害，城市居民对此反应非常强烈。以北京为例，2004年，北京市民对环境污染的投诉中，噪声污染投诉量居第一位。科学实验表明，强噪声会引起人体紧张的反应，导致神经系统、心血管系统的疾病以及胃病及胃溃疡等。噪声还会使人精力分散，甚至导致情绪暴躁、易怒。

6. 城市居民环境权益得不到有效保障

以上对环境问题的论述基本上是从工程技术的角度进行的，本质上这些问题都涉及城市居民的环境权益。目前人民群众对环境越来越重视，在快速城市化的过程中，城市居民环境权益得不到有效保障的问题也渐渐浮现，并且产生了较大的社会影响。如厦门PX是个化工项目，投资逾百亿，但距离人口密集区过近，有环境污染之险。从2004年2月国务院批准立项，到2007年3月105名政协委员建议项目迁址，厦门PX事件进入公众视野，市民集体抵制PX项目，及至厦门市政府宣布暂停工程，PX事件的进展牵动着公众眼球；

从二次环评、公众投票，到最后迁址，地方政府与公民百姓，从博弈到妥协，再到充分合作，留下了政府和民众互动的经典范例。

随着公民社会的逐步形成，社会不可避免地分化为不同阶层，各利益团体维护自身合法权益的意识将日趋增强。由于环境权益是公民合法权益的重要组成部分，且环境具有相当的外部性，因此在面对环境侵权案件时，除了直接受到影响的公众会积极采取维权行动之外，有关的 NGO 等民间组织也会主动投身于此。如果对公民维权行为处置不当，将会激化社会矛盾，严重阻碍和谐社会的建设。

此外，城市化还产生大量垃圾，并导致生态环境破碎化严重、人居环境恶化等不良环境影响。

1990～2009 年，我国城市化率平均每增加 1 个百分点大约需要多消耗石油 1525 万吨，钢铁 2551 万吨以及水泥 8283 万吨。

我国自从 1996 年城市化率达到 30.48% 以来，1996～2009 年这十多年间城市化率年均每年提高 1.24%，到 2009 年城市化率达到 46.6%。未来十年，我国仍将处于城市化快速发展阶段。

依据我国历年城市化率及石油、水泥、粗钢消耗量现状数据，根据环境保护部环境规划院测算，1990～2009 年这二十年期间我国城市化率平均每增加 1 个百分点大约需要多消耗石油 1525 万吨，钢铁 2551 万吨以及水泥 8283 万吨。由此可见，在经济快速发展过程中，城市化付出了巨大的资源环境代价，消耗了大量能源、钢材、水泥、玻璃、化学材料。

我国经济社会发展所产生的污染都与城市化的快速发展密不可分。到 2015 年，城市生活污水和垃圾产生量将比 2007 年分别增长约 15% 和 42%。

城市是我国经济社会发展的最主要载体，可以认为，我国经济社会发展所产生的污染都与城市化的快速发展密不可分。截至 2008 年，COD、氨氮、SO_2 的排放总量分别是 1321 万吨、127 万吨、2321 万吨，均居世界前列。城镇生活污水排放量和城市垃圾清运量分别为 355 亿吨和 1.57 亿吨。

随着城市化进程的进一步加快，污染物的产生和排放量还将进一步增加。据环境保护部环境规划院预测，未来五年至十年，城市大气污染暴露人口（PEP）将达 4 亿多，而且大部分集中在中小城镇地区。到 2015 年，城市生活污水和垃圾产生量将比 2007 年分别增长约 15% 和 42%。在绝大部分中小城市和城镇的基础设施建设严重滞后的情况下，生活污水排放将会严重影响城市河流的水质和城市水生态环境；城市垃圾如果不能得到有效处置，也将严重影响地下水、土壤以及整个城市的生态环境。

由于城镇生活污水产生量增加，污水处理厂的大量建设和运行，我国城镇污泥产生量增长速度较快，据预测，2015 年和 2020 年城镇污泥产生量将分别达到 5339.22 万吨、7462.43 万吨，“十二五”、“十三五”年均增长率分别为 12.65%、6.93%，这是当前和今后一段时期面临的较大环境问题。同时，随着城镇化进程的加快和人们生活水平的提高，消费结构的转型，电子废弃物产生量也逐年增长。预测表明，2015 年、2020 年我国电子废弃物产生量将分别达到 394.23 万吨、1833.01 万吨，“十二五”和“十三五”期间电子废弃物增长将翻两番，年均增长率分别为 20.81%、12.56%，是固体废弃物中增长最快的污染物。

环境污染不仅造成巨大的经济损失，而且对污染的治理也要投入巨大的人力、物力和财力。根据环境保护部环境规划院初步研究，中国环境污染经济损失大约占到当年 GDP 的 7%～8%。由于计算范围不全面，实际的损失可能要比这个数字更大；同时，改革开放以来，尽管我国环保投资绝对量逐年增加，但环境污染并没有得到质的改变，环境治理的压力依然十分巨大。

（三）城市环境问题产生的原因

城市化本来应当是和工业化齐头并进，相互促进的发展过程，但在我国的特定条件下，政府主导了经济增长，也相应地主导了城市化的进程。改革开放之前，我国曾经长期人为抑制城市化的发展，改革开放之后开始逐步推进城市化，但在具体政策上又摇摆不定。在上世纪 90 年代后期之前，有不少人提出小城镇应当是我国城市化发展的重点，政府为此对农民采取了“离土不离乡、进厂不进城”的政策。因而当时的小城镇建设具有急功近利的色彩，而不是经济发展达到一定水平后水到渠成的发展结果，导致小城镇在一定程度上呈现高速度、低质量的发展。另外，90 年代后期以来，各地政府不遗余力地推进城市化的发展，又使得部分大中城市的发展速度过于超前，质量得不到保证。因此，在经济、社会、资源、环境条件还不完全具备的时候，在政府的强力推动下，我国的城市化已经在二十多年里走了发达国家一百多年走过的路，不可避免地带来了相应的环境问题。

规划是政府履行其职能的重要依据，对于合理配置公共资源，引导市场发挥资源配置的基础性作用，促进经济社会协调发展具有重要意义。相应地，城市和产业的规划要解决发展的布局、规模、结构问题，对于城市环境保护的重要性是不言而喻的。但现实中由于政府主导型的经济增长和城市化模式，一些地方盲目追求经济增长和城市化的速度，城市和产业发展的理想规划方案往往被冲击得支离破碎，在一定程度上是规划跟着城市走，处于被动局面，规划的科学性受到很大挑战。只有在规划阶段就充分考虑到环境因素，才有可能从源头解决环境问题。如果规划滞后，发展的布局、规模、结构等方面存在不合理之处，那么很多环境问题就是不可避免的。吉化就是最典型的案例，由于先天性的布局问题，吉化爆炸造成了前所未有的环境灾难。在2003年以来的重化工业大发展中，有相当一部分企业建在大江大河附近，或是一些城市中心区，一旦出现环境事故，后果不堪设想。

随着时代的发展，城市环境管理体制也进行了一些改革，但总体上没有取得很大的进展。这表现在两个方面：一是公众和民间组织（以 NGO 为代表）基本上被隔绝在环境管理之外，缺乏畅通的诉求渠道，对于关系群众切身利益的城市环境事务很少有发言权。比较典型的例子就是一些重污染或具有重大生态影响的建设项目的环境影响评价报告书始终被环保部门以保密为由不予公开，令人难以理解。二是政府部门的管理体制不顺。目前管理主要由环保部门负责，但是建设部门和水务管理部门也起到了重要作用，具体做法各地有所区别。由于多个部门联合行使城市环境管理的权力，在很多场合下是都负责，也都不负责，相互踢皮球。例如，一些大城市的噪声投诉不断，但是有关部门却相互推诿，问题根本得不到真正解决。

由于环境基础设施建设不足，使得城市生活垃圾和污水的处理率较低，成为环境污染的重要来源。根据2005年6月环保总局公布的数据，在全国500个上报“城考”结果的城市中，共有155个城市的危险废物集中处理率为零，193个城市的生活污水集中处理率为零，160个城市的生活垃圾无害化处理率为零。据建设部统计，截至2005年6月底，全国还有297个城市没有建成污水处理厂，在已建成的城市污水处理设施中，由于收费政策不到位，或污水管网不配套，致使处理设施运行也极不正常，有三分之一开开停停，还有三分之一根本就未运行。

目前我国已经成为世界汽车第四大生产国和第三大消费国，由于经济的长期持续高速增长，汽车正越来越快地进入居民家庭，1999年我国城镇居民平均每百户家庭拥有汽车仅0.34辆，到2004年已达2.2辆，到2005年6月份更是达到了3.2辆，增速极其惊人。一方面，我国机动车制造技术水平不高，致使机动车污染物排放量较大、排放控制性能的耐久性较低；另一方面，机动车数量高速增长造成污染物排放量的大幅度上升，在很大程度上影响到了城市的环境质量。实际上后者更为重要，这是因为在一个区域内机动车造成的环境污染具有累积性，如北京市所有的汽车都有环境绿色标志，但由于汽车总量在增加，北京城市道路上的大气污染仍呈上升趋势，局部路段还存在光化学污染威胁。

机动车导致的城市空气污染已经成为城市发展，特别是大城市发展面临的严峻问题。在一些大城市，机动车污染负荷已达到或超过煤烟型污染负荷，机动车排放成为第一大空气污染源。北京、上海、广州等大城市机动车排放的一氧化碳和碳氢化合物所占比例都在80%以上。今后随着城市煤烟型污染控制取得成效，城市机动车排放污染对空气质量的影响将越来越突出。机动车产生的噪声也是噪声污染的重要组成部分之一，如前所述，目前交通噪声污染已日趋严重。

实际上，机动车污染在很大程度上也是城市规划滞后造成的。由于一些大城市在规划中忽视轨道交通建设，使得交通过度依赖于机动车，无形中加大了机动车产生的污染。

长期以来，环境资源都被认为是一种可以随意使用、或者以极低的价格使用的公共物品。随着经济社会的发展，环境资源的稀缺性已经逐步显现，但有关方面对此还没有引起足够重视，环境资源的市场化程度不高，主要表现在以下两个方面：一是在指导思想上，没有确立环境资源的合理定价体系。如污水收费，2004 年年初，国务院发文件明确了城市水价的四元结构组成，即水资源费、水利工程供水价格、城市供水价格和污水处理费四部分，但在实际工作中尚有一大批城市没有建立污水处理收费制度，已经建立起收费制度的城市有的收费标准也偏低，不能满足污水处理厂的运营需要；二是将污水、垃圾等作为废弃物进行处理，没有将其看作资源进行利用，从而无法形成环境基础设施运行的产业化，环境基础设施建设作为公益事业，从投资建设到运行管理，在相当多的城市都由政府统管包办，体制和机制上的弊端大大制约了城市环境保护事业的发展。

让人欣慰的是，多年来，党中央、国务院一直以来都高度重视环境执法工作。李克强在第七次全国环保大会上就指出，“要严格环境执法，敢于碰硬，做到执法必严、违法必究”。国务院《关于加强环境保护重点工作的意见》将环境执法放在了更加重要的位置，提升了环境执法监管的地位。《国家环境保护“十二五”规划》也明确指出，“要加强环境监管体系建设，严格执法监管”。

二、“城市病”使得人的自由空间被压缩

1996 年，联合国人居组织发布的《伊斯坦布尔宣言》强调：“我们的城市必须成为人类能够过上有尊严、健康、安全、幸福和充满希望的美满生活的地方。”这意味着城市化不但要看城市发展的速度，还要看城市发展的质量。不能仅仅将人口居住在城市称为城市化，还要以这些人的生活水平、生活质量来衡量城市化，这也是上海世博会“城市，让生活更美好”主题的深刻内涵。

（一）城市生活质量

2011 年 6 月 11 日，中国社科院经济所和首都经贸大学联合发布首个《中

国城市生活质量指数报告》。在生活质量指数排名中，广州位列第一。2012年6月16日发布了“2012中国35城市生活质量报告”，全国35个城市生活质量满意度（主观）指数为50.88，较2011年的全国平均值49.71有所提高。生活质量满意度排名中，长春位列第一。

参考国内外相关研究经验，中国城市生活质量报告通过建立“中国城市生活质量指数”，并运用“主成分分析法”这个计量经济学中处理这类问题较为成熟也较为广泛使用的方法加以分析计算，最终形成一个“指数”。这个指标体系不可能囊括城市生活质量的方方面面，反映城市生活质量的全部过程；而是尽可能地找到影响城市生活质量的主要因素，以廓清城市未来发展的脉络，进而为城市制定发展战略、对策提供依据。

报告认为，城市生活质量是分层次的。生活质量属于低层次的城市，其经济发展、社会保障、就业概率等相应地比较低；而对于生活质量属于高层次的城市来讲，这些要素则呈高速发展和日趋完善的趋势。

对100个中国城市生活质量入围城市的分析研究发现：生活质量指数在0.8～1.0区间的城市生活质量层次为“很好”，在这一层次上的城市有4个，分别为：深圳、东莞、上海、北京。生活质量指数在0.6～0.8区间的城市生活质量层次为“较好”，共有15个城市，分别为：杭州、珠海、宁波、苏州、广州、厦门、无锡、青岛、佛山、大庆、桂林、温州、嘉兴、绍兴、烟台。生活质量指数在0.4～0.6区间的城市生活质量层次为“一般”，共有32个城市。生活质量指数在0.2～0.4区级的城市生活质量层次为“较低”，共有29个城市。第五大类（0.2以下）城市生活质量层次为“很低”，共有20个城市。

当然，对城市生活质量的度量，应该根据城市发展阶段和状态有所侧重。此外，城市生活质量本身也是一个动态的过程。此项生理质量的指标体系，虽然从短期来看要维持其相对稳定，从而保持指数的可比性，但从长期来看将是一个动态的不断修正和调整的过程。

中国城市生活质量报告在研究过程中，采用了因素分析的方法，把影响城市生活质量的关键因素分析出来。报告认为，影响中国城市生活质量的关键因素主要有衣、食、住、行、生、老、病、死、安、居、乐、业12个方面：

物质条件是生活质量的基础和前提条件。人们生活质量的提高，必须以一定的物质条件为基础，即社会提供的经济保障。社会提供的经济保障究竟如何，要看人们的收入水平如何，人们的消费层次和结构如何等。为此，“中国城市生活质量指数”选取了两个方面的指标：城镇居民人均可支配收入和消费结构对比进行评估。其中，城镇居民人均可支配收入是衡量城市居民生活质量水平的重要因素，也是考量城市家庭购买力的重要方面。

收入增加导致消费增多和消费层次、消费结构的改善，从而直接改善人们的生活质量。消费结构方面的核心指标为城镇居民人均消费性支出和恩格尔系数（食品消费比重）。一般规律是，居民收入水平越高，恩格尔系数越低；恩格尔系数越低，则标志着居民生活质量越高。

居民的居住水平和居住环境质量是衡量一个国家或地区居民生活水平和质量的重要指标，也是构成生活状况满意度的主要指标。随着城市的发展，城市居民住房将从满足生存需要向舒适型的转变，改善居住质量是他们现阶段提升生活质量的最大诉求。衡量居民居住状况可以从住房面积、住宅质量、设施配套以及住宅管理等方面加以分析。其中，住房面积是衡量居民居住状况的主要指标之一。

交通、通讯等的方便快捷程度是生活质量的直观表现，也是好的生活质量必备的硬指标。交通环境方面选取的核心指标是交通便利度，这是衡量城市交通系统发展水平的重要指标。所谓交通便利度，就是城市居民或货物之间快速的、低成本的、自由的流动的可实现程度。一个城市要建立便捷的交通体系，就要遵循步行优先、公交优先的发展原则。

现代社会，人的再生产过程已经进入一个新的层面，其中，围绕人的智慧和知识所体现出来的人口质量指标开始取代传统的人口数量指标。人口素质的高低首先要看社会提供的教育保障究竟如何，要看社会在教育方面提供的资源如何，要看教育的普及程度如何，要看人均受教育年限如何等。因此，我们选用适龄人口平均受教育年限以及该城市的人均教育投入作为衡量城市人口素质的核心指标。

社会保障制度是保持社会稳定、实现社会公正的重要机制，是经济发展和社会有序运行的重要前提。健全的社会保障制度也是社会所有成员生活质量提高的保证。在这里，我们选用社保投入作为核心指标，这一指标测量的是分配给社会保障事业的财政预算比例，表示政府在建立社会保障体系方面所做的努力。

现代城市的发展进步最重要的目的之一是为了生活在城市中每个成员的健康发展，人们生活质量提高的最重要也是最生动的体现是对生命的关爱，而这是需要通过公共卫生事业的发展来保障和支持的。如果城市的公共卫生状况很差，各种疾病流行失控，健康水平低下，人均寿命短少，那么，这个城市的经济不管如何发达都是没有意义的。向每个市民提供良好和平等的卫生保健服务是所有城市管理者面临的一个重要挑战。

健康状况是生活质量的集中体现。作为一项综合的生活质量指标，平均预期寿命是反映一个城市某一时期全体人口平均寿命的综合指标，通常表示为一个人口群体从出生起到死亡平均可能存活的年龄。平均预期寿命是人类健康水平、死亡水平的综合反映，这是一个综合性较强的指标。它既能反映社会、经济的进步状况和医疗水平的发展状况，也能从一个侧面反映人们的营养状况的改善和生活质量的提高以及社会生活的安定。

在一个社会中，安全感的高低会直接影响到每个人的日常行为及整体的生活质量。特别是在社会经济文化结构处在调整期的今天，城市居民的自身安全感直接反射着这种调整中所释放出来的影响公共安全的因素及对于这些因素的控制机制的有效性。非正常死亡率是我们选取的核心指标，所谓非正常死亡率是指由于谋杀、车祸、工伤、自杀以及其他非正常原因造成的死亡。

人居环境是提高生活质量的空间载体和生活质量可持续发展的基础。环境质量是影响居民生活质量的重要因素。我们选用人均绿地面积和生活垃圾无害化处理率为核心指标。

文化休闲生活作为现代社会生活的重要组成部分，不仅反映了城市生产力的发展水平，也将成为衡量城市社会文明程度的重要标志之一。随着生活水平的提高，闲暇时间的增多，人们逐渐对精神文化的需求呈现出增长趋势。而且人们的消费观念已经由单纯的消耗型、享受型，逐步向以文化、服务为主的知识智力型、开发投入型转变，开始了从单一的物质消费到物质与精神消费并重的变革，尤其是终身教育理念以及学习型社会的形成，城市居民消费的层次越高，文化内涵越大，消费的外延也越广。在这里，我们选取每百万人拥有公共图书馆藏书量为核心指标，用来反映一个城市文化设施方面的完备程度。

好的城市应该是一个适宜人全面发展的城市。就业是衡量城市价值的一个重要标志。如果一个城市不能提供更多的就业机会和发展机遇，其经济的活力就会衰减，社会的动荡就会出现。就业是群众增加收入、改善生活条件、提高生活质量的基本保障，我们选取了城镇登记失业率作为衡量城市就业环境的逆指标，该指标测量的是劳动力市场的景气指数和地方经济的健康状况。失业可能是摩擦性、结构性的，或者周期性的。这是一个关系到创造就业机会的政策目标的关键指标。

（二）不容忽视的“城市病”

在城市化过程中，我国大城市出现了许多问题。国家“十二五”规划纲要指出：“合理确定城市开发边界，规范新城新区建设，提高建成区人口密度，调整优化建设用地结构，防止特大城市用地面积过度扩张。预防和治理‘城市病’。”

“城市病”是国家经济社会发展过程中有关问题在城市的突出表现，如住房供求紧张且分配不公、交通拥堵、生态环境质量下降、公共基础设施不足等。从深层次看，则是贫富分化迅速加剧，大城市人口和用地规模扩张过快，资源环境容量难以承受人口快速扩张带来的压力。

预防和治理“城市病”，是提高我国城市化质量的必然要求，是复杂的系统工程，需要从方针政策和经济社会发展的总体上把握，通过各个方面的长期努力逐步解决。

随着城市规模的日益扩大，现代大中城市普遍存在的人口增多、用水用电紧张，交通拥堵、环境恶化等社会问题，以及由上述问题引起的城市人群易患的身心疾病。而这些问题和矛盾又在一定程度上制约了城市的发展，加剧了城市政府的负担，使城市政府陷入了两难困境。

根据世界城市发展的一般历程，城市发展的过程大致可分为四个阶段，即城市化、郊区化、逆城市化、再城市化。在城市化发展阶段，如果人口的过度集聚超过了工业化和城市经济社会发展水平，就会发生某些发展中国家出现的“过度城市化”现象，产生了一系列被称为“城市病”的矛盾和问题，国际上特大型城市的“城市病”主要表现在人口膨胀、交通拥堵、环境污染、资源短缺、城市贫困等几个方面：

特大型城市通常对人口具有强大的集聚作用，而人口的快速集聚也成为各大城市发展的重要动因之一。在人口快速集聚的过程中，一旦城市建设和管理跟不上迅速增长的需求，导致各类城市基础设施的供给滞后于城市人口的增长，就会引发一系列的矛盾，出现环境污染、就业困难、治安恶化等城市病。

例如，19 世纪末，英国城市人口急剧膨胀，造成住房短缺，贫民窟比比皆是；公共卫生设施奇缺，空气及水源污染严重，环境恶劣；就业竞争激烈，工人处境艰难；犯罪率居高不下，等等。又如拉美地区，在 20 世纪中叶进入工业化发展阶段后，城市人口迅速集聚，城市化水平（城市人口占总人口的比重）甚至超过发达国家，出现城市化速度大大超过工业化发展速度的“过度城市化”（或称为“超前城市化”）。

交通问题一直是大城市的首要问题之一。迅速推进的城市化以及大城市人口的急剧膨胀使得城市交通需求与交通供给的矛盾日益突出，主要表现为交通拥挤以及由此带来的污染、安全等一系列问题。交通拥堵不仅会导致经济社会诸项功能的衰退，而且还将引发城市生存环境的持续恶化，成为阻碍发展的“城市顽疾”。交通拥挤对社会生活最直接的影响是增加了居民的出行时间和成本。出行成本的增加不仅影响了工作效率，而且也会抑制人们的日常活动，使城市活力大打折扣，居民的生活质量也随之下降。

近百年来，以因能源消耗过度而引起的全球变暖对全球环境带来更严重的影响，比如农作物将减产、病虫害发生频率和危害速度将明显增加、水资源短缺将恶化等。2011 年以来，中国相继发生了南方低温雨雪冰冻灾害、长江中下游地区春夏连旱、南方暴雨洪涝灾害、沿海地区台风灾害、华西秋雨灾害和北京严重内涝等诸多极端天气气候事件，给经济社会发展和人民生命财产安全带来较大影响。2011 年全年共有 4.3 亿人次不同程度地受灾，直接经济损失高达 3096 亿元。

一般来说，工业、建筑、交通是能源消耗最主要的三个部分。最近十几年来，我国城市化进程加快，随之而来的是住房建设量的大增。住房和城乡建设部的统计显示，我国每年城乡新建房屋建筑面积接近 20 亿平方米，这些新增的建筑都要消耗大量的能源。

如何推进节能建筑，实现生态城市发展，已经成为近年来建筑界一直在探索的课题。在我国，目前建筑能耗约占全社会总能耗的 1/3。我国北方采暖城市居住面积只占全国城市居住面积的 10%，但建筑能耗却占到 40%。我国建筑在使用中最大的能耗是采暖和制冷，与气候条件相近的发达国家相比，我国建筑每平方米采暖能耗约是发达国家的 3 倍。

按照住房和城乡建设部发布的数据，十年前，我国建立了以节能 50% 为目标的建筑节能设计标准体系。2011 年，全国城镇新建建筑设计阶段执行节能 50% 强制性标准的比例已基本达到 100%，施工阶段执行节能标准的比例达到 95.5%。

相比发达国家，我国居民的建筑舒适标准还比较低。随着生活舒适标准的不断提高，建筑能耗还将大幅上涨。数据显示，我国建筑耗能已超过 5 亿吨标煤。如果用这些煤来发电，将能够产生出约 15000 亿度电，是 2011 年三峡电站发电量的 19 倍。

其实，早在 1986 年，我国就开始试行建筑节能设计标准，1999 年又把北方地区建筑节能设计标准纳入强制性标准，但效果不尽如人意。

2002 年，原建设部发布《建筑外窗气密性能分级及检测方法》《建筑外窗保温性能分级及检测方法》《家用太阳能热水器系统热性能试验方法》，批准编制《公共建筑节能设计标准》。这个时候，以节能 50% 为目标的建筑节能设计标准体系才宣告初步建立。

当时，能按照节能标准进行设计、施工的建筑还寥寥无几。2003 年，《关于城镇供热体制改革试点工作的指导意见》《夏热冬暖地区居住建筑节能设计标准》相继发布。全国新建的居住建筑都有了节能设计标准。

在此之后，《膨胀聚苯板薄抹灰外墙外保温系统》《外墙外保温工程技术规程》《建筑节能试点示范工程（小区）管理办法》等一系列的建筑节能规范相继制定，建筑节能开始走向规范化。2004 年，全国城镇新建建筑在设计阶段执行民用建筑节能设计标准的也仅为50%，在施工阶段执行节能标准的仅为23%。

2002年在南非召开的可持续发展世界高峰会议上，一致通过将水资源列为未来十年人类面临的最严重挑战之一。联合国环境署同年在《全球环境展望》上指出，“目前全球一半的河流水量大幅度减少或被严重污染，世界上80多个国家或占全球40%的人口严重缺水。如果这一趋势得不到遏制，今后30年内，全球55%以上的人口将面临水荒”。在缺水型国家或地区中，大城市的水资源紧缺问题最为严重，据联合国有关机构预测，到2010年，不论是发展中国家还是发达国家的大中型城市，包括北京、上海、休斯敦、雅加达、洛杉矶、华沙、开罗、拉各斯、达卡、圣保罗、墨西哥城、新加坡等都将面临严重的水荒。

此外，土地资源紧缺问题也是国际大都市在城市化进程中所必然出现的问题。由于土地存在供给的绝对刚性，在大量的人口和产业向中心城区集聚过程中，像东京、纽约、伦敦等大都市都出现了较为严重的土地紧张问题，土地对现代化大都市可持续发展的制约作用更加突出。如何开辟新的发展空间、拓展地域范围已成为各大都市实现可持续发展的必然要求。

贫民窟问题是发展中国家的大中城市在加快城市化进程中所出现的特有现象，其出现在很大程度上是由于外来人口的大量涌入以及本城市内人口的收入差距过大所造成的。贫困人口多数集中于城市，而城市贫民又大部分住在贫民窟，如印度孟买、巴西圣保罗等。贫民窟带来的社会问题主要有：一方面，贫民窟居民大部分人处于贫困线，享受不到作为公民所应享有的经济社会发展成果，居住、出行、卫生、教育条件极差，不仅影响当代人，也影响下一代人的发展。另一方面，生活水平的巨大差异造成国民感情隔阂，加之贫民窟游离于社区和正常社会管理之外，一些贫民窟为黑社会所控制，成为城市犯罪的窝点。

1900年纽约市近400万人里就有150万居住在4.3万个贫民窟里，直到21世纪，纽约、还有哈莱姆贫民区的存在。目前，孟买1600万人口中有60%居住在仅占城市土地面积十分之一的贫民区和路边的简陋建筑中，贫民窟已经成为这个世界著名港口城市以及印度经济中心城市的最大特色。

（三）中国正步入“城市病”集中爆发期

2012年2月9日，中国社科院发布了首部国际城市蓝皮书《国际城市发展报告2012》。蓝皮书认为，因为快速膨胀的人口与城市资源不协调，中国大型城市正步入“城市病”集中爆发期；“新兴＋转轨＋转型＋快速城市化”使得我国“城市病”问题更具复杂性、综合性；我国城市治理仅处1.0版水平，与发达国家城市治理相比，我国城市管理显著滞后，中国大型城市的“城市病”治理的水平亟待提高。

城市病是城市发展过程中的必然现象，在城市化中期阶段尤其严重，其背后隐藏着城市规模膨胀、经济社会发展的深层次矛盾。从深层次看，“城市病”的根源在于城市资源与社会需求在一定阶段产生巨大矛盾，致使城市承载力“过载”及城市各要素之间关系失调而表现出的各种负面效应。归根结底，城市病的出现就是快速膨胀的人口与城市资源不协调的问题。

我国城市化进程步入全新阶段，并全面挑战城市资源极限。我国虽然一直以来是农业大国，但是近些年来快速的城市化使得人口结构发生了里程碑性质的变化。2012 年 1 月份国家统计局公布数据显示，到 2011 年年末我国城镇人口占总人口比重达到了 51.27%，首次超过 50%。虽然这是按常住人口来计算和统计的，也就是说把在城市生活半年以上的农业户籍人口也统计为“城镇常住人口”，但是这些群体的城市化劳动与生活是常态性的，他们真实地支撑着中国城市化进程。与此同时，大量的人口往中心城市集聚，加速了大型城市的资源压力。

国际经验表明，快速城市化的阶段往往是各种“城市病”频繁发生的红灯区。从我国地方发展情况看，各大城市发展阶段参差不齐，但是都在步入郊区化、大都市区化的关键阶段。在此阶段，城市人口快速膨胀，由于人口及城市布局缺乏预见性规划，城市基础设施承载力严重不足，带来了交通拥堵、环境污染、秩序紊乱、运营低效、行政区划分割等一系列问题，制约着城市的持续发展。未来一段时期，将是我国各大城市的集中爆发期，城市病将成为影响城市和谐稳定的关键隐患，加强城市治理刻不容缓。

纵观以“金砖四国”为代表的新兴市场经济国家，由于城市经济发展速度、城市化进程较快（根据人口 S 曲线，当人口城市化水平达到 30% 左右时，进入快速发展阶段；达到 70% 左右时，才逐渐进入相对稳定阶段），而城市治理又难以同步甚至超前进行，使得各种城市问题——包括人口、资源、环境、交通、产业、就业、社会、文化、安全等领域的问题频繁出现、难以根除。更为棘手的是，这些问题交织作用、相互强化，加大了治理难度。在“新兴 + 转轨 + 转型 + 快速城市化”的多重背景下，我国的城市发展更具有复杂性。其一，我国处于经济、社会全面转型的关键阶段，社会主义市场经济建设处于攻坚阶段，“阵痛期”相关经济问题的解决难度相当大；其二，我国处于产业发展转型的关键阶段，以往粗放型、低层次、高能耗为主要特征的发展模式亟待面临转型，在此过程中必然出现大量产业淘汰与转移的现象，并对城市空间布局和城市运行管理等产生重大影响；其三，我国处于快速城市化的阶段，城市化速度在全球处于前列，这在短期内对城市资源承载力和城市管理水平产生严峻的挑战。

中国城市的“急症、慢症、并发症”存在共发的可能。这使得我国当前“城市病”问题极具复杂性、综合性——用史上最难治理的“城市病”问题来形容毫不为过，这客观上对城市管理提出了极高的要求。在此过程中，如何避免各方面问题发生“共振”，触发系统性城市运行风险，是各方面应当高度关注的问题。

发达国家均经历过“城市病”困扰的阶段，而其丰富的城市治理经验值得借鉴。

“城市，让生活更美好。”这是人类不懈追求的愿景。早在1898年，英国人埃比尼泽·霍华德就在《明日：一条通往真正改革的和平道路》一书中系统地阐述了“田园城市”思想和建设新型城市的理论，这不仅表达了人们对于美好生活的憧憬，其理论也对于西方城市发展产生了深远的影响。客观上看，城市治理的最高境界应当是具有预见性、科学性、系统性，并考验着政府部门的智慧。因此，从纽约、伦敦、东京、巴黎等一些国际特大城市的发展经验看，政府部门和立法部门都高度重视城市治理与规划问题，他们不仅非常注重先进理论的运用，也极其谨慎地对各种规划进行反复而广泛的论证，期间还邀请社会各界包括普通居民的参与，以确保规划的正确性、惠民性。

与实验室中的物理实验不同，城市建设一旦启动就很难推倒重来，因为其成本和代价是巨大的。《国际城市发展报告2012》首次提出“国际城市2.0”核心概念，实际上是长期系统跟踪国际城市前沿而提出的。后危机时期国际城市运行的基本环境和指导理念正经历重大变化，世界城市发展正在逐步进化到以挖掘和发扬自身特点为基点、谋求在世界城市之林中差异化崛起的“2.0版”。

我国城市治理仅处1.0版水平。与发达国家城市治理相比，我国城市管理显著滞后。即使参照传统的“国际城市1.0版”——即依照国际通行标准提升城市水平和配置城市功能，我国各大城市都还有差距。例如，对于交通拥堵的疏导我们缺乏良策，无序的房地产开发破坏了城市生态与布局并带来的严重后果我们还缺乏足够的认知，快速城市化进程中的城市包容和社会融合远远难以达成……要避免低层次开发和缺乏前瞻性的建设等现象，我国各大城市部门亟待借鉴发达国家城市经验，全面提升城市治理理念、提高城市管理水平，并通过制度化、法律化手段加以实现。针对城市运行中的“急症”“慢症”等不同病症，主要应遵循“标本兼治”思想，从“管”（事前预防与管理机制设定）、“控”（事中控制与事后管理）两个层面加以应对，避免“头痛医头、脚痛医脚”。

解决隐性失业和追求生产、生活方式改变，是农民进城务工的动力。但是很多农民进城之后并没有融入城市，反而导致“农民工”阶层、“城中村”区域的出现。原来的“三农”问题，伴随农民进城，变得复杂化，城镇化建设将要面临“四农一村”的现状，增加了“农民工”和“城中村”两个因素。

近两亿农民生活在城镇里却没有得到城镇户口及享有城镇居民待遇，这样的传统城镇化实质是将农民利益“边缘化”。这些漂浮的人群，其人力资源的作用并没有得到充分发挥，也没有得到结构升级，进而影响了工业化升级进程。但他们却是城镇化能否成为新经济增长点的关键因素。解决人的城镇化依然是中国社会、经济发展中的一个大问题。新型城镇化要着力解决的就是“人的城镇化”。

在城镇化过程当中，如何保障农民的权益，解决农业转移人口的市民化问题，是我们最需要关注的问题。城镇化不是简单的人口比例增加和城市面积扩张，更重要的是实现产业结构、就业方式、人居环境、社会保障等一系列由“乡”到“城”的重要转变。

促进“人”的城镇化，应该从两方面改革现有公共财政和服务体系。

第一，重塑地方财源，让其拥有来源稳定并与本地人口和居住环境相关的税收收入。其次要开征房产保有税等一些重要地方税种，引导资源更多地向增加生产性资本、提高生产率的方向配置，防止资金过多投向不动产，同时逐渐减少地方对土地财政的依赖。

第二，与税收体制改革相呼应，在地方政府（城镇）增加稳定税收来源的基础上，公共服务支出的预算也应该按辖区内常住人口而不是户籍人口来确定。

要允许本地常住的外来人口包括农民工及其家庭，享受与本地户籍人口一样的教育、医疗设施，公用事业和公共安全等各项服务。公共服务的提升，可以缓解社会矛盾并刺激消费。而消费的提升也会为本地政府在增值税改革之后带来更多收入。

总之，要让城镇化真正成为中国促内需、调结构的长期依托，就应该摈弃许多地方围绕土地做文章的城镇化模式，从改革地方税收体制和公共服务体制着手，建立长期可持续的、城乡一体化的、公平的公共服务体系，帮助中国实现经济和社会的长期稳定发展。

我们认为，将城镇化理念由以物为本转变为以人为本。把“人”的发展作为城镇化核心，“人”的发展才是城镇化的出发点和最终归宿。在“以人为本”理念的指导下，推动农民工的“市民化”，为农民工提供与城镇居民相同的公共服务，这也是提高城镇化水平的必然选择。有序、分步推进农民工“市民化”，用十五至二十年的时间解决好我国农民工市民化的问题，为具备条件农民工提供与城镇户籍人口相同的“公共服务包”，避免出现新的二元结构；鼓励和支持劳动人口和供养人口的空间弥合，并将城市公共服务向农民工家属拓展。让农民工有社保、有救助、有安全、有组织，意即城镇化过程中的公共服务和社会保障相应跟上，让居民真正“安居乐业”。这也是国务院总理李克强所强调的“推进城镇化，核心是人的城镇化”的要义。

编者的话

第四章　以人为本的城市化才能可持续

古希腊哲学家亚里士多德说：人们来到城市，是为了生活；人们留在城市，是为了更好地生活。在匆匆碌碌的现代社会里，人们经常会来不及思索，忘记了我们为什么来到这座城市，忘记了城市发展的一切都要回归到人，回归到人的生活。人即是城，城即是人，这才是我们和城市的联系。

人们常说，城市化是一个国家经济增长和社会发展的发动机，却不免忽略了因果关系的另一面——城市化应当是经济发展到一定程度的结果。真正的城市化从来都是以市场配置资源为基础的，绝不能倚靠行政强权来推动。因此，尊重市民的主体地位，把城市发展的决定权交给市民，以此促使各种经济社会要素自由地优化组合与生长，才是中国城市的活力之源。

第一节　农村城市化与农民市民化面临考验

城市是人类文明的产物、经济发展的标志。农村城市化与农民市民化，相辅相成，相得益彰。城市化是市民化的舞台和载体，市民化是城市化的结果和目的；农村城市化促进农民市民化；农民市民化推进农村城市化。实现农村城市化后，进一步推进农民向市民的变化，使农民成为享受现代文明的新型市民，就成为一项紧迫而艰巨的任务。从农民变为市民，是一项复杂的社会系统工程，既要解决思想观念的问题，又要解决提高素质的问题，还要解决提高生产生活质量的问题。

一、农村城市化

农村城市化是人类社会历史进程中社会生产力发展到一定阶段后出现的变传统落后的乡村社会为现代先进的城市社会的自然历史过程。城市化的内涵十分丰富，主要内容包括：农村人口向城镇人口转化，生产方式与生活方式由乡村型向城市型转化，传统的农村文明向现代的城市文明转化等。它是一个国家和地区经济社会现代化程度的重要标志。

衡量农村城市化水平一般采用“农村城市化率”，即城镇人口占一个国家或地区总人口的比重，又称人口城市化水平，其实质反映了人口在城乡之间的空间分布，具有很强的实用性，使用率也最高。在我国，人口城镇化水平的统计有两种口径：一种是以城镇非农业人口计算的城镇化水平；另一种是以城镇实际居住人口计算的城镇化水平。但是单一指标的局限性很大，城市建制标准、城市人口统计口径的不同和变动等因素都会使单一指标缺乏可比性，也不能全面反映城市化的内涵和外延。

国际上有些国家和国内有些省市曾就城市化问题提出过用复合指标研究城市化问题，但国内国际均无统一的量化标准。联合国经济与社会事务部统计处提出了19项社会经济指标考察各国的城市化水平，其中主要指标有人均GDP、非农产业产值比重、文盲率、居民医生比例、蛋白质消耗量、死亡率、人口预期寿命等。

国际上一般将城市化进程分为三个阶段：城市化率在30%以下为初级阶段，30%～70%为中级阶段，70%以上为高级阶段。也有人把城市化的进程分为六个阶段：即城市化率在10%以下为史前阶段；10%～20%为起步阶段；20%～50%为加速阶段；50%～60%为基本实现阶段；60%～80%为高度发达阶段；80%以后为自我完善阶段。

农村城市化是工业化和现代化的必然趋势，是经济社会发展的产物，也是衡量一个国家和地区经济发展水平的重要标志。

（一）中国农村城市化历史与现状

中国有着悠久和灿烂的历史文明，城市发展在古代一直领先于世界，并出现过像西安、洛阳、开封等享有世界盛誉的古代大都市。但到近代，农村城市化进程遭到抑制和摧残。1949年新中国建立时，全国城镇人口只有5765万人，农村城市化率仅为10.6%，不仅远远低于当时世界的平均水平（28%），而且也低于发展中国家的平均水平（16%）。

新中国的建立，开启了中国农村城市化新征程。如何划分和确定新中国六十多年来农村城市化历程，学术界从不同的角度，根据不同的标准和依据作出了不同的划分方法。我们认为，对中国农村城市化进程的划分不能太粗，也不能过细；既要概括出中国整个农村城市化进程的全貌，也要揭示出整个进程中各个阶段的不同特点；同时还要便于人们更好地理解和把握。基于这种思考，我们可以将中国农村城市化发展历程划分为以下三个阶段：

1949～1957年这一阶段是中国国民经济恢复和“一五”计划时期。国家动员一切人力、物力、财力，恢复国民经济，以工业化为主体，以城市为依托，进行大规模的经济建设，一大批农村劳动力进入城市工业，使城镇人口得到快速增长，平均每年增加523万，到1957年城镇人口达到9949万人，城市化率上升到15.4%，平均每年提高0.6个百分点，城市数量由1949的135个增加到1957年的178个。

1958～1978年这一阶段，中国农村城市化发展速度缓慢。从1958年开始，由于盲目追求高速度，全民大办工业，出现了爆发性的工业化过程和超高速的城市化过程。到1960年，重工业产值占工业总产值的66.6%，增长速度为25.9%；城镇人口达13073万人，城市化水平达到19.7%。1961年开始进行国民经济的调整，大批城市人口下放农村，结果城市数由1961年的208座下降到1964年的169座，城市化水平由1960年的19.7%下降到1964年的14.6%，城市化水平出现了大回落。

1966年开始，国民经济发展十分缓慢，农村城市化停滞不前。1978年全国城镇人口占总人口的比重为17.9%，比1966年的17.8%，仅增长了0.1个百分点，十二年时间，一直徘徊在17%～18%之间。

党的十一届三中全会以后，中国经济社会进入全面发展时期，随着改革开放和现代化建设的推进，经济得到迅速发展，中国农村城市化进程也摆脱了长期徘徊不前的局面，步入一个快速发展的新时期，特别是小城镇的发展尤为迅速。这主要得益于改革前期的中国农村经济体制的改革，农村经济的快速发展，以及乡镇企业的异军突起，使大批的农村剩余劳动力转移到了非农产业，农村人口大量进入城镇。随着社会主义市场经济体制的逐步建立和市场经济的发展，城市作为区域经济社会发展的中心，其地位和作用日益受到人们的认识和重视，农村城市化已成为新的经济增长点，农村城市化进程日益加快。1978年，中国城市只有193座，城镇人口只有17245万人，城市化水平仅为17.9%。到2004年，城市增加到666座，城镇人口为54283万人，城市化水平提高到41.8%。

新中国建立以来，中国经济建设和农村城市化经历了五十多年的发展历程。从上述中国农村城市化发展演变的历史过程可以看出：

从发展阶段上看，中国农村的城市化正处于加速发展时期。第一阶段1949～1957年农村城市化起步较好，工业化有力地推动了城市化。第二阶段1957～1978年农村城市化处于曲折艰难时期，由于1958年《中华人民共和国户口登记条例》和1964年《关于户口迁移政策规定》的实施，对城乡人口实行严格的户籍管理，限制了城乡之间人口流动，农村城市化受到了严重的阻碍，出现停滞甚至倒退。第三阶段1979年以来，中国农村城市化进入了一个新的快速发展时期，农村城市化成为中央政府重要的议程，被列入国家发展规划。小城镇、大战略成为该时期中国农村城市化发展的主旋律。特别是2002年以来，坚持大中小城市协调发展和城市体系建设，成为新阶段中国农村城市化发展的核心内容和基本准则。见表1：

表 1

阶段	起止年份	全国人口（万人）	城镇人口（万人）	城市化率（%）	城市化率年均增长（%）
第一阶段	1949～1957年	64653	9949	15.4	0.6
第二阶段	1958～1978年	96256	17245	17.9	0.1
第三阶段	1979～2004年	129988	54283	41.8	0.9

说明：①原始资料来源：国家统计局：《中国统计年鉴》（历年），北京，中国统计出版社
②有关数据计算整理而得

从发展水平上看，中国农村城市化水平较低。新中国成立六十多年来，中国农村城市化进程在第一、三阶段得到较快发展，到2004年，中国农村城市化水平已经达到41.8%。但由于中国农村城市化起步较晚，发展进程曲折，因此，中国农村城市化水平很低，明显低于世界平均水平（44%，1997年），远低于发达国家的水平（75%，1997年）。

不仅如此，中国农村城市化水平低还突出地反映在以下两个方面：一是城市化水平严重滞后于工业化水平。按照经济发展的一般规律，城市化与工业化存在着正向关系。然而，中国实际情况并非如此，农村城市化水平一直较远地落后于工业化发展水平。1952年，城市化低于工业化7个百分点，而后随着工业化水平的提高，两者差距不断拉大，到1978年二者差距达到27个百分点。改革开放以来，城市化水平虽然提高很快，但仍然严重滞后于工业化水平。二是城市化落后于经济发展水平。根据世界银行统计资料，1997年中国人均GDP为860美元，城市化水平为29.9%，同年人均GDP在630～1090美元之间的12个国家平均城市化水平为41.3%，高出中国11.3个百分点。若按世界银行购买力评价（PPP）计算，中国人均GDP为3570美元，同年人均GDP在2040～4840美元之间的28个国家平均城市化水平为52.6%，与中国城市化水平相比，高出22.7个百分点。

从发展空间上看，中国农村城市化水平呈阶梯分布。中国农村城市化水平，同三大地带经济发展水平相适应，呈现阶梯状态，东部地区城市化水平比中部地区高，中部地区城市化水平比西部地区高。

从发展动力上看，中国农村城市化主要依靠政府来推动。无论是改革开

放前，还是改革开放后，政府都是推动农村城市化的主要动力。往往政府重视农村城市化工作，农村城市化速度就会加快；政府一忽视，农村城市化就会停滞不前。政府关于农村城市化的方针政策直接引导着农村城市化的走向。近年来，市场机制虽然起了一定的作用，而且作用越来越强劲，但没有从根本上改变政府推动的主导地位。

从发展重点上看，中国农村城市化以小城镇的发展作为重点。控制大城市，合理发展中等城市，大力发展小城镇，是中国农村城市化发展的基本指导方针。在中国农村城市化多年的历程中，大城市受到严格控制，中等城市也受到一定的限制，小城镇得到积极的发展。因此，小城镇发展极为迅速。

中国是一个幅员辽阔、人口众多的农业大国，人口和资源分布极不平衡，经济发展和工业化水平千差万别。因此，中国的农村城市化发展也表现出明显的地域差异。

中国三大阶梯的地势形态构成了中国三大地带的明显差异，中国经济发展水平也呈现明显的地域差异，东部沿海一带的经济发展领先于中部内陆地区，中部内陆地区的经济发展又领先于西部边远地区。这种经济发展不平衡决定了农村城市化水平存在较大的地域差异。从总体情况来看，中国当前的农村城市化发展水平的高低可划分为三个层次，从东向西依次递减。具体表现如下：

中国城市空间分布的突出特点是东密西疏，农村城市化水平是东高西低。见表2：

表2　中国农村城市化水平三大地带差异

地区	1990 年农村城市化水平（%）	2000 年农村城市化水平（%）
东部	27.7	44.6
中部	24.9	33.5
西部	20.5	27.7
全国	24.4	36.2

说明：①原始资料来源：国务院人口普查办公室，国家统计局人口和社会科技统计司：《中国人口普查资料》（1990 年，2000 年），北京，中国统计出版社

②表中数据根据原始数据计算整理

根据 2000 年第五次人口普查数据，在全国 31 个省（区、市）农村城市化水平排序中，排在后五位的分别为西藏、河南、云南、贵州和甘肃，城市化水平不足 25%。农村城市化水平排在前三位的分别是上海、北京和天津三个直辖市，它们都高于 70% 以上。

改革开放后，随着东部地区经济的飞速发展，农村城市化进程相应加快，城市的数量也迅速增加，从而导致了东、西地区城市化发展的差异进一步拉大。如 1986 ～ 1994 年间全国共设市 300 个，其中东部地区设 145 个，占 48.3%，而西部地区设 34 个，占 11.3%。东部地区尤其是广东省农村城市化发展速度最快，1980 ～ 1995 年，广东省农村城市化水平提高了 35.8 个百分点，平均每年增长超过 3.5 个百分点。上海、山东、江苏、浙江等省（市）农村城市化水平提高均在 20 个百分点以上。农村城市化发展速度缓慢的主要是西部边远地区的一些省区，在 1980 ～ 1995 年间，贵州省农村城市化水平提高不到两个百分点，平均每年增长只有 0.1 个百分点。新疆、云南、青海、宁夏、陕西等省区平均每年增长均在 0.5 个百分点以下。农村城市化发展速度上的差异，主要与农村工业化和小城镇发展情况密切相关。

根据 1994 年资料分析，中国设市城市共计 622 个，其中东、中、西三大地带分别为 278 个、231 个和 113 个。按每平方公里的城市数计，东部为 2.04 个，西部为 0.21 个，相差 9.7 倍以上。从 2002 年中国城市社会经济发展概况资料显示，到 2002 年底，东部地区城市有 287 个，占 43.5%；中部地区城市 247 个，占 37.4%；西部地区城市 126 个，占 19.1%。以上情况表明，在幅员辽阔、人口众多的中西部地区，城市分布极为稀疏，致使中西部地区缺乏有效带动区域经济发展的增长极，整个地区经济发展缺乏活力。

根据 2002 年中国城市社会经济发展统计资料，200 万人口以上的城市全国共有 33 个，其中东部有 23 个，中部有 6 个，西部只有 4 个，分别占 69.7%，18.2%，12.1%。100 万～200 万人口的城市全国共有 138 个，其中东部 73 个，中部 44 个，西部 21 个，分别占 52.9%，31.9%，15.2%。整体上，中国大城市和特大城市主要分布在东部地区。从各地带内部城市结构看，东部地区人口 100 万以上、50 万～ 100 万、50 万以下城市的比值为 96∶135∶56，而西部地区相应的比值为 25∶38∶63。改革开放前，西部地区是中国人口迁入的主要地区，而改革开放以后，东部地区则是人口迁入的主要地区。虽然中国近年实施了“西部大开发”政策，但流入到西部地区的人口相对流入到东部地区来说还是见弱。

（二）我国农村城市化进程中存在的问题

农村城市化是我国改革发展过程中所面临的重大改革课题。农民问题是中国的最大问题，农民问题解决得好与坏 ，将关系到中国改革的最终成败。农村城市化是解决农民问题的最好选择。

近年来，农村产值份额、农民收入增长乏力、农村市场份额持续下降、农产品和工业品都先后出现销售持续疲软等问题，证明单纯靠在农村发展非农产业，靠分散化的工业化和城市化，已经不能从根本上扭转中国经济多年内需不足的问题。

中国的城市化问题在持续提高城市化水平这一点上是有共识的，而城市体系如何合理化却是争议的焦点。具体到农民进城的现实问题上，矛盾的焦点不是农民在本地进城的问题，而是农民跨地区进城问题。更具体地来说，就是在东部大中城市的那些无本地城镇户籍的常住人口如何转为本地市民的问题。

从统计数据看，以2006年为例，我国国内生产总值突破21万亿元大关，二、三产业占国内生产总值的比重达到88%以上，城市化水平是43.9%，但人口城市化远远滞后于经济的非农化。同时考虑我国计划生育政策和劳动力人均赡养系数的城乡差别，以及由于种种原因，坚持打工的农村剩余劳动力并未真正意义上地完全享受现代城市文明，如教育、就业、就医、养老等优惠政策，可以说明我国城市化水平在一定程度上滞后于经济发展水平。

与农村乡镇企业及后来民营企业的发展相比较，农村城市化水平也远远滞后。1992年我国农村社会总产值中，乡镇企业产值就占2/3。而在1979～1984年，市镇人口占城市总人口的比重提高了4%，年均增速0.85%，1985～1994年，经济增长较快的十年，市镇人口占城市总人口的比重只提高了5.61%。年平均增速降为0.56%，这表明我国城市化速度和经济增长速度加快，而农村人口城市化速度反而降低。由于乡镇企业分布不集中，农村城市化水平与农村经济发展水平也不对应。

由于我国农村经济各地的发展不平衡，人口分布密度差异较大，所以各地农村城市化水平差异也较大。

在我国现阶段东部沿海地区、中西部大中城市郊区及农村工业发达地区，农村城市化进程快、水平高，珠江三角洲、长江三角洲、闽南金三角、京津唐、辽中南等城镇密集地区，城市化进入加速阶段，而中西部经济欠发达地区城市化进程还很缓慢。与此相应，我国城市的空间布局差异较大。我国东部地区的城镇偏多，西部地区的城镇偏少，中部地区的建制镇也略少，影响了中西部地区的经济发展，中西部的资金人才纷纷“东南飞”，进一步影响了中西部地区的发展，形成低水平循环陷阱，不仅阻滞了中西部农村城市化进程，还影响了中西部整个国民经济的协调发展。

发展建设小城镇在农村城市化的进程中有着重要的战略意义，小城镇建设出现的问题制约着农村城市化水平的进一步提高。主要问题如下：小城镇经济结构转换滞后，不适应农村城市化进程的需求。据有关统计资料显示，小城镇一产比重下降，二产比重提高，三产比重提高不明显，农业产业化与小城镇建设未形成联动，脱节现象普遍。同时小城镇就业结构的转换也明显滞后于产业结构。虽然前些年很多地区开展了撤乡并镇行动，小城镇的管理范围和城区规模有所扩大，减少了建成区附近的生产要素和人口向小城镇集中的体制上的阻力。但是小城镇人口规模仍很小，远不能发挥聚集效益，土地集约程度不高，非农人口比重无大幅度提高，农民工“两栖性”较强。与大中城市相比，小城镇吸引力较小，缺少真正懂市场和经营管理的大批人才和企业家及有一技之长的科学技术人员，小城镇的政府也缺乏专门的规划人才。现行的财政金融体制使得小城镇缺乏必需的建设资金。中西部地区的小城镇 还存在投资环境差，市场开拓不力等问题，缺少吸引区域资金的优势，削弱了小城镇的发展力量。

（三）农村城市化发展模式与战略

农村城市化问题是中国近年来人们普遍关注的问题，特别是中国实施西部大开发战略以来，中国落后地区都明确地选择推进农村城市化作为推动当地经济发展的重要战略。但是，作为落后地区，如何推进农村城市化进程？各地如何根据本地实际情况选择适合的农村城市化模式？这是摆在我们面前的一大难题。

1. 国外农村城市化的发展与启示

由于世界各国的历史、资源、人口、经济发展的条件不同，农村城市化的发展及其水平存在着较大的差异。西方发达国家的农村城市化已有了两三百年的发展历史，有很多方面值得我们去借鉴和总结。

第一，城市体系中间化是农村城市化的主流。所谓城市体系中间化，是指在农村城市化进程中，人口和产业向中间层次的城市集中，形成区域性中心城市的现象。人口和生产要素向中间层次的城市集中已成为世界农村城市化发展的一个基本趋势。中间层次的城市往往是区域性的中心城市，人口大约在 20 万～100 万之间的中等城市和大城市。

中间层次的城市既能有效地避免特大城市、超大城市的弊端，又能具有小城市无法比拟的规模效益。在一定程度上，可以解决特大、超大城市不可持续发展和小城市难以发挥区域辐射功能的问题，既可以作为区域性中心城市带动周边区域经济的发展，又迎合了人们对良好生活环境的追求。同时，还可以带动小城市的发展，在城市体系中较好地发挥承上启下的作用，提高城市体系的平衡性和稳定性。例如，美国为促进西部开发，大批移民到西部建立一批新兴城市。在 1860 年至 1910 年五十年间，美国 10 万人以上的城市由 9 座增至 50 座。目前美国人口在 20 万至 100 万的城市约有 200 多座，集中了美国人口的 40% 左右，美国的主要制造业也大都集中在这些城市中。欧盟认为，区域性中心城市，既可以获得规模经济效益，又可以避免大城市（指超过100万以上的城市）在环境和经济社会方面过度拥挤的缺陷。目前欧盟人口在10万到100万之间的区域性中心城市有114座，已基本形成了一个较为密集的中间层次城市网络，中间层次城市已成为欧洲人口和经济最为集中的地区。

第二，资源开发、工业化和城市化相互促进。19世纪初中期美国经济发展的重点转移到西部，西进运动和工业革命吸引了大批移民到西部开矿和加工，并迅速兴建了一批城市。从此，美国进入农村工业化与城市化的快速发展时期。19世纪初发明无烟煤炼铁后，距原煤产地较近的地区炼铁业迅速发展起来，出现了像匹兹堡、底特律等重要的钢铁工业中心。19世纪中期加利福尼亚、科罗拉多等州发现金矿，人们蜂拥而至，旧金山、奥克兰、格里利和弗吉尼亚城从此拔地而起。西部的农村工业化促进了农村城市化，反过来，农村城市化又进一步推进了农村工业化的发展，两者相互促进，相得益彰。

第三，政府在促进开发和农村城市化中发挥了重要作用。为尽快缩小地区间的发展差距，促进地区经济协调发展，政府一般要制定并实施相应的区域经济政策。这是市场经济国家政府宏观调控的重要方面，也是各国在解决地区发展不平衡的通行做法。按照市场经济发展规律，在投资主体多元化和市场机制充分发挥作用的情况下，资源或要素主要流向资本和劳动边际收益率高的地区。由于种种原因，落后地区交易成本高，边际收益率低，在要素配置过程中，往往产生“空吸泵式”效应。鉴于此，政府必须运用政策手段，加大对落后地区经济发展和农村城市化的政策扶持力度和指导作用，纠正市场机制在资源空间配置上的失灵，促进资源在空间上的优化配置，以抑制区域差距的过分扩大，维持必要的区际公平。美国是发达的市场经济国家，在其经济发展过程中，始终存在着区域发展的不平衡问题，东部和北部经济发达，南部和西部经济相对落后。20世纪60年代以来，为支持南部和西部的经济发展和农村城市化，联邦政府加大干预力度，制定了开发落后地区的基本战略和区域开发规划，通过广泛的财政、税收、货币政策等综合措施，为落后地区的开发和农村城市化提供强有力的资金支持，收到了较好的效果。

第四，十分重视农业和农村发展在农村城市化中的作用。纵观世界各国农村城市化发展的历史，稳定而持续发展的农业是农村城市化的前提条件和必要保证。同我国农村小规模的土地承包制不同，目前，西方国家的农业组织形式主要是大规模的家庭机械化与集约式经营，单个家庭农场的土地经营规模可以比较灵活地适应市场需求和技术进步而不断扩大。例如，美国家庭农场土地经营平均规模，年均以5%的速度在递增，农业劳动力的就业比重已降到3%左右，并且还在继续下降。农业集约化的不断发展，必然使农业人口不断转化为城市人口，农村城市化水平还将继续提高。

第五，适当引入市场机制在农村城市化中的调节作用。市场机制是农村城市化的推进器。许多发达国家的农村城市化基本上都是在市场机制的作用下自发实现的。在发达的市场经济条件下，市场机制可以实现资源在空间的最优配置，充分发挥它的威力。但在落后地区的经济发展和农村城市化中，由于市场经济欠发达，市场机制不健全，其威力难以施展，甚至带来失效和矛盾。因而必须对市场机制的调节加以引导，适当运用。例如，即使在市场经济发达的美国，为落后地区的经济发展和农村城市化也更多地采取了宏观调控措施，运用政策倾斜、资金援助、财政补贴、税收优惠、金融支持等手段，为落后地区发展创造良好的发展环境。

根据世界各国农村城市化的发展规律，比较中外农村城市化进程，从中国地区的实际出发，我们认为，在中国农村城市化中应注意以下几个方面的问题。

第一，政府必须从中国现代化建设、构建和谐社会和区域协调发展的高度，来认识促进经济发展和农村城市化的重要性和紧迫性。一国范围内各地区的经济发展总是不平衡的，平衡与不平衡这是一对矛盾运动，平衡是暂时的、相对的，不平衡才是长久的、绝对的。但如果不平衡特别显著，那就不正常了。中国东中西三大地带及各地带内的地区差别，目前已十分明显了。国家和政府也注意到问题的严重性，近几年来已采取了一些对策和措施，在一定程度上缓和了地区间发展差距，但效果不很明显。比如近几年中国向西部投入是巨大的，但收效甚微。因此，必须重新审视倾斜的政策和思路。农村城市化是区域经济发展的推进器，是区域经济增长的有力杠杆。大力推进落后地区农村城市化，以农村城市化为龙头，带动区域经济发展，才是我们正确的选择。国家应制定并实施区域经济发展战略与规划，运用政府力量引导和促进落后地区开发和农村城市化建设。

第二，加大宏观政策扶持力度，为农村城市化提供强有力的资金支持。增加资金投入是促进区域经济增长的主要动力，也是政府实施宏观调控的重要手段。因此，采取灵活多样的政策倾斜与援助方式，加大对落后地区的资金投入力度，是世界各国促进落后地区农村城市化发展的通行做法。借鉴世界其他各国的经验，中国政府为推进落后地区农村城市化建设应主要采取以下几种方式：首先，强化财政转移方式，以直接或通过商业贷款贴息的方式，加强落后地区城市的基础设施和公共服务工程建设；其次，以财政补贴为基础，改善落后地区城市的经济结构；再次，实行税收优惠政策，给落后地区减免税收，吸引更多的企业和投资者到落后地区投资，为落后地区城市发展提供更多发展机会；最后，加大对落后地区农村城市化的金融支持力度，促进落后地区城市的产业开发。

第三，积极建设区域性中心城市，发挥其区域经济发展中的主导功能。世界各国农村城市化发展的中间化趋势导致的结果是，人口和产业越来越多地向处于中间层次的城市集中，从整个城市体系看，应是“纺锤形”化。这些处于中间层次的中心城市的发展，既可以避免规模过大的城市和规模过小的城市各自的弊端，同时又可以兼顾城市的规模效益和生态效益，并可以提高城市体系的平衡性和稳定性。在中国落后地区的西部，城市体系极不完善，中间层次的城市相当缺乏，已出现断层。为此，在落后地区农村城市化中，必须强化中间层次城市建设，优先加大政策倾斜和资金投入力度，促进经济要素向中间层次城市集中，以提高区域性中心城市的功能和竞争力，发挥其应有的作用。

2. 中国农村城市化的路径选择与发展战略

目前，农村城市化是中国经济社会发展的热点，也是学术界探讨最多的话题。二十多年来，以中国农村城市化道路为主线的讨论一直没有停止过，争论十分热烈，发表的文章很多，涉及的学科也很广，综述他们的观点，主要是围绕“城市规模”这个中心来进行研究的，由此便形成了四种代表性观点：“小城镇论”，“中等城市论”，“大城市论”和“大中小城市协调发展论”。这些代表性的观点归纳起来，都是以城市发展的规模目标来立论的，而不是真正探讨农村城市化的路径。我们认为，用城市发展的规模目标来判定一个国家或地区的城市是要发展还是要控制，并由此来探讨农村城市化问题，是不恰当的。这种思维定势主要来源于中国计划经济条件下计划管理模式。

随着中国市场经济体制的逐渐确立和中国经济对外开放程度的提高，市场机制和经济全球化两股力量对中国农村城市化作用的加强，发展经济学家们开始注意到，在一般的农村城市化过程中，城市的拉力与乡村的推力是构成农村城市化持续推进的动力机制。还有的学者认为农村城市化模式可以分为两种基本类型：其一，自上而下的农村城市化。其动力来自上级政府甚至中央政府的政策推动，它是以政府作为农村城市化的主体，按照社会经济发展规划，通过政府投资或行政力量来推动的城市化。其二，自下而上的农村城市化。这主要是农村自发地向城市转化和过渡，它以农村基层的乡镇、村庄甚至农民家庭为主体发动的城市化。这些分类法都是对农村城市化过程中不同动力发生作用的条件与作用机理的分析，忽视了市场机制的作用。

我们认为，对农村城市化模式的探讨，仅仅局限于上述分析是不够的，还应从动力源角度来研究农村城市化的发展方式。农村城市化的动力可以归纳为两种：一种来自政府的力量，另一种来自市场的力量。基于此，农村城市化的模式可以划分为以下三类：一是政府推动型。这种类型的农村城市化主要依靠政府的有形力量从外部来推动它的进程，从而实现农村向城市的转化。具体来说，就是政府采取一系列的政策措施，如征收土地、移民、设立建制镇、发展乡镇集体工业、政府投资城镇建设，等等，来强行推动农村城市化。二是市场培育型。这种类型的农村城市化主要依靠市场的无形力量，从内部来促进农村向城市转化。它以发展家庭工业即个体私营企业和民间的专业市场为依托，聚集农村产业，发挥群体优势，以此来转移农村剩余劳动力向城镇集中。三是综合型，即政府推动和市场驱动合力促使农村向城市转化，既有政府的外力，也有市场的内力，两者相结合，“两轮运转”，共同推进农村城市化。

农村城市化模式主要受经济体制、工业化模式和经济发展水平的制约和影响。因此，发达地区和落后地区所走的农村城市化道路显然大不相同。发达地区由于市场经济体制已经确立，市场化程度较高，工业发展水平和经济发展水平都较高，农业基础较好。因而，一般都采取市场培育型的农村城市化模式。而对落后地区而言，农村城市水平本身就处于较低的平台，要加速推进农村城市化，那么在选择农村城市化模式上，就必须要慎重对待，正确选择一条适合落后地区特征的农村城市化道路。

目前，中国落后地区在规划中都明确了自身经济发展的战略目标，其中将农村城市化作为核心内容和重要指标。不可否认，农村城市化已成为中国经济增长的一个重要动力。而落后地区相对滞后的农村城市化水平却难以为当地经济发展提供良好的环境，这必将促使地区间的差距进一步拉大。农村城市化和经济发展是互动的，农村城市化一方面是经济发展的结果，另一方面对经济发展起着巨大的助推作用。落后地区农村城市化水平较低，其中的原因是很复杂的，不能只从农村工业化单维角度来考察，更不能为了促进经济发展，强制性做表面文章，搞人口、面积增加的“城市化”，更不能用追求“城市化”的某些指标代替经济发展。这将是十分有害的。落后地区与发达地区在推进农村城市化中所处的基础和条件是不相同的。发达地区在经济体制改革和开放上已先行了一步，在市场经济体制建立初期就积极进行了制度创新，相对而言处于一个较为开放的经济环境中，人们的市场意识浓厚，创业精神强烈，抓住了农村工业化和农村城市化发展最有利的时机，更进一步地推动了经济社会的全面发展与进步。而落后地区由于自然、历史和文化因素的长期积淀，已失去了这样的机会，因此今天的落后地区就不能死板套用和简单模仿发达地区的农村城市化的老模式和旧路径，必须结合目前的实际情况，制定和选择科学的、正确的农村城市化发展战略和道路。

在制定和选择农村城市化发展战略和道路之前，我们应该清醒地看到，落后地区的农村城市化要受到多方面因素的制约和阻碍。这些制约和阻碍因素主要包括：第一，落后地区的发展环境欠佳，地理位置偏僻，交通设施落后，不容易吸引外部资金进入，而单纯依靠本地企业的技术更新和改造，很难在短期内使农村工业化和农村城市化水平有较大的提高。第二，落后地区地域广阔，人口稀少，人口集聚的规模较小，又远离中心城市，环境闭塞，信息不畅通，人们的观念比较保守，接受新生事物不快。第三，落后地区市场容量不大，参与市场交换的能力较弱，承担市场风险的能力欠缺，而且城市对资源和信息的集聚能力不强，对于市场中出现的新的发展机遇反应迟钝，多数企业参与市场竞争的能力还比较低。第四，落后地区及其城市基础设施较差，财政困难，资金短缺，而且投资回报率低，资金还“外溢”发达地区。第五，落后地区产业基础薄弱，结构单一，主要以农业为主，农村工业化尚在起步，第三产业的资本和市场有限，难以得到有效发展。

上述因素是落后地区农村城市化进程的主要障碍，也是落后地区农村城市化的现实条件和基础，而这些条件和基础在短期内还难以有效地改善。我们必须正视，不能回避，以此为基础和出发点，来确定农村城市化发展的战略和政策思路。

国内外实践证明，农村城市化进程与制约安排密切相关，有效的制度安排与制度创新能够加速农村城市化进程；反之则会阻碍农村城市化，甚至导致农村城市化畸形发展。中国落后地区要通过制度创新来推进农村城市化发展。一是要打破传统的以户籍制度为核心的城乡分割樊篱，实施城乡经济社会发展统筹安排，建立适应社会主义市场经济发展要求的现代城乡统一的户籍管理制度；二是通过产权制度改革，建立土地使用权有偿、有序转让和置换制度，推动农村剩余劳动力离土离乡，实现异地流动和产业转移；三是有步骤地构建和完善城乡统一的社会保障体制，解除农村剩余劳动力异地转移的后顾之忧，促进城乡劳动力的自由流动；四是构建城乡统一的、平等的、有序的劳动力就业市场，打破现有城乡就业壁垒，实行城乡互通、双向流动的就业引导政策，形成以市场机制配置城乡劳动力资源的竞争的市场体系。

二、农民市民化

农民市民化是传统农民脱胎换骨走向现代文明的过程，是推动社会历史进步和实现社会现代化目标的过程。其不仅是现代社会结构变迁的必然要求，而且将对整个社会经济发展产生极其深远的影响。

农民市民化是一项复杂的社会系统工程，它既不是农民社会身份和职业的一种转变（非农化），也不是农民居住空间的地域转移（城市化），而是一系列角色意识、思想观念、社会权利、行为模式和生产生活方式的变迁，是农民角色群体向市民角色群体的整体转型过程（市民化）。农民市民化与农业现代化、农村城市化一样将对我国城乡一体化建设产生积极的重大影响。

（一）农民市民化的历史意义

近几年来，“三农”问题与城市化议题已成为学术界和各级政府部门共同关注的重要课题和焦点问题，而这两个问题的核心和根本所在就是农民的最终出路与角色转型问题。

早在民主革命初期，毛泽东就曾指出中国革命的基本问题是农民问题，当前我国进行现代化建设的基本问题仍然是农民问题，而解决农民问题的根本出路又在实现农业现代化和农村城市化，把农民从对土地的单一性依赖中解脱出来，实现农民市民化。

但是，由于历史条件和具体发展道路的差异，有关农民市民化的研究，在中西方具有较大的差异。在典型的西方国家工业化和城市化过程中，传统农民转化为城市市民常常是通过剥夺农村居民的土地、将农村人口驱逐到城市，使之成为城市工厂中的工人而实现的，因为正是这一过程而保证了大工业扩张时期的劳动力供给和再生产。而在中国，不仅没有出现西方工业化初期那样将农村居民置于生存的临界极限，相反，农民到城市就业大都是行动主体理性选择和市场选择的结果。尽管，20 世纪 80 年代末、90 年代初期，中国大陆曾经形成一股直到现在都没有衰退的“民工潮”，但农民的进城和农村城市化并没有产生相应的农民市民化的社会后果。因此，在有关农民市民化的研究中，尽管国外有着大量的研究资料，但由于历史背景和具体国情不同，大多没有可以直接借鉴的。而在国内，虽然迄今为止，经济学、政治学、社会学、人口学中有关“三农”问题和城市化问题的研究已经相当多了，但在农民市民化问题上，可以说直到 20 世纪末仍然是一个难以启动的话题。

因此，在目前的中国学术界，谈论“城市化”与谈论“市民化”的话题是不成比例的。除了少数一些新闻报道式的文献和简短的研究论文以外，相关研究微乎其微，而有关“城市化”的研究却多如牛毛。

从实际操作层面上来讲，目前我国农民市民化的对象至少应该包括城市农民工（尤其是那些长期滞留在城市中，并具有稳定收入和固定住所的农村流动人口）和大城市郊区的农民（尤其是那些土地被征用并实现职业转变的农民）。

农民市民化研究具有十分重要的现实意义和应用价值。从理论上讲，在农村现代化发展阶段中，非农化、城市化和市民化应该是三位一体、共同推进才是较为理想的过程，而在我国农村现代化的实际发展过程中，它们却表现为一种特有的时序模式（即先有非农化，再有城市化，最后才是市民化），而且彼此之间的发展也十分不平衡。我们认为，在农村现代化与城市化的发展阶段中，市民化才是最终的落脚点，是解决“三农”问题，实现农村现代化的攻坚阶段，也是最为重要的一个阶段。因为从某种意义上说，农村和农业的问题更多地表现为物质形态上的问题，它受政策、技术和经济因素的影响较大，当经济与技术发展到一定阶段且制度上的条件也可达成的时候，农业和农村的问题相对比较容易解决。而农民与市民的问题更多地表现为一种社会文化问题，除了制度和政策上的约束之外，它受文化传统和社会价值观的影响较大。因此，当我国在完成农业现代化和农村城市化之后，可能还有很长一段农民市民化的道路要走。如何在逐步实现农村城市化、农业现代化和城乡一体化的基础上进一步推进农民市民化，不仅是社会经济发展和全面建设小康社会的必然趋势，也是城市化的必然要求和终极目标。

党的十七大报告提出："我们已经朝着十六大确立的全面建设小康社会的目标迈出了坚实步伐，今后要继续努力奋斗，确保到二〇二〇年实现全面建成小康社会的奋斗目标"，为今后二十年中国社会的发展指明了方向。而全面建设小康社会，关键在农村和农民。我国是一个农业大国，农民是最大的群体，但近年来农民的收入提高较慢，成了全面建设小康社会的一个瓶颈。因此，农村能否完成建设小康社会的各项任务，对全国来说举足轻重。我们必须把解决"三农"问题放在优先位置加以考虑，切实在建设和投入上向农业倾斜，给农民实惠。只有让大多数农民尽快富裕起来，才能说中国真正富了起来，才能最终完成全面建设小康社会的重大任务。

我国的基本国情是农村人多地少，存在着大量的剩余劳动力，而解决这些剩余劳动力的根本出路在于向城市转移，变农民为市民。这一方面使转移出来的农村劳动力依靠城市非农产业，增加收入，逐步实现脱贫致富。另一方面又通过农民市民化大幅度减少农民，把置换出来的土地资源适度集中到农民手中，提高农业劳动力人均土地资源占有量和农业劳动生产率，以获取更多的农业收入，这是实现农村劳动力转移和提高生产率的有效途径。可以说，让大多数人居住在农村，挤在有限的农业生产上，分享着有限的自然资源，中国现代化是不可能实现的。

改革开放后我国农村的工业化运动实际上是将一个完整的城市化进程划分为三个环节：一是实行职业转变即"离土不离乡"将人口从农业转向非农产业，实现非农化。二是实现地域转移即"离土又离乡"将人口从农村引入城市，将分散居住迁移到城镇集居起来，实现人口城市化。三是实现角色转型，使农民在社会属性各个方面真正转变为城市市民，实现农民市民化。

遗憾的是，尽管农民市民化的转变已经引起了政府有关部门的关注，但直到现在都还没有真正启动过职业的转变。非农化和地域的转移城市化并没有直接带来农民市民化的结果，反而将同为国家公民的农民与市民置于两个完全不同的权利群体中，从而在整体上制约了中国现代化进程。因此必须在实现农村城市化和农业现代化的同时，稳步推动农民市民化的进程，以共同促进城乡一体化的发展。这是当前中国最优的选择，或者说是必须补上的一课。

文明素质是人的现代化的基本要求，而提高农民的文明素质，实现农民现代化，在农村本身的地域范围内是很难实现的，也是不现实的。必须借助于农村城市化和农民市民化来促进农民的全面发展和人的现代化进程。由于农民文化程度较低，显然难以适应现代化大都市的发展要求。农民市民化以后，进入到开放的现代化城市接受城市文明的洗礼。其在价值观念、思维方式、心理结构、言行举止、竞争意识等方面都将要发生深刻的变化，产生质的飞跃。

稳定是推进改革、扩大开放、加快发展的前提和保证。确保社会稳定涉及面广，牵扯的问题多，是需要上下努力、多方配合的社会系统工程。其中加快农村劳动力向城市转移，加快已转移农民的市民化过程，对确保城乡社会稳定乃至国家的长治久安，具有重大意义。

从某种意义上说，正是因为城市化推进速度不快，农民进城难，即使进城后也无法变市民。其公民权利遭到侵害，人格地位得不到尊重，才会产生许多针对城市和城市居民犯罪的现象涌现。这不能不说是引起社会不稳定的一个重要因素。

（二）农民市民化的内涵及影响因素

同“城市化”概念侧重于国家、区域、社会结构、物质层面的变化相对照，“市民化”概念主要是指社会成员角色的转型，因此农民市民化是一个非常复杂的过程。“农民”不再是一个同质性的群体，农民内部的不同群体之间，其市民化的难易程度是不一样的。

根据我国的具体情况并考虑到农村的未来发展，我们至少可以从两个方面来理解“农民市民化”这一概念。从狭义的角度来看，“农民市民化”主要是指农民、城市农民工等在身份上获得作为城市居民相同的合法身份和社会权利的过程，如居留权、选举权、受教育权、劳动与社会保障权等。在中国最明显的标志就是获得所在地的城市户口及其相应的社会权利。这些可以被认为是与国家、政府相关联的技术层面上的农民市民化过程。而从广义的角度来看，“农民市民化”是指在我国现代化建设过程中，借助于工业化和城市化的推动使现有的传统农民在身份、地位、价值观、社会权利以及生产生活方式等各方面全面向城市市民的转化，以实现城市文明的社会变迁过程。这些可以被认为是与国家、政府相对应的社会文化层面上的农民市民化过程。很显然完整的农民市民化应该包括这两个方面的内容。

当然要全面地把握农民市民化的内涵，我们还必须先对“农民”与“市民”的角色属性差异进行类型化比较。在传统农业社会，农业为单一产业。“农民” farmer 作为一种社会角色，随着其职业的稳定性而相对固定不变。而“市民”的概念却要复杂得多。在西方国家的文字中“市民” citizen 一词不光是指在城里居住的人，而且是特指具有市民权的人是有身份自由、享有充分权利、城市共同体的正式成员。

根据国内外对“农民”和“市民”特质的类型化比较和中国的实际情况，我们以社会学中的社会角色理论为指导在比较“农民”和“市民”两类角色群体特质的基础上依据科学性、适应性、系统性、可行性、可比性和计量化原则，可以设计一套符合城市化和市民化发展方向的指标体系。以此来作为农民市民化的影响因素和发展目标。其在描述性层面上至少应包括以下几个方面的内容：

第一，人口素质。人口素质是衡量农民和市民群体质量的集中体现。它包括身体素质、思想道德素质和科学文化素质三个方面。在“农民”与“市民”两个群体属性差异上，科学文化素质的差异表现最为强烈，也是“农民市民化”首先面临的挑战。因为表现在“农民”与“市民”两个群体上的诸多差异，许多都与人口素质有关。只有当农民的综合素质提高以后，才会逐步带来思想观念和行为方式的改变，并不断适应市民化的内在要求。

第二，思想观念。城市是个多元社会，是不同思想观念的交融点；城市又是个开放系统，每天都要进行大量的对外交流，市民的观念也更具有弹性和适应性。同时城市市场经济发达，各个领域充满竞争，优胜劣汰适者生存。这些对长期居住在农村的人口来说，都是必须要面对的现实问题。为在城市的激烈竞争中求得良好的生存条件，市民化的农民必须改变传统的人生态度、价值观念，在思想上走向开放，感情上富有理性，拥有积极的心态和进取的精神。

第三，行为方式。农民市民化在生活方式与行为方式上的适应主要体现在以下几个方面的转变上：生活的散漫性和无序性转变为有节奏性和条理性；生产的季节观念转变为严格的工作时间观念；以血缘、地缘为主的人际交往转变为以业缘为主的人际交往；面对面地直接交往为主转变为间接的通信传媒信息沟通为主；农业生产的固定性转变为职业角色的易变性。

第四，社会权利。由于长期以来我国实行的是“城乡分治”和“一国两策”的政策，其结果造成了“农民”与“市民”两个完全不同的权利群体。农民市民化就是要在社会权利上实现平等对待，给他们同样的公民待遇。市民化的农民一方面要熟悉并严格遵守各种规范，另一方面要能够运用法律武器来维护自己的权利，争取与市民同等的社会权利。

第五，生活质量。提高农民生活质量是农民市民化的重要内容，也是最根本的目的。农民市民化说到底是为了打破农村与城市、农民与市民之间的差异，让农民真正享受城市化、现代化所带来的幸福生活。因此生活质量的提高，对农民市民化具有特别的意义。它不仅是农民市民化追求的根本目标，也是衡量农民市民化实现程度的一个十分重要的标准。

第六，社会参与。社会参与度不仅能够反映出一个群体的性格和关注点，而且也在某种程度上标示出了其社会地位的状况。长期以来由于种种原因，农民一直被安全地限制在有限的社会参与空间，缺乏一种有效的利益表达途径。这实际上从一个侧面反映出了农民作为一个最大的群体，其社会地位没有得到应有的重视。农民市民化就是要改变农民的这一传统的习惯，通过广泛的社会参与不仅可以保障农民市民化以后的社会权利，而且也是提升和确保农民社会地位的重要手段。

总之，从农民变为市民是一项复杂的社会系统工程。既要解决思想观念、行为方式的问题，又要解决提高素质、社会权利的问题；还要解决提高生产生活质量和社会普遍参与的问题。

对此我们认为，至少可以从三个不同层面来进行考察：一是从宏观历史和制度变迁的层面入手来探讨农民市民化的制度途径。该途径可以以制度变迁理论为指导，着重于考察工业化、城市化过程中所产生的城乡比较差异，在“引导”农民市民化时受到的制度约束及其变迁的可能路径。二是从中观的社会网络与社会资本的层面入手来探讨农民中哪些可利用的社会资本和组织网络有助于农民的市民化。该途径可以社会资本理论为主，着重分析农民市民化过程中的社会网络及关系资源，尤其是在城市社会的关系资源、职业经历、生活体验对农民市民化的影响。三是从微观的人力资本层面入手来探讨哪些人力资本有助于农民市民化的转变。该途径以人力资本理论为基础，着重分析文化教育、年龄性别、经济状况、知识技能、生活方式对农民市民化的影响。

我们认为，农民市民化基本上是在上述三个层面的主要力量相互交织下实现的，也就是在现代化和城乡一体化过程中所产生的城乡比较差异、制度条件和农民个体所拥有的人力资本、关系网络、社会资本综合作用下予以实现的。而在农民市民化的初期阶段，政策选择和制度引导将对农民市民化起着极为重要的作用。但目前仍面临重重障碍，如认识障碍、政策障碍、制度障碍、信息障碍和农民自身的素质障碍等。如何正确对待和解决这些障碍，将是我们首先寻求解决的一个重要问题。

第二节 城市化和自由之间的现实悖论

《国家人口发展"十二五"规划》报告称，"十二五"期间我国劳动年龄人口总量达到峰值，此后缓慢下行；而2011年底，我国城镇人口首次超过农村人口。前者意味着我国经济飞速发展已倚靠了多年的"廉价劳动力"将用尽；后者则意味着能够向城市工业转移的农村劳动力也已完成了相当规模的转移。

从城市研究的角度看，这意味着随着人口红利逐渐消失，老龄化问题和劳动力短缺相互交织，可能倒逼城市户籍制度改革。

人口红利消失以后，随着用工荒开始出现在东部沿海地区，甚至波及西部内陆地区，劳动力成本不断上升，以往的粗放发展模式不可持续。失去了廉价劳动力的优势，我们一时还不能在资本密集型和技术密集型产业中获得比较优势。根据国际经验，在中国目前的人均收入水平上，经济增长减速的可能性很大。以日本为例，日本在享受人口红利的时期，经济增长率高达9.2%；当人口红利趋于消失时，增长率降到3.8%。而在1990年以后，人口红利消失，年均GDP增长率只有0.89%。而中国人口未富先老，中国经济未盛先衰，可能比日本失去的更多。

所幸中国城市化尚存巨大空间，还可通过放宽计划生育政策、户籍制度改革、农村土地制度改革、增加基本公共服务均等化，提高劳动者素质和就业质量，扩大居民消费需求等措施，来创造各种条件延长人口红利期，这与当下的城镇化政策也是相融的。而推动户籍制度改革，来解决劳动力供给不足的问题，已成当下最迫切的问题。

中国上亿青年农民工在城镇从事着低收入的工作，户籍制度却把他们排斥在社会保障和城市公共服务之外，大量农村青年无法在城镇立足，又不想重返乡村居住，这是未来中国社会的一个风险点。遗憾的是，越是需要放开户籍制度的城市，越是在原地踏步。

2009年12月份的中央经济工作会议决议中，有一项重要的决定，就是加快中小城市和小城镇的户籍制度开放。实际上，从上个世纪90年代中期开始，中西部地区就已经开始放开户籍管理了。之所以如此，就在于户籍制度背后捆绑着城市政府对居民的公共福利补贴。中西部城镇经济一直不发达，对于城镇居民的福利补贴，也没有多少，而对于外来人员进城带来的经济增长前景，却颇多期待，所以户籍制度改革攻坚，中西部城镇是走在中国前面的。

但东部沿海地区经济发达，户籍背后捆绑着巨大的福利补贴，一旦户籍制度放开，城镇政府不得不为之配套相应的公共品服务。所以，对于东部沿海城镇政府而言，户籍制度要严防死守，肥水不能随便流入外人田。

但有迹象显示，现在东部沿海这些城市经济，在未来的十年内，将因此不得不饱尝劳动力短缺的苦果，这也是早年户籍制度改革步伐保守的必然结果。现在，人口红利消失，老龄化浪潮来袭，劳动力长期短缺……已成多数城市要面临的普遍问题，逼迫着这些地区政府加快本地户籍制度开放。而户籍制度改革，对于应对老龄化问题而言，仅仅是开始。

一、流动人口的城市化之路充满坎坷

中国的城市化，正经历着前所未有的人口流动和迁移。在众多挑战中，现阶段中国城市化发展的首要难题是调整当前的既有利益结构。这与城市化的质量和速度息息相关。

随着越来越多外来人口进入城市，其对城市现有居民福利的“摊薄”会愈发明显，这不可避免地会触及到一部分既得利益者的权益，使城市化发展遭遇阻力。目前中国城市的既得利益群体十分庞大，由于这一人群往往拥有足够的话语权去影响媒体和决策者，于是克服阻力、提高城市化质量的难度进一步加大。

国家人口计生委发布的一份报告显示，2011 年中国流动人口总量已经接近 2.3 亿，占全国总人口的 17%。在流动总人口中，有约 1.59 亿跨乡镇流动的农民，还有 7000 万左右的城镇间流动人口。这部分人在城市中长期居住，却在包括义务教育、高考、社保、就业政策、保障房待遇等领域享受不到与城市居民同等的权益。

近来，一些地方接连发生了本地人与外来务工人员的摩擦事件。虽然冲突已经过去，但这些事件再次凸显了现阶段流动人口难以融入城市的痼疾。

第六次全国人口普查数据显示，目前我国总人口超过 13.7 亿人，居住地与户口登记地所在的乡镇街道不一致，且离开户口登记地半年以上的人口超过 2.6 亿人，比 2000 年增加了 1.1 亿人，增长 81.03%，这意味着每 6 个中国人就有 1 个是流动人口。流动人口的城市化问题，将对国家战略规划、政府社会管理和公共服务提出严峻的挑战。

中国现阶段的城市化与工业化相伴，农业剩余劳动力向工业转移是城市化的基本内容。包括土地的城市化和人口的城市化两方面的内容，然而近年来这两方面的发展却极不均衡。

土地的城市化主要指将农村用地转化为城市用地，用作修建公路、人行道、住宅、商店和下水道的城市建成区。

从人口的城市化角度来看，城市化的数据不容乐观。在城市化的进程中，农民向城市转让了大面积的土地，并让渡了巨额土地升值，然而这些土地和资金在吸收转化农村人口的能力方面却无法令人满意。以2004年作为起点，中国耕地面积近七年便减少了1亿亩，即6.7万平方公里，相当于两个台湾，或670个20世纪50年代初的上海市区面积。在土地稀缺的中国，甚至在土地特别稀缺而又特别肥沃的长江三角洲地区，城市新区的面貌越来越不像香港、东京、台北等东亚地区的城市，却越来越像北美那种地广人稀，必须以车代步的城市。因此，尽管减少了如此多的耕地，中国的大部分人口依旧生活在农村，为各地经济作了诸多贡献的流动人口，也没有享受到城市化和经济发展的红利。

首先，规划指标的设置不尽合理，较少考虑到流动人口。现有的城市居住区规划设计规范，以常住人口规模来配套公共设施，例如以每多少万人配一所学校或医院。用地指标、用地规模、公共配套等，均按照预测的常住人口的数量来配给。以至于广州市市长也曾叫苦不迭：广州常住人口1033万人，中央给的用地指标和规模都是按照这个数字来配置的，但实际人口却超过1500万人，仅用地指标一项就无法解决，遑论公共配套。现实的情况却雪上加霜，作为配套建设依据的各地城市规划，或超前性不够或考虑不周，城市规划中有关人口规模的指标屡设屡破，屡破屡修。于是出现了这样的场景：老城区因为人口密度过高，基础设施不堪重负；新城区中，学校、医院、垃圾处理等公共资源的配套，也远远跟不上城市扩张的速度。

其次，公共服务方面，“人口在流动、权利不扎根”的现象比比皆是。中国现有的公共福利与户籍制度紧密挂靠。流动人口因为工作生活在异地，低保、医疗、教育等公共服务，无法享受与本地市民平等的待遇。即便部分城市放开了对流动人口的户籍限制，如广东的60分入户籍、北京外来人口子女同等入学、上海居住证转户籍改革等，但是2.6亿人的庞大群体，仅靠这些零星的制度调整远远不够，而必须上升到社会管理服务的综合改革层次，把流动人口管理和服务纳入到当地经济社会发展总体规划之中。

流动人口中，被边缘化的农村流动人口的情形更让人忧心。中国现有2.6亿外来人口，其中有大量的农村流动人口，他们集聚在大城市郊区和发达地区的城镇企业里。这其中举家迁移的约占20%，解决他们的公共服务问题，特别是长期在城镇从事各类经营的外来人口户籍问题，应该是当前城市化的重点。

对于长期在异地就业的携家带眷者而言，就业地就是新家园新故乡，不可避免地会占用异地的城市公共资源。一边是所在地意识和各种权利利益统一的本地人，一边是所在地意识和各种权利利益分裂的新移民和被边缘化的打工者，他们同在一个地方，却拥有不一样的身份认同、不一样的权利和不一样的利益保障。如果有那么一天，这些人团结起来试图改变这种不平等，就可能引发强烈而持久的社会冲突。

要解决这样的矛盾，逻辑上讲有两种方式，一是限，一是疏。限制人口流动，这种方式不仅违背了当下中国经济发展的内在逻辑，更是社会文明的倒退，显然不可取。另一种则是疏导的方式，在城市配套、社会福利、政治权益上尽可能满足移居者的要求，逐渐填补横亘在本地人和外地人之间的巨大鸿沟，才可能避免一半人对另一半人的冲突。

从目前的种种迹象来看，我们的城市配套、户籍制度和公共服务，并没有为人口的城市化做好准备。如果不能实现城市公共服务均等化，未来的城市化路径或将继续充满诸多问题和冲突。

二、农民工市民化的若干特点分析

2012 年 1 月，民政部出台《关于促进农民工融入城市社区的意见》，首次从国家层面描绘了农民工参与社区生活的“路线图”。民政部这一新规，就是为了促进农民工融入城市。当前，中国外出农民工有 1.64 亿人，其中，农民工占我国 2.3 亿职工人数的近一半；占服务业从业人数的 50% 以上。可以说，他们是当代中国工人阶级的重要组成部分。近年来，党和国家高度重视农民工问题，出台了一系列政策措施，做了大量工作，取得了明显成效。但在城市社区，基本公共服务还没有完全覆盖到农民工群体，农民工的政治、经济、文化权益还没有得到有效保障，社会生活还没有得到必要理解和尊重。我们认为，农民工市民化有若干特点，必须给予重视。

第一，农民工市民化的制度政策性特征。新中国建国后到改革开放以前，特别是“户籍制度”“大跃进”“文化大革命”等对农民工市民化的影响尤为明显。建国初期，全国上下以恢复国民经济为中心，城市的发展更是如此，由于工业化的迅速增长，引起了大批农民工进入城市和工矿企业就业的热潮。当时，国家担心城市在食品供应、交通、住房、服务等方面难以承受过大的压力，政务院便于 1953 年 4 月 17 日发出了劝阻农民工盲目流入城市的指示。这一指示标志着我国第一个控制人口自由迁徙政策的出台。之后，1958 年《中华人民共和国户口登记条例》的正式制定，确定了中国特有的城乡分割的户籍、就业、土地、人口等二元制度，从而控制了农民工的市民化。

改革开放以后，下乡的知识青年需要大批返城，下放的干部职工需要大量落实政策回城，国家便采取了严格控制农民工进城的政策，已经进城的部分农民工被纷纷清理回乡。上世纪 80 年代中期，由于城市就业压力开始逐渐得到缓解，城镇经济也得到了恢复和发展，偏重重工业的产业结构开始向轻工业、服务业转化，这为农民工进城就业提供了机会。同时，农村改革开始出现大量剩余劳动力，农民增收缓慢。与城镇居民的收入差距开始拉开，国家政策又允许农民工进城务工经商。但是，到了80年代末期，由于经济发展过热，从1988年开始的国民经济治理整顿使得部分进城农民工又返回农村。当时，乡镇企业不增反减，农业效益下滑，农民负担过重，致使1989年春节过后大量农民工涌入城市。为保持社会稳定，国家又出台了控制农民工市民化的相关政策。

上世纪90年代初，我国明确了社会主义市场经济体制的改革目标，计划经济体制向社会主义市场经济体制转变速度加快。劳动力作为市场的主要要素，当然应在市场调节下自由流动。此外，农民工市民化的政策逐渐发生变化，由控制农民工的盲目流动到鼓励、引导和宏观调控下的有序流动，并开始实施以就业证卡管理为主的农民工跨地区的就业制度；同时，小城镇的户籍管理制度也进行了改革。这些制度政策的变革，加快了农民工市民化的步伐。从90年代末到本世纪初，从中央到地方连续出台了许多政策，采取了许多有利措施，逐步改革、取消了农民工进城的制度政策性障碍，为农民工市民化创造了一些有利条件，使农民工市民化开始步入稳步、高速、健康、正确的发展轨道。

第二，农民工市民化的“半市民化”特征。农民工的“半市民化”，是指进城务工经商的农民工，他们虽然离开农村进入了城市，但并没有完全成为市民（居民）的现象。其表现为农民工既不能完全退出农村，也不能完全进入城市，更不能完全融入城市，身份得不到确认。

由于现代社会保障的缺失，农民工不能完全退出农村。在农村社会保障尚待健全而城市又无法保障的情况下，一直处于弱势地位的农民工对非农就业并没有持续的信心，往往把土地作为最后的保障。他们知道，一旦企业不景气或企业倒闭，或外出找不到工作，或者国家的政策有所变动不利于进城务工，他们随时可以回到土地上来，不至于没有“退路”。所以，农民工不愿割断同土地的“脐带”。

由于城乡统一平等就业制度和一体化劳动力市场尚未形成，农民工也不能完全进入城市。一是非正规性就业限制农民工进城。非正规就业是农民工进城就业的主渠道。所谓非正规就业是指没有取得正式的就业身份、地位很不稳定的就业，传统上被称为“临时工”。农民工的职业流动并不包含地位的积累，以前积累的职业资本无法成为晋升的基础。因而，农民工进入正规部门取得稳定工作的进程十分缓慢。二是歧视性就业环境不利于农民工进城。各地方政府出于保护本地居民就业和地方利益的动机，针对农民工制定了严格的带有明显歧视性的管理政策和就业政策。这既加大了农民工就业和流动的经济成本和社会成本，又使农民工面临更大的就业困难和失业风险。三是就业信息缺乏，阻碍农民工进城。农民工普遍认为找工作遇到的最大困难是没有就业信息和没有人帮助。

由于建立在城乡两种户籍制度基础之上的二元社会保障体制，更不能使农民工完全融入城市。城乡分割的二元社会保障体制导致农民工无法享受“国民待遇”，从而大大提高了他们融入城市的“门槛”：始终成为城市边缘人，严重妨碍农民工市民化进程。长期以来，户籍制度被看做是造成农民工市民化的首要制度性障碍，这当然是对的。但以为只要开放户籍就能够解决所有问题，并不是这样简单。实际上户籍制度改革的真正困难并不在于户籍制度本身，难点在于与其相联系的社会保障等种种福利制度的改革。现有的户籍改革并没有形成让农民工在城市生活下来的制度引导，并没有真正改变原来以户籍制度为基础的二元社会保障体制。

第三，农民工市民化的地域不平衡性。不同地域间农民工市民化显示出明显的不平衡性。农民工大多选择东部沿海及大中城市周围的经济发达地区作为进入的目标，而这些地区也是农民工市民化速度比较快、程度比较高的地区。改革开放以来，这些地区一直保持着对农民工强大的吸引力。据劳动和社会保障部培训就业司提供的“中国农村劳动力就业及流动状况”报告显示，2004 年中西部地区农民工流动就业占全国农民工的 57%，而流入东部地区的农民工就业数量占到了全国农民工的 70%。当年转移农村劳动力占农村劳动力总数达到 5% 以上的省份有：江西、福建、重庆、四川、湖南、安徽、广西和宁夏。在当年转向外省的农村劳动力中，转向东部地区的比重为 84.2%，转向中部地区的比重为 7.7%，转向西部地区的比重为 8.1%。此外，尽管有大量农民工跨省转移到东部发达地区，但从总体上看，农民工市民化还是以省内为主，实现跨省市民化的数量比较少，极少数农民工能够实现跨省永久性迁移，完成彻底市民化。据研究表明，仅有 20% 的农民工在城市务工五年以上，同期劳动力回流比例达到 78.7%。实际上，跨省务工就业的农民工返回农村或农业的比例还要高。

农民工市民化地区不平衡性主要源于经济发达地区人口密集，人均农业资源十分有限，经过数千年的开发利用，农业资源的利用率已经很高，可供进一步开发的农业资源已极其有限。农业资源供应的有限性，使得发达地区农业部门内部消纳劳动力就业的能力十分有限，伴随着人口的不断增长所形成的人与资源矛盾日益恶化，必然会把大量的农村劳动力推到农业部门以外寻找出路。另外，经济发达地区工业化、城市化水平明显高于其他地区，城市分布密度高，多数农村地区都能得到城市的辐射。在发展非农产业过程中，很容易得到城市在资金、技术、人员、设备等方面的支持。事实上，这些地区乡镇企业的初创就是与城市工业的扩散密切相关。也正是发展与城市的各种形式的联合，它们才得以不断地发展壮大。此外，地区工业化、城市化水平较高，还为该类地区非农产业的发展提供了一个发育程度较高、潜力较大的市场。同时，由于比邻城市、信息灵通、交通运输方便，这既可以降低原材料和产品的运输成本，提高企业的竞争能力；也便于农民工寻找就业机会，比较容易在城市找到一份工作。

第四，农民工市民化的紧迫性。农民工群体中的第二代农民工和失地农民（“三无农民”），是目前迫切需要市民化的两个亚群体。第二代农民工是指在20世纪80年代以后出生的农民工，他们成长环境和家庭环境都已发生很大变化，绝大多数没有务农经历和经验，与农村家庭很少有经济方面的联系，具有强烈的城市认同感、城市生活方式和长期工作在城市的市民化愿望。无论从心理、生活方式、行为方式以及未来目标、工作能力等方面都更接近于市民，更容易融入城市，是市民化进程中需要最先在城市中沉淀下来的成为市民的群体。他们在农民工中所占的比例较大，而且其规模会越来越大。据《中国农民工调研报告》显示，全国农民工中16—30岁的占61%，31—40岁的占23%，41岁以上的占16%，农民工的平均年龄为28.6岁。如不尽快实现他们的市民化，长期积累下去很有可能引发一些社会问题。

失地农民是指在城市化进程中，失去土地及与之相关的一系列权利后，没有持续稳定性就业和社会保障，尚未完成市民化仍然保持农民身份的人。由于失地农民已经不再是纯粹意义上的农民，不能享有城市居民享有的所有权利，相当一部分农转非人员没被纳入城镇社会保障体系，成为种田无地、就业无岗、社保无份的“三无农民”。失地农民作为农民工中的特殊亚群体，与自愿进城务工的农民工不同。由于种种原因，他们被迫部分或全部丧失了土地，失去了生产资料和相应的生活保障，也就是说他们已经处于部分或全部从农村退出的状态。虽然失地农民获得了数量不等的补偿款，其中的一部分人还转成了市民身份，但相当一部分人处于失地、失业、没有社会保障的状态。他们被迫从农村退出后，在就业市场竞争激烈和数额有限的安置补偿费逐渐用完的处境下，无生存能力，生活将面临困难，会引发严重的社会问题，严重阻碍和谐社会建设。如何使失地失业农民获得新的谋生手段，甚至真正融入城市生活，以至成为真正的市民，无疑是一个亟待解决的问题。

第五，农民工市民化的高额社会成本主要由农民工自己间接支付。我国农民工市民化的社会成本主要有：（1）就业成本。农民工外出找工作的交通费用以及办理各种证明证件等费用。（2）生存成本。农民工为了维持基本生存而付出的代价，比如租房或购买房屋等。而且一般生存环境都相当恶劣，农民工实际上是以健康和家庭生活的受损为代价。（3）风险成本。农民工除了因工作不固定造成失业风险外，还有高额的医疗费用。由于他们多从事险、重、累的工作，工作条件和保护措施差，工伤事故发生的概率较高。（4）教育成本。农民工们的职业技能培训及子女教育费用都很高。（5）心理成本。工作的压力、失业的担忧、生活工作条件的恶劣、父母妻子儿女的牵挂、城里人的歧视以及外界环境的种种不适应，使农民工承受着巨大的心理负担。

三、户籍对农民工市民化的影响

由于户籍制度以及黏贴在户籍制度上的其他相关制度安排，农民工的地域迁徙及其农民身份的彻底变更并没有实现，致使普遍出现了人户分离、职业身份和户籍身份错位的格局。

农民工通过辛勤的劳动，为农村增加了收入，为城市创造了财富，为改革发展增添了活力。他们盖起了城市星罗棋布的高楼大厦，建设了城乡之间纵横交错的道路桥梁，制造了畅销海内外的优质产品，支撑了城市基本的生活服务。可以说，农民工为中国的现代化建设作出了重大贡献。但是目前，虽然农民进城打工转化为农民工的过程已经畅通无阻，但农民工转化为真正市民的过程依然曲折。农民工实现向市民转变，必须具有市民化意愿和市民化能力，然而双重户籍墙增大了市民化成本，弱化了市民化预期，阻碍了市民化进程。因此，推进农民工市民化，必须深化户籍制度改革，逐步拆除户籍藩篱。当前大量进城农民工只是实现了地域转移和职业转换，并没有实现身份转变，很少有机会充分享受到发展带来的成果。他们只能算“半城镇化”，处于“回不去农村，融不进城市”的尴尬境地。

由于户籍制度以及捆绑在户籍制度上的养老、教育、医疗、住房等制度，大部分进城农民工无法在城市安居乐业。特别是新生代农民工，面临的最大困难是无法获得与城市居民平等的社会保障和服务，在就业、医疗、住房、养老等各方面，新生代农民工因其身份或社会偏见等原因，难以与城市居民“平起平坐”。他们希望融入城市，却无法对城市形成归属感，甚至面临逐渐被边缘化的问题。

同时，尽管部分新生代农民工的维权意识较之前有了一定提高，但由于相关维权机制还不完善，进城农民工与市民间“同工不同酬”的问题仍然存在，农民工的权益保护问题，依然是制约其市民化的重要因素。另外，接受过职业培训、有一技之长的农民工数量严重不足，新生代农民工的受教育程度和职业技能水平滞后于城市劳动力市场的需求，是阻碍其在城市长期稳定就业的关键性问题。

户籍制度已成为我国流动人口研究及相关政策制定中的焦点问题。我们把农民工市民化过程中面临的户籍制度及其抑制功能形象地称之为户籍藩篱，并根据其对市民化影响的不同层面，划分为第一层户籍藩篱与第二层户籍藩篱，进而探讨双重户籍藩篱对农民工市民化的影响路径与作用机制。

（一）两层户籍藩篱的影响

农民工市民化的四个层面相互影响、相互制约，其中生存职业与社会身份两个层面主要取决于宏观体制改革和相关的制度创新，对农民工市民化进程具有决定性的影响，而自身素质与意识行为两个层面则主要取决于农民工的个人因素。这里我们重点考察农民工市民化过程中的有关制度安排。

农民若想进入城市，须冲破农村户籍制度的羁绊，而一旦进城务工若想进一步成为市民，又要突破城市户籍制度的障碍。这两种户籍制度安排类似于堵在农民工面前的两面墙，高大坚固而又难以逾越，我们形象地称之为户籍藩篱。基于两种户籍藩篱对农民工市民化影响路径与作用机制的不同，我们把由农民变成农民工须穿越的户籍制度称为第一层户籍藩篱，而由农民工变为市民需要穿越的户籍制度称为第二层户籍藩篱。

户籍制度自经济改革与社会转型以来，受到了一定程度的冲击，开始变得不断松动。就目前，第一层户籍藩篱对乡—城劳动力流动的制约作用在逐步减弱，已不再是乡—城人口流动的主要障碍，而第二层户籍藩篱构成了农民工市民化过程中的主要障碍。

第一层户籍藩篱指的是我国城乡二元的户籍制度。户籍制度是以户口登记与管理为基础而建立起来的一套社会管理制度，包括人口登记和上报制度、居民户口或身份登记管理制度以及与户口相关的就业、教育、保障和迁徙等方面的社会经济管理制度。作为一项登记和管理人口的体制与措施，我国的户籍制度将我国公民划分为农业户口和非农业户口的二元身份，并对异地间户口迁移实行严格的行政控制，对我国社会城乡二元结构的形成产生了重要的影响。

第一层户籍藩篱体现为二元户籍制度对农民进入城市成为农民工的一种制度抑止。其具有刚性身份证属性，即以“户籍”为标准，严格地把我国的人口分成了“城里人”与“乡下人”，并为两个群体分别贴上了对应其身份的标签，界限十分鲜明。对于“乡下人”来说，由于这一身份，决定了他们与城市市民存在着严格的差别：第一，在社会认同方面，表现为“农民”与“市民”的区别；第二，在社会关系整合方面，由于社会认同不同，引发了“本地人”与“外地人”的地缘区分；第三，在社会分配体系中，又被延伸为“体制内”与“体制外”的差别。

梳理我国户籍制度的形成脉络，1953 年 4 月颁布的《关于劝止农民盲目流入城市的指示》、1955 年 6 月《国务院关于建立经常户口等级制度的指示》、1958 年 1 月的《中华人民共和国户口登记条例》、1959 年出台的《关于制止农村劳动力流动的通知》以及 1964 年 8 月国务院批转了《公安部关于处理户口迁移的规定（草案)》，这些规定推动了我国严格户籍制度的建立。1975 年，我国的第二部宪法直接取消了公民迁徙自由的规定。1977 年 11 月，国务院第一次正式提出严格控制“农转非”，全国城乡严格对立的户籍制度形成得到了进一步强化，从此堵住了农村人口迁往城镇的大门。

改革开放后，中国城市化进程的推进要求劳动力通畅流动，劳动力流动本身也对户籍制度形成了冲击，越来越多的农民有了进城务工的机会，户籍制度原有的抑止乡—城劳动力流动的功能在逐步弱化，对户籍制度进行相应的调整势在必行。在之后的一段时间内，部分城市开始了较低层面上的户籍制度改革。

1984 年 10 月，国务院《关于农民进入集镇落户问题的通知》，开始允许办理农民进镇常住户口。至此，“农转非”政策发生变化。20 世纪 90 年代以来，户籍制度限制乡—城劳动力流动的功能进一步弱化，一些城市推出了“蓝印户口”等政策，户籍制度改革也呈现出了多元化倾向。1997 年 6 月，国务院批转公安部《关于小城镇户籍管理制度改革的试点方案》，规定符合一定条件的农村人口可在小城镇办理城镇常住户口。1998 年 8 月，国务院批转公安部《关于当前户籍管理中几个突出问题的意见》，表明户籍制度进一步松动。2001 年 3 月 30 日国务院批转公安部《关于推进小城镇户籍管理制度改革的意见》，小城镇户籍制度改革全面推进。

2004 年，国务院办公厅颁发《关于进一步做好改善农民进城就业环境工作的通知》，要求推进大中城市户籍制度改革，放宽农民进城落户条件。作为对中央政治性号召与政策要求的回应，部分省份与大中城市加大了户籍制度改革力度，相继在不同程度上放开了常住户口的准入条件，有的甚至直接取消了“农业户口”，打破了城市户籍和农村户籍的分割状态。这一改革的重要意义在于它从制度安排上消除了农民在一定程度上所遭受的户籍制度歧视，有利于城乡一体化的发展和社会公正的实现。

从国家户籍制度演变的轨迹可以明显地看出，户籍制度在限制劳动力流动的功能在逐步减弱，但功能的减弱并不意味着完全失去了功效，它一直以不同方式和不同程度影响着农村劳动力向城市的流动。从各地城市户籍制度改革的结果来看，仅对有特殊贡献的农民工解决了落户问题，对于大部分进城农民工而言，进入门槛较高，农民工把户籍迁入城市所占的比例仍然很低。

虽然现有的制度允许劳动力流动，但工业化与城市化的加快发展势必要求农民工成为市民，因此从农民工市民化角度看，这种流动充其量是一种半自由、有限度的劳动力流动体制，它背后所折射出的是更深层次的与户籍制度紧密联系的体制性障碍，主要体现为在第一层户籍藩篱的基础上形成了对农民工歧视与权利剥夺的种种相关制度安排，可以将它们统称为第二层户籍藩篱。

第二层户籍藩篱对农民工市民化的影响是多方面的，甚至是全方位的。具体表现在就业机会不平等且稳定性差、劳动报酬不公平、缺少社会福利、权益缺乏保障、社会保障无着落、子女教育及自身培训缺失、城市住房无保障等方面，其核心是基于户籍制度的种种制度安排把农民工排斥在城市资源配置体系之外，它更多地反映了对农民工的歧视与剥夺。城市市民因为拥有城市户籍，享受着相对较高的就业、教育、医疗和社会保障等公共资源，他们是城市户籍制度的既得利益者，自然不愿放弃眼前的利益，而城市政府作为城市的管理者，也不希望城市内既有的社会资源被不属于“城市区域”的外来人所分享，便采取了与城市居民利益趋向一致的本位主义政策导向，通常不为农民工提供或有效提供诸如社会保障、教育、公共资源及其他方面的社会服务。

第二层户籍藩篱不但把农民工排斥在现有体制之外，使他们很难获得体制内的资源，而且对农民工我们也形成了一种惯性与心理约束，造成了农民工群体普遍的自我身份认同——把自己仅仅作为城市的“局外人”与“过客”。反过来，这种身份的自我认同又进一步固化了“隐形户籍墙”，即面对这些不公平的制度安排，农民工大多数采取“默认”态度。这无疑也会降低农民工对所在城市的归属感和责任感。

（二）户籍对农民工市民化的影响路径

农民工市民化是指既有市民化意愿又有市民化能力的农民工在城市定居的过程，农民工向市民转变，必须具有市民化意愿和市民化能力。

从市民化意愿角度看，新生代农民工是最有市民化意愿和急需市民化的群体。新生代农民工从小生活环境相对较好，更贴近城市的生活方式和思维方式。他们大多没有务农经历，不再适应农村生活。新生代农民工受教育程度相对较高，全国总工会2010年的一项调查显示，他们中有高中以上学历的比例为67.2%，比老一代农民工高18.2个百分点。这种教育背景使新生代农民工习惯了城市的消费模式和生活方式，减弱了他们与农村的联系，也逐渐降低了他们对农村生活方式的认同度。

新生代农民工的身份认同与老一代农民工也不一样，新生代农民工认为自己是“农民”的只有32.3%，比老一代农民工低22.5个百分点。新生代农民工拥有“创业梦”和“市民梦”。许多农民工经过打工实践，在外开阔了眼界，学会了本领，掌握了技术，拥有了创业资金，产生了创业想法并具备了创业能力。

市民化能力是指农民工在城市中生存和生活的能力。一般来说，农民工实现向市民的转变至少要承担城市最低生存成本、转移成本与对更好生活预期的补偿成本，支付城市生活成本的能力是农民工转变为市民的基础，而农民工的城市生活能力又是由其所具有的城市生活资本所决定的，城市生活资本主要包括权利资本、社会资本与人力资本。农民工的农村户籍身份明显地减少了权利资本与受教育获得的机会，限制了农民工社会资本网络空间的拓展。

首先，农民工的权利资本严重缺失。拥有城市户口的市民比拥有农村户口的农民工拥有更多的权利资本。目前，农民工虽然获得了一定的社会经济权利，但与城市职工与市民对比，可以发现他们的权利资本严重缺失：（1）农民工的经济权利不完整，主要体现在工资收入上；（2）农民工的政治权利几乎空白，农民工由于现行户籍制度的限制，无法参与到城市的政治生活中去，致使农民工成为政治权利的贫困者；（3）农民工的“权利实现资本”也比较匮乏，目前，无论是通过司法机关，还是行政机制，都没能够为农民工权利的实现提供强有力的保障。

其次，基于户籍制度所形成的农民工的“身份认同”与城市市民对农民工的社会排斥限制了农民工社会网络的拓展，影响了社会资本的数量、质量与结构。农民工的社会资本主要集中在以亲缘、地缘和血缘这种“三缘关系网络”为纽带的社会关系网络中。有研究表明，从规模上，农民工的社会资本关系网络远远低于城市职工；社会资本质量较低，社会资本网络的同质性强，主要限于群体的，即网络中多是“老乡”“熟人”。另一方面，城市市民对农民工的“污名化”也相当普遍，他们以自身优势排斥外来农民工，堵塞了农民工和他们交往的渠道，限制了农民工社会资本网络的拓展。

第三，户籍制度降低了农民工的预期收入和实际收入，弱化了农民工市民化的能力。一般而言，受过较好教育的人通常会获得更多的就业机会，并且由于其具备足够的人力资本存量，易接受和掌握新技术和新知识，因而在社会竞争中处于有利的地位。教育水平不仅是流动人口获得职业的重要资本，也是其获得市民资格的重要资本。与城市职工相比，农民工却属于低知识阶层。全国总工会 2010 年 6 月完成第一阶段研究成果《关于新生代农民工问题的研究报告》显示，新生代农民工中有高中及以上受教育经历的比例为 67.2%，高出传统农民工相应数字 18.2 个百分点。拥有中专（中技、职高）、大专（或高职）、大学本科及以上受教育经历的比重分别是传统农民工的 1.6 倍、2 倍与 2.3 倍。尽管受教育年限普遍更长，但是从接受教育的内容来看，绝大多数（62.5%）新生代农民工仍停留在义务教育和普通高中教育阶段，而接受过专业技术教育（中专、中技、职高、大专、高职）的比重尚不足四成（37.5%）。农民工的收入与城市职工的收入差别充分反映了两者之间教育回报率的差异，城市工的教育回报率明显高于农民工。教育回报率的城乡差异是由歧视性人力资本投资造成的。有研究已经证实中国农村基础教育投入确实低于城镇基础教育投入，农村教育投入不足的直接后果是农村教育质量的降低，低质量的教育，其回报必然低于较高质量教育的回报。

总之，农民工“农民”身份的固化，又进一步影响着农民工的行为选择，使得他们不约而同地被动接受着自己在城市所处的现实的生活状况与权利状况，提高了农民工市民化的成本，无法真正融合到城市成为市民。

（三）户籍对农民工市民化的作用机制

农民工市民化过程中的户籍藩篱可以归纳为三种制度壁垒：户口控制体制壁垒、农民工劳动力市场和就业体制壁垒、城市资源配置体制壁垒。

从目前各类社会调查数据来看，两代农民工有不同的价值观和需求层次。老一代农民工主要是物质需求，外出就业的主要目的是“挣票子、盖房子、娶妻子、生孩子”。新生代农民工的目的不再只是“挣钱”，他们更想“体验生活、实现梦想”。他们渴望人文关怀，对尊重、平等、社会承认有更多的期盼，对工作环境、福利待遇、发展机会和文化生活等有了更高的要求。其中，新生代农民工对职业前途更为看重。全国总工会 2011 年的一项调查显示，37.6% 的新生代农民工主动辞职是因为工作“没什么发展前途”。同时，他们的工作耐受力比老一代农民工要低，过客心态严重，没有归宿感，“短工化”趋势明显。

研究表明，户籍制度对农民工的经济地位获得有显著影响，即在相同文化程度与工作年限下，有城镇户口的劳动者其收入水平明显高于农业户口劳动者。具体的工资差异已有的研究通过把具有农村户籍的农民工与城镇户籍职工之间的工资差异分解为两部分，其中不能被劳动力人力资本禀赋与相关个人特征差异解释的部分归结为由户籍歧视因素所造成的。王美艳的研究把农民工与城市本地劳动者工资差异中的 76% 归结于户籍制度，而姚先国等人的研究结果只有 30%，Knight 等人得出了 44% 的结论。尽管他们的研究结论存在着较大差别，但从中不难看出农民工工资的户籍歧视是非常明显的。

采用与工资户籍歧视类似的方法，姚先国、赖普清研究了农民工在非工资福利如养老、医疗、失业保险以及劳动合同签订方面所受到的歧视。结果表明，农民工在养老、医疗、失业保险方面同样受到了非常明显的户籍歧视，分别有 31%、26% 与 21% 的部分可以归结于户籍歧视。这一结果有力地表明，农民工在享有社会保险福利方面确实存在较为严重的户籍歧视问题。

因此，要推进农民工市民化进程，必须进行户籍制度改革。改革户籍制度对农村劳动力流动的行政性限制和控制，逐步剥离户籍制度上所黏贴的各种权利和资源分配功能，不断消除户口的物质化因素，消减户籍制度的利益分配功能，消除户籍制度的黏附性。从最近几年各地户籍制度改革实践来看，改革的重点也正是逐步剥离户籍制度上所粘贴的各种权利和资源分配功能，即剥离在户口上附加的劳动就业、教育培训、住房待遇、生活福利以及社会保障权益等功能。

四、农民工在市民化进程中的心理形态及困境

在我国现有经济发展水平条件下，由于劳动力市场不完善，农民工进城就业及其市民化进程还受到各种制度性和非制度性因素的制约，其市民化的社会成本是相当高的。根据中国科学院持续发展战略研究组（2005）的测算，每转变一个农民工成为城市居民须支付社会总成本约 2.5 万元。其中“个人支付成本”需要 1.45 万元/人，“公共支付成本”需要 1.05 万元/人。可是，“公共支付成本”这一部分，从名义上看是政府支付的，而实际上也主要是由农民工自己间接支付的。因为，政府在这方面支付的资金，主要来源于农民工创造的价值转化而来的利润和税收。

研究表明，1978～2000 年我国农民工在城市就业的平均时间为三年半年。如果按每年每个农民工只创造 3000 元的利润和税收来计算，就足够支付农民工市民化“公共支付成本”这一部分。而事实上，每年每个农民工创造的利润和税收远远不止 3000 元。

农民工市民化的过程即农民工对城市的认同和适应过程，是农民工的价值观念、心理形态和行为模式从传统走向现代的过程。随着社会转型的深入，农民工作为整体必然要在城市生存下去，并向市民转变。但在这一过程中，农民工面临矛盾的心理状态。

（一）农民工的经济状况和对城市的心理态度

我们从农民工在城市生活和工作的状况及他们对城市的心理态度，依据他们有没有可能留在城市和想不想留在城市成为城市市民两项因素，来分析农民工对市民化的心理。这里所涉及的生活和工作状况主要考虑的是经济水平，包括农民工的收入状况和社会制度、政策等赋予的待遇等；对城市的心理态度主要是指对城市的生活方式、价值观念等现代文明的认同度。这两项内容不能完全反映农民工在该问题上的思想，但应当承认，农民工市民化的进程中，这是起决定性作用的因素。另外，这里所言的经济水平是一个宽泛的概念，并且在当前情况下，农民工的经济水平是由农民工个人的收入决定的，因为由社会制度和政府的政策所带来的额外待遇非常少见。

根据以上角度对农民工市民化进程中的心理状态进行分析，会发现有几种复杂的情况，简称为四种类型：能而欲，能而不欲，欲而不能，不能不欲。“能而欲”型一般是指经济条件比较好、有一定文化水平、有一定创业能力的人群，他们基本具备留在城市工作生活的条件，并且在心理上认同城市，接受城市的生活方式和行为习惯，希望在城市长期生活下去。“能而不欲”型从能力上说对留在城市生活没有大的问题，但是在心理上，他们一般不认同城市的生活，往往认为城市是自己挣钱的地方，到一定的阶段要回归农村并在农村创业。应该说，这部分人是有明确目标的。“欲而不能”型比较向往城市市民的生活方式，在心理上也已经有了认同感，不希望自己回到贫苦的农村，但是他们在经济层面上并没有能力让自己在城市很好地生存。“不能不欲”型同样没有能力让自己生活得如市民一般，因此他们也不想留在城市，认为城市不属于自己，这种类型的群体可能形成两种情况，一是因为不能而不欲，二是主观上确实不欲，客观上确实不能。

从四种类型看，前两种类型尽管对城市的看法截然不同，但他们有很明确的态度，心理认定也比较肯定，留就留，走就走，目标很明确，因此在工作和生活中会比较积极向上，心理状态是稳定的。但后两种类型就不一样了。“欲而不能”型由于有比较强烈的心理认同而事实上又不能做到，往往眼高手低，容易产生一种较严重的矛盾心态，表现得焦灼、不安，对社会产生不满情绪，从而成为社会的不稳定因素。“不能不欲”型因为有“不能所以不欲”和“不能也不欲”两种情况，比较复杂和矛盾。一部分人可能会有在城市打工挣钱，回家过平淡生活的念头，但有一部分人是因为看到了现实差距而认同了自己的生活定位，认识到自己凭能力留在城市是不可能的，对城市、对生活会有一种无奈的情绪，容易产生自卑心理，丧失自信心，对社会抱消极态度，同样会形成社会的不稳定因素。

以上分析的农民工的心理形态，是农民工市民化进程的剖面分析，随着市民化进程的推进，农民工的心理类型会发生变化。根据不同时段的经济情况等因素，各种心理形态的农民工都有可能调整自己的人生目标，但从总体发展趋势看，后两种形态的积极转向是向前两种转变。在这种转型加剧的进程中，城市化的进程在加快。我们以为，农民工在市民化进程中的心理形态，特别是他们存在的心理困境反映了一种社会发展现实和需求之间的矛盾。人们应当考虑如何在发展的进程中加快农民工的心理形态转变，这就需要人们从影响农民工市民化进程的制约因素进行分析。

（二）农民工市民化的社会文化困境

阻碍农民工市民化进程的因素有很多，首先就来自社会结构和制度安排。

由于我国长期存在的二元社会结构和与之相适应的一系列制度，使农民工尽管身在城市，也不能够享受城市的教育、就业、医疗、住房和社会保障，不能参与城市公共资源的分享，无权参与城市的公共行政和社会服务体系，也没有专门的机构和合法的组织来维护他们的正当权益。除了这一系列制度性的因素阻碍农民工转化为市民的脚步外，农民工市民化的进程还受到一些非制度性因素的制约。我们认为，虽然制度性的问题是根本性的，但农民工市民化进程中的社会文化因素和农民工自身存在的矛盾心态也是关键的问题。

在农民工市民化的进程中，政府起着领航员的作用，同时也是农民工市民化的有力推动者。政府的言行决策引导着农民工的行为和心理活动，也引导着城市市民对农民工的心理态度。然而政府在对待农民工的问题上，往往存在很多认识上的不足，从而导致决策上的偏差。

首先是认为农民工会抢了城市职工的饭碗，不利于解决城市职工的再就业问题。这是因为，农民工进城就业往往与民营企业的发展相联系，农民工聚集的城市，一般都是民营经济发达的城市，而民营经济的发展是搞活城市经济的基础，这将从根本上拓展城市的就业空间。民营经济的发展在为当地增加税收、从而为国有企业改革成本支付提供财政支持的同时，也积累了兼并、重组和收购国有企业的能力。民营企业通过兼并、重组和收购国有企业盘活国有存量资产，使处于下岗或半下岗的国有企业职工实现再就业。这一论断是被实践反复证明的。即使换个角度看，农民工与下岗职工再就业和城镇劳动力就业也不矛盾。农民工主要集中在城市苦、脏、累、险岗位和艰苦行业，如建筑业，是城里人不愿问津的行业；农民工就业集中的民营企业，其工资报酬、福利待遇明显低于城里人的预期，其高强度的劳动、严格的管理也是习惯了国有企业的人难以适应的。因此，农民工的就业和城市劳动者的就业有互补的作用。当然，随着农村劳动力向城市的流动及人员素质的提高，农民工与城市普通劳动力的竞争将会加剧，对城市劳动力的替代作用也会增强。从资源配置的角度看，这是劳动力资源配置的优化，其结果是社会整体效益的提高和就业的扩大。对劳动力市场竞争中的弱者，政府应通过就业扶持和社会保障加以保护，而不能用城乡分割和市场垄断的办法加以解决。

其次，认为农民工大量涌入城市不利于城市社会秩序的管理。诚然，农民工由于素质相对较低，工作状态也相当不稳定，收入来源单一而且工资水平低下，又不能享受到社会的保障，因此，他们的居住状况也较差，一般租住在城市的边缘或城乡结合部，一般也不被纳入社区的管理。有人认为这些农民工会给社会治安带来不安定因素，城市的发展并不太需要这些人，要通过一定的限制使这些农民工进入城市。显然，这种观念不符合现代文明理念。城市的发展需要农民工，而且中国本是一个乡土社会，城市亦是从“乡土”

发展到“现代”。政府应当意识到，关键的是要建立有效的管理机制，想办法提高农民工的素质，逐步使城市进入有序管理。

城市市民阻碍农民工市民化进程的观念主要是歧视农民的观念。究其根源，一是中国漫漫历史长河中的大一统思想。我国是一个农民国家，历朝历代的君主在实现大一统思想的过程中都把人口视为竞争的资源，而人口中主要的就是农民。因此，农民事实上成了统治者实现理想的工具，封建历史中统治者从来都是看不起农民的。这种轻民思想可谓由来已久。二是中国古代所奉行的儒家文化。儒家文化传承历史久远，其具有内倾精神，是主静的，并不积极激励人们去对外在世界寻求系统地了解。五四时期《东方杂志》的主编杜亚泉以伦父为笔名在《东方杂志》发表《静的文明与动的文明》，指出中国文明发源于黄河流域，那里“土地沃衍，宜于农业，人各自给，安于里井，竞争较少”。在这种小农经济生产模式下，中国大一统专制主义中央集权制不断发展，中国国民的皇权主义心态也在不断强化，在中国专制制度下，皇帝被神化为是上承天意而治理天下的，任何人违反了皇帝的旨意都要受到惩罚。在这种专制制度下，家长制充当了专制国家的人治统治模式，表现为两端，一端是高度专制的中央集权制，一端是高度残酷的家族制，贯穿二者之间的是等级繁多、层次分明的官僚体系。正是这种等级观念在人们心中根深蒂固。这种价值观念直接导致了至少两方面的后果，一是泯灭了社会的平等意识，二是造成了身份意识。这种价值观念不利于自由、平等、人权观念的树立，也不利于维护社会的公正与整体和谐。追根溯源，城市市民对农民的歧视可以追溯到中国这种传统的文化价值观念。

农民由于生活的贫困和二元社会结构的影响，遭受到了实实在在的存在歧视。农民工以农民身份进入城市，被一些城市市民称为是“二等公民”，甚至连一些农民工自己也有着强烈的自卑感。城市市民对农民工的歧视，既有上述的历史文化根源，也有现代和传统两种不同的文化碰撞。农民工和城市市民两大群体间在社会方式和思维习惯上的差异，直接导致了城市市民对农民工的看法。

城市的生活方式、待人接物方式、看待事物的观念、人际关系、风俗习惯，使农民工感到不适应；但同类中的乡土文化习俗，使他们感受到熟悉的家乡文化环境。这种文化同质性给他们的交往带来安全感和人格的平等感。由于经济、社会地位的劣势引起的“二等公民”的自卑心理和过度的心理敏感，使他们处处抱着谨慎的态度，自觉或不自觉地回避与城市人交往，而愿意与自己的同乡交往，因为具有相似性，如相同的工作环境、相同的经历、相同的生活条件和生活方式，在老乡、亲属、朋友等群体中，他们可以获得信息与共享社会资源，共度闲暇时间。农民工文化适应力弱，这使他们囿于习惯性的同乡交往而不愿意主动地突破这一交往圈，客观上形成了自我隔离状况，与城市主流社会、主流文化相疏离。

另外，农民工自身也存在明显的局限性。带有浓厚乡土文化气息的农民工进入城市后会产生巨大的文化反差和价值观、生活方式以及思维方式上的冲突，需要自身的不断适应和调整，并要有一种社会公民的责任感去融入城市群体中，才能完成社会化的过程。但农民工往往有过客心态，对城市没有家的归属感和主人翁意识，只有陌生人的感觉：城市再美丽，建筑再雄伟，环境再干净，那也是城市人的城市，与自己没有关系。许多研究已经表明，进入城市的农民工群体相对于滞留在农村的农民而言，群体的素质较高。但其中有部分人的文化水平、道德素质、法律意识相对落后。他们在城市中的越轨行为，给城市秩序与居民生活带来消极影响，并很容易被放大。

农民工的市民化是城市化发展的题中之意，是提高农民工的收入，消除社会不稳定因素，融洽社会关系，构建和谐社会的内在要求。在这一进程中，需要变革社会制度，如户籍制度、社会保障制度、住房制度，等等。但是，最根本的，是提高农民工的经济收入，改变农民工的贫困状态。与此同时，要关注农民工思想观念的变化，要提高农民工的文化素质，也要转变城市市民的观念，而首要的，是政府要起领头羊的作用，政府要构建一个和谐、宽容的社会环境，使农民工逐步适应城市的经济文化生活。

第三节　城市化过程中的结构性失业隐忧

在城市化浪潮中，就业难一直都是我国亟待解决的一个大的难题。近年来，随着国家相关政策的发布以及政府出台的一系统解决就业的措施，就业的问题相对缓和了一些。但是伴随而来的又是新的矛盾的凸显，那就是存在着结构性失业的问题。现在很多技术性工作尚缺乏大量的人才，但是我国掌握这些技术的人才却又相对缺乏，这就给一些企业带来了另一个头疼的问题——用工荒问题。所以就业难和用工荒就成为了两个亟须解决的问题，又重新摆在了我们的面前。所以我们的国家不仅仅要出台一系列的刺激政策去刺激就业，还要加强人才学习能力和创新能力的培养，并且加速企业的转型，这样才能根本地解决就业难的问题。

一、结构性失业的定义和类型

“制度性失业”亦称为“体制性失业”，是指由“制度缺陷”造成的失业，是指经济产业的每次变动都要求劳动力供应能迅速适应变动，但劳动力市场的结构特征却与社会对劳动力需求不吻合，由此而导致的失业。表现为社会经济制度（体制）的状态不利于劳动力资源的有效利用，从而造成的就业岗位损失。结构性失业，主要是由于经济结构（包括产业结构、产品结构、地区结构等）发生了变化，现有劳动力的知识、技能、观念、区域分布等不适应这种变化，与市场需求不匹配而引发的失业。

结构性失业在性质上是长期的，而且通常起源于劳动力的需求方。结构性失业是由经济变化导致的，这些经济变化引起特定市场和区域中的特定类型劳动力的需求相对低于其供给。

很多人都认为所谓结构性失业就是经济结构调整所引起的失业，这种理解应该说是过于简单了。下面为一些经济学家和经济学著作对结构性失业所下的定义。

“结构性失业主要是指劳动者的技能、经验、知识结构与可供的职位空缺不相适应而导致的失业。”（郭继严，王永锡：《中国就业战略研究》[M]. 北京：经济管理出版社，2001，第76页）这一定义指出了结构性失业的一种情况，即劳动者自身所具备的客观素质与空缺职位的要求不相适应而产生的失业。但实际上，劳动者的生理原因如年龄及其主观意愿如就业观念也会导致结构性失业。因此这一定义不够全面。

“由于某些劳动市场上可得到的工作岗位数量不足以为每个想工作的人提供工作而引起的失业。”这一定义让人颇为费解，它指明了提供的岗位数量满足不了想找工作的劳动者对岗位的要求从而导致结构性失业。而在我们看来，这种失业似乎更应属于总量性失业，即劳动力供给量超过劳动力需求量而引起的失业。因此，这一结构性失业的定义起码不适合我国的失业状况。

“结构性失业是由于劳动力市场上工人的技术、工种、年龄、性别、居住区不同，雇主招工条件及其所在地区有差异，供需双方不能相互满足，甚至不能碰面，因而一方面存在职位空缺（空位），另一方面存在失业的情况。”（王国乡，朱忠明等：《西方经济学简明教程》，北京：中国人民大学出版社，2000，第221页）这一定义较为全面地概括了结构性失业的不同状况，但结构性失业产生的根源却没有被鲜明地指出来。

“经济产业的每一次变动都要求劳动力的供应能迅速适应这种变动，但劳动力市场的结构特征却与社会对劳动力的需求不相吻合，由此而导致的失业被称为结构性失业。”（王东京，张宝江，杨明宜等：《与官员谈西方经济学》，南宁：广西人民出版社，1998，第24页）这一定义正确地揭示了结构性失业产生的根源即劳动力市场的结构特征与社会对劳动力的需求不一致，但是其表述还可更完整和准确一些。

“结构失业是劳动力的供求结构不一致时引起的失业。”“由于这种失业的根源在于劳动力的供给结构不能适应对劳动力的需求结构的变动，所以，称为结构性失业。”这一定义用非常简洁的语言概括了什么是结构性失业，也突出了结构性失业产生的根源，就在于劳动力的供给结构与需求结构的不相一致，但稍嫌抽象和笼统了一些。

综合上述分析，可以把结构性失业的定义概括为：“结构性失业是指由于经济结构、体制、增长方式等的变动，使劳动力在包括技能、经验、工种、知识、年龄、性别、主观意愿、地区等方面的供给结构与需求结构不相一致而导致的失业。”这一定义既指出了结构性失业的形成根源，又较全面地概括了结构性失业的种种状况，因而较为完整。

结构性失业的产生必须同时具备两个条件：一是由于经济变动使社会对劳动力的需求结构发生了变化（这是必要条件）；二是由于种种条件的限制使劳动力的供给结构满足不了需求结构的变化（这是充分条件）。

满足不了需求结构变化的那部分劳动者便成了失业人员，得不到满足的工作岗位则成了空位，这就构成了结构性失业的重要特征：失业和空位并存。由于导致劳动力供求结构不一致的原因是多方面的，劳动力供求结构不一致的表现形式也是多方面的，据此，可以把结构性失业分为多种类型。

首先，从导致劳动力供求结构不一致的原因的角度出发，可以把结构性失业分为以下几种类型：

第一，结构调整型失业。这是指由于经济结构的调整导致社会对劳动力的需求结构包括工种、技能、技术、知识、经验等发生了变化，而劳动力的供给结构不能相应发生变动而引起的失业。如我国产业结构调整促使第一产业、传统产业对劳动者的需求减少，第三产业、新兴产业对劳动者的需求增多。但不同产业对劳动者在工种、技能、知识、经验上的要求显然是不同的。如果原来从事第一产业、传统产业的人员无法对自身各方面素质及时作出调整就不能顺利转入第三产业、新兴产业从而导致失业。此外，产业结构的升级也会促使用人单位提高对劳动者素质的要求，不适应要求的低素质劳动者原来即使有岗位也会陷入失业状态。与此同时，许多企业却欠缺技术工人，尤其是高级工；一些高新技术企业则欠缺相关的人才，从而导致空位的存在。

第二，体制转轨型失业。这是指由于经济体制转变导致劳动力供求结构不一致而产生的失业。计划经济体制下，企业要以实现充分就业为目的，在市场经济条件下企业对生产要素投入组合的选择以成本最小、利润最大化来确定。在严格的成本约束下，国有企业中那些边际生产力低于社会平均边际生产用的职工（无效劳动力）就会下岗失业；而与此同时，市场经济条件下，非公有制经济迅速崛起，对劳动力的需求量非常大。但由于种种原因和条件的限制，国有企业中下岗的员工并不能很好地转入非公有制企业，因而下岗失业也是由于供求结构不一致造成的结构性失业。根据《中国统计摘要》

(2002)统计，2001年全国国有单位在岗职工数比1995年减少了3621万人，下降了32.2%；城镇集体单位减少了1856万人，下降了59.6%，两者合计减少5477万人，下降了38%。若扣除正常的退休职工人数（1995～2000年期间，累计782万人，其中企业为612万人），下岗职工实际累计4500万人左右。

第三，经济增长方式转变型失业。这是指由于经济增长方式的转变引起用人单位对劳动者素质尤其是技能要求的提高，而在现实中，劳动者的技能不能满足需要而产生的失业。如随着经济增长方式的转变，一方面，大量员工失业；另一方面，许多城市包括北京、上海、青岛、福州、深圳等都出现技术工人短缺状况。其中，北京某公司实行工资改革，为高级钳工开出的月薪超过5000元。上海发出了“技术人员紧缺，青年技工、技师亟待补充，高级技工缺额较大”的呼吁。另外，据报道，深圳每年急需中、高级技能人才3万余人，而每年的培训能力尚不足1万，缺口很大。与此同时，近几年来该市每年都有1万名失业员工需要再就业。这些失业员工，80%以上没有参加过职业训练，无一技之长，实现再就业较为困难。这些都可认为是经济增长方式转变引起的结构性失业。为此，2010年5月中央发布《国家中长期人才发展规划纲要2010—2020》提出，下一步在我国高技能人才队伍发展上，要以技师和高级技师为培训重点，形成一支门类齐全、技艺精湛的高技能人才队伍。

第四，技术进步型失业。这是指由于技术进步使劳动者的需求结构与供给结构在工种、技术、知识上不相吻合而造成的失业现象。随着人类社会的发展，科学技术在不断地进步。人类社会经历着一次又一次的科技革命，每一次科技革命都给人类带来崭新的变化。目前，我们正处在第三次科技革命浪潮中，这给我们的就业结构带来重大变化。正如英国《焦点》月刊提出的那样：“在今后的十至十五年中，将出现一股巨大的科技浪潮，它将像工业革命给我们的祖先造成的影响那样对我们的工作方式产生深远的影响。就像农业工人在工业革命时期曾经从事制造业一样，那些先前曾经在制造业工作的人员现在正投身到新的服务经济和科技信息世界中。”“未来经济将由理念、信息和技术组成，到2015年，据估计大约有多达95%的工作将要求就业者掌握信息技术。”而那些不适应科技革命，无法跟上技术进步，胜任不了新工作岗位的劳动者必然会被抛入结构性失业队伍。

第五，知识经济发展型失业。这是指由于知识经济的到来，社会要求劳动者掌握更多的知识，加快知识更新的速度，而劳动者满足不了这一要求而产生的失业现象。21世纪，人类将迈入知识经济时代，知识经济在本质上是“以智力资源的占有、配置，以科学技术为主的知识生产、分配和消费（使用）为最重要的因素的经济”。知识经济时代，作为第一生产要素的知识的增长速度非常快，由此导致的新旧知识的更替速度也非常快。据统计，现代社会劳动者知识的半衰期已缩短至五到七年。从知识的生产和老化状况看，近五十年来，人类获得的知识等于过去 2000 年的总和，今天的知识到 2050 年仅为届时总量的 1%，99% 的知识是今后才创新的。这就意味着劳动者必须不断“充电”，获取新知识，才能跟上时代步伐，否则，自身素质满足不了工作岗位的需求，就会被抛入结构性失业的队伍。同时，知识经济改变着传统的工业经济，使职业结构发生巨大变化。在 20 世纪 50 ～ 60 年代十五年中，工业发达国家有 8000 多个技术工种消失了，同时出现了 6000 多个新的技术工种。如果从事原有技术工种的劳动者，不能顺利地胜任新的技术工种，那就必然导致结构性失业。

第六，教育发展滞后型失业。这是指教育体制落后、教育结构不合理导致劳动者素质不能及时得到提高或劳动者学非所用，使劳动力供给结构满足不了需求结构的要求而引起的失业。目前，我国的教育投资主体比较单一，对社会办学、民间投资办学发动不够，这使我国的办学模式、教育形式都不能实现多样化，使得一些跟生产实践密切相关的如继续教育、职业教育等形式得不到应有的发展，导致劳动者的素质不能与用人单位对劳动者素质的要求同步提高。同时，高等教育专业设置不合理，培养的人才与社会用人单位的实际需求脱节，导致一些大学生哀叹“毕业即意味着失业”。中国社会科学院社会学研究所副所长李培林指出，目前，中国的失业问题进入新中国成立以来的第五次高峰。虽然统计的城镇登记失业率只有 3% ～ 4%，但实际的失业率在 8% ～ 9%。失业人员中，其中包括 70 万待业的大学和专科毕业生。总之，教育发展跟不上经济发展的需要，一方面导致因劳动者文化素质不能随着经济发展需要及时得到提高而失业；另一方面，导致专业难以对口的高学历人才也被迫流入失业人群。

以上是从导致劳动力供求结构不一致的原因的角度来划分结构性失业的类型。下面是从劳动力供求结构不一致的诸多表现形式的角度出发来划分结构性失业，可分为以下几种类型：

就业观念滞后性失业。表现在劳动者的就业意愿、对就业岗位的预期过高与实际所能提供的就业岗位不一致而造成的失业。这里存在两种情况，一种是普遍存在于一些下岗职工中，由于他们不适应市场经济的要求，竞争就业意识不强，抱着“等、靠、要”的心理，等待政府和企业安排再就业，同时不愿放弃国企职工的身份，拒绝接受非公有制经济单位提供的就业机会，从而导致失业。据调查，69% 的下岗职工不愿意或不打算自费参加再就业培训；46% 的未就业人员没有找过工作；11% 出去找过工作但没有愿意干的。还有一些下岗职工自身文化素质比较低下、技能单一，却又不愿接受对劳动者素质要求较低的脏累工作，从而不得不处于失业状态。如据报道，大连市工商局监管分局举办的下岗职工再就业洽谈会上，400 多名下岗失业人员与 30 多家企业进行了现场对接。令现场的宏光集团负责招聘的工作人员感到意外的是，该公司需求的“刮大白”等 20 多个力工岗位，竟无人问津。另一种情况存在于新增劳动力人口中，如一些刚毕业的大学生在择业时期望值过高，想留在大城市，进大公司，并且薪水要优厚，否则宁愿失业。实际上，我国高学历人才在总量上是需求大于供给的，在许多偏远的、经济落后的贫困地区和一些小城镇，高学历人才非常紧缺。这说明目前我国存在的高学历人才失业大多属于结构性失业。

地区供求不对称性失业。指劳动力的供给与需求在地区上有差异从而造成的失业。不同地区经济发展水平有差异，这种差异一方面导致人才为追求高收入，由经济落后地区向经济发达地区流动，从而导致落后地区人才的短缺；另一方面，又导致不同地区劳动力素质的差异。一般来说，教育水平取决于经济水平，经济落后地区的劳动力素质相对偏低，而在市场经济条件下，低素质的劳动力更容易被淘汰，从而最终导致这些地区失业率的上升。在我国，东部地区和中西部地区的经济发展水平差距呈逐步扩大趋势，如 GDP 的分布差距从 1978 年的 5% 逐步扩大到 1994 年的 18.24%，扩大了 13.24 个百分点。改革开放的 30 多年来，因为中西部本身的条件的局限，再加上东部的迅速发展，中西部各种人才，要么通过上大学，要么通过政府招考等方式，大量涌入东部地区，造成中西部人才的流失。这便造成了高素质劳动力向东部地区流动，中西部地区人才短缺同时失业率又偏高。据报道，四川省干部队伍文化层次偏低。以地、县两级干部为例，大专以上学历分别为 83.72% 和 72.23%，比全国平均水平低 4.94 和 7.6 个百分点，分列全国第 27、25 位；全省 32 家重点骨干企业 224 名领导班子成员中，大学文化以下的占了 44%。宁夏的状况更不容乐观：从文化程度来说，全区 2.6 万公务员中，40% 的人只有中专学历。而这两个省却又是失业率偏高地区，1996 年四川省的城镇登记失业率为 3.7%，宁夏为 5.2%。同时，据对 1996 年失业状况的调查，高失业率地区均为西部地区，也是城镇从业人口中不识字率最高的地区。他们是青海、贵州、甘肃、宁夏、陕西，城镇登记失业率分别为 7.2%、6.2%、5.5%、5.2%、5.2%，不识字率高达 41.6%、28.7%、30.5%、22.5%、16.3%，均高于全国平均水平的 13%。

年龄供求不对称性失业。这表现为劳动力需求与劳动力供给在年龄结构要求上的不一致。一般来说，需求方对招工或聘用对象的年龄要求都偏低，而学历要求都偏高。但下岗工人中很大一部分都超过此年龄段，且文化水平低。据统计，青岛市近几年来，用人单位通过劳动力市场招工，80% 以上要求的年龄段是35岁以下，高中以上文化程度。2002年上半年，劳动力市场为女满40周岁、男满45周岁（简称“4045”人员）提供的岗位只有55个，而同期“4045”人员到劳动力市场求职的却达到3382人次，供求比为62∶1。初步预测，到“十五”期间，该市“4045”人员等就业弱势群体将达到4.5万人。这部分人多数年龄偏大、技能单一、家庭负担较重，市场就业竞争能力弱，成为就业突出的难点。其他城市也普遍存在着这种情况，如南京市就业困难群体中“4045”人员占62.11%，初中以下文化程度占56%，无技术专长占73.9%。

性别供求不对称性失业。这是指劳动力供给和需求在性别上的不一致而产生的失业。如大学应届毕业生找工作，一般用人单位都优先考虑男性。同时，对于同是文化程度不高又没有什么技术的40多岁的求职者来说，却是女性比男性易找工作。据报道，杭州市40岁以上、文化程度初中以下、技能单一的男性求职群体成了就业困难群体。2003年第一季度，杭州市职业介绍中心新增这类男性就业困难人员就有200名左右。而针对40岁以上男性的空岗却只有13个工种30个岗位，且均为花工、钳工、电工、模具工、会计、汽车修理工等技术工种，适合他们就业的岗位基本为零。与这些男性就业困难人员比较，相同条件的女性求职者却要幸运多了，家政员、包装工、超市服务员等工作岗位都向她们敞开了怀抱。而且，女性困难群体，还有一些家政服务业、商业零售业可待开发，但是劳动部门有关人员表示，男性就业困难人员目前还很难在市场上寻找开发相应岗位的突破。

二、当前我国结构性失业的现状分析

随着经济结构调整的步伐和城市化进程的加快，我国的结构性失业问题日益严重。我国的失业压力之大有目共睹，而结构性失业在我国也尤为突出，从这个意义上说，结构性失业压力比总量性失业压力更大。结构性失业问题不仅增加了总量性失业问题的治理难度，而且与总量性失业问题共同加剧了我国失业问题的进一步发展。所以，研究我国的结构性失业问题，分析我国的结构性失业现状，对于我国失业问题的治理具有重要的现实意义。

（一）东南沿海地区的“民工荒”表现突出

所谓“民工荒”，主要是指近年来随着经济的发展和产业结构的变迁以及民工自我意识的提高，东南沿海经济发达地区的企事业单位（主要是企业）出现了大量缺乏民工的现象。

作为世界上人口最多的国家和最大的发展中国家，人们从来没有想过劳动力的供给会出现紧缺。然而自2004年以来我国就出现了较大范围的“民工荒”。“民工荒”现象从2003年起开始在福建沿海部分地区出现，2004年福建省各级劳动力市场职业供求总量为265万人次，其中需求登记总量约为146万人次，求职登记总量约为119万人次，在供求总量上呈现出需求大于供给的状况。这种现象蔓延到广东、浙江等东南沿海经济发达地区。中国劳动力市场信息网的一份报告指出，在2004年第二季度，江苏、浙江、福建、广东等12个城市，有70.4万人进入劳动力市场求职，但用人单位的招工名额则达到108.7万人，缺口38.3万人，2004年下半年，江西、山东等劳务输出地的内地省份也不同程度地出现了“民工荒”。

自20世纪80年代末以来，“民工潮”成为描述中国农村劳动力向城镇流动的专用名词。“民工荒”这个词汇，曾经因为世界金融危机爆发而一度淡出人们的视野。随着中国经济的逐渐回暖，关于“民工荒”现象的报道又开始占据各大媒体的版面。

2009年8月以来，据多家媒体报道，在中国的珠三角、长三角等地，很多中小企业的订单大量增加，但是却招不到工人。来自广州、深圳、东莞、佛山等珠三角城市劳动力市场的信息显示，这个接纳全国近1/3农民工的地区，劳动力市场求人倍率在1：1.14到1：1.51之间，也就是说每个求职的人有1个以上岗位虚位以待；在温州，2009年8月份该地区职介中心的用工缺口占比73%多，相比2009年6月的52%上升了21个百分点。

在沿海发达地区出现“民工荒”的同时，中西部地区却存在着劳动力供大于求的现象。以陕西省为例，根据陕西省职业介绍服务中心对外发布的陕西省2005年第三季度职业供求状况分析显示，第三季度就业压力形势严峻，25万劳动力处于求职状态，其中近3万名应届高校毕业生寻找工作。劳动力供大于求的前10种职业为：营业人员、普通学徒工（力工）、机动车驾驶员、治安保卫人员、部门经理及管理人员、厨师、保管人员、采购人员、电信业务人员、行政事务人员。其中，普工岗位竞争最激烈，招聘296人，而求职人数达2655人；机动车驾驶人员需求1760人，求职者达4102人；治安保卫人员需求560人，求职者达2544人。这种劳动力供大于求的状况在中西部其他地区都有不同程度的体现。

综上所述，可见在我国劳动力市场存在着“民工荒”，同时存在着劳动力供大于求的现象，这就形成了具有中国特色的结构性失业。

（二）全国范围的“技工荒”表现明显

所谓“技工荒”，就是指技术工人、专业技术人员的供给不能适应经济发展对它的需求所形成的缺口。专业技术人员特别是熟练技术人员和高级技术人员严重缺编在我国由来已久，这已成为制约我国经济发展的一大障碍。

“技工荒”对于广东而言并不是新问题。广东省在技工总量短缺的同时，技工队伍结构也很不合理，中高级技工短缺尤为严重。不仅在珠三角存在“技工荒”，类似的情况在长三角地区同样存在。最近两年，上海以及整个长三角地区技术工人，尤其是高级技工供给不足的矛盾越来越突出。其实不仅在制造业领域，就是在服务业领域，也同样面临高素质一线员工供给不足的矛盾，如上海很多企业就已经遇到了招聘不到合格推销员、营业员、服务员等高技能熟练工的难题。

据统计，目前中国城镇的各类企业共有 1.4 亿名职工，其中技术工人 7000 万人。在技术工人中，初级工占 60%左右，中级工占 35%，高级工仅为 3.5%，这与发达国家高级工占近 40%的水平相差甚远。技工短缺已成为我国企业经济运行的瓶颈。它阻碍技术改进的步伐，影响新技术的推广应用，而且还常常使现有技术工艺的性能得不到有效发挥。这种局面如不尽快加以改变，将不仅会直接拖累我国制造业的技术更新与质量提升，而且还可能殃及整个国民经济的技术基础与增长潜力。

《中国劳动统计年鉴 2010》的数据显示，从 2004 年到 2009 年，我国技工学校在校学生人数连年增长，由 234.4 万人增加到 414.3 万人，增长了 80%；毕业生人数由 53.5 万人增加到 115.2 万人，增长了 1.2 倍。尽管技工学校培养的毕业生人数不断增加，但仍难以满足企业的需求。

（三）大学生结构性失业问题凸显

大学生接受了高等教育，掌握了先进的科学文化和技术知识，在劳动力市场上具有明显的竞争力。他们的失业问题从来没有进入政府决策者的视野以及普通老百姓的关注当中。然而，随着 1999 年高考扩招后第一批大学生在 2003 年毕业后走上工作岗位，大学生结构性失业问题开始逐渐显现出来。

根据全国普通高校毕业生统计数据来看，从 2005 年到 2010 年，全国普通高校毕业生分别为 338 万、413 万、495 万、559 万、611 万、652 万，而今后几年还要以每年几十万人的数量增加。据媒体报道，2005 年全国新增就业岗位 900 万，其中的 500 万要确保用于下岗失业人员再就业，只剩下 400 万，而每年城镇的新增劳动力数量还很大，更不用说还有大量的农村剩余劳动力也要转移了。在中国人民大学举行的 2005“关注中国大学生就业”系列活动启动仪式上，劳动和社会保障部职业技能鉴定中心主任陈宇道出了自己对大学生就业难态度上的转变：2003 年的时候，人们觉得大学生就业问题可能是大学生的胃口太大，主要是摩擦性失业；但现在来看不是那样的，大学生失业是一种新型的结构性失业。当前，45%的企业找不到合适的人，而 50%的人找不到合适的工作。可见，大学生“毕业即失业”是一种典型的结构性失业。

（四）下岗失业人员实现再就业困难

作为有中国特色的下岗，其实质是基于经济发展规律的基础上，把国有企事业单位中的冗员释放出来，从而形成“离岗不离厂”，不工作却有单位的特殊现象。为了帮助下岗人员实现再就业，国家实施了再就业工程，采取了各种措施以确保下岗人员进行再就业，但是对大部分的下岗人员而言却较难实现再就业，而且即使实现了再就业的下岗人员，“转岗换岗”即再次下岗的人也不在少数。2005 年我国主辅分离和产业结构调整大约有 300 万人需要换岗，2004 年下岗再就业中心还有 300 多万人需要再就业。这些转岗、换岗、下岗人员中有不少是因年龄大、体力差、文化素质和专业技术水平低而被淘汰下来的。而像这些人员要实现再次就业，困难较大。

据媒体报道，陕西省西安市职业介绍服务中心等机构联合举办了下岗失业人员专场招聘会，会上提供了 450 个工作岗位，来应聘人数多达千余人，结果只招到 260 人，190 个工作岗位仍然空缺。可见，下岗人员面临的再就业环境是有人无工作或有工作没人能干，显而易见，这也是一种典型的结构性失业。

（五）中高级人才荒愈演愈烈

随着我国经济的持续快速发展，产业结构的不断调整，以高新技术为基础的新型产业异军突起，我国对中高级复合型人才的需求日趋旺盛，以至于在许多地方、许多行业出现了中高级人才荒现象。据有关报道，中国 IT 行业高端职位“人才荒”的局面是愈演愈烈，自 2004 年下半年开始，高端人才需求大于供给的局面呈现放大趋势。国内 67% 的 IT 资讯公司急需招聘人才，而整个中国市场中有 58.5% 的公司有计划增加永久性职位。2004 年 1 ～ 9 月，IT 行业从业人员（不包括软件产业）比 2003 年同期增加 59 万人，同比增长 16.4% 。IT 公司对于销售、市场和技术方面的高端人才需求尤为强烈，大区总经理、销售总监等高层职位空缺严重。

据市场调查发现，广东省今年人才市场职位增长中，绝大多数为中高级管理、技术职位。而浙江省也对于中高层次经营管理人才、高层次技术研发型人才、精通商贸、国际运作规则的外向型人才需求旺盛。著名国际咨询公司麦肯锡曾指出，尽管中国每年提供大量的大学毕业生，但高级人才的缺乏使跨国公司在华遭遇人才短缺。

不仅私营企业、外资企业面临着中高级人才荒，作为我国国民经济发展命脉的国有企业也同样面临着高级人才荒的问题。据报道，目前，中央企业人才队伍结构矛盾比较突出，集中体现在高层次复合型人才匮乏；中央企业缺乏一批精通国际经济和法律、熟悉国内外市场的企业家；缺乏一批熟悉资本运营、市场营销、国际贸易、金融证券等相关知识的复合型人才和具有创新精神的科技带头人；缺乏能够熟练掌握和使用高新技术的高级技师。

我国从总体上呈现出中高级人才短缺的状况，而我国中西部地区的人才短缺以及人才未能有效利用问题更为严重。西部大开发受到了许多因素的制约，例如资金、技术、政策等，但最关键的制约因素是人才，尤其缺乏高层次、高技能和复合型人才。人才的短缺，将给西部的开发、中部的崛起以至全国经济社会的协调发展带来许多不利因素。可见，一方面是对中高级人才的大量需求，而另一方面却有大量的低技能和无技能的劳动者找不到工作，因此失业的结构性特征明显。

当前我国的结构性失业，无论是民工荒、技工荒，大学生的结构性失业、中高级人才荒，还是下岗失业人员的再就业，这些都为我国的经济发展带来许多不利因素。我国本来是世界上第一人口大国，存在着明显的劳动力资源优势，但却出现结构性失业，这无疑是人力资源的浪费。从民工荒、技工荒来看，一方面是东南沿海地区缺乏工人，另一方面是中西部农村地区有大量剩余劳动力，这不仅不利于东南沿海地区实现更快发展，也不利于中西部农村地区增加收入，资源配置严重不当。从大学生结构性失业、中高级人才荒来看，大学生本来拥有较高的人力资本，却难以实现自身价值，而不少企事业单位却出现中高级人才荒现象，这同样造成了人力资源的错置和浪费。对于下岗失业人员来说，一方面他们缺乏知识技能下岗失业，另一方面他们对于一些自认为不好的工作却有业不就，这无疑增加了我国就业问题的解决难度，也造成了人力资源的浪费。我国经济出现结构性失业，是与我国当前的经济社会发展状况紧密联系在一起的。

当前，我国经济结构在不断优化调整，市场体系还不健全（尤其是劳动力市场体系不完善），教育发展还较落后，城乡差别、区域差别还要进一步缩小。我国经济发展中存在的这些问题使得结构性失业暂时还难以消除。这些结构性失业的存在继续加重，将对我国经济又好又快的发展产生巨大的障碍。因此，在对我国当前结构性失业现状分析的基础上，还需要继续研究我国结构性失业的形成原因及其治理对策。

三、我国结构性失业的成因分析

随着经济结构调整的步伐和城市化进程的加快，我国的结构性失业问题日益严重。我国的失业压力之大有目共睹，而结构性失业在我国尤为突出，可以说，结构性失业压力比总量性失业压力更大。

结构性失业问题不仅增加了总量性失业问题的治理难度，而且与总量性失业问题共同加剧了我国失业问题的进一步发展。

所以，研究我国的结构性失业问题，对于我国失业问题的治理具有十分重要的现实意义。我们认为，导致我国现阶段结构性失业的原因一是劳动力自身的主体因素，主要包括劳动力知识技能的缺乏、年龄性别的差异以及思想观念的落后；二是劳动力自身以外的客体因素，主要包括经济结构的变动加剧、体制与制度的障碍以及劳动力市场体系的缺陷。

（一）培养、选拔、利用机制不尽合理

根据教育专家统计分析，目前，我国高等教育正处于从精英教育向大众教育过渡的阶段，如北京、天津、上海、江苏、浙江等，其中北京适龄人口的43%在接受高等教育。但这只是对发达地区和大城市而言，对于广大的中西部地区的中小城镇以及全国的农村来说，高等教育在这些地区仍是精英教育，这和西方发达国家的高等教育已处于普及化阶段差距较大。我国对教育的财政投入同世界上发达国家相比也相差甚远。虽然我国从整体上来看，九年义务教育普及率较高，但有些贫困地区甚至连小学阶段的基础教育都未普及。即使九年义务教育能够很好地普及，高中阶段或中等职业教育在我国仍然相当落后，尤其是在广大农村地区，初中生辍学率非常高。教育的落后，使得广大劳动者的学习、适应、创新等能力的培养都受到较大影响，从而使他们很难尽快地适应劳动力需求的变动。可见，教育发展的滞后为我国劳动力形成科学合理的人力资本造成根本性的障碍，进而导致结构性失业。

我国对人才的选拔任用机制往往论资排辈，这在领导的提拔和任用方面尤为突出。另外，国家在对人才的选用方面也没有采取很好的利益激励机制。在这样的情况下，一些留学人员（包括公派留学人员）学习期满之后往往会选择留在国外。他们并不是不愿效忠祖国，而是国内科研条件差，配套设施跟不上。近年来的“出国热”也反映了人才流失的严重性。

总之，我国的高级人才相当缺乏，在某些领域里，人才甚至出现空白，高级人才远远落后于发达国家，这极大地影响了我国发展的步伐，也造成了有工作无人做的“空位”现象。

（二）体制转型的余震

新中国成立初期，国民经济遭到战争破坏，城镇失业人数众多，失业率超过两位数，因而政府采用“三个人的饭五个人吃”的办法扩大就业。在当时新政权刚刚建立，稳定局势和恢复经济具有头等重要意义的形势下，上述牺牲效率求得稳定的就业政策具有必要性。然而超越市场经济原则的就业方

针，并没有随着经济恢复时期结束而终止。原来在计划经济体制下有一“技”之长的人们，由于在新的经济形势下变得无“技”可施，便被推入了失业者的行列。另外，一方面由于产业结构的调整，不同地区、行业、工种的劳动力需求结构随着技术、经济、偏好等因素改变而不断发生变动；另一方面，劳动力供给结构通常难以立刻做出充分反映，而是需要在或长或短的滞后期内才能完成必要调节，这样就导致结构性失业。

我国正处于经济体制、政治体制转型的历史时期，转型期的阶段性特点使结构性失业问题更为突出。一方面，很多国企职工由于种种原因，在新经济浪潮的冲击下往往不能顺利地转移到其他就业岗位。另一方面，我国还没有形成统一的、能够自由流动的、由市场决定价格的劳动力市场，劳动力不能完全自由、顺畅地流动。这就导致了各地都会出现严重的失业与岗位空缺同时并存的结构性悖论。

（三）农村剩余劳动力大量涌向城市

从农村大量涌入城市的剩余劳动力是现成的或潜在的失业人口。在市场机制的作用下，农村中的剩余劳动力自然会流向城市，这会加快我国的城市化步伐。但与此同时，这也给就业带来压力。由于他们无一技之长，往往在城市里找不到工作，这实际上就是劳动力的流动不能适应劳动力需求变动的结构性失业的表现。即使他们能找到工作，但也只是一些保安、服务员及建筑工人等一类的简单劳动的工作。这些工作往往有年龄要求，而且随意性较大，并且由于这些无技能的劳动力供给大于需求，他们随时都有失业的可能。这也构成了潜在的结构性失业。2004 年广州等地开始的“民工荒”实际上反映了由于技能缺乏而导致的结构性失业问题。

此外，遭遇世界性金融危机的经历还表明，农民工不完整的市民身份，还导致他们就业的不稳定性，以及在周期性冲击面前的脆弱性。在 2008 年和 2009 年，虽然反映劳动力转移大趋势的农民工外出总规模继续扩大，但是，由于就业波动导致外出务工的总天数出现明显的下降。例如，在 2003—2007 年期间，农民工每年外出的就业天数是持续增加的，而随后在金融危机的冲击下，就业天数却不增反降。（蔡昉：《如何进一步转移农村剩余劳动力》，《中共中央党校学报》第 16 卷第 1 期）

（四）机制性障碍和观念、知识技能等的缺乏

计划经济对我国高等教育的消极影响现在仍然存在。这表现在对我国高校的治理上仍然以校长为代表的行政机关治校为主，教授们参与高校治理不足，这就难以保证通过使一些学科专业灵活变化来较快速地适应市场的需求。

这就会在一定程度上导致高校对于一些专业设置存在一定的滞后性，从而难以适应市场对人才的需求。

大学生“毕业即失业”的现象，并不是大学生真的毕业后就失业了，而是大学生本身知识、技能和观念等主观原因和他们所接受的教育以及整个市场经济体系等方面的客观原因所导致的。

结构性失业，包括低技能、无技能的普通劳动者，以及高知识、高文凭的大学毕业生的失业造成的后果非常严重。

低技能、无技能的普通劳动者，特别是农村向城镇转移的劳动者的失业或潜在失业，不但严重影响了他们的生计，而且将阻碍农村劳动力向城市的转移，从而影响农业生产率的提高，并将进一步扩大城乡差别和贫富差别。同时，如果以制造业和服务业为主的城市经济，失去了农村转移劳动力源源不断的补给，就会失去其发展的比较优势和良好态势。所以，保持农村劳动力向城市的持续转移，不仅是现阶段我国经济发展的需要，也是我国现代化历史进程的需要。

高知识、高文凭的大学毕业生的失业造成的后果更为严重。现在每培养一位大学生，不算上大学以前，在大学期间政府需要投入10万～30万元，以中位数15万元计，加上家庭的平均投入的5万元，每个大学生在大学期间要消耗20万元。所以，如果今年有250万大学生找不到工作，不仅意味着我国大量优质人力资源的闲置和浪费，而且意味着5000亿元国家和个人家庭的资金投入得不到回报，是社会经济资源的极大浪费。况且，“望子成龙”现在仍是中国社会的普遍心态，如果一个家庭千辛万苦，连孩子带父母拼搏了十几年，到大学毕业了找不到工作，对社会信心的打击会非常沉重。

我国的结构性失业既有和其他国家相似的原因，如经济发展、产业结构升级的必然影响；又有计划经济向市场经济转变过程中的特殊历史背景，以及特殊的政策限制因素，如在现有的户籍制度、社会保障和社会福利制度下，劳动力市场分割限制了劳动力的自由流动。由于存在比较严重的总量失业情况，因而我国结构性失业的缓解不太可能在短期内得到彻底解决。这既需要进行相关的经济、政治体制改革，也需要经济层面的产业结构调整、制度层面的教育体制改革、户籍改革、福利制度调整，以及社会文化层面就业观念转变等多方面的共同努力。

第四节　中国城市化的制度建设尚未完善

城市发展突飞猛进，成就巨大，但必须看到，一系列制约城市化的体制机制因素仍有待消除，特别是历史形成的城乡二元结构仍然没能彻底改变，城乡分割让各种资源在城乡之间的自由流动合理配置还无法很好实现。城市化进程在一方面快速推进的喜人局面下，面临着与阻力和束缚日益尖锐的矛盾。

经济社会发展中最活跃的因素是人。人才的自由流动和科学配置，决定着经济社会可持续发展的活力。作为人口登记管理制度的户籍制度，在城市化进程，限制城市人口、阻碍人才流动的消极作用日趋显现。当城市户口特别是少数大城市、特大城市户口承载的基础设施比较优势、优质教育资源、较高水平的社会福利保障内容后，户籍越来越成为固化城乡分割，妨碍人才流动的障碍。

城乡统一的劳动力市场为何至今没能全面建立，社会保障制度建设的滞后和不完善无疑是关键一环。改革开放以前，城里人大多都在国有、集体所有制单位就业，各项社会保障都由所在单位提供，即所谓的“靠公家”。而广大农村人口的社会保障基本上是依靠土地解决。社会保障体系被分割为城乡两个完全独立的体系。除了少数政策照顾和农民子弟通过考学获得干部指标成为城里人，农村人口并不存在大规模向城市迁移的情况。

改革开放以后，城市化激发了城市活力，多种所有制经济的繁荣壮大，城镇人口快速增长。农村劳动力涌入城市既是农民勤劳致富的主要门路，也为城市发展带来了急需的人力资源。用工制度的灵活多样，与失业、医疗、养老等社会保障体制的不匹配、不适应甚至脱节缺失问题日益凸显，劳动者权益没有得到全面有效维护，恶意侵权现象的存在威胁社会稳定，影响社会和谐。

与此相应，城市管理理念、制度的改革创新力度，也存在诸多不适应城市化进程的问题。城市应该是创业者的天堂，从基础设施的便利到各种服务保障措施，城市的管理方式应该最大限度地以人为本，以创新为本，为各种层次的人才实现自我经济价值、社会价值提供便利条件和制度支撑。但客观地看，无论是大学生自主创业，还是小商小贩摆摊谋生，从办理执照、贷款融资，到申请摊位、减免税费，较高的制度成本和僵化生硬的管理方式都成为障碍。

城市化进程要推进，问题肯定要改，可改起来谈何容易。户籍改革、社会保障体制改革、转变政府职能、改革城市管理，这一项项、一个个改革哪一个不是涉及人员多、社会影响面广，牵一发而动全身？单兵突进、盲目冒进，不仅不会解决问题，反而会引发多种问题，令改革举步维艰，陷入被动；相反，精心统筹，搞好试点和配套衔接，积极稳妥地推进各项改革，恰能在点滴改善中孕育制度飞跃，在渐进式探索中避免社会动荡，降低改革成本，虽然不大会一步到位，但却能取得实实在在的成果，最终实现体制机制的创新和完善。

一、城市化进程中社会保障制度滞后

“社会保障”是由英语 social security 翻译而来的，其概念在美国 1935 年颁布的《社会保障法案》（Social Security Act）中首先使用。1938 年，这一概念又被新西兰通过的一项法案运用。1944 年，第 26 届国际劳工大会发表了《费城宣言》，宣言中正式采纳了“社会保障”这一概念。自此，这一概念被世界各国接受并广泛应用。

各国的经济发展水平、社会制度、文化背景以及民族传统不尽相同，所依据的理论体系也存在一定差异，各国都根据自己的国情来制定符合本国实际情况的社会和经济政策，并逐步建立起本国的社会保障制度。因此，目前世界各国对于社会保障内涵的理解和解释各不相同。

（一）“未富先老”面临考验

据人力资源和社会保障部发布的数据，截至 2012 年 10 月底，城乡居民社会养老保险参保人数达到 4.59 亿，其中 1.25 亿城乡老年居民领取养老金。战略与国际研究中心一份题为《中国养老制度改革的长征》的报告估计，中国到 2030 年将是比美国还要老龄化的国家。到 2050 年，将会有 4.38 亿中国人年龄达到或超过 60 岁，其中 1.08 亿人超过 80 岁。

值得注意的是，发达国家在进入老龄社会时，有成熟的福利体系作支撑。而目前中国仅有 1/3 的劳动力享有某种正规养老金福利，而企业年金系统才刚刚起步。虽然我国的社会养老保险体系已经基本实现了“广覆盖”，但基础养老金过低的问题长期存在。而且数据显示，全国老年人共需养老床位 800 万张，而目前仅有 266.2 万张，远远不能适应机构养老的发展需要。

此外，根据民政部的数据，目前我国城乡空巢家庭超过 50%，部分大中城市达到 70%；2010 年，全国 65 岁以上“空巢老人”有 4150 万人，到“十二五”期末将超过 5100 万人。目前，我国已有百万失“独”家庭（即失去了家中唯一的独生子女的家庭）。每年失独群体还呈日益庞大趋势。对于数量庞大的失独家庭来说，他们的情感依赖和养老保障自然就成了一个越发凸显的社会问题。

从传统来看，家庭养老一直是中国的最主要的养老方式，而对于失独家庭来说，他们只能依赖国家和社会。但是目前，对于失独家庭的帮扶制度并不完善。2007 年，人口计生委、财政部联合发出通知，在全国开展独生子女伤残死亡家庭扶助制度试点工作。但是，各地制定的扶助实施标准，一般不超过每月 300 元，且在年龄方面要求女方年满 49 周岁时，夫妻双方才能同时纳入扶助范围。这样的经济救助和年龄门槛对于失独家庭来说只能是杯水车薪。

一般而言，养老保障由三部分构成：一是社会基本养老保险；二是企业年金；三是个人为养老准备的资金，包括保险、基金等。由于我国目前社保仅能提供基本水平的养老保障，而企业年金的发展尚处于初级阶段，因此个人自筹养老金便显得尤为重要。相比其他发达国家，中国老龄化呈现高速、基数大、差异大、社会化养老水平低等特色。

而农村养老问题在乡村“空心化”趋势日益明显的背景下，也很快被摆上台面。对此，在全国新型农村社会养老保险试点工作会议上，温家宝总理就指出，建立新型农村社会养老保险制度，将会使农民“养老不犯愁”，逐步解决后顾之忧。这对应对国际金融危机、扩大国内消费需求、加快完善覆盖城乡的社会保障体系、推动和谐社会建设和国家的长治久安，都具有重要意义。

养老金体系的建设始终是民生发展事业的重点之一。中国养老金体系的脆弱性，并不仅仅体现在职工养老保险现存的种种弊病和潜在的支付危机，而是体现在整个养老金体系的结构不平衡。

目前，有关部门已把提高基础养老金标准纳入议程，基本参照指标是物价水平、各级财政承担能力和低保等。但是，国务院确定的基础养老金最低标准是每人每月 55 元，在经济社会快速发展的情况下，该保障水平已经逐渐难以适应老人的实际需要。建立起与时代需求相适应的养老金机制，对于提高养老生活品质将具有重要意义。

一般而言，一个能够正常运转的养老金体系，至少应该有三个支柱：一为普惠型的国民基本养老金制度，由国家财政出资；二为强制性的社会养老保险制度，由企业和职工共同出资；三为自愿性的养老保险制度，由个人根据需要自愿承担，由公立或民营保险组织提供服务，国家可以提供税务优惠或财政补贴。

在中国，养老金体系的最重要支柱是第二支柱，即职工养老保险。到 2011 年底，全国职工养老保险基金的累计结余达 19497 亿元，但随着退休者老龄化程度不断加深，其潜在的支付风险也日益凸显。

目前，中国的自愿性的养老保险制度方兴未艾，并且由企业年金制度和城乡居民养老保险制度所组成。但由于企业年金尚不发达、也不普遍，居民养老保险又处在起步的阶段，中国社会化养老走向成熟尚需时日。

在中国的养老金体系中，第一个支柱基本上付之阙如。很多发达国家都为退休者提供平等的国民基本养老金，领取资格的法定条件只是年龄和合法居住权。而且无论何种情形，这笔养老金均由政府财政支出，因此，具有国家福利性质。当然，几乎在所有国家，国民基本养老金的给付水平都不高，基本上不足以为退休者提供体面的退休生活。但这对于国家养老金体系的健全是十分必要的。

“延迟退休”是一个我们必须面对的涉及未来我国人口结构变化和养老保险制度能否持续的问题，也是未来经济和社会如何或者能不能继续高速发展的问题。

目前，我国法定的退休年龄是男性年满60周岁，女干部年满55周岁，女工人年满50周岁。在生活条件日益改善的今天，如果考虑实际需求，适当延长退休年龄，不仅可以缓解国家养老压力，也能够让老年人继续为社会作贡献。

但现实的悖论是，延长退休年龄可能会带来一系列的社会联动。首先，就业竞争日趋白热化，延长退休年龄势必会让“就业难”加剧。此外，对于某些工种的从业者来说，在职时收入水平偏低且不稳定，退休后则可以获得稳定的养老金收入，延长退休年龄必将让他们的利益受损。因此，政府当务之急是要解决历史遗留问题，在破除制度弊端的前提下，再来根据实际推迟退休年龄，这才有助于增强政府的公信力。

中国保监会副主席陈文辉曾把中国养老保障面临的问题归结为：养老金缺口巨大、公平性不足、社保缴费比例高、体系发展不平衡。

中国是世界上唯一的老年人口超过一亿的国家，而且老年人口的抚养比到去年末已经上升到122.23%。近十年来基本养老保险的财政补贴已经超过了1万亿元。

基本养老保险的公平性不足，覆盖面不全，整个制度呈现碎片化面貌，发展不平衡。广大的农村人口，虽然现在在搞新型农村社会养老保障制度，但还在起步探索中，保障程度非常低。

中国企业社保缴费率20%，个人8%，缴费比例比较高，远远超出了世界平均水平，这对企业的竞争力产生了较大影响。

值得注意的是，中国养老改革之路一直走得比较曲折。早在1992年，原人事部就曾下发《人事部关于机关、事业单位养老保险制度改革有关问题的通知》，在云南、江苏、福建、山东、辽宁、山西等省开始局部试点。但由于各地试点步调不一，一直没有形成全国统一的全面改革方案，而且事业单位养老保险制度的改革思路缺乏顶层设计，结果以失败告终。

（二）城市化进程中农民工的社会保障问题

如果不存在制度性的障碍，农村剩余劳动力的非农化和农村人口的城市化将呈现为同一个过程。但是在我国，正是由于城乡社会保障制度的二元性，在城市化进程中缺乏化解市场风险的社会保障制度安排，使处于非农化过程中的农民被置于“城市农民工”这样的“边缘人”地位，其结果造成农村剩余劳动力的非农化与农村人口的城市化呈现为两个分裂的过程。

中华全国总工会2011年2月20日发布的一份新生代农民工调查报告显示，新生代农民工与传统农民工面临着劳动权益保障等一些共同的问题，但其面临的问题又有特殊性：

整体收入偏低。据调查，他们平均月收入为1747.87元，仅为城镇企业职工平均月收入（3046.61元）的57.4%；同时也比传统农民工低167.27元。

劳动合同执行不规范。新生代农民工劳动合同签订率为84.5%，低于城镇职工4.1个百分点。合同签订质量较差，执行情况差。68.2%的合同对于月工资数额没有具体约定。与用人单位签订了合同后，16.8%未持有正式的合同文本，这为他们与用人单位一旦发生争议时认定劳动关系、维护合法权益埋下隐患。

社会保障水平偏低。据调查，新生代农民工养老保险、医疗保险、失业保险、工伤保险、生育保险的参保率为67.7%、77.4%、55.9%、70.3%和30.7%，分别比城镇职工低23.7、14.6、29.1、9.1和30.8个百分点。总体看，他们的社会保险接续情况较差，对于所在单位为其缴纳社会保险的知情程度不高。

职业安全隐患较多。调查显示，36.5%的新生代农民工面临高温、低温作业问题，41.3%的人工作环境中存在噪音污染，36%的人工作环境存在容易伤及肢体的机械故障隐患，存在粉尘污染问题的为34.7%，但是用人单位为其采取防护措施的比重低于传统农民工。其保护条件堪忧，职业病检查、安全培训落实较差。

企业人文关怀不到位。新生代农民工更渴望和企业能够紧紧相融。96.1%的人表示他们关心企业发展，但认为企业“不怎么关心”或“完全不关心”他们的达16.9%。认为管理者和普通员工之间关系不融洽的最主要原因是“管理者不关心职工疾苦”，而传统农民工认为是“收入及福利待遇差距过大”。他们更渴望得到来自企业管理者的关怀和关注。

此外，工作稳定性差、职业培训不理想、加入工会比例较低等因素，也成为阻碍新生代农民工发展的不利因素。

对于城市中农民工的种种恶劣环境，已经日益引起社会关注。号召社会关心和帮助农民工的呼吁也越来越多，政府也经常有旨在解决农民工的各种实际问题的制度出台。

但也不可否认的是，无论是政府还是社会，在对农民工的关心和帮助中更多的是将农民工视为是需要帮助的弱势群体，自身则是以强者的身份向农民工施以“同情”和“关怀”，而较少去检讨导致城乡人口形成强势群体和弱势群体的制度安排。

城市农民工现象产生于我国农村人口城市化的过程中，这一过程必然要受到以下两方面因素的影响和制约，即现代部门的工业化程度和经济社会运行的制度安排。工业化对城市化的影响表现于：城市所具有的规模经济效应和集聚效应能够产生较高的比较收益，使城乡劳动力的收入差距日益扩大，由此产生了现代工业部门对农村人口城市化的“拉力”和传统农业部门对农村人口城市化的“推力”。因此，对阻碍农村人口城市化的制度安排，应该通过制度变革予以摒弃。对能够促进农村人口城市化进程的制度缺失，则应该通过制度创新予以弥合，从而达到加快农村人口城市化进程的目的。

在农村人口城市化的过程中，户籍制度、就业制度、社会保障制度、土地制度，等等，无不对农民工的市民化过程产生重要的影响。但是上述每一项制度的作用机制和影响程度是不同的。许多研究都认为阻碍农村人口城市化进程的关键是户籍制度，认为进城的农民之所以成为“边缘人”是因为其农村户籍。但我们以为，户籍制度本身只是一种身份标志，传统体制下户籍制度之所以成为限制劳动力在城乡之间流动的一道不可逾越的屏障，是因为它与消费品分配和权益保障紧紧地“捆绑”在一起。凡是拥有城镇户籍的人口，从其出生开始，就享受着与农村人口不同的待遇，拥有城镇户籍就意味着拥有了从粮食和副食品供应、教育、就业、医疗、一直到退休养老的全面保障。

而市场化改革以来，户籍制度与财富分配之间的联系已经被逐渐剥离。粮食和其他副食品供应已经与户籍制度脱钩，户籍制度本身也已经开始松动，除了大城市以外，许多中小城镇已经允许农村人口迁入。另外，城市就业制度虽仍对非农化人口有一定限制，但已不是一道不可逾越的屏障。因为城乡之间的长期隔绝使城乡之间劳动比较收益呈现较大差距，这一背景对进城农民的就业模式产生了较大的影响，虽然农民工不能进入一些报酬较高的部门，但那些由于工作条件恶劣且报酬不高而被城镇劳动力所不屑的工作，其报酬仍然高于农民工在家种地时可能获得的收入，这些工作对进城农民尤其对来自于经济较为落后地区的农民仍有相当的吸引力。这也是为什么农民工一旦进城以后就不太愿意再回农村的原因，即使他们很难成为真正意义上的城市人。

除此之外，政府对农民进城务工就业问题逐渐重视，国务院要求各级政府和有关部门取消对农民进城务工就业的不合理限制、改善农民工的生产生活条件、多渠道安排农民工子女入学等。

以上分析表明，传统体制下与户籍身份紧密相连的就业、居住、教育等方面的制度安排正在逐渐发生变化，由于这些制度安排所导致的对农村人口城市化的阻碍作用正在减弱并逐渐消除。而唯有社会保障制度依然维持了城乡居民之间的利益差别，迄今为止，我国已经建立起来的社会保障制度，依然保持了城乡分割的格局，即便是那些已经在事实上实现了非农化的人口，也依然被排斥于城镇的社会保障体系之外。因此，真正阻碍农村人口城市化进程的最大障碍并不是户籍制度，而是我国社会保障制度的不完善。

城乡二元性的社会保障制度安排，使进城农民工无法进入城镇社会保障体系，无以化解城市化过程中的市场风险，造成农村人口在城市化过程中的预期成本大大增加，结果导致农村人口城市化的双重阻力：一方面农民因缺乏社会保障而降低非农化动机；另一方面进了城的农民无法放弃土地，难以形成土地的集约化经营。这一现实背景意味着农村人口在城市化过程中的预期成本大大增加，农村人口的城市化动机也必定因此而大大降低，从而延缓了我国农村人口城市化进程。

因此，必须建立起城乡社会保障制度的有效衔接，将城市农民工纳入社会保障体系，化解农村人口在城市化过程中所面临的各种市场风险，降低农村人口城市化的预期成本，为农村人口的城市化提供制度保证。要把农业转移人口纳入城市社会保障系统，以攻克城市基本公共服务全覆盖的核心难题，一是要靠政府调整公共财政政策，把确立社会公平作为财政工作的首要目标；二是要通过劳资关系的调整，改善农业转移人口的劳动条件，提高其收入水平；三是实施正确的人口布局政策，给中小城市的产业发展开辟更大空间，引导农业转移人口分散流动。

总之，社会保障制度作为实现公民的生存权利以及其他人权的保证，是全体社会成员共同享受社会发展成果的重要途径，也是维护社会稳定和促进经济发展的重要支柱。

（三）我国社会保障制度存在的普遍性问题

我国的社会保障制度建设历来为人们所关注。据人力资源和社会保障部副部长杨志明对媒体表示，截至 2012 年 9 月底，全国基本养老保险已覆盖 7.48 亿人，其中，全国城镇职工基本养老保险参保人数达到 2.99 亿人，新农保和城居保参保人数达到 4.49 亿人。1.24 亿城乡老年居民按月领取养老金，新农保和城居保在全国范围内基本实现制度全覆盖。不可否认，我国的社会保障取得了很大的成绩，但依然面临着诸多考验。

世界各国社会保障制度的成功经验和失败教训都是我们的一面镜子，通过比照，我们可以找到很多我国现阶段社会保障制度的缺失与不足。中国社会保障制度发展所面临的问题很多，其中既有历史问题，也有改革中未能妥善处理的问题；既有制度之内的问题，也有制度之外的问题。

我国的社会保障体系，是在生产力水平较低的公有制经济基础上、在计划经济体制向市场经济体制转轨过程中、在迈向工业化的道路上建立起来的，经济的支持极其有限。

世界各国的社会保障包括了从生、老、病、死、伤、残，到子女抚养、各种收入保障和医疗服务等各个方面。特别是一些实行福利型社会保障制度的国家，对每个公民“从摇篮到坟墓”都给予安全保障。中国社会保障体系还存在着诸多缺漏，不仅现有项目体系无法覆盖全体应当被覆盖的社会成员，而且还存在着诸多项目空白；而在监管等方面，除养老保险等少数项目的监督趋严与社会化服务进程在加快外，其他社会保障制度的监管体系与服务体系的建设均很欠缺，政府主导之外层次的社会保障体系亦未能真正推进。因此，中国的社会保障安全网客观上存在着巨大的漏洞，既有相当数量的人缺乏基本养老保险，亦有人没有基本医疗保障，乡村数以千万计的贫困人口尚未有制度化的社会援助制度，包括面向老年人、残疾人等在内的各项社会福利事业严重滞后，一些迫切需要国家与社会帮助的社会成员在遇到困难时易生绝望心态。可见，中国社会保障制度现阶段面临的主要问题，是社会保障不足的问题，中国的发展迫切需要建立健全的社会保障体系。

社会保障制度对法制性的要求更高，立法先行是一项基本原则，工业化国家及许多发展中国家在建立或修订自己的社会保障制度时均会遵循这一规则，即任何一项社会保障制度的建立和改革，通常都以立法机关制定或修订相关法律、法规为先导，以管理部门制定相应的实施细则为条件，之后才是具体组织实施社会保障项目。这一定例除法制社会和市场经济的客观要求外，亦是社会保障制度自身的需要。因为社会保障是涉及亿万国民切身利益的社会公共事业，没有立法的规范和硬约束，便不可能得到有效推进；同样重要的还有，社会保障制度安排牵涉到政府、企业与个人之间的责任分担和不同社会群体或利益集团的利益调整。当我们考察西方国家的社会保障制度时，就可以发现行政机关与立法机关在社会保障立法方面存在分歧的现象非常普遍，许多关于社会保障立法事实上是行政机关与立法机关相互较量与妥协的结果，这说明至少仅仅依靠政府是难以真正确立社会保障制度的。

因此，立法的意义不仅在于对社会保障制度的权威规范，更在于实现社会保障责任与权利的合理配置。然而，我国的现实却是缺乏对社会保障的法律规范，还要依靠行政机关的法规政策来推动社会保障制度改革。这种状况不仅无法使新的社会保障制度真正走向定型发展，而且因政策的多变或过度灵活而损害了新制度应有的稳定性。

责任模糊是中国现阶段社会保障制度改革与发展面临的又一重大问题。

西方发达国家在社会保障制度逐步成熟的同时，对国家、集体、个人在社会保障体制中的责任与权利作出了比较清晰的划分。由于我国的社会保障制度起步较晚，而且在计划经济向市场经济转轨时期才开始逐步完善。在特定的历史时期，社会保障的历史责任与现实责任至今仍很模糊，这不仅不利于制定并推行解决历史负担的有效计划，更使我们对新制度及其运行效果无法给出准确评判。

社会保障制度安排中的主体各方责任的非确定性或模糊性，财政责任的非固定化乃至缺位，无疑会直接损害新制度的有计划性和可预见性，同时也会给经济发展和市场竞争中的主体各方带来权利与义务的不确定性，并增加劳动者代际负担的不确定性和每届政府应负责任的不确定性，进而可能损害市场经济的正常秩序，弱化国家参与国际竞争的能力。因此，用明确的责任划分来替代现实中的责任模糊，用分级负责的固定拨款机制来促使各级财政到位，客观上已经成为新型社会保障制度建设所面临的紧迫任务。

近二十年来的社会保障制度改革，虽然改变了计划经济时代单位包办社会保障事务时负担畸轻畸重的现象，却因多种原因造成了新的不公平。现在的大多数福利国家都具有比较健全的社会保障服务体系，使需要得到国家救助的公民能够最大化地得到援助。而我国由于经济发展水平相对较低，一些地方和部门根本就没有从社会保障需要的视角考虑服务体系建设，而只是单纯从安排劳动力的角度，从提高利润率的角度安排社会服务项目，因而存在服务网点分布不合理，服务功能不健全等问题。如因基本养老保险统筹层次低，各地区的缴费率因历史负担的轻重而存在着很大的差距，这不仅损害地区之间的公平竞争，而且构成了中国社会保障制度尤其是应当统一的基本养老保险制度走向统一的重大阻碍因素；劳动者个人之间因多种原因导致的社会保障权益不平等，亦直接损害着社会保障的公平，阻碍着统一劳动力市场的形成。同时，现行社会保障体系还存在着有效性不足的问题，如医疗保险改革采取的统账结合模式，因不能很好地解决受保障者的疾病医疗问题而面临着调整的必要；失业保险对就业促进的功能有待提高；最低生活保障制度因仅仅包含单一的食物保障而面临着与其他贫困救助制度整合的必要。其他保障政策亦存在着政策不协调、不规范及相当多的技术问题。因此，尽管新制度取得了值得肯定的实践效果，但有效性仍然有待提高。

二、农村土地流转制度面临现实考验

城市化一方面表现为一部分农业劳动力转化为非农业劳动力和农村人口转化为城市人口，另一方面表现为农业用地转化为非农业用地和农村用地转化为城市用地，从而导致城市人口和城市用地的扩大，同时农村集体土地也面临着如何重新配置问题。我国实行的是全民所有和集体所有两种土地所有制形式，在城市化进程中必然涉及城乡土地的流转和土地置换问题。土地制度是否合理，对促进城市化进程起着非常重要的基础作用。

现行土地制度经历了二十多年的发展，对中国的农业乃至整个国民经济的迅猛发展，对维持农村社会乃至整个中国社会的稳定起了十分重要的促进作用。但是，随着形势的发展，它与市场经济的要求距离逐渐加大，在一定程度上已经影响到城市化进程，应通过不断地深化改革，使之符合市场化、城市化的要求。以产权改革为纽带，以土地流转市场建设为依托，以制度创新为重点，通过外部环境的营造和多样化土地流转模式的探索，寻求土地产权制度改革的有效途径，这对促进城市化健康有序地发展和解决中国就业问题将有重大的意义。

改革开放以来，以乡镇企业为主的农村工业迅速发展，1.5 亿～2 亿人的农村劳动力开始进入非农产业。但是，与较快的工业化水平相比，我国的城市化水平远远落后了。根据 1999 年年底的统计数据，所有农村人口中，在乡镇企业就业和在农村从事个体运输、商业、工业、服务业的劳动力全部包括在内，我国从事非农产业的劳动力占总就业人口的比重约为 53%，而包括外来常住人口在内的城市人口，只占全部人口的 32%。也就是说，我国工业化（非农产业化）的比率比城市化比率高出 21 个百分点，而发达国家和多数发展中国家在经济发展过程中历来是城市化水平高于工业化水平，与人均 GDP 水平同等的国家相比，我国城市化水平也大为落后。城市化水平过低，导致人口和产业聚集程度低，使得工业和其他非农产业发展所需的基础设施成本过高，交通成本也过高；人口聚集程度低，也阻碍了第三产业的发展，增加了就业难度，减缓了农业劳动力向非农产业转移的进程，制约了经济的发展。因此，城市化将成为今后一段时期的战略重点。

（一）现行土地制度存在的问题

造成我国城市化水平远远低于工业化水平的一个重要原因，是农村劳动力无法真正摆脱农民身份，不管从事何种非农产业，农村劳动力最终都离不开土地。现有的农村土地制度为农村人口提供了一种特殊的社会保障。由于中国农村目前的现金收入水平很低，农村短时期内建立以个人付费为基础的社会保障制度是不可能的，由政府来承担全部或部分费用来实施涵盖 8 亿农村人口的社会保障计划也不现实，广大的中国农村几乎没有一个有效的社会保障制度。在大多数村庄，仅有的社会保障是以农村“三提五统”为基础的“五保户”制度和低效的医疗保障制度，一般农村地区都不存在养老保险，失业保险则更不用提了。

土地在某种程度上作为现金的替代品，为农村人口提供了一定的社会保障。土地的社会保障功能主要体现在以下几个方面：第一，提供给劳动者足够的食品，也就是最低生活保障；第二，集体土地收入能为失去劳动能力的老年人提供养老保障；第三，为村庄提供公共物品；第四，土地能起到失业保险的作用，能够吸纳大部分的农村剩余劳动力。正是由于土地为农民提供了农民自己和国家都无力承担的社会保障功能，农民不能轻易放弃与土地的关系，只能在有限的程度上参与到非农产业中去，这就造成了中国城市化进程跟不上工业化进程的现状。如果农民能够将土地使用权有效流转，将土地保障转化为现金保障，农村土地和劳动力这两大生产要素就会得到更合理地配置，进而推动城市化进程。但是，现有农村土地产权制度制约了农村土地使用权流转。主要表现在：

中国现行的农村土地制度的核心是 1978 年以来所实行的联产承包责任制。这种土地制度既保留集体对土地的所有权，又在一段时期之内允许农民拥有排他性的土地使用权，因而兼顾社区范围之内的公平和效率。这种土地制度大大提高了生产效率。在城市化战略推进过程中，农村土地产权制度改革取得一定成就，但仍有一些现实的障碍和理论层面的问题约束了城市化健康快速发展，需要改革和创新。

第一，土地所有权主体村委会既不是经济法人，也不是一级政府，在一部分村民现有民主法制知识有限和文化素质不高的情况下，土地集体所有往往成为实际上的村委会少数人所有，加之土地使用权主体——农民的组织化程度低，自我保护能力弱，往往形成一些地方村委会少数人出租和变相出卖集体土地，从中寻租、侵占、挪用国家征地的补偿；多留机动地和集体田，频繁进行土地承包的调整 ，从中谋利，等等。

由此可见，我国农村现行土地产权制度安排上存在农地所有权虚置性与农户土地产权的残缺性并存的局面。

第二，一些农民由于土地收益不高，许多务工经商的农民要求中断承包合同，可是当前的政策更多强调期限的原则性。除横向流转不畅外，纵向的反馈流转机制即农民退包或乡村社区反租倒包的机制也没有建立起来，加之当前缺乏土地经营公司或经营大户收购土地使用权，土地资源被固定下来，这不仅束缚和妨碍了土地适度规模经营，而且使农村劳动力转移的激励机制不强，进而影响了土地生产率和农村城市化进程。

第三，流转价格体系不健全。土地使用权的流转是在土地价格市场化下进行的，但在中国农村土地关系中，所有权与使用权间设立了承包权，农户向集体经济组织承包土地，土地流转价格并非由农地供求关系决定，而是土地“所有者”一方以垄断方式决定，加之小规模经营和农产品低价，一些地区的土地成本超出了经营收益，容易侵蚀了农业经营者的利益。因此，在中国农村土地流转中，价格体系的不健全势必严重影响土地资源合理流动、优化配置，从而弱化农村城市化的经济基础——农业现代化的实现。

第四，由于中国土地使用权流转的内生机制不完善，土地流转价格体系不健全、土地外部环境不成熟，再加上中国农民人力资本缺乏和农村社会保障制度的缺乏，使得土地承包使用权的就业生存保障和社会福利功能在相当长的时间内还占有主导地位，农户对土地承包使用权的放弃，实际上是利益流损。在现行土地制度下，尽管大量的农村人口进入非农产业，甚至离开农村进入城市，只要他们的农村户口没有变动，他们与土地的内在联系并不会切断。这样，中国现行土地产权制度现状不能割断从事非农业产业的农民同土地之间的联系，限制了土地向专业能手的集中和农业的规模经营，进而限制农业的技术革命，延缓了城市化的进程。

第五，土地置换缺乏总体规划，过度追求土地收益，导致土地利用效益低下。在现行土地制度下，土地资源极其稀缺的中国，城市化依然急需大量土地。这加重了已有大中城市吸纳农村人口的压力和提供基础设施服务的压力。一些城市盲目追求大而全，外延扩张、粗放利用土地格局，用地规模“摊大饼”式发展。各地以多种名义盲目出让土地，土地供给规模失控，有相当一部分已供给土地闲置，极大地浪费了稀缺的且是中国最肥沃、生产力最高的那部分土地。这不仅导致土地利用效率低下，且给农村、城镇经济发展造成不利影响。

同时，目前沿海地区和一些大城市郊区率先实行两田制，甚至三田制。这些地方按人口平均分配没有定购任务和税负的口粮田，并将剩下的土地按劳力平均分配有定购任务和税负的责任田，有的地方甚至还分饲料田。在这种制度之下，土地的所有权主体是社区（行政村或自然村），取得土地使用权的依据不是某人对土地使用的效率，而是他在该社区中是本村户口和劳力身份。于是，单个家庭内部的人口变化成了影响整个社区土地分配公平与否的所谓牵一发动全局的问题，使得土地使用权的流转的交易费用特别高。由于人口的变动、年龄的变化、劳力因年老或残疾变非劳力等，引起社区内各户实际占有土地份额的消长。土地使用权于是便会经常随社区人口的相对或绝对的变化，而不是基于效率的理由而转移。土地是中国最稀缺的生产要素，其利用效率是最应重视的问题。然而，为了社区小范围之内的公平，现行土地制度却减缓中国的城市化过程，排斥社区外的农村剩余劳动力与土地的结合，加剧了中国农村的就业问题，因则牺牲了整个中国农村社会的公平，也在某种程度上牺牲了土地这一稀缺要素的利用效率和规模经济。

在现有的制度安排下，土地所有权的流动只有国家征用这条途径，而土地使用权的流动，只能通过两种政策方式：农民的转包和集体的调整来流动。由于农村土地的无偿使用和基本上的无偿转包以及缺乏稳定的预期，农户之间的转包十分有限，而集体组织的调整也缺乏有效的机制，难以得到农民的认可。农村土地使用权缺乏流转机制，直接影响了资源配置效率，阻碍了经济发展。

从土地资源利用来看，目前的家庭承包制使得土地利用碎化，阻碍了土地利用效率的提高，造成土地资源的浪费。由于土地按人口均分，好坏、远近相搭配，造成耕地过于零散，农民经营过于分散。根据典型调查，目前我国每个农民平均只经营 0.557 公顷（8.35 亩）耕地，平均分成 9.7 块，每块不到 1 亩。土地经营规模如此狭小，又无法进行有效流转形成规模经营，这必然从两个方面制约我国农地配置效率的提高。一是使得先进的科技成果应用困难，阻碍了技术变革对农业生产率的提高，导致农民的生产积极性不高，土地经营粗放，甚至出现土地荒芜现象。二是现有农户家庭半自给性、小规模土地承包经营基础上的农民兼业化，使土地退化为“生活保险手段”，导致土地经营的目标不是追求投入产出收益最大化，而是获取稳定的“口粮”保障，从而使土地配置失去效率原则。

从人力资源角度看，土地使用权的凝固化，导致我国农村剩余劳动力转移困难。根据阿瑟·刘易斯提出的“零值农业劳动学说”，传统农业中有一部分劳动力处于隐蔽失业状态，他们形式上是就业人口，但其实际生产率为零，把这部分劳动力从农业中抽走，不会使生产减少。据估算，中国农村的隐性失业人口有一亿人，占农村实有劳动力的近 1/4。由于土地使用权的流转困难，这些隐性失业人口被牢牢拴在了土地上，这种状况既阻碍了农业自身的发展，也成为推进城市化战略的一个“瓶颈”。

（二）完善土地权利界定才能加快农村劳动力转移

加快农村土地使用权流转，使农民与土地使用权的关系不再凝固化，对城市化进程将起到巨大的推动作用。在这个过程中，必须充分尊重农民的权利，切实保障农民的利益。

要使农民对土地的权利在土地流转过程中得到充分体现，最基本、也最重要的是：强化和稳定农户的土地承包关系，进一步明晰土地使用权的产权界定，把土地使用权流转的决策权界定给农民。所谓强化农户承包权，就是变农户单一的土地经营权为占有、使用、收益、处分“四权统一”的农户土地承包权，包括土地出租、入股、抵押等权利。这样，农户才能成为土地使用权流转的主体。从“四荒”地使用权拍卖制度创新的成功经验来看，赋予承包农户明确的土地处分权，使其行使转让、出租、入股、抵押等权利，既维护了承包农户的利益，又有益于土地的合理配置。

实际上，土地承包权越稳定，承包权就越能充分实现。家庭承包责任制的意义就在于，分割所有权来使僵化的所有权“名义化”，使集体所有权异化，从而产生效率。土地承包权越稳定，土地公有就越接近“名义化”，能够保证农户在承包合同期间对土地进行转让，也允许农户通过土地使用权入股或作为抵押品取得非农产业的经营权利。要稳定农户的土地承包权，第一，要认真落实土地承包期的延长政策，这是可行和有条件的。因为绝大多数农户不希望土地频繁调整，而非农产业的发展降低了农户对土地经营的依存度，计划生育政策的成功使得新增人口对土地的生存压力逐渐减缓，土地调整的压力也得以减轻。第二，在人地矛盾突出的地方，土地承包的调整一定要在“大稳定”的前提下，进行有严格限制条件的小调整。

保护农民的权利，还有一点至关重要，那就是农村土地产权制度的法律化。从政策规定到法律界定是质的飞跃，需要一个较长的过程，但这又是中国农村土地产权制度建设的最终出路。土地使用权流转机制的建立，逐渐面临需要土地产权制度法制化的问题：一是土地所有权主体的模糊身份规定应有明确界定；二是对政府关于承包期延长的政策明确用法律条文规定；三是国家对耕地的征用应严格控制。出于商业目的的征地行为，必须征得土地所有权者和土地使用者同意，而且补偿金额要体现土地使用权的市场价值。由于市场经济的发展和城市化的推进，浙江、福建泉州和广东茂名等地都出现了土地流转现象。在土地流转的实际操作中，由于法律本身的不健全，农民的土地承包经营权也可能受到损害。例如，法律条例中明文规定：对个别承包经营者之间承包土地进行适当调整的，或者农民集体所有的土地由本集体经济组织以外的单位或个人承包经营的，须经村民会议 2/3 以上的成员或者 2/3 以上村民代表的同意。这样，即使有村民反对，只要有 2/3 多数人表决，他们依法享有的土地承包经营权就被“合法地”剥夺了，诸如此类的问题需要法律尽快解决。

建立健全完善的土地流转制度，大力推进城市化，将使得农业在国民经济中的权重不断下降，农业劳动人口被大量释放出来，农村劳动力将进一步过剩。大量农业人口纷纷离土又离乡，常年在城乡辗转的 8000 万人，青年农民就占了 6000 万人，而在 20 世纪 60 年代的“上山下乡”运动中，全国青年大迁徙的总规模也只有 1800 万人。

造成这种状况的原因，一方面是不断上升的农业剩余劳动力，另一方面却是越来越困难的就业机会。无论任何国家，随着工业化的发展和工业技术、管理水平及劳动生产率的提高，劳动就业发展的趋势基本上都是从第一产业大量转入第二产业，然后转入第三产业。一些发达国家，第三产业中就业的比重一般都已达到60%～70%，甚至接近80%，不少发展中国家已占40%以上。我国因为城市化水平太低，主要依托城市发展的第三产业发展不快，第三产业中就业的比重不到30%，致使每年减少数千万个就业岗位。而为了保证城市的秩序以及下岗工人的就业，很多城市制定了保护性措施，排斥甚至打击外来人口的就业，定期不定期地用行政命令的办法进行强制性清理，把已经进城甚至有相对固定场所和正当生活来源的农民，因为没有城市户口或居留证过期而被清理回乡。与此同时，乡镇企业对农村劳动力的吸纳能力减弱，20 世纪 80 年代中期是每年 1300 万人，到 90 年代中期下降为 300 万人，90 年代的后期则每年排斥 300 万人至 400 万人。那些年富力强、对生活充满渴望的农民青年，遭遇着“去城市无出路，回农村无退路”的尴尬境地。

因此，尽管土地使用权流转制度的建立可以把土地和劳动力这两个重要的生产要素解放出来，但只有建立有效的市场机制，这两大生产要素才能得到合理配置。对农村劳动力而言，其转制要面临的问题有很多，目前迫切需要解决的首先是机会公平问题，要让农村劳动力和城市人口一样享有同等的工作机会。

总之，我国经济发展的经验表明：城市化不仅仅是工业化。只有解决好农村土地使用权有效流转的问题，为农村劳动力提供更多的非农就业机会，实现土地、劳动力的优化配置，才能更快、更好地推进城市化战略。

三、城市化进程中的城市管理体制并未健全

城市管理体制，是由城市管理机构、管理权限、管理方式、管理队伍及管理约束机制诸多要素组合构成的相对稳定的体系，是整个国家管理体制的不可分割的重要组成部分。它需要通过城市政府行为进行统一领导，分工负责、分级管理，以块为主、条块结合，整体联动，建立起集指挥、协调、管理于一体的超越部门利益的综合管理体制和运作机制。城市管理本身是一个复杂的系统工程，其管理体制亦是一个复杂的体系。这个体系的机制是否健全、机构之间是否协调和其运作状态的优劣，将直接影响着城市的管理水平，关系着城市管理的效能和城市功能的发挥。因此，科学地建立城市管理体制也就成了各级城市政府的重大任务。

（一）街道办历史与现实的运行状况分析

当前，中国设区的城市普遍实行“两级政府、三级行政、四级落实”管理体制，即在区政府之下设置街道办事处作为派出机关，并依靠社区居委会协助开展相关工作。因此，城市管理体制和街道办事处二者之间存在着紧密的联系。

街道办肇始于新中国成立后，1954 年，全国人大常委会审议通过的《城市街道办事处组织条例》规定：10 万人以上市辖区和不设区的市，应设立街道办事处等。这是街道办作为城市基层管理体制一级机构的开始。经过半个多世纪发展，中国城市基本形成“二三四”的管理模式，即两级（市、区）政府、三级（市、区、办事处）管理、四级（市、区、办事处、社区）网络。

1954 年通过的《城市街道办事处组织条例》第一条规定：为了加强城市的居民工作，密切政府和居民的联系，市辖区、不设区的市的人民委员会可以按照工作需要设立街道办事处，作为它的派出机关。当时建立街道办事处的出发点是巩固政权，主旨是为了加强城市的居民工作，密切政府和居民的联系，而不是为了让街道办事处直接从事更多的城市管理事务。其他条款还简要规定了街道办事处的设立、管辖区域、组织人事和办公费用的解决问题。值得注意的是，《城市街道办事处条例》已于 2009 年由全国人大宣布废止。

在建国初期，街道办事处承担的任务还基本符合组织条例规定的那几项。然而，随着社会经济的发展，城市居民结构的变化以及城市化过程中必然出现的社会问题的增加，街道办事处所承担的工作任务已不仅仅停留在居民工作这一块上了。

“二三四”管理模式一度在城市建设和管理过程中发挥了积极作用，却也造成一些地方街道和社区在基层管理服务方面职责重叠和公共资源浪费，表现为街道办和居委会行政化日益严重，工作人员很难有时间深入了解基层民意。同时，很多原本由政府职能部门或由街道办承担的行政工作也被“二传手”到社区。社区管的事越来越多，居委会门口的牌子也越挂越多。以北京市东城区六铺炕居委会为例，其门口目前就悬挂了法律服务工作站、残疾人温馨家园、外来务工人员登记站等 12 块牌子。

改革开放以来，我国的政治、社会环境发生了翻天覆地的变化，在这种背景之下，作为城市基层政府派出机关的街道办事处的城市社会公共事务剧增。由此导致很多城市的街道办事处都出现了名不副实的状况，即街道办事处法律名义上不是一级政府，却在实际上承担着一级政府的职能，逐渐形成了“准政府”的角色地位，甚至在一些地方街道办所行使的职权都超过了一级政府的职权。

目前，街道办事处在实践中承担着城市管理、社区服务、发展经济、优抚救济、社会治安、文教卫生、计划生育、司法调解、群众生活等数十大类的任务。根据一项调查资料显示：北京市石景山区八宝街道办事处目前承担各类工作达 168 项，其中党群工作和人大街工委工作计 49 项，街道内部事务性工作 23 项，行政管理和居民服务类工作 96 项。其他地方街道办事处的工作任务也大都相仿地拓展到了很多方面。

在现实运行中，街道办由于处于城市的基层，由此就难免与城市基层自治组织居民委员会发生十分密切的关系。《中华人民共和国宪法》第一百一十一条规定："城市和农村按居民居住地区设立的居民委员会或村民委员会是基层群众性自治组织。居民委员会、村民委员会的主任、副主任和委员由居民选举产生。居民委员会、村民委员会同基层政权的相互关系由法律规定。"《中华人民共和国城市居民委员会组织法》第二条规定："居民委员会是居民自我管理、自我教育、自我服务的基层群众性自治组织。不设区的市、市辖区的人民政府或者它的派出机关对居民委员会的工作给予指导、支持和帮助。居民委员会协助不设区的市、市辖区的人民政府或者它的派出机关开展工作。"从法律规定我们可以看出居民委员会作为基层群众性自治组织，并不是街道办事处领导的下属机构。依据相关法律规定，居委会是居民自治组织，应更多在居民自治、基层民主方面发挥积极作用。然而现在相当一部分居委会精力主要用于完成各级政府和街道办交办的任务，很少开展居民自治和化解基层矛盾。

2010 年 7 月底，安徽省铜陵市铜官山区在全国率先启动社区综合体制改革，撤销原有街道办，整合成 18 个大社区，原有街道干部工作人员一律下派各社区任职。经过一年多实践，铜陵市将这一模式向全市推广，撤销该市所有街道办。然而，街道办撤销后发生反弹的情况并非没有先例。早在 2002 年 3 月，南京市白下区就曾进行过街道体制改革尝试，成为全国首个由街道办改社区的试点，在当时引发不小震动。国家、省、市民政部门和专家学者对其表示肯定，甚至一度被称作"小岗村"式改革典型。然而在之后改革深入过程中，却遭遇重重阻力。2009 年，白下区进行行政区域调整，淮海路社区被重新划归五老村街道，回到试点前状态。

综上我们可以看到，城市管理体制改革已是"箭在弦上，不可不发"了。从最终目标来讲，无论撤不撤街道办，关键要厘清政府管理服务和居民自治的边界和关系，通过明确管理职能、工作程序和办事规程，合理划分基层行政管理和服务机构的职责权限。

（二）"两级政府，三级管理"管理体制简析

1995 年上海市开始"两级政府，三级管理"的试点，其特点是将权力重心下移至街道，强化街道办事处的权限和职能，旨在充实、强化街道办事处的管理职能，减轻市、区级政府的城市管理任务：第一，划清市与区两级政府的职能界限，理顺条块管理体制，使市政府的管理重点放在制定战略规划、政策法规、监督检查和引导、调控等宏观层面上。坚持"条块结合、以块为

主”的原则，充分发挥区政府在城市管理中的作用。第二，加强街道这个管理层级，使其在作为区委区政府派出机构性质不变的前提下，依据法律、法规、规章和区政府授权，成为一级准政府，区政府要向街道放权。同时改革原有的居委会，使其成为现代意义的社区组织。

此后，街道办事处被授予部分城区规划的参与权、分级管理权、综合协调权、属地管理权等四项权限，并采取了清理“条”“块”关系、建立综合执法队、扩充街道和居委会编制、完善财力机制等一系列措施，对这些权限进行落实。该种体制自实施以来有比较大的收效，产生了重大影响，全国各地有很多大、中城市纷纷效仿。

然而，随着社会变革的进一步加剧，“两级政府、三级管理”体制固有的弊端和由之产生的负面效应也逐渐露出水面，各级地方政府“职责同构”、街道办事处职能出现偏差、城市社区管理缺位屡见不鲜、政府职能转变困难、社区和社会组织长期得不到发育。而且，这种管理体制并非没有法律上的难点和操作层面的缺点。

根据人民代表大会制度的原理，任何一级政府都必须由同级人大依据法定程序产生。而且，各级政府必须执行同级人大的决议，对同级人大负责，受同级人大监督。然而，人大对街道办事处等的监督却是一个“断层”。由于派出机关（含行政公署、街道办事处和区公所）按照法律规定均不是一级政府，故无须由人大产生，从而也就无须向人大负责，而只需由派出它的那级政府所任命的人员组成，对派出它的那级政府负责。既然是派出机关，其权限就必须严格限定在明显小于一级政府权限的范围内。而现实中的很多街道办事处已然在充当着一级政府的角色。

值得注意的是，该种体制的重心在于加强街道办事处的管理职权与地位，实现政府管理的重心下移。而居民自治的培育与发展则要求减少街道办的干预，为居民自治留下一个适宜的空间，因此二者间毫无疑问就存在着一种张力。同时，这种体制具有结构性缺陷，在实践中的运作容易造成基层政府的职能和角色错位：一方面，传统的行政全能主义色彩十分严重，社会职能有限的政府仍在扮演无限政府的角色，越位包揽了许多不该管也难以管好的事务；而从反面来说，政府职能的缺位现象却也十分突出，如本该由政府直接承担的征兵、计划生育、社会治安等职能却又不见基层政府的身影。这就使得政府在社区事务中同时扮演着政策的制定者、组织服务项目的提供者和问题的裁判者等多重相互矛盾的角色。

随着城市管理权限的下放，城市管理重心转移，“两级政府、三级管理、四级网络、重心下移、以区为主、上级监督”的城市管理体制缺陷表现得日益明显。

第一，条块分割现象严重，区域规划有待进一步整合。在市、区（县）、镇（街道）之间，城市管理的权限条块分割、各自为政、政出多门，体制上职能交叉、界定不清、部门分割，规划和建设、建设和管理、行业垂直管理和区街属地管理等环节脱节，等等，其结果是一方面城市管理中权责不一致、不明确，有责无权或责大权小，管理机构有名无实难以履行好职责，有权无责或权大责小则会造成权力虚设和执法随意；另一方面城市管理的诸多专业执法部门配合不力、协调不够，遇利争先恐后，无利则互相推诿，客观上导致城市公共管理的低效。随着对城市协调发展、城市功能整体优化的强调，各自为政的城市规划格局应该进行相应的改革，以避免盲目开发、无序竞争，使城市有限的资源得到最有效的利用。

第二，财权事权不对称、基层功能发挥受抑。1994 年分税制财政体制改革以来，征管体制有待理顺。“条块结合”税收征管造成国、地税收征管“属地管理”与市、区两级财政体制不一致，引发了区与区、区与市之间争抢税源的无序状态。在财政分配上，区对市的依赖性强，区级财政收入来源有限，而支出却涉及方方面面，影响了区级经济社会统筹发展的能力。街道财政严重不足，与其承担的职能不适应。许多街道办事处不得不把精力放在创收赢利上。“吃饭财政”使得街道无力对管理、服务和发展进行投入，管理水平难提高。

第三，街道办事处职权责定位不清，社区行政化现象严重。目前街道办事处的职责是根据“派出机构的性质、一级政权的任务”来确定的，但是街道办事处作为城市管理的一个层次，其权责并没有明确的法律规定。街道办事处的机构设置、职责、人员配置基本上来源于上级指令和行政控制，缺乏法制化的编制管理。

而社区的管理基本上仍停留于行政管理，等级化的层次结构；社区本身应该具有的独立的意志、特色没有得到体现，各种民间中介组织和社区居民的作用没有得到应有的发挥，大多数只是承担街道办事处的行政职责，行政化倾向严重。改变居民委员会行政化、回归自治组织，深圳市对此进行了探索。2006 年 12 月深圳市启动社区管理体制创新的试点。2007 年 2 月 8 日宝安区大浪街道同胜社区工作站挂牌成立。社区工作站与居委会的分设，实现了社区股份合作公司与社区工作站、社区居委会脱钩，迈出了社区居委会成为真正意义上的群众性自治组织的第一步。

在这方面香港可以给我们不少启示：香港人口超过 700 万人，但却只有一级政府，特别行政区政府下有 3 司和 12 个决策局 60 多个政府部门和机构，每个职能部门都统管全港该方面的工作。“一级政府，一管到底”，较好地解决了层级结构“金字塔”管理层次重叠、冗员多、部门之间职责不明晰、互相推诿以及组织机构运转效率低下的弊端，使社会管理快速地将决策权延伸到市民服务、具体社会事务的最前线。

由此可见，中国城市管理必须坚持权责统一原则，按照完善现代城市管理机制和市、区协调机制，转变政府职能，“市区联动、条块结合、以块为主、权随责走、责随事转”的城市改革方向，明确市与区、条与块的职责分工，做到责、权、利统一。市级政府要完善对街道的资金投入机制，完善市、区财税支持机制，合理调整市区财政体制，调动区、街道办事处的积极性，增强其管理、服务的功能。政府对于社区应该从统治转向治理，打破传统的层级管理体制，形成网络化的管理；完善社区功能，突出社区特色，加强社区自治和民众参与，整合社区资源，推动建立和谐社区、安全社区。

（三）从“市管县”到“省管县”

郡县治，天下安。县（市）一级是城镇经济与农村经济、工业经济与农业经济、宏观经济与微观经济的联结点，县域的枢纽作用，在中国总体进入以工促农、以城带乡新阶段后的今天，正在不断得以凸显。

尽管县（市）重要性日显，但是，由于长期重城轻乡、重工轻农的惯性使然，中国县域经济的发展依然处于初级阶段，其落后处不仅体现在 GDP 占比远远低于人口、面积占比，更体现在发展质量远远不及都市圈经济，急待补足的“欠账”面广量大。因此，20 世纪 90 年代以来的市带县和撤县设区是中国加快城市化的两项措施，也是加强城市区域管理的重要环节。

市管县体制是由建制市下辖若干个县，以经济相对发达的中心城市来带动周边农村经济发展。1999 年中央关于地方机构改革的中发［1999］2 号文件强调，要加大“市管县（市）”体制改革力度，实行地市合并，“市管县”的行政体制得以全面确立。目前，全国已有江苏、辽宁和广东等 12 个省区全部实行了市管县（市）体制。

实行市管县体制的初衷是经济较发达的“市”带动周围“县”农村的经济发展，最终实现城乡协调发展。从实践结果来看，在某些经济欠发达地区，在一定程度上推动了城乡一体化。但也出现明显的弊端，如一些地级市随意扩张、变县为区，与县争资源、争土地、争项目，使县级单位的行政成本高、管理效能低。

近年来，在经济发达的苏锡常地区、珠江三角洲、环渤海经济圈等地区，呼吁改革市管县体制、实现省直管县体制的呼声越来越高。但如何继续发挥城市支持和带动农村的作用，将会面临新的难点：一是在财政上“省管县”、而在行政上仍然是“市管县”的情况下，地级市与县的矛盾会以其他方式表现出来。第二，市管县体制增设一级政府机构，容易增加了行政成本，降低了行政效率。这两种情况，都不利于进一步发挥城市的作用。

因此，有一种方案认为，可以实行市县分设分治，在法律地位上建制市与县平行，建制市（地级）与县（县级市）各自直接掌握域内的公共事务管理权力，把握地方性的经济和社会发展自主权。随着市域经济的发展和城市的扩张，一些发展为大都市的可以逐渐兼并周围的县，撤县建区。有些县也可以因为经济发展和城镇化水平的提高而改为“市”，“市”和“县”的行政级别保持不变，以免引起较大的人事、机构变动。

2005 年温家宝总理在全国农村税费改革工作会议上指出：“具备条件的地方，可以推进省直管县的试点”，预示着中国的政府改革从减人、减事、合并机构的行政职能调整，开始扩展到“减少行政层级”的改革。改革开放以来的多次政府机构改革和目前正在开展的乡镇政府机构改革，地区一级都成了“改革盲区”。中国下一步的行政体制改革重点和突破口可能是“减少政府层级”，即撤销地区一级的行政建制，实行市、县分置，建立和完善“省直管县”或“省直辖市”的地方行政管理新体制。

其实，当前已经具备了实行省管县体制条件。首先，社会主义市场经济体制的确立，省政府摆脱了繁重的经济管理任务，有能力对县进行管理。其次，信息技术的发达和广泛运用，以及交通工具的发达和道路的改善，政府间传递信息的时效性和准确性大大增强，省域与县域之间的空间距离变得越来越短，为政府扁平化管理创造了条件，也为省直管县提供了技术保障。最后，“强县扩权”的改革收到了较好的功效。2002 年以来，浙江、湖北、河南、广东、江西、河北、辽宁等省先后开始了“强县扩权”的改革，地级市的一些经济和社会管理权限直接下放给重点县，已收到了较好的功效。浙江省先后于 1992 年、1997 年和 2002 年三次出台政策，扩大经济强县财政、经济管理和社会事务管理权限。2006 年 11 月浙江省再次把义乌市作为强县扩权的改革试点，开始了第四轮改革。与浙江顺利扩权相反，江苏的强县扩权却遇到了“梗阻”。2006 年初在江苏省人大会上，曾明确要求推进省管县的改革，但目前这项改革已经因为种种原因被迫停了下来。

强县扩权是省直管县前的有序过渡，也是统筹城乡、实现全面建设小康社会目标的关键环节。浙江省以前虽然在名义上实行市领导县体制，但除宁波市外，其他县（市）的财政和党政一把手仍直接由省管理，是实际上的“省管县”体制。由于避免了市对县的财政截留，县域经济发展的优势明显。

推进城市管理体制改革的另一个重要措施是撤县设区。20 世纪 90 年代末以来，一些大城市随着中心城区的快速发展，其发展空间日趋饱和，出现了向郊县、郊区转移的现象。撤县设区设立的是市辖区，这是城市发展到一定阶段，城市规模不断扩大和商品经济不断发展的结果。市辖区是市的有机组成部分，隶属于市并由市直接领导的行政层级。根据中国相关法律规定，人口在 20 万以上的市区，如确有必要，可以设立市辖区。市辖区有两种，直辖市的市辖区相当于地级行政区，省辖市的市辖区相当于县级行政区。市辖区执行市人民政府的决议和命令，实施区人民代表大会通过并经市人民政府批准的决议案，统一领导区内各部门工作，向市政府反映市民要求和意见。

2006 年重庆的江津、合川、永川、南川市撤市设区，山东的章丘市、济阳县也向省政府报送了关于撤市（县）设区的请示。中西部地区的一些城市也在酝酿撤县设区。从实践来看，撤县设区在部分城市取得了较好的成效，为中心城区的发展提供了比较广阔的空间。但在中心城市辐射功能不够强、郊县城市化不足的情况下，撤县设区的实际效果并不明显。

值得注意的是，党的十七届三中全会通过《中共中央关于推进农村改革发展若干重大问题的决定》和 2009 年的中央一号文件确立了“省管县”体制改革的路径：一是在财政体制上推进“省管县”改革；二是在有条件的省份，依法探索财政体制和行政体制统一的“省管县”改革。

事实证明，“省管县”对扩权强县、促进新农村建设和推进城市化健康发展具有重大作用和明显效果。

许多理论上的争论把城市化问题归结为大中小城市之争，这在世界城市发展历史上并非一个站得住脚的命题。城市化就是农村人口进入城市的过程，在没有任何限制人口迁徙的政策环境里，农民进城，或者是城市间人口迁徙的选择，只是受市场因素的影响，政府其实无法干预他们的选择。在不同的环境条件下，人们可以选择大城市，也可以选择中小城市，生活成本和就业机会是最重要的考虑因素。最重要的是城市政府如何要解决他们的生活和就业问题。

推进城镇化是一场全面深刻的社会变革。这里不仅仅是户籍管理制度改革、土地管理制度改革和城市间的行政管理体制改革，还要涉及中央和地方各级政府的事权划分；分税制改革如何深入到地、县、镇；城市基础设施的融资和运营的管理改革；如何提高服务业发展的有关政策措施；城市规划体制的变革等。要进行城镇化体制改革攻坚，就要建立健全城乡间要素自由流动的渠道及其配套措施。逐步取消现行制度中对农民权限的限制，“还权赋能”，科学确定农村生产要素产权，建立起农村生产要素流转的平台和框架。健全土地承包经营权流转市场，在稳定和完善土地承包关系的基础上，按照依法自愿有偿原则，采取转包、租赁、土地使用权入股、抵押等方式实行承包土地使用权的流转；推动农村土地制度综合配套改革，完善耕地保护制度、农村金融制度、社会保障制度和农村基层社会管理和公共服务体制。进一步深化户籍和人口管理制度，实现人口的市场化流动。对于居民的城乡和地区间迁移，实行自由登记和备案管理。

同时，以“人地”挂钩、“人钱”挂钩为主体，建立全国统一的城镇化推进框架。所谓“人地”挂钩，就是国家在安排建设用地指标时，充分考虑到各地区、各城市推动农民工市民化的数量，主要用于解决农民工市民化后的住房、基础设施、公共服务设施的用地问题。“人钱”挂钩，就是国家可建立农民工市民化的专项转移支付基金，根据各地区、各城市推动农民工市民化的数量，确定转移支付的金额，主要用于解决农民工市民化的成本。建立全国统一的“宅基地换房”框架，制定科学合理的标准，探索农民工宅基地退出和城市保障房分配挂钩的方法，有稳定工作和稳定生活来源的农民工退出宅基地后相应获得保障性住房。

还要综合提高城市就业吸纳能力、防灾减灾能力以及交通、通信、供电、供热、供气、供排水、污水垃圾处理等基础设施水平，全面提升城市生产生活功能。立足区域空间提高大都市的综合承载能力，以迅捷化交通网络、无差别公共服务、均等化就业机会为核心，鼓励和引导大都市区人口和产业向周边城市和城镇扩散，在更广阔空间内提升大都市综合承载能力。以加大投资为核心增强小城镇的承载能力，切实加强基础设施建设，提高公共服务能力和水平，积极培育特色优势产业，不断扩大就业机会，提高小城镇的人口吸纳能力。

以城镇高质量教育向农民工子女开放为重点和核心，同步建立健全农民工职业培训体系，充分发挥城镇化的人力资本积累效应，破解农民工市民化的内生约束。建立健全职业培训体系。重点加强对新生代农民工的教育培训，在“输入地”开展职业技能培训，并逐步建立在职培训，不断健全培训的法律法规体系，加强政府、培训机构、企业三方合作，形成“政府推动与支持，教育机构主动培训，产业界积极参与”的合作关系。建立职业资格证书制度，有效地提高农民工的职业技能水平和就业竞争力。

我们认为，落实土地差别化管理政策，必须形成包括土地报批审核、管理监督、科学评价等内容在内的配套制度设计，同时通过更加公开、透明的管理方式以确保实现最严格的土地差别化管理；在此基础上，针对不同土地资源用途，更多地运用市场化手段提高配置土地效率的做法也值得期待。

近年来，在巨大经济利益驱动下，地方政府纷纷大规模批地发展经济，由此造成大量土地批而未用继而闲置浪费，土地未批先用、谋求经济利益的情况也逐渐增多。这也让实行科学、严格、差别化的土地管理政策显得尤为迫切。随着工业化、城镇化和农业现代化同步推进，土地供需矛盾日益突出，中央对土地管理特别是土地利用规划计划管理也提出了新的更高要求，土地计划管理与现实需要相比还有差距，有必要进一步改进土地利用计划，推进差别化管理。

据了解，与计划管理相平行，市场化配置土地资源的效果同样备受肯定，也广被发达国家所采用，即土地资源通过用途管理、市场配置原则来使用，既能够有效避免土地违法，还可以减少土地资源浪费。

可以预见，国家即将实行最严格的土地保护制度，确保国家耕地和粮食安全，类似以前“敞开口子用地”的模式将不复存在。以节约集约高效用地为原则，东中西部地区在执行土地差别化管理、减少土地资源浪费、确保国家 18 亿亩耕地红线上，有着共同义务。

编者的话

第五章　基于现实的城市化危机对策

城市化提速是中国经济突飞猛进的主要原因之一，但是，环境污染、交通拥堵、收入差距扩大、劳资关系紧张等城市病的爆发，也对社会管理提出了新的难题，考验着执政者的智慧。

迄今为止，中国这场世界历史上最大规模的城市化，始终处于任其自发自为的发展状态，严重缺乏“顶层设计”，是中国城市化的基本特征之一，也在现实中招致了诸多的困顿和麻烦。由于缺乏对于城市化的一揽子规划，中国城市化过程中的粗粝与轻率之风，时常出没于城市建设之中。

必将有更多的农村人口涌进城市，那么土地到底该怎么科学调配，城市空间到底该如何分布与构建，政府在此间到底该扮演何种角色……凡此种种问题的答案，将决定中国城市化进程的成败。

随着我国城市化的快速推进，以户籍、土地二元分割为代表的制度设计缺陷所带来的深层次问题将日益突出。未来要想进一步提升中国城市化的发展质量与品质，就必须把户籍、土地改革向纵深领域推进，同时加快解决大量农村人口向城市快速聚集所带来的公共基础设施不足、环境污染、社会保障体系薄弱、社会治理结构滞后等“半城市化”难题。

“十二五”规划《建议》中提出了“改革顶层设计”，随后召开的中央经济工作会议进一步强调“加强改革设计”，这体现了改革思想的重大进展。“顶层设计”是促使改革工作得以有效进行的前提。社会问题、社会矛盾的不断积累，迫切要求从根本上做出调整。经济发展方式的转变、强国崛起的实现以及由“国富”到“民富”的跨越都需要系统、全面的设计作为保障。

第一节　土地破题需要顶层设计

土地是中国最稀缺的资源之一，更是农民赖以生存和发展的基础，农村发展的许多问题都归结为土地问题。“三农”问题是中国现代化最严重的瓶颈，其核心是土地问题。要从根本上解决“三农”问题，必须调整相关的土地法律法规，建立新的适应我国经济可持续发展的土地流转制度。

始于三十年前的中国改革开放是率先从农村发起的，家庭联产承包责任制的推行，令广袤的农村在最初的十年内获得了生产力的巨大解放，经济社会面貌发生了历史性巨变，其发展速度一度超过了城市。

然而，随着改革开放政策在全国不断深入铺开，农村改革发展面临着许多新情况和新问题，经济社会发展被城市远远地甩在了后面。城乡收入差距扩大至3.33倍，有关经济学家称，如果算上社会福利，差距则会拉大至5～6倍以上。

中国改革发展已经进入关键阶段，仍以土地制度为核心，在新的起点上设计并实施新一轮农村改革已成为中国改革的关键环节，它将实质性地推动解决城乡二元化体制积弊，促进农民分享城市化、工业化发展成果。

从城市化衡量指标我们不难发现：城市化的提高是用人口比例指标和土地利用指标来衡量的。这就意味着，未来会有更多的农村人口转变为城市人口，农村用地将会大批量土地转化为城市用地。随着城市化的不可阻挡的趋势，土地流转将会是其中一个必不可少的环节；同时，土地流转政策的放开将会加速城市化的进程和房地产市场的繁荣。

2008年10月19日，中共中央公布了党的十七届三中全会审议通过的《中共中央关于推进农村改革发展若干重大问题的决定》提出：赋予农民更加充分而有保障的土地承包经营权，现有土地承包关系要保持稳定并长久不变。按照依法自愿有偿原则，允许农民以转包、出租、互换、转让、股份合作等形式流转土地承包经营权，发展多种形式的适度规模经营。

这是中国改革开放三十年来具有里程碑意义的重大改革之一，为远远落后于城市的广大农村实现经济社会的新历史跨越开辟了道路，为中国未来的发展奠定了新的战略基础。

一、我国土地流转政策分析

土地流转指的是土地使用权流转，土地使用权流转的含义，是指拥有土地承包经营权的农户将土地经营权（使用权）转让给其他农户或经济组织，即保留承包权，转让使用权。

其实，中国关于农村土地使用权流动的政策刚出台，上海就在积极实施了。据悉，上海农村集体土地使用权流转机制的思路框架基本形成：将按照“土地确权、两权（所有权和使用权）分离、价值显化、市场运作、利益共享”方针，依据土地有偿使用原则，对上海郊区农业用地和建设用地使用权实行有偿有期限流转制度。农业用地在土地承包期限内，可以通过转包、转让、入股、合作、租赁、互换等方式出让承包权，鼓励农民将承包的土地向专业大户、合作农场和农业园区流转，发展农业规模经营。

集体建设用地可通过土地使用权的合作、入股、联营、转换等方式进行流转，鼓励集体建设用地向城镇和工业园区集中。其要点是：在不改变家庭承包经营基本制度的基础上，把股份制引入土地制度建设，建立以土地为主要内容的农村股份合作制，把农民承包的土地从实物形态变为价值形态，让一部分农民获得股权后安心从事第二、第三产业；另一部分农民可以扩大土地经营规模，实现市郊农业由传统向现代转型。

（一）农村土地流转的政策演变

中国作为一个古老的封建农业国家，农村土地制度与中国农业生产力和社会政治经济形势变化有着密不可分的关系。

秦汉以后，随着中国农业生产工具与生产方式的改进，农业人口基数不断上升，逐渐形成了以封建地主所有制为基础的农村土地制度。

这一制度一直延续到20世纪初期的清末民初之际。随着人口增长、资本主义萌芽以及帝国主义对中国农村土地的侵占，中国人口与土地关系空前紧张，人均耕地面积从5.54亩下降到2.19亩。在北洋军阀统治时期，军阀、官僚和地主疯狂地掠夺农村土地，加快了农村土地产权的集中速度。除了少数自耕农，土地制度基本上是以租佃方式，转让给佃农和部分自耕农耕种。双方约定农地承包价格以后，剩余产品归耕种者所有。

土地制度一直是中国共产党在各个革命阶段的一项根本制度。1928年，在井冈山革命根据地，中国共产党颁布了中共历史上第一部关于农村改革的法律文件——《井冈山土地法》规定：“没收一切土地归苏维埃政府所有，以乡为单位，分配给农民共同耕种，禁止买卖。”

农村土地经营模式自新中国成立至今经历了数个相应的历史阶段，并发展为现在的农村家庭承包经营体制。

1950年6月30日，我国颁布实施的《中华人民共和国土地改革法》标志了新中国在土地所有制方面的基本方针。在这一时期，农民不仅获得了土地，而且对拥有的土地“有权自由经营、买卖和出租”。

1955年夏，随着党在过渡时期的总路线和总任务（“一化三改”）的提出，为了避免小农经济方式的局限和生产技术落后，新中国通过农业生产资料的社会主义改造和人民公社运动，逐步使得个体农民私有的土地改造为人民公社所有以生产队为基础的集体所有制。

1978年，凤阳小岗18户农民搞起了“大包干”，正式揭开了中国农村土地改革的新时期，中国农村土地制度从单纯集体所有向集体所有、家庭经营的两权分离模式转变。在这一时期，农村土地的流转已经开始松动萌芽。

1983 年中共中央颁发了《关于印发农村经济政策的基本问题的通知》，全国农村开始普遍推行包干到户。截至 1983 年年底，98% 左右的基本核算单位都实行了包干到户，家庭承包经营的土地面积占耕地总面积的 97% 左右，实现了土地所有权与使用权的分离。这种模式在保证农地集体所有权的基础上保证了农户的独立经营权，并对农村土地的经营收益分配关系进行了调整，“交足国家的，留够集体的，剩下的都是自己的”。

1987 年，国务院批复了某些沿海发达省市就土地适度规模经营进行试验，使得土地经营权的流转突破了家庭承包经营的限制，中国土地流转制度开始进入新的试验期。

1999 年的《土地管理法》虽然对于农村土地使用权的自由转让依然有比较多的限制，但 2003 年实施的《农村土地承包法》却从法律层面体现了对于合法土地承包经营权的保护。该法中规定，通过家庭承包取得的土地承包经营权，可以依法采取转包、出租、互换、转让或者其他方式流转。而这部法律的颁布，被人称作中国土地制度的第三次创新。

2005 年 7 月，广东省政府发出《广东省集体建设用地使用权流转管理办法（草案)》，明确农村集体建设用地使用权可于 2005 年 10 月 1 日起上市流转。这意味着广东全省包括农村的经营性用地全部走向市场，并可以通过招标、拍卖、挂牌和上网竞价四种方式进行“阳光交易”，此《管理办法》意味着农村土地使用权流转进入了市场化的阶段。这是广东农村集体用地管理制度的重大创新突破，同时更是中国农村土地流转制度的创新突破。

（二）农村土地承包经营权流转的特征内涵

随着城市化进程的加快，传统农业也随之向现代农业的转型，土地承包经营权流转出现了速度加快和农村土地呈现了适度规模经营的趋势。目前，土地承包经营权流转已是学术界研究农村土地问题乃至“三农”问题的一个热点。

农村土地承包经营权是指承包人（个人或单位）因从事种植业、林业、畜牧业、渔业生产或其他生产经营项目而承包使用、收益集体所有或国家所有的土地或森林、山岭、草原、荒地、滩涂、水面的权利。

由农村土地承包经营权的概念可以看出：第一，农村土地承包经营权的标的物，是集体所有或国家所有的土地或森林、山岭、草原、荒地、滩涂、水面。从登记角度看，农民集体所有的土地由本集体经济组织的成员承包经营的，由发包人与承包人订立承包合同，约定双方的权利和义务。第二，承包人对于承包土地等生产资料有权独立进行占有、使用、收益，进行生产经营活动。第三，农村土地承包经营权是有期限限制的。根据《土地管理法》

的规定，农民集体经济组织的成员承包本集体经济组织的土地，从事种植业、林业、畜牧业、渔业生产的，期限为三十年。

农村土地承包经营权流转具有如下法律特征：必须要以物权性质的土地承包经营权的有效存在为前提；不发生权属性质和主体种类的变化；不改变承包地之农业用途；流转的期限不得超过承包期的剩余期限；要有合理补偿。

我国的《农村土地承包法》、《物权法》对农村土地承包经营权流转的相关法律规定，为保障农民在土地承包经营权流转中维护自身利益做了法律规范。

其中，《物权法》第一百二十八条规定："土地承包经营权人依照农村土地承包法的规定，有权将土地承包经营权采取转包、互换、转让等方式流转。流转的期限不得超过承包期的剩余期限。未经依法批准，不得将承包地用于非农建设。"第一百三十三条规定："通过招标、拍卖、公开协商等方式承包荒地等农村土地，依照农村土地承包法等法律和国务院的有关规定，其土地承包经营权可以转让、入股、抵押或者以其他方式流转。"

而《农村土地承包法》第十条则规定："国家保护承包方依法、自愿、有偿地进行土地承包经营权流转。"第三十二条规定："通过家庭承包取得的土地承包经营权可以依法采取转包、出租、互换、转让或者其他方式流转。"第三十四条规定："土地承包经营权流转的主体是承包方。承包方有权依法自主决定土地承包经营权是否流转和流转的方式。"第三十七条规定："土地承包经营权采取转包、出租、互换、转让或者其他方式流转，当事人双方应当签订书面合同。采取转让方式流转的，应当经发包方同意；采取转包、出租、互换或者其他方式流转的，应当报发包方备案。"第四十一条规定："承包方有稳定的非农职业或者有稳定的收入来源的，经发包方同意，可以将全部或者部分土地承包经营权转让给其他从事农业生产经营的农户，由该农户同发包方确立新的承包关系，原承包方与发包方在该土地上的承包关系即行终止。"第四十二条规定："承包方之间为发展农业经济，可以自愿联合将土地承包经营权入股，从事农业合作生产。"

综上分析可知，农村土地承包经营权流转方式可以分为以下几大类：(1) 必然引起物权性质的土地承包经营权让渡性质的物权流转方式有：转让、互换、继承、赠与等；(2) 可能发生物权性质的土地承包经营权让渡性质的物权流转方式有：抵押、质押、出典；(3) 流出方在保留物权性质的土地承包经营权前提条件下发生债权流转方式有：转包、出租、入股、代耕；(4) 流出方在保留物权性质的土地承包经营权前提条件下发生行政许可流转方式有：准占用。

土地流转是关系到农民权益、农业发展、稳定农村大局的一件大事，各地应当加大对法律的宣传力度，在农户平等协商、依法、自愿的前提下，积极引导土地流转，保证土地流转健康有序进行。

完善农村土地承包经营权流转制度，事关确保农村土地承包关系的长期稳定，事关承包方的切身利益，事关农村经济发展和农村社会稳定的大局，引导农村土地承包经营权流转健康发展，是今后农村长期工作中一项重要的任务。

（三）土地流转的重要性和必要性

2008年10月，党的十七届三中全会《中共中央关于推进农村改革发展若干问题的决定》（简称《决定》）发布，在国内外引起广泛反响。《决定》内涵丰富，全面阐述了新形势下农村改革发展的指导思想、目标任务、重大原则和战略举措，具有坚实的实践基础和群众基础，是指导当前和今后一个时期推进农村改革发展的行动纲领。土地制度改革创新是《决定》的一大亮点，也是会前会后各方面关注的焦点。

美国《侨报》发表社论认为，虽然与外界预期的“新土改”政策力度尚有差距，但毕竟改革触动了土地制度和城乡二元结构这两个涉及中国发展前景的根本问题。而在改革形势日益复杂、各方利益矛盾日益尖锐的当下，稳妥渐进的政策将可能最终使中国广大农民受益。

《侨报》社论进一步指出：可以确知的两个基本事实是，第一，在中共高层内部已形成广泛共识的“新土改”之策是，以家庭承包经营为基础、统分结合（集体统一经营和家庭承包经营相结合）的双层经营体制是中共农村政策的基石，不仅现有的土地承包关系要保持稳定并长久不变，还将赋予农民更加充分而有保障的土地承包经营权。同时，将根据农民的意愿，允许农民以多种形式流转土地承包经营权，发展适度规模经营权。第二，中国已进入“工业反哺农业、城市支持农村”的历史进程，正在建立逐步改变城乡二元经济结构的体制。这样的政策指向，不仅不会“减速”，且会逐渐加快实现城乡一体化步伐。

土地问题是“三农”问题的核心，如何准确把握《决定》中有关精神实质，我们认为，当前必须走出三个认识误区：

一是把现有土地承包关系保持稳定并长久不变等同于土地私有制。稳定土地承包经营权是党的十一届三中全会以来中央一贯的政策，为此，中央多次在“1号文件”里提出了“三十年不变”“五十年不变”等政策，这次《决定》提出“赋予农民更加充分而有保障的土地承包经营权，现有土地承包关系要保持稳定并长久不变”。其目的仍然是让农民吃“定心丸”，鼓励农民增加对土地的投入。承包期虽然进一步延长了，但土地集体所有的性质并没变，《决定》在规范土地流转中明确提出了“不得改变土地集体所有性质”。中国几千年封建历史证明，土地是农民赖以生存的基本生产资料，土地私有制必然导致土地的兼并，造成大批农民流离失所。拉美等国家实行土地私有制，大批失去土地的农民流入城市，形成了大量贫民窟，成为长期困扰发展的一大社会问题。我国现有统分结合的双层经营体制，改革开放30年已发挥巨大的经济和社会效益。实践证明，坚持土地集体所有制、保护农民土地承包经营权是保障农民基本生存权和发展权的基础，也是解决“三农”问题的基础。当前农村土地制度存在的问题主要是市场经济条件下，农村土地产权制度基础建设的问题，如产权明晰、物权保护、产权流转等，因此，《决定》提出要“搞好农村土地确权、登记、颁证工作，完善土地承包经营权权能，依法保障农民对承包土地的占有、使用、收益等权利”。

二是把允许土地流转理解为可以用行政办法大规模集中土地。其实，早在1984年的中央1号文件就明确允许土地流转，到2003年3月1日实行的《农村土地承包法》，就专门有一节讲土地流转。可以说，允许土地流转是中央一贯的政策。这次《决定》再次重申了以往允许流转的政策，只是着重强调了依法自愿有偿的原则，提出了“不得改变土地集体所有性质，不得改变土地用途，不得损害农民土地承包权益”。这些规定实际上是防止土地流转中可能出现的行政强迫命令的行为发生。近几年，随着外出务工人员增加，农民自发转包土地的现象越来越多，有的地方出现了抛荒现象。在农村基层有些干部希望由行政办法集中土地推动适度规模经营，并期望这次三中全会在这方面能有所突破。

但是必须看到，全国虽然有两亿多农民进城务工，但他们有一半左右就业不稳定。由于城市对农民工社保制度不健全，尤其是城市房价上涨太快，农民工绝大多数买不起房，农民工在城市落户还难以成为现实。在此情况下，如果我们的经济一旦出现波动，农民工就会失业，例如目前全球金融风暴已造成大批农民工返乡，而此时如果农民工的土地被收走了，他们的进退就没有了根基。在我国工业化过程中，农民土地流转可以探索，但通过行政办法大规模集中土地搞农场，不适合当前国情，农业现代化不能片面追求土地规模效益，而必须在农民自愿的基础上通过市场办法引导农民流转土地。中国农村土地集中将是一个农民工在城市住房、社保、医保不断得到落实、自身素质不断提高、就业能力不断增强而必须经历的、渐进的、长期的历史过程。

三是认为政府在土地流转中无所作为。多年来，农村多数地方土地流转一直处于农民自发状态，部分乡村干部认为土地流转是农民的事，与干部不相关。尤其近些年来，中央多次强调依法自愿有偿原则，一些干部认为土地流转是高压线不能碰，也不想碰。这次《决定》强调的规定更多，有的基层干部更是采取敬而远之的态度。其实，《决定》在强调规则的同时，更多地要求做好“土地确权、登记、颁证”，“加强土地承包经营权流转管理和服务，建立健全土地承包经营权流转市场”等工作。这些都是土地流转市场化必须的基础性条件，必须依赖政府方能完成。只有这些工作做好了，农村土地使用权市场才能真正发育起来，逐步形成地区性、全国性统一的土地使用权交易市场。近年来，我国许多地区在这方面取得一些成就，有的地区农用土地使用权市场已具有一定规模，形成了电子化、网络化。上海等发达地区近几年以股份合作社形式引导农村土地流转，也取得了较好的成效。可见，各级政府在土地流转中有许多事要做，关键是摆正角色。

规范农村土地流转，是大力发展现代高效农业，提高土地利用率和产出率，促进农业规模化、集约化经营，增加农民收入，加快社会主义新农村建设的必然要求。土地流转是建设现代农业的基础性工作，只有使一部分农民土地通过流转向另一部分农民集中，农业才会形成集约经营，在一定程度上说，没有土地流转，就没有现代农业。实现土地流转主要有以下三个方面重要性：

一是有利于减少土地抛荒。由于农村劳动力向非农产业转移，加上种田效益低下，每个村都不同程度地存在耕地抛荒现象。因此，通过实现土地流转，将连片抛荒地，集中由少数人通过投入资金、技术来开发经营，既可以减少土地抛荒，又可以达到合理利用土地，增加农民收入的目的。

二是有利于促进农业产业化、规模化生产。由于过去主要是一家一户分散经营，生产、产品都形不成规模，市场竞争往往处于劣势。一些有一技之长的种田能手要求扩大规模经营或经营项目，却缺乏土地，而另一部分从事非农产业的农户却无力或不愿耕种土地。这是农村土地承包经营发展到一定阶段，特别是农民市场观念的增强以及新型农民的出现，强烈要求实行土地使用权进入市场流转。实践证明，只有通过流转才能有利于解决和实现土地、劳力、资金、技术、信息等生产要素的优化配置和组合，才有利于发展适度规模经营，促进农业结构的调整和优化，增强农产品的市场竞争力，从而有利于提高农业经济效益，有利于农业增产和农民增收。

三是有利于推动土地使用权进入市场。“明确所有权、稳定承包权、搞活使用权”，这实际上就提出了一个耕地使用权转让市场的问题。要规范这一市场，就必须建立健全土地流转机制，使土地流转在规范有序中进行。土地流转是发展现代农业，实现农业增效的必然趋势。一是农业规模化经营的需要。农村土地承包到户后，土地经营比较零散，成片的土地被分割成几块，由各家各户自主经营，致使经济效益比较低下，农业人均收入占农民人均总收入的比重越来越少。在集约化、规模化经营的今天，土地流转政策的实施更是势在必行。二是农业产业化经营的需要。随着农业机械化程度的提高，形成了新型的农业生产能手，他们对土地的规模化要求更高，从而建成大规模的农产品基地。推进农村土地承包经营权流转，可使土地资源向专业大户、种养能手集中，形成连片专业规模经营，促进农业产业化健康发展，提高土地的生产能力。三是农村劳动力转移的需要。增加农民收入的最大程度是转移农民，土地流转是转移劳动力的必然趋势；同时，从事农业生产的种田能手、造林能人、营销大户们又迫切需要更多的土地来拓展经营规模，实现规模化经营。四是土地流转必然为农业标准化生产、品牌建设、名牌效应提供重要条件。五是推动实现现代化的必然选择。

二、关于土地流转的思考和建议

土地流转会为中国农业的“资本时代”提供有利的条件，是农业实现现代化的重要制度安排。但是，因为中国国情的特殊性，在这个过程中，要尽最大的努力使最广大的农民获得收益，中国农业现代化和解决“三农”问题的智慧，就在于取得农业资本化和农民获得收益两者之间的平衡。因此，需要相应的配套制度、措施的设置：

在农业产业化、组织化、资本化的过程中，要提高农民专业合作社的地位，利用其提高农民的谈判能力，再就是提高农民农村中的内生资本形成的速度和规模，尽量用其内生资本对农业进行资本化、组织化、产业化，尽量让农民们享受到产前、产中和产后的各个产业链环节生成的利润，并让农业和农村加工业、商业、金融业等互相促进，让农民分享农村各行各业的利益，在这个过程中逐渐减少农民，并利用这个过程扩展中国经济的内需。

城市资本和外资资本进入，要有利于或起码不能从全局上损害以上所述的过程和其导致的经济循环结果，要避免该文指出的损害农民，让其成为旁观者（其实会沦落为贫困者、造反者）的经济循环结果，否则的话，可以效法日本，对城市资本和外资资本进入农业予以禁止，但这可能影响农业资本化、产业化的步伐。不过，关键是防止“地主式”的兼并，也要防止野蛮资本的兼并。

土地流转问题，牵涉农民土地承包者进入城市谋生的问题，对于进城农民，只要其有谋生之道，有能力在城市生存下去，建议对其实行城市市民待遇，突破城乡二元户籍制度对其的限制，让其享受城市社会保障，在城市立足，从而让其可能彻底放弃土地，成为永久性的市民。我国的城市社会保障资源的增量一要提高城市社会保障的水平，而要用于这一块，凡自愿彻底放弃土地者，在城市立即享受城市市民待遇，包括现行社保待遇。对于其放弃的土地，收归村集体另行发包，或让其彻底有偿放弃土地经营权、使用权，以作社保资金。可以分类对待，公平的安排应是，对于农民中在城市的特别富裕户，可以实现前者，对于一般的可以在城市立足者，可以实行后者，这些，腾出的土地使用要和土地流转和适度规模经营结合起来，并要加强对乡村干部在土地发包、使用、流转问题上管理。

加强农村社会保障制度建设，加大农村工业、服务业发展力度，让其对农民进行“离土不离乡”的吸收（或进行土地流转，或彻底放弃土地），为土地流转和适度规模经营提供支撑。

进一步全面加强农村教育。在职业教育方面，进一步加强对现行农民的培训，现代农业技术和生产经营的培训，加入城市产业的职业技术培训，其他人文、文化、法律等的培训。对广大农民的普通教育和职业教育范围、力度的加强，将为土地流转和适度规模经营以及中国整体经济实现产业结构提升优化提供长期的人力资本支撑，并为中国经济提供廉价劳动力比较优势阶段之后的相对的劳动力价格竞争优势。

要考虑农业、农村人才流失的问题。高素质的农民都进程了，而农业、农村的发展又需要高素质的农民，这是一个矛盾。而进行土地流转和适度规模经营也面临这一矛盾。关键是，为真正务农、爱农的且是有生产经营素质的农民人才和其他人才，提供机会和支持。促进土地流转是个机会，国家在政策上也应为适度规模经营的农户和其他人提供金融、技术等方面的支持。以后，应建立促进城乡人才的双向流动机制，如大学生当村官的探索。

土地流转问题应和大村制改革结合起来，以减轻村级及土地流转的管理成本，提高管理效率。任何流转都应在村级、镇级甚至县级进行备案，在原有土地台账的基础上建立土地流转台账。这也可以为土地的跨区域流转提供管理。

在农民不愿意彻底放弃使用权、经营权的前提下，要考虑土地流转中的多层流转问题，第一层是原有土地农民向对方流转土地的问题，第二层流转是对方又向另外的对方流转的问题，这其中存在的问题要搞清楚，要防止在原有土地农户知情或不知情的情况下发生二层流转，甚至三层流转或更多层流转的问题，就像工程承包中发生的情况，包括明包和暗包，中间商从中渔利（建议以后的工程承包也要杜绝多层转包问题）。可以规定土地流转主要是一层流转，至多是二层流转，在二层流转中，农民要同意，并要分享收益，以使农民得到最大的利益。在土地流转形成的产业化经营中的风险承担上，应提倡或规定让农民应享受特别清偿权。

土地流转形成的规模经营，应在大力发展绿色农业、循环农业上狠下工夫，促进农村环境改善和农业的可持续发展。土地流转形成的规模经营和农业的资本化、产业化，在大宗粮食、棉花、豆类等生产上，要把握定价权问题。要完善农业大宗商品的期货市场，完善中国储备体系，市场起基础作用，国家、政府应在一些关键环节上起主导作用、规范作用。应尽快形成巨型产供销纵向一体化的农业商业企业，可改革、整合供销社的网络，组建新的覆盖全国、面向世界的国有资本主导的跨国巨型企业。积极搞好县、乡（镇）机构改革和乡镇党委、政府建设，搞好村级组织建设，提高村民自治的水平，积极构建土地流转所需要的市场中介等组织，为土地流转和农业适度规模经营搞好服务。

就推动中国城市化发展而言，完善土地流转和土地置换制度是中国产权制度改革的突破口和关键。土地流转和土地置换制度是关于土地产权的转移和让渡的经济法律关系的总和，它主要解决土地使用权的流动转让及土地产权的再配置问题。

改革开放以来，土地的无偿性、无限期使用性和无流动性渐渐为有偿性、有限期使用和可流动性取代，在此基础上形成和发展起来的城市土地市场已初具规模并日益成熟，而涉及农村的土地，尤其在土地制度方面还有待改革，以促进城市化战略的顺利实施。

明晰产权关系是中国农业扩大再生产和农民实现土地规模经济效益的保障，也是农村城市化得以实现的理论基础。然而，解决农村土地制度方式有多种：土地私有制、国有制、现行的集体所有制。从中国现实情况来看，农村土地实行部分私有也具有可行性。现代产权理论认为，以明晰土地所有权为突破口，在土地资源配置中以市场机制全面取代行政计划体制，是我国当前农村土地产权制度创新的必由之路。现代产权理论指出，作为规范人们相互关系的一种社会基础性规则，产权的一个重要功能是引导并激励人们将外部成本尽可能地内部化，即通过内部协议和市场交易的方法来解决市场外溢问题。将这一理论用于分析我国农村土地问题，所能得出的结论就是：放弃“农村土地集体所有”的制度安排，把农用土地的所有权交给农民。农村宅基地和农业耕地归农民，公益性土地资料包括森林、山岭、草原、荒地滩涂、水面、道路等归国家所有。农业土地归农民所有，可以首先以农户的宅基地为突破口，其次继承现有的承包地格局，先在分包土地时土地平均、地块零散、个体经济效果明显的地方做，逐步实现农业耕地农民所有。

农民对土地的所有，并不意味着国家或政府对土地管理的无能为力或无所作为。国家应为农村土地制度的管理提供基本准则、方向和根本保障，并依法进行土地管理。其主要职能是：执行土地社会管理的监控权和宏观调控权，完善农村土地管理立法与制定合理的政策，规范农地基本用途与使用制度，明确规定农民对土地的不可为事项和国家为社会发展依法有价征用土地的权利，以立法来监控土地用途与流转，调控社会与土地发展权；收取改变耕地用途的复垦费和土地合法市场流转的交易税费（包括土地因社会发展而增值应收归国有的部分）等。

目前，农村集体土地所有权主体是农业集体经济组织、村民小组或村委会，这个主体究竟是谁，农村土地所有权到底该归谁没有得到明确。农村集体土地实行私有化以后，有利于保护农民的合法权益。目前存在比较突出的问题是一些乡村的村长或者村委会少数人出租和变相出卖集体土地，从中寻租，侵占、挪用国家征地的补偿，多留机动地和集体田，频繁进行土地承包的调整，从中谋利等，这种情况下实行农地部分私有，对提高农业经济效益，规范土地流转市场具有重要意义。

建立土地使用权商品化的价值评价制度。建立土地使用权商品化的价值评价制度，主要适宜在不同用途土地转换上，以促进土地流转。为此建立健全地籍调查、土地信息和合同管理等动态管理制度，建立包括基准地价、标定地价为基础的土地价格体系，进行规范而科学的土地评等定价、资产评估，为农地流转创造条件。

建立农村多层次的社会保障制度。社会保障体系的完善是土地产权制度改革的基本前提，只有把土地的经济功能和社会保障功能剥离开，才能推动土地资源的市场化配置，从而促进农村城市化。从土地利用的角度来看，进城落户城镇的农民，应交回土地承包权，建立农村社会保障体系，促使土地要素功能从保障功能中分离，将土地的社会保障功能显性化，货币化让进城农民带走。

加快土地流转的制度创新步伐。在土地功能置换中，加强土地总体规划和土地利用计划，有效控制用地供给总量，坚持走集约用地之路，发掘农村小城镇中土地存量优势和实现存量土地功能置换，使有限的土地资源得到最合理的利用。

对于目前农村存在的土地“抛荒”问题，应通过土地产权制度的调整来解决：(1) 对于长期无人耕种的荒山、荒坡、荒滩、荒沟拍卖给个人，实现所有权的永久化。由于利益边界的明晰化，所有者就会考虑实现资源利用的最大化，坚定农业投资者的信心，为农业生产进一步发展打下基础。(2) 对于农民进城务工，长期撂荒的土地收回，公开拍卖。(3) 对于农民承包的土地，可将口粮田从其中剥离，允许农民将这部分土地进行合理流转。用市场机制来促进生产要素流动的政策行为，不仅使有限的土地资源得到最合理地利用，也为农村剩余劳动力的非农转移创造了条件。

完善城乡土地间转换制度，建立城乡土地置换机制。建立完善的城乡土地置换机制，是我国城市化进程中土地制度改革面临的大问题。城乡土地能否实现置换，是协调城市化与用地矛盾的关键之一，也是城市化进程解决土地要素配置的最大的问题。城乡土地转换机制的完善需要进行以下方面的改革：(1) 完善现有的农村土地转为城镇土地的土地征用制度，对征用用途作出严格的限定。对于城市化过程中的非“公共利益”用地，实行市场化收购。这样需要对这部分土地进行价格评估，参照土地市场价格，进行补偿。这样就避免了低标准征为国有土地后按市价进行交易而形成权利主体的巨大差异，保护农民利益。(2) 要打破土地征用单一转化方式，积极探索低成本，公平的多种置换形式。(3) 建立土地储备制度，成立完善的相对独立的征地机构，代表政府负责城市化过程中的集体土地“征用”和“征购”工作。征地机构根据城市的发展需要，按城市土地利用总体规划和土地利用年度计划，实行土地的统征、预征制度，逐步建立土地储备制度。这样，一方面有利于明确产权，减少土地纠纷，规范土地市场，有效地掌握管理土地交易的主动权；另一方面可以优化土地资源配置 ，充分体现规划和计划的调控作用。

建立完善的土地股份合作制度。农村土地股份合作制是在不改变家庭承包制的基础上，把股份制引入农村土地制度建设，通过土地承包权入股，把土地的使用权和收益权分离，使土地资源在整体上进行规模利用，再通过向农民配置股权把土地承包权转换为收益权，以价值形态的形式把农民对土地承包权长期确定下来，使土地得以流转，劳动力顺利转移，有利于推进城市化。

土地股份合作制是集体土地产权制度改革和完善的一种制度规定，它促进经营形式的多样化发展。例如，农民仍可以家庭为基本单位去承包或租赁若干股份的土地经营，或者若干农户联合租赁若干股份的土地实行适度规模经营，这样就能进一步优化经营权主体的市场化选择，让那些经营有方的人有限获得土地经营权，从而使土地经常地、自觉地与那些经营水平较高的人结合在一起，这样连片的土地可向种田能手集中，有利于土地的规模经营，最大限度地发挥土地的效用。

第二节 破除户籍藩篱需要可行的路线图

中国的城市化进程有两个根本问题尚未解决，一是土地制度问题，按照现行的“联产承包制”，农村土地归国有，而农民拥有土地使用权，不拥有土地产权，也是说，土地不能成为农民手中可以流转的资产和生产要素；二是城乡二元经济结构体制，即以城乡二元户籍制度为中心的体制，而解决户籍制度难题，真正的障碍并不在户籍制度本身，是户籍制度所依附的福利制度，也是说，农民不享有与“城里人”同等的劳动保险、医疗保障等社会福利。

户籍制度本质上是管控型社会的产物，把农民固定在土地上，把城市居民固定在各自的城市。但市场经济却要求人口流动，人力资源要通过市场来配置。而公民社会更要求人与人之间平等。要真正做到“市场配置资源”，实现各种资源要素的合理聚合与自由流动，户籍改革势在必行。

从 1984 年广东深圳率先试行暂住证制度，到 2003 年围绕“孙志刚事件”引发的收容遣送制度被废止，暂住证等制度失去最有力的支撑和保障；从上海、深圳等城市及浙江、河北、山东等省推出或计划推出居住证制度，再到 2012 年《国务院办公厅关于积极稳妥推进户籍管理制度改革的通知》提出“逐步实行暂住人口居住证制度”，中央与地方对非户籍人口的管理制度改革从未停止。

一、户籍改革要顶层设计和制度落实相结合

户籍改革的最终目的就是要剥夺附着在其上的诸多社会福利，把户籍与公共服务、公民福利分开，以市场而不是以身份来配置资源。

2012 年 2 月 23 日，国务院办公厅对外公布《关于积极稳妥推进户籍管理制度改革的通知》，要求今后县级市市区、县人民政府驻地镇、其他建制镇有稳定职业和住房，即可落户；设区的市有合法稳定职业满三年并有住所，且社保缴纳达到一定年限，也可落户。同时继续控制直辖市、副省级和其他大城市人口规模。

与之前成都市的“统一城乡户籍”、重庆的“土地换户籍”、河南省的“按居住地登记户籍”、广东的“积分入户”等地方户籍改革相比，这次从中央层面统一户籍改革的共识，首次放开地级市的户籍，当是个不小的破冰之举，可谓迈出了一大步。

一个难以回避的诘问在于：此次户籍改革为何只是有限度地放开中小城市的户籍，直辖市、副省级市和其他大城市却不在此列？从这个角度来说，此次户籍改革虽说是个突破，但也确实存在着不小的局限，留下了不少的空间，比如说，这次改革强调就业、义务教育、技能培训等要与户口“脱钩”。但实际上越是在大城市，外来人员的就业、子女教育问题越突出，因而，排除了大城市的户籍改革，也让这一新政打了不少折扣。

一步到位地全部放开户籍，这样的改革岂不是更理想？但一方面，大城市的资源有限，全部放开，至少眼下并不太现实；另一方面，放开大城市的户籍限制，在资源还不能以市场原则来分配时，很可能造成权力对有限资源的侵占，这势必又会造成新的不平等。当然这并不意味着大城市的户籍壁垒就一定坚不可摧，户籍改革更不能满足于眼下的有限进步，而应以此为突破口，向大城市乃至所有城市打开户籍之门迈进。

事实上，此次户籍改革还是对“以土地换户籍”模式的一种间接否定。《通知》强调农民工落户城镇，是否放弃宅基地和承包的耕地、林地、草地，

必须尊重本人意愿，不得强制或变相强制收回。它既承认了土地作为农民合法财产权的事实，也表明了以土地换户口其实是对农民的一种侵权，户籍的本质是身份平等，土地则是农民的财产权，“赶农民上楼”的户籍改革有违改革的本义。

户籍改革的核心是身份的平等，而目前户籍制度的最大问题就是大量附着其上的福利和权益，使户籍异化为一种资源和利益分配的依据。在多数城市中，就业、教育、医疗和社会保障等都与户籍挂钩，拥有户籍就意味着享有资源的分配权。户籍改革的最终目的就是要剥离附着在其上的诸多社会福利，把户籍与公共服务、公民福利分开，以市场而不是以身份来配置资源，如此才能淡化户籍观念。

任何改革有了顶层的制度设计，还要有底层的制度落实，户籍改革也不例外。不管是县级市还是地级市的落户，都设定了“合法”“稳定”职业和住所的条件限制，各地会就此作出如何的具体解释，很值得关注。打破户籍壁垒的一小步改革已很是不易，不能因各地的随意操作而让改革变味、走形。

（一）户籍制度改革的争论误区

随着户籍制度的弊端日益凸现，在理论上对于户籍制度必须改革，大多数人并无异议。但户籍制度改革之所以进展不大和动力不足的另一个主要原因，就在于在户籍制度如何改革的问题上存在很大的分歧。

到目前为止，无论是政府，还是学术界对如何推进户籍改革仍然无法形成共识。一旦涉及实践层面如何改革，比如改革的重点放在哪里，改革的瓶颈、阻力和路径在哪里，改革的动力机制是什么，如何选择户籍改革的策略工具等一系列问题时，附着在户籍制度之上的相关社会经济管理体制、社会经济政策以及由此形成的社会利益分配格局错综复杂，在稳定压倒一切和发展就是硬道理的思维下，户籍制度改革很难取得最终突破。

户籍制度改革之所以进展不大的另一个主要原因，就在于户籍制度改革无论是在认识上，还是在实践上都存在一定的误区。什么是户籍制度中的核心内容？为什么户籍制度改革会这么难？这不仅涉及一个地方政府进行户籍制度改革的激励问题，也涉及对现阶段“城市户口”到底包含什么内容的认识问题。户籍制度改革是仅仅改革户口登记和居住登记管理制度，还是要改附着在其背后的福利保障制度和财政制度？户籍制度改革到底是按照目前的政策以中小城市（镇）为主，还是应该大中小城市都推进？户籍制度改革是应该让地方自主探索，还是需要中央政府的介入？是在给予流动人口户口时，要求来自农村的流动人口放弃其承包地甚至是宅基地，还是不提出这类要求？对这些问题，无论是既有的户籍改革探索，还是目前的一些认识，都存在不小的误区。

实际上，户口只是城市的“门卫”，而后面的利益才是掌舵人。人们一直把户籍制度改革的矛头对准户籍相关管理部门，但即使户籍完全开放，人们会发现问题依然没有解决。这些问题最突出地集中在教育、就业和社会保障领域。未来户籍改革成功与否、民众是否满意就看这三块。社会保障是改革最艰难的一块。户籍改革不能就事论事、单线直进地改革，需要系统设计、协同一致才能够得到有效地解决。许多改革收效甚微的原因就在于缺乏改革的全局性和系统性。

虽然早在 1992 年，国家就成立户籍制度改革文件起草小组，并于 1993 年 6 月草拟出户籍制度改革总体方案，提出了包括取消农业、非农业二元户口性质，统一城乡户口登记制度，实行居住地登记户口原则，以具有合法固定住所、稳定职业或生活来源作为基本落户条件，调整户口迁移政策的改革目标。但目前户籍体制改革仍然停留在主要依靠地方政府采取局部改革的阶段。一些中小城市（镇）虽然改革进展很快，但由于其就业机会有限，公立学校教育质量偏低，并没有产生很大影响。

近年来，中国在城市基本社会救助体系（如最低生活保障）和住房保障体系（如经济适用房和廉租房）建设上取得了较快进展，但这些保障体系只面对具有本地户口的城市居民。虽然中央政府要求地方政府解决流动人口子女的就学问题，但并没有为此提供相应的财政资源，而地方政府也缺乏积极性去全面执行中央的政策。

如前所述，目前我国几乎所有的生活消费品都已市场化，而随着就业市场化和非国有企业成为城市就业的主要创造者，就业也逐渐与城市户口脱钩。即使是一些城市政府提供的就业岗位，比如环保、卫生之类的低端职位，也开始招纳外地人口。

有相关户籍研究专家认为，一些地方政府反对的原因，是户籍制度改革将带来巨大的财政压力，如上海等大城市有超过千万的流动人口，解决这些人的户籍问题，当地政府需要多提供千万人口的教育、就业等社会保障支出，资源明显不够。而长三角、珠三角地区，外来人口比本地人口还多，当地政府肯定反对户籍制度改革。城市户口与就业的逐渐脱钩也就意味着户口与就业相关的社会保险（即所谓的“五险一金”：养老、医疗、失业、工伤、生育保险及住房公积金）脱钩，这些保险是由作为雇主的企业和作为雇员的个人（单独或共同）缴纳。因此，如果劳动者就业单位为其雇员买了这些社会保险，则不管该雇员是否有本地城市户口，都可以享受这些保险。从这个意义上讲，当前阶段某地城市户口主要意味着那些由该地政府所提供的、与城市户口相关的、具有排他性的三项公共服务：社会救助服务、政府补贴性住房安排以及子女在城市公立学校平等就学的机会。

户籍制度改革的第一个误区，是认为实质性的户籍改革应该主要在中、小城市进行，而大城市、特大城市已太拥挤了，不宜进行户籍改革。但实际上，只进行50万人口以下的中、小城市户籍改革，其意义非常有限。很多大城市、特大城市，都已经吸纳了，未来还将继续吸纳更多来自农村和其他城市的流动人口就业。以北京为例，到2009年末，实际常住人口1972万人中，户籍人口1246万人；登记流动人口763.8万人，其中在京居住半年以上的726.4万人。上海2009年常住流动人口达542万人，广州2009年常住流动人口也超过600万，接近本市户籍人口，而深圳目前常住人口超过1400万，但户籍人口却只有200多万。人口向大、中城市就业机会更多的地方集聚，固然部分是由于这些地区有更好的行政、财政资源，但更主要是由经济发展规律（城市规模经济和集聚经济）所决定的。除非我们要违背经济规律把产业从这些城市转移出去，否则只能让这些大城市的流动人口继续“流动”。

实际上，从1997年开始全国已有近400个小城镇进行了户籍改革试点。1998年，各地逐步开放小城镇户籍。2000年，中央出台了《关于促进小城镇健康发展的若干意见》，规定对县级市市区及以下的城镇，只要有合法固定住所、稳定职业或生活来源农民均可根据本人意愿转城镇户口。在这一政策推动下，各地对小城镇户籍开放也相应加速。2001年国务院批转公安部《关于推进小城镇户籍管理制度改革的意见》，对小城镇户籍进一步放宽，至此大多数小城镇的户籍基本上对本地区农民开放了。

但有意思的是，这一系列小城镇户籍改革却并没有带来大量农民迁入小城镇的后果。尤其是在发达地区的中、小城镇，户籍制度改革往往针对的是本地区内、最多是本省内的农村居民，而本地农民一旦想获得小城镇户籍，还往往要放弃农村土地与计划生育政策二胎指标，结果是这些地区的农民基本没有什么积极性去转为城镇户口。而在欠发达地区，中、小城镇不仅缺乏稳定的就业机会，而且其本身能为居民提供的公共服务也非常有限，大部分农村人口宁愿去发达地区打工，也不愿在本地小城镇落户。

同时，在绝大部分能够提供较好就业机会，公共服务也相对完善的大、中城市，户籍制度改革则基本没有任何实质性的突破。要获得本地户口，外来人口一般要购买本地价格高昂的商品房，并获得有较高收入的本地就业机会。以浙江杭州这个在户籍控制方面较为宽松的城市为例，现有规定是外来人口只要有大学本科学历就可以直接获得杭州市非农业户口，但这个要求对绝大部分到杭州打工的农民工而言仍是天方夜谭。而在北京、上海等特大城市，要获得本地城市户口甚至需要投资几百万、上千万，或在本地开办企业创造几百人以上的就业机会。

第二个误区，是认为在户籍制度改革进程中应该给城市政府充分的自主权，中央政府不应该深度介入。但实际上，若无来自上级尤其是中央政府的指导性政策、跨区域的协调，乃至于对地方政府尤其是人口流入地的地方政府施加较大压力，跨地市、跨省的户籍改革问题基本上很难得到解决。如果我们观察现有的各地户籍改革试点，就可以看到其主要对象是来自本省或本市范围内的农村人口，甚至有的只覆盖本地失地农民（往往是在低价征收农民土地之后）。但考虑我国人口迁移有相当比例是跨地区或跨省迁移，特别是从内地向沿海、从发达省份内部较不发达区向更发达区域的迁移，这种完全由地方推动的改革基本无法覆盖那些来自外省、市的流动人口。光靠地方政府自身推进户籍制度改革，就很可能出现户籍改革中地方政府，尤其是作为流动人口主要流入地的沿海地区地方政府将以农民工为主体的所谓“低素质”人口及其家庭成员排斥在外的局面。如果是这样，户籍制度改革取得有效进展和突破根本无从谈起。

第三个误区，是将征地拆迁或集中居住的农民作为户籍制度改革的主要对象，但这就涉及到农民获得城市户口需要放弃什么的问题。实际上，我国近年来很多地方进行的户籍改革，本质上都是以给“城市户口”为名进行的“土地财政”行动。由于很多发达地区或城市郊区的农民，其土地本身就有较大的升值潜力，非农就业收入也不低，孩子原来就可以在本地公立学校免费入学，因此，城市户口对他们的意义并不大，但地方政府为了征收他们的农地和宅基地，却很有积极性为这些人“解决”户口。相反，对那些最需要城市户口的外来流动人口的户籍问题，地方政府则基本没有极力去解决。

总之，户籍改革的真正内涵不在于迁户口而在于待遇一体化，是以“住房、低保、教育”为核心的公共服务和福利保障制度，户籍制度改革的方向是减少户籍造成的公共服务差异。户籍制度改革未来的重点突破方向是大城市的户籍制度改革。户籍制度背后的核心是财政制度。户籍制度改革必须以外来农民工为主体。任何有关户籍制度的改革努力，如果不能切实以外来农民工居主体的外来人口为重点，就容易变成表面工夫。户籍制度改革必须服务于人口城市化，科学而渐进地降低大城市外来常住人口落户标准。从这个意义上讲，对当前中国的发展阶段而言，更有意义的城市化不是简单的城市常住人口增加，更不是城市面积的扩大和开发区、新城的大规模建设，而是尽享城市公共服务的市民增加。户籍制度本身的改革是一个目标而非手段，需要通过社会管理创新和探索公共服务的筹资创新，让“土地的城市化”为“人口的城市化”服务。

户籍改革已经进入综合和攻坚阶段，地方政府已成为改革的主角。改革意味着福利扩大化，是需要地方政府的财政支出作为支撑的。户籍制度改革呈现出一种自下而上的改革路径，即一些创新与进步都出自地方政府。涉及如此大的人群和根本性的制度，不是光喊就能解决问题，而是需要真金白银的。这就是为什么中央和各部委的浅层改革已到尽头，部分城市地区的单线突进也遭到阻力而夭折的根本原因。已有的户籍制度改革的失败就在于：过分强调适应性和渐进性改革，忽视整体性和系统性的改革；过分强调单线突破或者仅仅是底层实践改革，忽视顶层设计和配套改革；过分强调改革的应然，忽视改革所应具备的条件；片面强调现实条件，而不是力图通过制度改革创造条件。

户籍制度改革也需要注意以下几个问题：第一，地方政府的公共服务能力，即财政福利供给水平与能力十分重要，其供应能力越强则越有能力应对和化解户籍管理放松之后城市居民数量以及社会公共需求增加的压力与冲击。但是，这也需地方政府有提供社会公共服务和保障能力的政治意愿。第二，户籍改革的底线是不能降低城市居民的既得公共服务及福利水平，必须以增量改革作为改革的突破方式和路径。第三，户籍改革在仍不能脱离目前财政分权和地方分灶吃饭的情况下，改革进展也取决于各地自身工业化和城市化所能提供的机会和空间。正是这种差异和地方政府的竞争形成了各地户籍制度改革的多样性和差异性特征。

（二）中国户籍改革的地方实践

地方政府的户籍制度改革不同于中央部门的户籍制度改革，其改革具有综合性，是人口的城市化，而不是登记或者管理制度上的城市化。它也不同于中央政府推动的，全国统一进行政策试点的小城镇户籍制度改革。那是一种集权式的改革模式，即中央政府没有在改革中赋予小城镇社区以自主权。

对于大中城市的户籍制度改革，总体上说，我国实行了一种分权型的改革模式。在政策实践上，尽管国务院于 1998 年批转了公安部《关于解决当前户口管理工作中几个突出问题的意见》，提出了总的指导原则，但允许各大、中城市根据当地的具体情况分别进行改革试点。

与小城镇的户籍制度改革相比较而言，中央政府在一定程度上把各大、中城市户籍改革的主动权赋予了地方政府。从目前来看，各大、中城市的户籍制度改革模式各具特色，一般又可分为两种类型：一种是地方政府总体上不以城市社区为中心设计改革方案，而把本行政区作为一个统一的社区，以拆除行政区内阻隔城乡的藩篱为目标。其典型是成都市、石家庄市及宁波市等。这种类型的改革在一个相对独立的行政区内明显具有集权式改革的特点。另一种是地方政府推行了以城市社区为中心的户籍制度改革，对外来人员和本行政区内的农村社区人口入户城区采取较为严格的审批条件。这一模式的典型是北京市，相对具有分权式改革的特点。

地方政府户籍制度改革是由各地政府按照各自情况来制定的，其适用范围也只限定在本地。具体类型可以分为两种形态和四个类型。一种是按照区位来分：沿海地区和内陆地区；一种是按照规模来分：大城市、超大城市的户籍制度改革和中、小城市的户籍制度改革。其中以重庆市户籍制度改革影响最大，最具系统性和创新性。下面就广东、重庆、成都三个地方的户籍制度改革进行简要地评述和分析：

1. 广东户籍制度改革

2010 年 6 月 7 日，广东省政府出台了《关于开展农民工积分制入户城镇工作的指导意见（试行）》，正式启动了“积分入户”的户籍改革探索。许多媒体评论指出，广东在农民工入户城镇方面推出的这一新的举措，是我国探索城市化进程的一大有益尝试，值得关注。在此之前，国内其他省市也有出台过关于管理外来务工人员户籍的措施，但往往形式大于内容，因此，许多双眼睛都在盯着广东，探讨广东的农民工户籍“新政策”能否产生实效。

该《意见》指出，原则上农民工积满 60 分可申请入户，形式上很像加入外国国籍的技术移民，是有条件、有限制的人口城市化。

具体入户分值由各地根据当年入户计划和农民工积分排名情况调整确定。此后，广州、中山、东莞等地先后制定了农民工“积分入户”的具体实施细则。据悉，广东省计划到 2012 年，引导和鼓励 180 万名左右农民工通过积分制入户城镇、融入城镇。广东户籍改革有以下特点：

第一，在条件设置上，将入户条件细化为学历、技能、参保情况等多项指标，并赋予相应的分值，入户条件明确并量化。

第二，在社会导向上，既设有社会贡献等加分指标，又有违法犯罪等减分指标。比如，参加献血一次，参加义工、青年志愿者服务每满 50 小时，以及爱心捐赠每千元均积 2 分，但最高均不得超过 10 分；对违反计划生育和违法犯罪者设有减分条款。获得县级和地级以上表彰和荣誉的每次最高可积 60 分。

第三，在权限设置上，既强调全省的统一性，又注重赋予地方自主权。农民工积分制入户城镇指标由省统一指标和各市自定指标两部分构成，省统一指标在全省互认、流通和接续，各市的自定指标可根据当地产业发展和人才引进政策设定。

在广东省颁布的《意见》中，一大亮点便是“农民工入户城镇计划指标重点向县城、中心镇倾斜”——农民工申请落户县城或中心镇，将按照不超过个人实际总积分的 50% 给予积分奖励；在入户地参加了社会保险的农民工，可由当地政府给予一定期限的社会保险补贴，具体的奖励标准和补贴办法由县级以上人民政府制定。

而深圳一直走在广东省的前面，继积分入户、重点高校毕业生直接入户等措施之后，深圳的户籍制度改革将再次扩大覆盖面。深圳市政府《深圳市2012 改革计划》显示，户籍制度改革被列为六项重点改革之一。

根据改革计划，深圳将根据本市的实际情况和承载能力，分阶段实现非户籍人口与户籍人口享受均等的教育、就业、医疗等基本公共服务和社会保障，逐步提高非户籍住房困难人群的居住水平。

改革计划提出，将继续完善积分入户制度，以居住证为重要载体，以入户积分参数为依据，建立非户籍人口向户籍人口转变的合理门槛和常态通道，提高户籍人口比重。

改革计划还提出，适度降低入户门槛，畅通入户渠道，适度增辟“居住证+社保”新型入户渠道，优化学历型人才入户条件，适度放宽政策性随迁入户条件和投资纳税迁户政策要求。

2. 重庆户籍制度改革

从 2010 年 8 月开始，作为中国统筹城乡综合配套改革试验区的重庆市以解决农民工城镇户口为突破口，开始全面启动户籍制度改革，力争到 2020 年全市户籍人口城镇化率达到 60% 以上。这被认为是中国大城市以破除城乡二元体制藩篱为目标，有组织地向农民敞开胸怀，使农民能够没有顾虑地带着足够财富和尊严进城。

重庆具有一个十分不同于任何其他城市和地区的社会结构特征，它是一个大城市和大农村并存的直辖市，2009 年人口 3300 万，其中 2300 万农民，重庆的 40 个县（区）包含 20 个贫困县（区）（其中 14 个是“国家级”的贫困县，多在三峡库区和与湖北交界的武陵山区），城乡统筹始终是重庆市发展的一个重中之重的问题。它既是重庆发展要解决好的问题，也是重庆改革要突破的现实问题。

重庆户籍制度改革具有很强、很鲜明的整体性和系统性的特点，被人们普遍称之为“重庆道路”。问题的关键在于它是否具有普遍意义和价值，能否复制到其他地方实施，对中国整体或者其他地方户籍制度改革提供了哪些经验和借鉴。

2010 年 7 月 12 日，重庆市政府第 75 次常务会议审议并原则通过了《重庆市统筹城乡户籍制度改革意见》及《重庆市户籍制度改革配套方案》。同年 8 月，被称为中国“最大规模的户籍制度改革”在重庆启动，其目标是“在 10 年内让 1000 万农民转为城市居民”。为了实现这个目标，市委、市政府采取了一系列改革措施，进行了相应的政策规划和制度设计，并对户籍制度改革的总体思路和政策体系进行了阐述。概括来讲，重庆户籍制度改革的总体思路就是：分阶段推进，分群体实施，分区域布局。

一是分阶段推进。户籍制度改革涉及面广，涉及群体多，推进难度大，不可能一蹴而就，必须分阶段有序推进。重庆户籍制度改革计划分两阶段推进。2010～2011 年，力争用两年时间新增城镇居民 300 万人，非农户籍人口比重由目前的29%上升到37%。2012～2020 年，通过系统的制度设计，完善土地、住房、社保、就业、教育、卫生支撑保障机制，进一步放宽城镇入户条件，力争每年转移 80 万～90 万人，到 2020 年新增城镇居民 700 万人，非农户籍人口比重提升至 60%，形成自由互通、权益公平、城乡一体的户籍制度体系。

二是分群体实施。重庆户籍制度改革率先在有条件的重点群体中实施。2010—2012 年将重点解决两类七种重点群体的户籍问题，共 338. 8 万人。第一类是有条件的农民工及新生代，包括在主城区务工经商五年以上，在远郊区县务工经商三年以上的农民工、农村籍的大中专学生、农村退役士兵 3 个群体，约 294. 1 万人。第二类是历史遗留户籍问题，包括已用地未转非人员、大中型水利水电工程建设失地未转非人员、城中村未转非人员、农村集中供养五保对象等 4 大群体，约 44. 7 万人。解决好这两类群体的户籍问题，既满足了已在城镇长期生活的有条件农民工的转户需求，又解决了因城市化用地产生的户籍遗留问题，为深入推进户籍制度改革奠定了基础。

三是分区域布局。户籍制度改革带来的一个不可忽视的问题是人口大量进入城市，这必然增加城市的压力，对社会稳定、城市发展等造成重大影响。重庆户籍制度改革实行分区域布局，按照宽严有度、分级承接原则，适度放宽主城区、进一步放开区县城、全面放开乡镇落户条件，力图通过规范设定准入标准，促进人口在主城区、区县城、小城镇三级城镇体系合理分布，使户籍转移呈现梯次渐进、分布合理的良性发展态势。

按照“三分”的总体思路，重庆户籍制度改革设定了土地、社保、教育、医疗、住房等一系列政策，概括起来就是“三三五”。（1）三年过渡。对农村土地处置设定三年过渡期，允许转户居民最长三年内继续保留宅基地和承包地的使用权及收益权。对转户居民自愿退出宅基地使用权及农房的，对农村住房及其构附着物给予一次性补偿，并参照地票价款政策一次性给予宅基地使用权补偿及购房补助。对自愿退出承包地的，按本轮土地承包期内剩余年限和同类土地的平均流转收益给予补偿，从而避免了农村居民转户急转身。（2）三项保留。即允许农村居民转户后继续保留农村林地使用权、原户籍地计划生育政策照顾、农村种粮直补及农机具直补等与土地相结合的各项补贴共 3 项权益，最大限度地保障转户居民的利益。（3）五项纳入。农村居民转户后，在就业、社保、住房、教育、医疗五大保障上实现一步到位，与城镇居民享有同等待遇，真正体现“老有所养、学有所教、劳有所得、住有所居、病有所医”。

重庆案例的价值和意义并不在于户籍制度，而在于其背后的财政支撑以及获得财政支撑的制度逻辑。毕竟改革是有成本的，关键是如何利用城市化的土地增值降低农民进城的门槛和为农民工提供同等的公共服务。

重庆与沿海发达的广东、上海、浙江等地相比，其工业化水平还处在一个上升和发展期，而沿海地区限于劳动力短缺、土地紧缺和对外来劳工的过度压榨已经越来越失去其在地区竞争中的优势地位。通过激烈的地区竞争，重庆先后与四个较关键的、赖以带动发展的“龙头企业”——美国的惠普公司、台湾的富士康、德国的巴斯夫公司、长安汽车公司签订了巨额订单和投资协议，为重庆工业化、土地增值及户籍制度改革提供了必要的物质基础。

其次是重庆成立了以公共利益为目的的国有投资公司。它们主要是八个基础设施和公共服务方面的国有投资公司，简称“八大投”，包括城市建设、高速公路发展、高等级公路、地产、城市交通、能源、水务（水资源开发、自来水供应、污水处理、水力发电）以及水利（灌溉和水资源管理保护）等领域。重庆把地方税收视作“第一财政”，把卖地收入作为“第二财政”，“第三财政”就是重庆国有资产收益。重庆国企每年为各级政府提供了大量税源和基础设施资金投入，市财政因此能够减少在基础设施上的很大一部分投入，更多地把钱用到社会保障、教育卫生事业和公共服务上。

由此可见，重庆财政模式的关键概念是用国有企业及其资源的收益和增值来支撑政府工作，尤其是基础设施建设。而这些国企盈利并非是由于自身的经营有方，很大程度上来源于城市土地开发和升值收益。

支撑重庆市户籍制度改革的，最重要的支撑就是其独特的区位特点、工业化阶段特征和“第三财政”的制度模式。根据重庆市长黄奇帆的说法，重庆由于国资增值而形成“第三财政收入”，使得政府的财政能力底气很足。有了较多的财政收入，重庆也能在众多公共服务领域有更大作为，例如重庆花大气力建造公租房。

重庆通过土地工业化来促进人口的工业化和城市化，再通过人口的城市化释放农村人口对土地的占用和过度拥挤，实现了以土地城市化来推动人口城市化，并在这个过程中通过一系列制度形式严格保证农民利益不被侵犯。城市化和户籍制度的空间难题通过制度机制转换以及时间延缓，解决了瓶颈问题。重庆把农民工进城问题和转户问题作为城乡统筹的突破口，从根本上讲这是一场以农民工城市化为主要特征，以解决农民工户籍问题为基点的改革。

重庆户籍制度改革和城乡统筹把五个方面的一体化作为核心：第一方面

是城乡统筹基础设施的一体化。第二方面就是农村的教育、卫生、文化等各类公共服务方面也要搞好，实现城乡统筹一体化的公共服务。第三方面就是要把农村的社会保障，包括农民的养老、医疗，农村贫困户的低保等保障制度建立起来，实现城乡一体化的社会保障体系。第四个方面就是城乡的要素市场要实现一体化。因为中国城乡割裂的二元结构的一个重要方面，就是城市和农村的市场体系是二元分隔的，以至于农村的各种生产要素，跟城市的各种要素互相不能畅通地流转，这也是一体化的一个重要方面。第五个方面就是农民工的户籍问题。农民工户籍问题是需要用最大努力去突破的问题。前三个方面实际上是政府的公共财政怎么为农村服务的事情，农村的道路、自来水、污水处理或者其他基础设施是一个投入问题，农村的社会保障，包括养老保险、医疗保险和各种扶贫帮困的低保制度也是一个投入的问题。所以，前三个方面的一体化很大程度上在于政府和社会如何积累更多的资金，向农村合理地投入。要素市场的流转则是一个市场体制深化改革的问题。第五个方面最为核心的是农民工的待遇问题，农民工怎么进城，真正成为城市人口的问题。通过规划，按属地化原则，农民工在主城工作就在主城转户，在县城工作就在县城转户，在乡镇工作就在乡镇转户，这样整个重庆实际上有三个级别的城市化概念，分层次分梯度地进行转移。

重庆户籍制度改革过程中，坚持把农民工转户作为一个突破口。这项工作在具体推进的时候，有几个特点：第一个特点就是所有的农民工在户籍转成城市居民以后，同步实现所谓五个“一步到位”，实际上就是五个保障——养老保险与城市居民同等待遇，医疗保障同等待遇，低保同等待遇，住房、教育一视同仁，同等待遇；第二个特点就是农民工转户，是按照他的进城工作时间以及一些相关联的条件转户，绝不附加土地条件或者其他条件。农民工进城获得城市居民待遇，是以他的青春、劳动力和工作岗位为前提换来的，绝不用附加任何其他的条件。这是一个出发点的问题，也是宗旨的问题。第三个特点，户籍制度的改革成本是通过土地升值和逐年分摊以及政府、企业、社会共担来解决的。

进城农民的土地流转与退出必须是自愿的，要按市场价值计算，不能低价征用，也不能强迫。政府要动用公共财政为农民工改善福利待遇，增大城市化、工业化进程中城市基础设施容量，提高公共服务的质量，满足包括进城农民工在内的整个市民群体的内在需求。

重庆为落实政策，实施了“五个禁止”或者叫“五个不许”的工作制度。第一，禁止在整个转户过程中下指标。不是说你搞得好的就评先进，而是不跟任何考核挂钩。这是一场改革，改革的过程是要宣传，要努力，要让大家理解，但是没有指标要求。第二，禁止转户与利益挂钩。第三，禁止强迫农民转户。第四，禁止强迫农民退地。整个转户过程跟农民退不退地无关。第五，禁止各种各样的用工的变动。

按照《重庆市统筹城乡户籍制度改革意见》，两年内，重庆将有338.8万农村人口转为城镇居民，到2020年，实现累计1000万农民转户进城，约占现有农村人口的一半。

2011年12月22日，重庆市公布了户改一年多来的数据显示，全市“农转城”转户人数超过310万人，平均每天6299名农村居民转户当上城里人。全市户籍人口城镇化率提高8.6个百分点，达到37.8%。

从分布区域看，1小时经济圈内转户人数最多，达161万人，占52.2%；渝东北地区转户95万人，占30.6%；渝东南地区转户54万人，占17.2%。从三级城镇分布看，转户人员在主城居住83万人，占27%；在区县城居住82万人，占26.3%；在乡镇居住145万人，占46.7%。从转户人群来看，转户居民以农民工及新生代为主，达192万人，占转户总数的63.1%。中国社科院人口与劳动经济研究所所长蔡昉认为，重庆推行的这一轮户籍制度改革，具有实质性意义。在推进原则和方式上，同时满足了均等化公共服务和降低准入门槛两个标准，有助于应对中国面临的重大挑战。

重庆是否为中国户籍改革提供新思路，走出了一条新路？目前还不能下结论，重庆还在改革路上，其独特的区位和直辖市等制度性优势也是其他地区无法相比的。但其发展方向无疑是正确的，在保证农民利益基础上实现城乡一体化的发展，着力于制度一体化，而不仅仅关注城市，也关注农村，把户籍和财政、土地制度的联动改革作为改革的突破口，其制度和方式是值得学习借鉴的。

3. 成都户籍制度改革

2010年11月，成都市委、市政府出台了《关于全域成都城乡统一户籍实现居民自由迁徙的意见》（简称《意见》）。该《意见》指出，到2012年，成都将实现全域统一户籍，彻底破除城乡居民身份差异，建立户籍、居住一元化管理。居民可以自由迁徙，实现户口登记地与实际居住地一致。

自2003年以来，成都市包括这次调整在内，前后共进行了五次户籍政策调整。应该说，这次是最系统、最深入、最全面的一次调整。因为根据上述《意见》规定，在2012年年底前，成都将建立以身份证号码为标志，集居住、婚育、就业、纳税、信用、社保等信息于一体的公民信息管理系统。

在《意见》中，成都市提出了户籍改革的12项具体措施，这些措施归纳起来主要包括以下三个方面：

第一，实行居住登记制度。建立户口在居住地登记、随居民流动自由迁徙的统一户籍管理制度，实现居民户口登记地与实际居住地一致。同时，建立以身份证号码为标志，集居住、婚育、就业、社会保险等基本信息于一体的人口信息管理系统。通过改革，户籍成为居住登记管理的一种手段，城乡居民可以根据合法固定住所证明进行户口登记，户口登记时不但购房可以落户，而且租房同样可以落户。这样农村居民可以通过在城镇购房或者租房的方式落户城镇，灾后重建城镇居民也可以购买农民宅基地建房，并迁徙到农村。户口也随着居民的居住地变动而变动，实现了居住和户口登记一元化管理的目标。

第二，统一了部分城乡公共服务政策。成都户籍制度改革文件中提出，建立城乡统一的就业失业登记管理制度，统一失业保险待遇标准；统一中职学生资助政策，对就读中等职业学校的本市所有户籍学生统一助学标准。要求各区县对城乡居民符合住房保障条件的家庭，统一纳入城乡住房保障体系；要求各区县首先统一城乡“三无”人员供养标准，对有条件的区县，建立城乡统一的低保标准；对暂不具备条件的区县，要求在2015年之前实现统一城乡低保标准。在社会保险方面，成都进行了较大的改进，将已有的非城镇户籍从业人员综合社会保险并入城镇职工社会保险。

第三，统一了部分城乡管理措施。成都市户籍制度改革文件在计划生育、义务兵家庭优待和退役安置、政治权利等方面实行统一管理措施。在计划生育方面，实现独生子女父母奖励政策城乡全覆盖；要求各区县实现统一城乡义务兵家庭优待政策，并对入伍前没有土地承包经营权和林地使用权的退役士兵实行同等安置政策；提出城乡居民在户籍所在地享有平等的政治权利，平等享有选举权、被选举权和民主管理权利。(国家发改委城市和小城镇改革发展中心:《成都户籍制度改革的调研报告》，城市中国网)

根据《意见》，到2011年年底前，成都将建立城乡统一的就业失业登记管理制度和就业援助扶持制度，统一失业保险待遇标准。这就意味着，长期以来重城镇居民失业登记和救助、轻农村居民失业登记和救助的现状将得到根本改变，农村居民能及时得到就业失业登记和就业援助的政策保障。

《意见》还提出，要进一步完善城乡统一的社会保险制度，在2010年底前停止办理本市居民非城镇户籍从业人员综合社会保险，已有的非城镇户籍从业人员综合社会保险并入城镇职工社会保险。此后，城乡实行统一的社会保险制度：用人单位及职工参加城镇职工社会保险，其他居民自主选择参加城乡居民社会保险或城镇职工社会保险。这从根本上确保了城乡社保的公平。

住房保障体系概念也首次从“城镇”延伸到“城乡”。《意见》提出要按区（市）县分别建立统一的城乡住房保障体系，将符合住房保障条件的家庭，统一纳入城乡住房保障体系，以廉租住房、公共租赁房、经济适用房以及租房、建房补贴等方式解决其住房困难。在2011年底前将完善城镇住房保障体系，2012 年底前住房保障体系覆盖农村，实现城乡居民人人居有定所的目标。

此外，《意见》还对分区域统一城乡“三无”人员供养标准和低保标准、城乡居民在户籍地享有平等的政治权利和民主管理权利、建立城乡统一的计划生育政策、实现义务教育公平化等进行了明确规定。

其中，“城乡自由迁徙”“统一的户籍管理制度”“统一的住房保障制度”等方面的突破成为该市此次户籍制度改革的关键和亮点。国内舆论普遍认为：这是目前“中国最彻底的户籍改革方案”。

综上所述，由于各地方政府进行户籍制度改革的社会背景、制度条件、发展阶段以及政治意愿存在着明显的差异，对他们的改革形成不同的约束条件，户籍制度改革也采取了不同的方法和路径。总体而言，户籍制度改革虽然在各地都进行了试点改革，但往往是与其资源和能力意愿相一致的。由于重庆城乡一体化改革具有内陆特征，因此倾向于采取城乡一体化的发展策略。而广东有很多外省的农民工，要解决这个问题，依靠原住民为主体的输入地政府似乎是不太现实的，而必须通过顶层设计和中央部分埋单才能解决。

二、农民工市民化更需顶层设计

为了让外来者也能平等地享受和当地居民同等的福利，真正融入当地，中国提出了“农民工市民化”的口号。这一口号看似简单，但事实上涉及政府财政支出、农村土地制度、城市发展导向等一系列的改革。

如何破解利益格局这一难题，其关键出路在于提高城市的综合实力，包括财政实力。强大的经济和综合实力能够有效提高城市的承载能力。如果一个城市能将公共服务这块蛋糕做得足够大，就能保证在城市化进程中，尽量不削减原有居民分到的蛋糕量，进而减小改革阻力。

制度是维系社会秩序、规范组织运转、约束人们行为的一系列原则性规定。正如经济学家道格拉斯 · C. 诺斯（Douglass C. North）所言，制度是“为人类设计的，构造着政治、经济和社会相互关系的一系列约束”，它由“非正式约束（道德约束力、禁忌、习惯、传统和行为准则）和正式的法规（宪法、法令、产权）所组成”。我们所理解的制度更多的是限定在诺斯的正式约束方面。

制度设计，既包括原有制度基础上的制度修订、制度完善和制度补充，形成更为合理、符合法理的制度体系，也包括针对社会、组织、人际关系的现实需要而重新制定、旨在填补空白的制度创新过程。制度方面的“顶层设计”，就是要统筹考虑导致制度问题产生的深层次原因，追根溯源，统揽全局，在最高层次和全局立场上寻求解决制度问题的一系列制度设计行为。

作为中国现代化的一个重要组成部分，农民工市民化所存在的诸多政策体制方面的障碍，要求我们必须进行制度方面的“顶层设计”。农民工市民化制度方面的“顶层设计”，就是要在全面分析、统筹考虑阻滞农民工市民化的诸多深层次的政策体制障碍因素的基础上，对于这些因素追根溯源、刨根问底，对于解决问题看深一点、看高一步、看远一些，在兼顾社会经济发展的全局立场上、统领央地发展的最高层次上寻求促进农民工市民化不断发展的制度完善和制度创新行为。

在兼顾社会经济发展的全局立场上考虑农民工市民化制度方面的“顶层设计”，就要涉及作为母体性制度和载体性制度的户籍制度全面改革的问题。从全面促进农民工市民化的角度考虑我国的户籍制度改革，就是在全国范围内、从根本上改革甚至取消城乡二元户籍制度及其由此产生或相伴而随的旨在歧视农民工或农村人口、保护城市户籍人口的一系列制度体系。户籍制度及其所附属的一系列歧视性福利制度所受到的诟病，到了非改革或取消不可的时候了，这不仅涉及社会经济领域的城乡协调发展问题，而且事关政治意识领域的公民基本权利实现问题。

有学者将大城市户籍制度改革所面临的难题以及所面临的不确定性归纳为四个方面，即所谓的“人口承载能力的有限性与人口对福利与公共服务需求的无限性”，“差别化待遇和户籍门槛居高不下容易招致法理上的争议和道义上的责难”，“控制人才的能力有余与控制人口的能力不足”，“户籍供需的均衡点难以把握”等；也有学者提出，由于中国特殊的国情条件特别是“户口所含有的福利因素与户籍改革的关系决定了改革的逻辑顺序：从小城镇、中等规模城市，到大城市乃至北京、上海这些传统体制的最后堡垒，户口的放宽按照不同类型的情况和具体人群，逐次开放；改革与计划经济相连的传统福利体制，将城市发展从补贴性转到自我融资性机制上面，取消户口含金量”。但这些绝不能成为户籍制度彻底改革的拖延借口。毕竟，作为限制农村人口向城市流动的工具性手段，户籍制度已经完成了历史赋予的神圣使命，到了应该让位于促进和保障城乡人口有序流动、缩小城乡差别、构建城乡和谐发展的价值目标追求上了。更何况从理性人的角度分析，人们出于在城市地区生存机会的理性思考和冷静判断，并不会在城市户籍完全放开的情况下不顾后果地盲目流入城市，城市户籍给予人们的美好愿望和潜在价值已经随着改革的深化而逐步淡化。重庆等城市的户籍放开并没有引发预想中的人口大量迁入，一方面缘于政策设计本身的政府功利色彩而没能引发人们的共鸣，另一方面也是缘于人们理性判断的结果所使然。从更为深远的意义上看，取消城乡二元户籍制度是现代化发展逻辑的内在要求，因为从世界经验看经济上的自由、政治上的民主是实现现代化的根本前提。

在统领中央地方发展的最高层次上考虑农民工市民化制度方面的“顶层

设计”，就要涉及到作为衍生性的政策体制的农民工市民化的成本负担的重新调整问题。从有利于促进农民工市民化的角度考虑成本负担体制问题，就是要在充分考量现行的分税制体制下中央与地方财权与事权合理划分的基础上，改变农民工市民化主要成本由地方财政负担的现有体制，逐步过渡到主要由中央财政负担的体制上来。

我国分税制管理体制是适应市场经济发展的客观需要建立起来的。分税制管理体制的主要优势就是，比较好地处理了中央与地方的分配关系，调动了两个积极性，促进了国家财政收入的合理增长，但其暴露出来的问题也比较明显。譬如，分割了政府间的财政能力，使得各级政府之间的竞争与权力、责任安排难以达到稳定的均衡状态。农民工市民化成本主要由地方承担的现行体制，就是与现行的分税制管理体制密切相关；各级地方政府在农民工市民化进程中的责任担当并没有与其财政的统筹和负担能力保持一致，均衡状态更是无从谈起。这种情况下，我们继续寄希望于地方财政在农民工市民化中发挥更大的作用，不仅不合理，而且也是一种不切实际的“奢望”。农民工市民化要穿的“五件衣服”，中央财政应该主动担当起来。当然，这并不是说，农民工的就业、社保、住房、教育、医疗等都由中央财政来直接拨付，而是说中央财政应该通过转移支付的方式将本应由中央财政负担的农民工市民化的大部分成本担当起来。

目前，中央财政转移支付主要包括两大类：一般性转移支付主要为了弥补财政实力薄弱地区的财力缺口，均衡地区间财力差距；专项转移支付重点是用于教育、医疗卫生、社会保障、支农等公共服务领域。根据财政部的有关数据，2009 年中央对地方的一般性转移支付为 11317.2 亿元，占转移支付的 47.8%，专项转移支付 12359.89 亿元，占转移支付的 52.2%。显然，农民工市民化的成本应该由中央财政通过专项转移支付的方式解决；可能的情况下，要进一步提高中央财政专项转移支付的比重，增加的部分可主要用于农民工市民化的成本。

从现实性和可操作性角度来说，农民工市民化制度方面的“顶层设计”，还应该在综合考虑各方面因素的基础上锁定目标人群：新生代农民工。这不仅因为新生代农民工已经逐步成为农民工的主流，而且因为新生代农民工市民化意愿更为强烈，条件也更为成熟。据有关数据，2009 年全国农民工总量为 2.3 亿人，外出农民工数量为 1.5 亿人，其中 16～30 岁的新生代农民工占外出农民工的 61.6%；如果将就地转移农民工中的新生代群体考虑进来，那么，新生代农民工在我国 2.3 亿职工总数中几乎已经占据“半壁江山”。新生代农民工的成长经历和个性特点，决定了他们正由“亦工亦农”向“全职非农”转变，由“城乡双向流动”向“融入城市”转变，由“寻求谋生”向

“追求平等”转变。

因此，城市要想发展，就想方设法要留下新生代农民工，需要因城而异、因地制宜地推行渐进式的户籍制度改革。北京、上海等大城市不可能完全放开，但可以考虑逐步推进农民工市民化，推进农民工在一些领域与市民同权；中等城市则应积极地放开；小城市、县城等更是可以完全放开。要分类指导，帮助新生代农民工及老一代农民工的“精英群体”率先实现市民化。

要推行基本公共服务均等化。同时要建立保障农民工子女受教育权利的政策扶持体系，特别是要解决好随迁子女在流入地接受义务教育的问题；构建符合农民工特点的社会保障网络体系，落实工伤、医疗、养老等保险福利。还要有的放矢，针对新生代农民工需求层次的变化，用“前途”留人。强化职业技能培训，提供公共就业指导，建立劳资纠纷解决机制，建立惠及农民工的城镇住房保障体系，增加保障房和公租房供给，让新生代农民工学有所用、劳有所得、住有所居。

而新生代农民工应当利用好企业、学校和政府提供的职业培训机会，通过岗前岗后培训积累人力资本，提高技能，实现工作上、生活上与城市融合。

三、户籍改革的政策建议

二元户籍制度既是计划经济的产物，也是严控型社会的产物。现在，中国虽然已经从计划经济转变为市场经济了，市场经济的人力资源自由流动客观上要求废除户籍制度。户籍制度改革既是一个关乎个体和地方发展的问题，更是关乎整个中国能否走出困境，实现未来稳定和可持续发展的关键所在。从表面上看，户籍制度改革是一个户口问题，但实际上是附着在户口背后的一系列不平等的、对农民歧视性的政策，是对基本权利和权益的侵犯；从表面上看，是户口准入和居住准入的问题，但实际上问题的关键并不在于能否进入，而在于进入后能否获得同等的待遇。

户籍制度涉及一个民族国家的公民的社会公民权。所谓社会公民权是西方福利国家理论中的核心规范理念，代表的是国家对于公民面对社会风险时所负有的责任，以确保其生活福祉。社会公民权这个概念指的是国家提供社会福利或服务时，如何界定命运共同体之中不同成员彼此之间的权利与义务关系。而在现代的认知中，这个命运共同体便是指民族国家，将社会公民权和政治、经济等其他面向的公民权利结合起来，在国家疆界内受到主权的保障。即使在社会主义国家中，尽管和资本主义国家进行资源分配的政经机制不同，这样的空间意涵也没有改变。（于建嵘、李人庆：《城乡户籍制度的改革实践与政策建议》，《战略与管理》2012 年第 1 ～ 2 期合编本）

户籍制度中的“城镇/农村”区隔无疑是界定社会公民权的关键范畴，将市民与农民的相关社会权区分成两个世界，形成中国福利体制的“一国两制”，在国家疆域内用行政力量形塑出鲜明的阶层化社会公民权。地区性福利制度的兴起，重新划分了社会公民权身份的界线。地方政府在依据中央政府指示推行新的社会政策或是进行相关试点时，往往以自己的行政区划作为福利项目享有的界线；于是我们观察到“本地/外地”正成为一个更为明显的福利权利/义务边界，中国社会福利体制正在更细致地分化为不同的“福利地区”（welfare region），重新界定着社会公民权的形式与内容。户籍制度改革作为一种社会公民权确立过程对于缓解社会冲突，对于国家认同、国家凝聚力和国家建设都具有十分重要的作用。

改革开放三十多年，中国农民工已经悄然实现了代际更新。“新生代农民工”群体随着时间的推移，特别是大量80后和90后的加入，这部分农民工的人数越来越多，到目前约占到农民工总数的60%，已登上了城市化进程的重要舞台，并成为新产业工人阶层的主体部分。

然而，“新生代农民工”的生存和发展面临着十分现实的困境。由于现行的户籍制度，这些“新生代农民工”虽然有成为城里人的强烈愿望，有的也在城市里生活了十多年，可他们就是不能获得城镇户口，只能在长期打工的城镇暂居，因此，他们也就不能享受城市居民的社会福利以及最基本的社会保障，他们的下一代甚至没有资格同城镇居民一样获得最基本的教育权利；由于经济上的原因，这些“新生代农民工”绝大多数没有能力购买城镇的住房，甚至不能租住一个可以进行简单家庭生活的空间。由于文化上的原因，这些“新生代农民工”虽然对现代城市文明充满了渴望，却很难真正进入到城市主流的文化生活，甚至不能获得基本的信任，遭受到各种歧视。凡此种种现象，一直客观存在并越来越严重，是一个必须解决的社会问题。

中央已提出了着力解决“新生代农民工”问题这一任务，这是一个良好的开始，但如何“采取有针对性的措施”则是关键。

户籍制度改革不能一刀切，需要因地制宜和鼓励创新，也需要法律制度的配合和中央的顶层设计以及系统性的制度安排。通过梳理重庆、成都、广东三地户籍制度改革的做法和领会中央关于积极稳妥推进户籍改革的精神，可以看出，户籍制度改革的目标，是促进人口城市化进程，让农民工和农民也能享受到经济发展成果；让经济结构更加合理，使经济发展更具有可持续性，城市经济更有活力，促进经济发展方式的转变；发挥城市在现代经济发展中的集聚和乘数效应，促进经济结构的调整，解决城乡发展不平衡的问题。户籍制度改革的核心就是要通过社会管理创新，促进人口城市化进程，扩大城市福利覆盖面，实现由户籍人口向常住人口的全覆盖，进而通过人口分布转移，减少农村人口，扩大农业生产规模，缩小城乡福利差距，促进城乡公共服务的均等化。城市化政策和户籍制度改革必须与土地、人口、财政政策改革相配套才可能取得成功。

我们认为需要着力从以下几个方面来为户籍制度改革提供坚实的制度基础，为深化和全面推行跨地区或全国性的户籍制度改革，提供必要的准备：

第一，要打破目前“农业人口”和“非农业人口”的户口界限，使所有人获得统一的身份，剥离、剔除黏附在户籍关系上的各种社会、经济的差别功能。改革是一个逐步推进的过程，如果一步到位取消户籍制度不现实，那就逐渐淡化户籍制度，先淡化与之配套的政策。

第二，加快农村宅基地的确权改革，给予农民完整的土地使用权，保障农民合法的财产权利和权益，包括土地的继承抵押和转让的权利，促进农村土地市场建设和土地流转。

第三，打破地方保护，消除不同城市之间户籍上的不公平。农民工子女教育问题，不仅是农民工与城里人存在差别，小城市与大城市同样存在“户籍”差别，连城市中不同地区也存在差别。以户籍为条件的各地高考录取分数线，使得高考移民有增无减。所以，特别是特大城市，出台政策时，一定要站在全国一盘棋的高度上考虑，绝不能只考虑地方利益、局部利益，凡是本市、本地户籍享受的政策，全国人民都应能享受，这样才能逐渐化解特大城市户籍的压力，消除户籍上的差别。

第四，着力优先解决农民工二代的市民化问题，废除对他们在教育、医疗、工作、住房等方面一系列的歧视性政策，促进他们融入城市，提高他们的工作技能。

第五，修改和完善相关政策法律，以常住人口作为城市基本公共服务的财政和法律依据。对于人口城市化问题比较突出和财政比较紧张的城市，国家应在政策上和财政上予以相应的支持。

第六，户籍制度改革的根本出路还在于土地和财政制度的配套改革，这样才能实现户随人走，相应的福利保障也能够随着走。目前的人口流动是单向的流动，从福利低的地区向福利高的地区流动。各地需要为乡村和中小城市创造出一定的特色优势，鼓励人口的双向流动。同时，中央根据收回土地的指标，给解决农民户籍城市一定的建设用地指标。也就是说，将户籍制度改革与土地制度改革也联动起来。

第七，我国的户籍改革仍处在摸索阶段，虽然有不少城市在户籍改革方面都有一些突破，但还没有成为全国的统一行动。没有中央政府的统筹安排，各地方的户籍改革仍然是“各自为政”。甚至，有些地方政府的户籍改革制度最终成为对土地的剥夺。因此，户籍改革最好是由中央政府做整体统筹安排，首先在财政上对户籍改革城市予以帮助。中央应该对外来人口多的城市进行财政补贴或者财政转移支付，使得这些城市有改革的积极性。中央政府应明确规定提高地方财政用于教育、医疗、社保的资金比例，同时应对一些外来人口入籍入户多的城市加大转移支付力度，以保证它接纳更多的外来人口。

第三节　城市化的健康发展离不开法治建设

城市化进程是中国正在并将长时间经历的过程。随着我国城市化进程的加快，社会生活发生了重大而深刻的变化，法治建设过程中的新状况、新问题不断出现，社会法治保障问题也日益突出。

城市治理的法制化和透明化即“依法治市”，从目前的实践看，通常要求城市政府本身是一个法人，每个城市管理部门在建立前先立法，充分体现管理机构的法律权威性，以法律形式规定执行机构的权限等。按照联合国人居署的研究，城市政府管理的透明化意味着信息的共享和以开放的方式采取行动，是建立良好的城市治理结构的核心，有助于减少城市贫困，提高市民的参与度，是促进城市良性发展的重要途径。

此外，如果执法过程有滥权违法将直接损及公众的合法权益，把城市化进程变成伤害群众利益的过程。我国城乡规划法律对地方政府不具有制约作用。一些地方行政首长就为了地方经济发展的需要，对规划朝令夕改。而利益集团更可以对规划变更随意施加影响，假借公共利益之名“圈地”。至于强制拆迁过程更是充满了血腥暴力，也导致城市化进程的野蛮化。

迄今为止，因征地搬迁的补偿费、征地费问题和各种利益关系的调整，各种矛盾引发的群体性事件不断增多。乔万尼阿里吉在对非洲的研究中发现，农民的全面无产阶级化最终给资本主义社会带来的是更多的问题而非有利的条件。原因之一就是法治化并没有伴随城市化共同成长，农民的无产阶级化并未得到权利的保障，最终导致每个阶层都受到损害。

人并不是某种生活模式的被动承受者，相反，人是生活模式的创造者。缺乏法治的城市化进程已经对中国的稳定和发展产生了现实的恶果。所以，比是否推进城市化更为重要的问题是：我们需要什么样的城市化——是文明的城市化还是野蛮的城市化？是受公平法治规范的城市化还是被利益集团全面掌控的城市化？是保障国家社会进步的城市化还是使各个阶层相互伤害的城市化？对于有机会推动历史进程的人们来说，这些应该是更重要的选择。

一、城市化进程中社会法治面临的挑战

即使是从经济发展的功利目的考虑，我们也应当认识到，中国以往几十年快速经济成长，正是得益于城市化进程。如果在未来的产业重点、经济增

长点和新增就业岗位都是放在服务业领域的话，那么城市化进程如何就更加显得关键———没有快速的城市化，很难想象会有服务业的发展。所以，中国经济未来 20 年到 30 年很可能是借城市化之力实现持续增长。但若想达此目的，城市化进程就必须伴随法治化的脚步。原因很简单，资源配置需要遵循市场规律，尊重每个经济主体对其资源的合法控制与流转，唯有如此才能保证交易安全、维护交易信心，在制度层面保障经济发展。在这个意义上，拥有法治规制的城市化进程不但是中国政治发展的需要，更是经济发展的前提。

我国城市化进程中，社会法治主要面临以下几个挑战：

（一）征地拆迁问题

近些年，随着城市化进程速度加快，旧城改造、商业开发、政府重大工程等城建项目的实施，使得几乎每个城市都涉及房屋拆迁问题。当前城市建设过程中出现的一个突出法律问题便是城市房屋拆迁问题，这些问题不仅严重侵害城镇居民的合法权益，而且容易导致群众大量上访，影响社会稳定与发展。侵犯被拆迁人的合法权益的主要表现有：

其一，公共利益标准不确定。在我国，由于现行法律法规并没有对“公共利益”做出具体的和有效的界定，因而在实践中，大量城市房屋拆迁项目都搭乘“公共利益”的便车，在侵害被拆迁人和国家、社会的整体利益的同时，使真正的公共利益蒙受损失。由于拆迁的公共目的和商业目的的模糊导致一些本来是出于商业目的的拆迁征收，却披上了公共目的的外衣，使得被拆迁人的财产权利遭到巨大损害。

其二，补偿标准不合理。当前拆迁纠纷主要集中在补偿不合理上，有的城市拆迁补偿不统一，人为降低补偿安置标准。其主要体现在两个方面：第一，有的拆迁单位的工作透明度不高，补偿标准不统一；补偿标准的高低有时候取决于被拆迁人的“闹事”能力，能折腾的可多补，不会闹的就少补。第二，拆迁人利用其优势地位或者以公共利益掩盖商业目的，降低补偿标准，造成被拆迁人无法用获得的补偿费用购买与原来居住水平相当的新居。

其三，拆迁过程不文明。在实施拆迁过程中，拆迁各方的沟通不够，造成各方当事人之间的不信任和误解。拆迁人对与拆迁相关的法律法规及政策的宣传不到位，过程不够文明，工作态度作风不够谨慎，以致引起被拆迁人的反感，有的拆迁人甚至滥用行政权力，违法违规强制拆迁。此外，个别拆迁人用“钉子户”的称谓来形容被拆迁人，将被拆迁人争取合法维护自己财产权利的行为视为阻碍城市经济建设的行为。

（二）农民工权益保障问题

城市化进程中大量农民进入城市，他们利用自己的劳动创造财富，为城市的建设和发展贡献了巨大的力量。但是农民进入了城市，却没有融入城市。目前，我国城市化进程中农民工权益保障的缺失，已成为构建和谐社会的主要障碍。其表现为：

其一，保护农民工合法权益的立法不足。表现在立法方面，则是缺少法律层面的规则来保障农民工合法权益。农民工是我国人群中基本处于弱势地位的一个特殊群体，而我国目前关于农民工问题的立法不完善，现有的规章制度跟不上当前社会形势，以至于农民工维权无据、诉讼无门的现象时有发生，大量侵犯农民工合法权益的行为没有得到纠正。

其二，劳资关系不顺未得到根本转变。由于我国城乡体制的二元分割，尚未建立应有的市场秩序，使得劳动市场信息不对称，再加上劳动监管仍然存在的空白地带，农民工仍处于弱势地位，农民工的劳动合同签约率普遍偏低，少发、拖欠农民工工资等侵犯农民工合法权益的现象仍较为普遍地发生。

其三，农民工的社会保障制度不完善。有些城市的发展规划并不把农民工的子女教育、医疗卫生等需求纳入公共设施建设的考虑之中。在子女教育、社会保障等方面，还对农民工存在着一定程度的制度性歧视。目前，由于我国尚未建立全国统一农民工社会保障机制，致使农民工的养老保险参保率普遍较低，然而其退保率却普遍较高；农民工的医疗保险和失业保险在现实中的处境仍十分艰难。

（三）城市管理法治化问题

随着我国城市社会、经济的快速发展，城市化水平不断提高，城市管理法治化建设的重要性越来越明显。当前城市管理法治化建设中主要存在以下问题：

其一，城市管理立法不当。有学者指出：由于立法起草者为了迎合立法审核部门严格的合法性审查，使所立规范能顺利获得通过，往往是保守妥协的多，大胆突破的少。实践中，有的立法起草部门在立法过程中比较多地考虑部门利益，注重眼前利益，利用立法契机，设置有利于维护部门利益，实现眼前利益的法律规定。其结果是一方面使得与居民日常生活密切相关的方方面面在地方法规中没有得以体现，有违立法初衷；另一方面使得地方法规的立、改、废工作不能有机地整合起来，地方法规之间的效力问题在实施中时常遭遇困境，可操作性不强。

其二，治安防控落实不到位。对于盗窃、抢夺、抢劫等影响市民安全感的常见案件，仅仅依靠公安机关等专门的打击力量是不够的。社会治安源于社区，社区的人口管理工作则是重中之重。然而现实中的社区人口管理工作还存在死角，有学者指出，一些基层民警将重点人口管理当成软任务，只建档不跟踪，更不落实帮教、考核、跟踪考察等动态管理措施，使重点人口管理成了表面文章。

其三，城市执法不规范。城市管理执法水平是现代城市文明的重要体现，是城市化过程中容易忽视的软环境。当前在部分处于城市化进程的城市，城市管理人员的执法水平不高，在行政执法过程中，尤其是影响公民权利和义务的具体行政行为，有很多情况没有遵守法定程序，侵犯被管理者的合法权益。此外，城市管理监督体制不健全，部分监督环节的缺失使得城市管理人员滥用行政执法权以及执法腐败等现象时有发生。

综上可见，在城市化所带来的互为交织、错综复杂的权利关系中，迫切需要法治为从国家到个人的各类主体提供更具稳定性和可预见性的行为准则，迫切需要法治发挥其定纷止争、明晰权属的功能，迫切需要法治更为有效地体现利益分配、协调平衡的作用，迫切需要法治更为快速有效地裁判纠纷、解决争端，以适应城市运行的节奏。

二、城市化与法治建设相辅相成

法治建设是城市化发展不可或缺的重要内容，是城市化发展制度与政策设计的重要环节，是衡量城市化发展水平的重要标志。

完善的市场经济是推进新型城市化发展、提高城市资源集聚和财富创造能力的基础，也是经济平稳健康可持续增长的重要保证。没有高度法治化的市场环境，就很难把企业、项目、人才吸引住、留下来，经济增长就会失去持久动力。

法治建设与城市化一样，都是现代化的重要组成部分。法治建设从一定意义上可以说是从传统社会的法律转向现代社会的法律，也就是说，从农业社会的法律转向都市社会的法律。法治建设的目标就是建立现代法治，实现依法治国。

美国学者亨廷顿认为，现代化包括工业化、城市化，以及识字率、教育水平、富裕程度、社会动员程度的提高和更复杂的、更多样化的职业结构。（〔美〕塞缪尔·亨廷顿：《文明的冲突与世界秩序的重建》，周琪等译，新华出版社，2002，第58页）城市化是现代化的重要内容，没有城市化就没有现代化，城市化是现代化的必要条件。城市化和法治建设都是现代化的组成部分。城市生存方式具有集中性、流动性、专业性和异质性的特征，这些特征使都市社会的法律亦即现代社会的法律得以产生。

城市化是现代生产力发展的结果，它致力于实现从传统农村社会形态向一种新的城乡融合的社会形态转型，实现城乡一体化，是人们的生存方式从传统向现代转变的重要表现形式。在城市化进程中出现的新的城市生存方式所具有的集中性、流动性、专业化与异质性等特点，对法治建设产生了重要影响，有力地推进了法治建设的进程。具体表现如下：

城市生活方式的集中性主要表现在三个方面，即人口的集中、经济活动的集中和文化活动的集中。集中是城市生活的基本特点，是城市生活方式形成的原因。集中带来了规模，规模产生效益。所以，现代政治运动的中心往往在城市，一个重要原因在于城市人口多，易于产生广泛影响。另外，城市人口的集中也便于民主选举。选民投票方便，被选举人开展竞选活动也方便。这些活动都是法治社会缺少不了的。

当然，集中不但会带来量的变化，而且会带来质的变化。农村人口迅速向城市集中，他们的思想会在城市新的环境中发生变化。城市由于人口的集中往往发生大众行为，即不稳定与相对无组织的行为。大众这个词意味着临时聚集的非紧密的社会群体。由于大众行为往往是受某种来自外界的刺激的反应，欠缺深入的思考，所以，大众行为所产生的广泛影响有好有坏，坏的方面当然是法治社会所极力避免的。

人口的流动会扩大人际交往。在乡土社会，人们的活动范围有限，认识的人有限，人际交往限于地缘关系、血缘关系。而在城市居民之间，比起农民来，交往面大大扩大，交往对象大大增多，交往方式大大多样化；也不再限于与有地缘关系、血缘关系的人交往，与有业缘关系、趣缘关系、志缘关系的人也有密切的交往。交往的扩大，使城市人眼界开阔，价值取向多元化，对不同意见更加宽容。多元化、宽容是民主的温床。民主是在多元化、宽容的温床上孵化出来的。德国学者斯宾格勒深刻地认识到这一点，认为“民主是城市人的世界观”，是“城市中的才智之士改造了青春时期的伟大宗教，在贵族和僧侣的旧宗教以外建立起第三等级的新宗教，即自由科学”。而没有民主就没有法治建设。所以，我们在实现法治建设的进程中绝不能限制人口的流动，否则，就阻碍了法治建设的进程。我国各地对人才流动的限制，对农民工进城的限制，都不利于促进法治建设的进程。

我们知道，社会之所以成为一个整体，是由于它的成员有着相同的规范和价值标准。随着社会分工的多样化和专业化，人们之间的差异越来越大，人们更多考虑的是个人，而不是社会，这样人们所遵守的相同的规范和价值标准就逐渐瓦解了，结果社会出现了失范。所以，在现代化的过程中，法律及其观念是会发生很大的变化，这个变化的过程就是法治建设的过程，也就是传统法律及其观念向现代法律及其观念转变的过程。由于国情不同，文化不同，法治建设的过程在某些国家转变得较为顺利，而在某些国家转变得较为艰难、曲折。

法治建设是一个涉及观念、行为及其实践领域的多方面进程，它的核心是人的现代化。任何制度都需要人来完成，法律制度也不例外。要实现法治建设，仅有现代化的法律制度是远远不够的，还需要有一批具有现代法律意识的法律人来具体操作现代化的法律制度。这些法律人的联合就构成了法律职业共同体。因此，专业化既推动了法治建设的进程，也促进了法律职业共同体的形成。

在现代社会里，法律组织职业化的形成也与城市生活的专业化有关。我们知道，早在古罗马，法律家群体就已产生，但严格的现代意义上的法律职业化产生于18、19世纪。这主要是由于工业化引起了城市化，带来了复杂的社会分工，法律内容越来越多，调整的领域越来越广，以往只要凭着丰富的日常生活经验就能胜任法官、律师职务的时代已经过去了。在现代社会，要胜任法官、律师职务，就必须对法律知识进行系统的学习，以往那种学徒式的技术上的训练已不适应时代的要求了。这是法律职业化的最基本的要求，也是法律职业化形成的最重要原因。在我国，近几年之所以呼吁实现法律职业化，其原因也是因为我国社会发展越来越快，法律调整的领域越来越广，在此背景下，法律职业化便呼之欲出了。只有实现法律职业化，才能给大众提供优质服务，才能满足现代社会的需要。一批高素质的法官、检察官、律师、法学教授的出现，既是法律职业化追求的目标，也是法治建设的标准、要件。

城市人口的集中和流动性的增强以及专业种类的增多，使异质性明显增强。城市的异质性表现为一系列的差异，诸如职业差异、文化差异、收入差异，等等。这些差异直接导致了人们社会经济地位的差异。城市的异质性增强了城市人的独立性。

由于城市生活中存在大量的陌生人，这就使人与人之间产生距离感和疏离感，使个体与外在社会的联系切断，人与人缺乏情感，处于冷漠状态中，从而增强了城市人的独立性或自由。而个人生活的自由是法治建设题中应有之义。也就是说，城市生活的异质性导致城市人比农村人有更多的自由，而公民拥有广泛的自由是法治建设的要件之一。所以，城市化的发展必然会促进法治建设的进程。

城市生活方式的异质性带来了次级的而不是初级的社会关系，这种次级的社会关系形成了非人情化的、变化无常的和表面化的社会联系。所谓初级的社会关系是指为个人提供安慰并满足其感情需要的持续的关系。在初级关系中，虽然存在着爱与友谊，虽然能更多地实现自我满足，但由于亲情和友谊的缘故，在处理问题时，往往做不到平等公正。而在次级关系中，人们之间的交往与合作并不亲密，这样，在处理问题时，就更有可能做到平等公正。我们知道，平等公正是法治建设的必备要件之一，没有法律面前的人人平等，没有立法者和执法者的公正，法治建设就是一句空话。所以，城市生活方式的异质化有利于社会平等公正的实现，从另一方面促进了法治建设的进程。

城市生活的异质性也会增大个人生活的隐蔽性，使私生活与公共生活界限分明，一清二楚。个人生活隐蔽性的增强使公民的私生活得到了保障，隐私权被侵犯的可能性大大减少，从而使公民人格尊严得以保障，也有利于限制公权力的扩张。这些因素都与法治建设有很大关系。

城市生活造就了法理社会，而法理社会要求人们在处理问题时把作为正式手段的法律放在至高无上的地位，使法治取代了人治，标志着法治建设有了起点。

三、强化城市化社会法治保障之路径

与发达国家相比较，中国的城市化程度算是比较低的。与中国的工业化程度相比，中国的城市化程度明显滞后。许多国家工业化程度不如中国，但城市化程度却比中国要高。之所以会出现这种现象，与我国长期实行的限制城市人口增长的政策有很大的关系。

我国“五四宪法”规定公民有迁徙自由，但母法规定的迁徙自由没实行几年，就被子法废除了。公民的迁徙自由没了，取而代之的是严格的户籍制。由于实行计划经济，重点发展重工业，导致老百姓的生活用品奇缺，这样，国家只能重点保护城里人的供应。所以，我国长期实行的限制迁徙自由的户籍制虽然是有失公平的，但在计划经济条件下也是无奈的选择。这种户籍制长期执行的结果，大大影响了我国的城市化进程，阻碍了我国经济文化的发展。

改革开放以后，我国引入市场经济机制。市场经济的灵魂是自由竞争，而自由竞争是与迁徙自由捆绑在一起的。所以，实行市场经济的结果必然要冲破实行多年的户籍制的束缚，允许迁徙自由，允许农民向城市流动。当我国限制迁徙自由的户籍制一松动，城市化的步伐便势不可当。

我们知道，法制现代化在一定意义上说就是从农业社会的法律转向城市社会的法律。大批的农民从农村迁往城市，过上城市的生活方式，其观念必然产生变化，逐渐会接受现代法治意识。

由于现代法治是城市文明的产物，所以，我们在“依法治国，建设社会主义法治国家”的过程中，一定要大力促进城市化进程。

（一）加强私权保护和社会保障

首先，要合理界定公共利益。财产权利是公民不可侵犯的基本权利，只有在法定条件下才可以考虑加以限制。在当前的房屋拆迁纠纷中，有很大一部分是因为公共利益的界定不明确所引起的。因此有必要明确公共利益的内涵，不能使公共利益成为拆迁人获取暴利的幌子，更不能使公共利益成为公民私权利遭到侵害的祸根。公共利益应该综合考虑合法性与合理性问题，尤其在拆迁时不能只顾及政府或者国家的利益，公民自身的合法权益也应该考虑。

其次，要有公平的拆迁补偿。各地方政府要在认真调查研究的基础上，参照不同地段的商品房价格，调整并适当提高各地房屋拆迁的补偿标准。对于商品房价格升幅较大的地段，应大幅提高区位价标准。对同一地区的、同一类型的房屋在拆迁补偿时，要执行统一的标准。被拆迁房屋的估价过程中要有独立第三方来进行客观、公正地评估；对于被拆迁的房屋数量较多，在短期内难以实现对被拆迁的房屋进行评估的，应根据拆迁地区房屋销售的平均价格以上或者最高价格给补偿。此外，地方民政部门应加大对因拆迁安置引起生活困难的社会弱势群体的保护力度，对因拆迁安置导致生活困难的被拆迁人，应及时进行救济，维护社会稳定。

最后，要有正当的法律程序。正义不仅要得以实现，而且要以人们看得见的方式实现。拆迁过程必须要有正当的程序，减少暗箱操作的空间，保护被拆迁人的合法私权利。无论是公益性拆迁还是商业性拆迁，正当的法律程序是保证拆迁合法、公正、有序的必要前提。

此外，还应当加强对负责拆迁人员的业务培训，使拆迁人员在实施拆迁过程中能够加强有关法律政策的宣传，耐心做好被拆迁人的思想工作，给予利害相关人充分的表达的途径和权利，特别是在被拆迁房屋的评估方面，要让利害关系人充分参与到其中，杜绝衙门作风和简单、粗暴的工作态度。

社会保障是一个国家或地区以社会的力量，保证所属的全体社会成员都能达到最低生活水平而形成的一种分配关系，它提供的对象是全体社会成员。我国应该将农民工纳入统一的社会保障体系。

首先，在法律层面上实现对农民工权益的统一保障。通过宪法赋予农民工与城市居民同等地享有尊严、自由和权利，保证农民工在城市的最低生活标准，保证农民工物质帮助权及其他各方面权利的实现。针对拖欠农民工工资以及工伤赔偿的问题，要建立健全相关法律规定，加强监管，同时加大对相关责任人的惩处力度。

其次，通过考察各福利国家的制度结构我们会发现，任何一个福利国家的制度结构，基本上都由三个部分组成：一是普惠型社会福利；二是社会保险；三是社会救助。支撑三种制度安排的价值理念有所不同，制度安排的组合方式也呈现多样化。但无论如何，在任何类型的福利国家中，这三种制度安排都是并存的，缺一不可的。从现实来看，中国的养老金体系建设当务之急是建立国民基本养老金制度。这是一种适度普惠型的社会福利制度。我国现行新型农村社会养老保险试点体现了新农保制度的基本性、公平性和普惠性：地方财政对所有参保农民给予缴费补贴，对农村重度残疾人等困难群体代缴部分或全部最低标准保险费，对选择较高档次标准缴费的农民给予适当鼓励。

最后，建立针对农民工的全国统筹的社会保障制度。为了使企业能够自觉地为农民工办理社会保险和养老保险，相关部门必须采取强制性手段将农民工纳入社会保障范围，规定严格的保障措施，尤其是要对那些雇佣农民工而不为其在合理期限内办理社会保险的企业制定比较严厉的处罚措施；对于那些拒不改正的或者多次违反规定的企业负责人可以追究其刑事责任。此外，农民工子女的受教育问题同样关系到他们自身的发展和祖国未来的繁荣，进城务工人员子女不应该成为被遗忘的角落。加大对农民工子女基础教育的投资，是开发人力资源，推动经济发展的必由之路。

（二）推动城市管理法治化

随着社会、经济的快速发展，城市管理法治化问题成为城市发展的一个重要因素，对此必须高度重视。

首先，要提高地方立法质量。当前，地方立法应从地方的实际需要出发，最大限度地发挥地方立法应有的作用。在地方立法时，要摒弃部门利益，着眼于长远，对涉及居民生活密切相关的事宜，应当通过正当程序听取民众意见，对合法的利益给予平等地保护。此外，在立法时，要把地方性法律、规章的废、改、立三个环节有机地统一起来，切实解决地方立法的清理工作，完善地方立法体系，增强地方立法的可操作性和适用性。

其次，要建立社会治安防控体系。有效的社会治安体系是城市管理法治化建设的基本要求，也是社会和谐发展的坚实基础。要统筹好专业力量与群众力量、政府其他部门力量的协作关系，注重部门、社会力量间的配合，大力推进城市治安管理的社会化，发动社会上一切可用力量维护城市治安。同时，还要加大社区人口管理工作的力度，做好重点防控工作，加大对外来居住人口、社会帮教人员等社会治安管理的薄弱环节的扶持力度，完善信息登记、共享机制，清除治安死角。

最后，要规范城市管理行政执法。城市管理执法人员是法律法规的最终执行者，执法人员素质的高低，直接关系到城市管理法治化程度。要规范城市管理行政执法，创建良好的城市管理法治化环境，一方面需要提高执法人员的素质，让其严格依照程序执法，维护被管理者的合法权益；另一方面要完善城市管理执法的监督机制，不仅要公开城市管理执法工作的内容、程序和结果，增强执法透明度；还应当鼓励民众监督，加大对违法“城管”行为的监督，让其执法行为处于公众的阳光之下，实现城市管理法治化。

城市化进程是由一个城市的政治、经济和社会发展的现状所决定，稳定的城市化进程反过来又可以促进政治、经济和社会的健康发展秩序，推动社会发展目标的实现。要实现城市化进程与政治、经济和社会的协调发展，强化社会法治保障是一项不可或缺的内容。

过去多年，我们曾经进行过“普法”，曾经“送法下乡”，企图让公民树立现代法治意识。不能说这些做法全无意义，但收效不大却是毫无疑义的。为什么会发生这种种下龙种收获跳蚤的尴尬局面呢？一个重要原因在于我们没有搞清楚现代法治是城市文明的产物。现代法治只有在城市的生存方式中才能生存，而在农村的生存方式中则无法生存。我国在数千年时间内，宗法观念影响很深厚。同姓人往往生活在一个村庄内，俨然一个大家庭。在大家庭里存在着严格的等级、尊卑观念，平等观念是谈不上的。所以，在这样的社会里，与其花大气力去普法，不如改变农村人的生存方式。因为只要生存方式改变了，现代法治观念就会悄悄地从他们的头脑中滋生出来。而在生存方式没有彻底改变的情况下，花大气力去普法，效果不会很显著。因为在大家庭里，若某人接受了现代法观念，和长辈讲平等，他就会成为孤家寡人，遭到持有旧观念的人的“歧视”，他在当地就无法生活下去。由于遭受孤立的代价实在太大了，所以，一般人在生存方式没有改变之前，即使有接受新观念的意愿，但害怕遭受“歧视”，也会放弃。从这个角度来说，在中国广大农村普法的前提并不具备。

同样，在中国基层官员中普法效果也不会太显著。因为，在农民占多数的情况下，乡土文化的影响要比城市文化的影响大。正如在发达国家里，在城市人占多数的情况下，城市文化的影响远远比乡土文化的影响大。在美国，许多人虽然居住在农村，但所持观念却是城市里人的。而中国却恰恰相反，许多人身处城市，所持观念却是农村人的。中国基层官员可谓离乡不离土，虽然洋装穿在身，心却还是农民的心，观念并没有彻底地改变。所以，在大力推进城市化的过程中，我们还要对城市人的观念进行彻底地整合，使他们身心都成为城市人。

（三）建设和谐社区

社区是指固定的地理区域范围内的社会成员以居住环境为主体，行使社会功能，创造社会规范的行政区域。通常指以一定地理区域为基础的社会群体。社区一般包括以下特征：一定的地理区域，一定数量的人口，居民之间有共同的意识和利益，并有着较密切的社会交往。例如，村庄、小城镇、街道邻里、城市的市区或郊区、大都市等等，都是规模不等的社区。

新型社区应该是和谐社区、亲情社区、人文社区，建设和谐社区是构建和谐社会的一项基础性工作。

社区建设的核心内容是民主自治，社区自治的意义不仅仅在于城市基层社会的管理，它还具有十分重要的政治功能，关系到政府权威的基层来源，关系到居民生活水平的提高，社区自治需要得到我国宏观政治体制的支持。在实现社区自治的路径上，选择渐进式的道路是比较合适的，虽然实现社区自治还存在很多困难和问题，但社区自治应是社区建设坚持的最终方向。如何能够加强社区民主自治，我们认为，治理模式的转换主要是制度变迁的结果，社区建设实质上是城市基层治理模式的转换，是市场经济背景下的新型治理体制对计划经济条件下城市基层单向性行政管理体制的替代，是一种更高的目标模式（效益更高的制度）对起点模式（原有制度）的替代、转换和交易过程。因此，社区建设的过程实际上是政府与民众、国家与社会的合作过程，是多方互动的结果。

社区应该在政府和社区的共同推动下继续加快改革步伐，建立更加符合社区实情的现代社区结构和社区治理模式，通过制度建设促进对居民参与的赋权。完善自治制度，居民参与实际上就是居民自治，居民参与必须在一定程序下参与。制度是民主的保证和积累，社区民主也是民主，没有制度完善，民主将趋于笼统，而制度又是保证居民有效监督的依据。将民主自治具体化、程序化、生活化是很重要的，例如北京九道湾社区民主选举之后，九道湾居民通过讨论，依照民主的方式通过了自治章程，这是九道湾民主自治深化的重要原因。社区自治发展的主要任务，除了制度构建问题，还有如何在良好的制度架构下协调关系，完善体制，开发功能，从而使其适应现实社会发展所动员起来的社区民主自治对制度本身的要求。制度运行中关系的调整、体制的完善和功能的开发，所针对是制度实际运行中的理论状态与实际状态之间的距离与矛盾，但是这些努力必须以法律为依据。完善机制，强化了社区的民主化、规范化管理，居民各项民主权利的行使和落实实现了制度化、规范化、经常化。

建设和谐社区，就需要政府和各方力量，共同推动社区继续深入扩大民主、强化居民自治，更大程度地放权于民，使居民在通过民主选举、民主决策、民主管理、民主监督中能自主地维护权益。只有当民主自治成为一种生活方式时，民主自治才可以巩固。例如，北京九道湾在实行民主选举后，在培育社区居民的民主意识方面做了大量工作，居民可以通过评议、听证、投票来决定社区内部的公共事务，可以通过民主程序来提升自己的生活质量，如晨练场地使用、公共浴池的建立、宠物狗的管理，等等，都是在通过具体的实践来实现“四个民主”。

社区要加强对居民民主自治的宣传教育。民主自治是社区建设的方向，说到底是社区成员能够按照自己的意愿，依靠自己的力量建设社区的一个问题。因此，社区民主自治需要居民的参与，需要有坚实的居民基础，否则加强社区建设只是一句空话。只有广大居民认识到社区的事就是自己的事，社区的困难就是自己的困难，建设好社区就是建设好自己的家，把社区看成是与自己不可分割的一个整体，与社区同呼吸共命运，才能自觉投入社区建设，才能主动为社区的发展尽心尽力，社区的事也能办好。如果社会传媒、政府部门以及社区居委会都能够加强对居民民主自治的宣传教育看成是一项重要的、长期的工作任务来落实的话，将对社区民主自治有着极大的促进作用。社区工作者们可以通过运用社区宣传栏、宣传橱窗等途径宣传民主自治的目的意义；通过居民喜闻乐见的文艺形式传播民主自治的新人新事新风尚；利用上门走访、居民座谈、居民积极分子等会议对居民进行民主自治的宣传指导；举行以民主自治为主要内容的知识竞赛等，让居民加深对社区开展民主自治的做法了解和接受，明白民主自治与居民生活幸福与社区安全保障、环境治理、社区道德风尚的建设等是密不可分的这样一个道理，使民主自治的思想在社区居民中扎根。

建设和谐社区，需要提高公民参与的能力，增加居民参与的内容。对于增加居民参与的内容，从一定意义上说，社区建设所有内容都是居民参与的对象，居民参与应没有任何障碍，如果居民参与仅停留在政府划框、居民参与、对居民的政治参与进行限制，这必然极大影响了居民参与程度。只有不断扩大社区参与的广度和深度，动员社会各方力量参与社区建设，采取一定的工作方法，进行广泛而持续的社会动员，开发社区资源，组织社会成员积极主动地参与到社区建设和发展之中，增强居民对社区的认同感和归属感。应该重视社区居委会的现代模式的组织建设，加强社区成员代表会议、社区协商议事会的建设，进一步提高社区居民参与的广度与深度，提升社区自我管理、自我服务、自我教育、自我监督的功能。

和谐社区建设，离不开社区工作者，因此，加强对社区主任的专业培训也是不可忽视的方面。社区主任的素质高低对社区民主自治有不小的影响，影响着民主自治工作开展的深广度。社区工作者是社区建设的重要力量，建设一支职业化、高素质的社区工作者队伍对推动社区建设具有尤为重要的意义。随着社区建设的快速推进，社区工作专业化、社会化的要求越来越紧迫，社区工作者的思想道德素质和专业知识水平需要大力提升，创新能力和社区工作方法需要加强。经验告诉我们，社区主任素质高的社区，民主自治就搞得好些，居民参与社区建设的积极性就高，社区问题也处理得比较顺手，居民也比较满意社区工作。反之，社区主任素质低，不善于发动居民，不善于用民主自治的理念引导居民投身社区建设，居民就会对社区事务少了些关心，社区居民基础薄弱，社区建设受到阻碍，面临的问题也多，居民对社区工作也不会满意。因此加强对社区主任的业务指导培训，提高他们的民主意识和整体素质，对加强社区民主自治建设十分必要。开展培训的方法形式多样，走出去，请进来，进行理论辅导、感性强化等都不失为培训的好方法。如组织他们参观一些运用社区力量把社区事办好，把社区问题解决好典型示范意义的社区，借鉴别人好的做法；鉴于社区事务纷繁复杂，面对的人形形色色，进行社区工作的切磋交流，易迸发出智慧的火花，所以适时开展一些对口交流、经验介绍，学习座谈等对开阔视野，增强工作能力和业务水平有积极作用；社区也可每年举办一至两次培训班，请专家讲课，帮助他们充实理论和实践知识，以适应社区发展的需要。培训应该采用参与式的方法，让居委会工作人员真正做到学用结合，学以致用。学习培训的过程是一个循序渐进、不断提高的过程，新的矛盾、新的问题，都需要及时加以认识、研究和解决。另外，应加强社区主任述职制。社区主任每年至少两次向社区居民代表述职，汇报自己在组织居民开展社区民主自治的工作和表现，听取述职的代表必须达到半数以上，述职的内容必须真实具体，让居民看得见，摸得着。另外，居民对社区工作人员的评价应该定性、定量，这样更容易取得实际效果，才能起到监督居委会工作人员的作用。

和谐社区建设，离不开法制宣传。社区工作者们应该不断地向居民宣传有公民意识、民主自治相关的法律常识的使命；设立法制书架，通过多种资源渠道，为居民提供法律书籍和资料；设立法律咨询信箱，邀请法律专家，定期解答社区居民的法律问题；发放法制宣传材料入户；在社区宣传栏上更多地开辟法制专栏，宣传社区法制，促进居民法律意识增强，促进居民了解有序参与的法律知识。

和谐社区建设，需要政府更大范围地向社区下放权力，给社区预留更大的自治空间，使社区在本区域范围成为治理主体。只有社区获得足够的自主权和自治领地，真正享有社区内部事务决策权、社区财务自主权、社区工作者选免权、日常工作管理权等权限，社区居民才能真正参与到社区决策和社区事务的管理当中来。

应大力发展专业性的社区服务组织等中介机构。社区中介组织是连接居民与政府组织的桥梁，对于整合社区资源、凝聚社区力量、协调社区矛盾、提供社区服务等诸多方面起着重要作用，是现代社区发展必不可少的主体之一。而目前我国的社区中介组织，尤其是专业性的社区工作组织极其缺乏。因此，政府部门应通过政策引导和资金资助等形式培育社区中介机构的发展，让中介组织承担起政府、企业、事业单位剥离出来的社会功能。

在社区自治中，浓厚的社区意识至关重要。同一社区的居民由于共同的社区意识而被聚合在一起，出于对本社区的强烈关注而积极参与社区事务的管理。人们对社区的归属感与其对社区的满意度有很强的正相关性，社区公共设施的不完善导致居民社区满意度的降低，也影响了居民的社区归属意识。西方国家具有悠久的社区传统，这一方面与西方社会独特的历史与社会传承相关，另一方面与西方国家注重社区公共设施的建设有很大关系。完善的社区公共设施，如公共图书馆、公共体育馆、公园、各种文化娱乐设施等为社区居民定期举行公共交往活动提供了场所。公共意识产生于这种公共交往活动中，人们在相互交往中会自动地调节自己的观念与行动，并与其他人取得共识与一致。

因此，在目前的城市化过程中，加强社区规划，建设完善社区的硬件公共设施是形成社区公共意识的重要途径。社区公共意识的形成，离不开共同利益的内因，构建共同利益平台，扩大社区参与程度，动员社区力量、开发社区资源、密切联系居民、及时解决问题，成为居民诉求利益、实现利益、维护利益的途径，使社区共同利益得到加强，这将大大增强社区的凝聚力、居民的认同感和归属感。

第四节　城市化中产业布局需要长远规划

2011 年 6 月 8 日，中国政府网全文刊载了我国首个全国性国土空间开发规划《全国主体功能区规划》。国务院此前已将这份规划印发全国各省份和国务院有关部门，并要求尽快组织完成省级主体功能区规划编制工作，调整完善财政、投资、产业、土地、农业、人口、环境等相关规划和政策法规，建立健全绩效考核评价体系，全面做好《规划》实施的各项工作。

《规划》确立了未来国土空间开发的主要目标和战略格局，其中之一就是要构建“两横三纵”为主体的城市化战略格局。构建这一格局，是在优化提升东部沿海城市群的基础上，在中西部一些资源环境承载能力较好的区域，培育形成一批新的城市群，促进经济增长和市场空间由东向西、由南向北拓展。

《规划》中提出：优化开发区域主要包括环渤海地区、长江三角洲地区、珠江三角洲地区等三大区域。重点开发区域主要包括冀中南地区、太原城市群、哈长地区、东陇海地区、江淮地区、海峡西岸经济区、中原经济区、长江中游地区、北部湾地区、黔中地区、藏中南地区、关中—天水地区、兰州—西宁地区、宁夏沿黄经济区、天山北坡地区等18个区域。

一、城市化和产业发展之间的联系与矛盾

城市化进程与工业化进程是同一个问题的两个方面，加快城市化进程需要产业发展支撑，但是从中国经济发展的现状来看，却处于非均衡发展状态。如何解决这一事关全局的矛盾呢？

中国未来面临全面推进城市化进程的基本任务，但是从现状来看，城市化进程的推进是很不平衡的。2006年，全国的城市化平均水平为45%，而东部的城市化水平为56%，中部为41%，西部为36%。城市化进程推进的不平衡是由产业发展不平衡所决定的。2006年，东部地区的GDP占全国的61%，中部占20%，西部为19%；其中工业化进程不平衡更为突出。

（一）中国产业布局的两次巨变

新中国成立以来，经过两次历史性变化，中国的产业布局高度集中于东部，这与全国统筹城乡经济社会发展的基本任务相矛盾，也与全面推进城市化进程相矛盾。因此，我们应实施“有重点协调式发展”的区域发展新战略，尤其要在中西部地区培育类似长三角和珠三角的新的经济增长极，通过产业发展推动中西部地区城市群的发展，进而加快全国的城市化进程。同时，还应调整产业结构、实施农民工就业补贴和就业培训、实行土地制度创新。

新中国成立初期，我国基本上是个农业国，农业在经济中占据主要地位，1952年农业增加值占国内生产总值的51%。六十年来，党中央、国务院一直十分重视产业协调发展问题，农业基础地位不断增强，工业和服务业快速发展。1952～1978年，随着“重点发展重工业”战略的实施，工业占比迅速提高，到1978年，工业占比由1952年的17.6%提高到44.1%，而农业占比则由51%下降到28.2%（国家统计局：《新中国成立60周年经济社会发展成就回顾系列报告之一》）。我国产业布局呈现以下特点：

第一，产业布局的主体是中央政府，地方政府和企业层面只是贯彻落实中央的产业布局意图，产业布局体制是高度集中的计划经济体制，产业布局所形成的企业是国有企业。

第二，产业布局的目标是建立初步的、比较完善的社会主义工业体系，产业布局的内容和重点是重化工项目、关系国内民生的轻纺工业、铁路和大中型农田水利设施。

第三，产业布局主要坚持了以下四条原则：（1）均衡布局原则。产业布

局针对旧中国畸形集中于东部沿海少数大城市的状况，在全国范围内按东北区、华北区、华东区、华南区、西南区和西北区六大区域均衡布局。(2)“三接近”原则。产业布局尽可能接近原材料产地、燃料产地和消费地。例如，各省会城市均建立了纺织工业，就是为了临近消费地和解决就业。（3）国防安全原则。重大和关键性产业项目要考虑国防安全，“三线”建设项目中的45个基地建设是这一原则的集中体现。例如，在四川的西昌、成都、绵阳、广元、达县，重庆的西彭、涪陵，贵州的遵义、凯里、安顺，陕西的宝鸡、咸阳，甘肃的酒泉等地布局现代化工业项目就充分考虑了既临近交通线，又充分考虑国防安全。（4）“全国一盘棋”原则。全国产业布局既考虑效率，又兼顾公平，在少数民族地区和中、小城市适当发展了一批国有小企业，其目的是巩固民族团结，缩小城乡差别。

从1949年到1979年，中国产业发展取得了以下历史成就：（1）建立了比较完整、分类比较齐全的社会主义工业化体系，产业规模和总量有了质的变化和历史性突破；（2）由于产业布局坚持了“均衡发展”原则和“国防安全”原则，西部地区工业化推进很快，城市化进程也相应推进。

尽管从1949年到1978年，中国的产业发展取得了巨大的成就，中国的产业布局发生了历史性的变化，但也存在一些严重问题：（1）由于过分强调均衡布局原则，平均主义倾向有些抬头，限制了东部沿海地区优势的发挥；同时，由于实行计划经济体制，限制了区域之间的竞争，地方政府和区间的潜力未得到充分发挥；（2）在强调注意国防安全的时候，使一些重要工业项目不能依托大中城市发挥良好效益，表现出一种工业化脱离城市化的倾向；（3）各省区工业布局出现大而全、小而全的封闭式布局倾向，重复布局、盲目布局的项目较多。

在改革开放的历史新时期，以工业为主的第二产业继续快速发展，第三产业也得到大力促进。到2008年，第一产业由1978年的28.2%下降为11.3%，第二产业由47.9%上升为48.6%，第三产业则由23.9%大幅上升至40.1%。中国产业布局在新时期呈现如下特点：

（1）产业发展和产业布局的主要动力是制度创新。制度创新的内容主要体现在以下三个方面：一是在宏观领域里确立了以公有制为主体、多种经济成分并存的基本经济制度。这一基本经济制度把中国的个体、私营经济看成是社会主义市场经济的重要组成部分，调动了大量民间资本投资的积极性，并吸引了境外资本在大陆投资建厂，从而壮大了国民经济的总体规模。二是在农村确立了长期稳定不变的家庭联产承包责任制。三是在城市的改革中推行了现代企业制度。

（2）由于产业布局主体的多元化，形成了不同层次的产业布局。不同的产业布局主体有不同的产业布局原则，主要表现在以下方面：一是国家产业布局原则的转变。国家的产业布局原则由“均衡布局”和注重国防安全原则向“效率优先、兼顾公平”原则转变。产业布局的重点也发生了巨大变化，国家不再向一般性竞争领域投资，主要投资于产业发展的基础设施如高速公路、铁路、机场、港口、通信、电力、能源和生态环境方面以及关系国计民生的重大项目和领域。二是地方政府的产业布局原则。地方政府成为重要的产业布局主体。产业布局重点主要是地方基础设施和体现地方优势的产业项目。布局原则主要是“市场导向、发挥地方优势”。三是企业的产业布局原则。国有企业、民营企业和外资企业成为产业布局的投资主体和主力军。企业产业选择的重点一般是第二产业和第三产业的竞争性领域；企业布局的唯一原则是市场导向下的效率优先原则，把利润和成本作为产业布局的主要依据；产业布局环境成为企业投资的主要考虑因素，而产业布局环境又与国家的政策倾斜密切相关。

（3）产业布局表现出不平衡布局的基本特征。改革开放以来，中国产业空间分布上主要体现为三个层次：一是工业主要布局在东部沿海地区。2007年，中国东部地区的 GDP 为 152346. 38 亿元，其中工业增加值为 110559. 30 亿元，而中部地区的 GDP 和工业增加值分别为 52040. 92 亿元和 20677. 40 亿元，西部地区的 GDP 和工业增加值分别为 47864. 14 亿元和 17355. 30 亿元。二是东部沿海的产业布局又高度集中于长江三角洲和珠江三角洲及环渤海湾地区。三是东部沿海地区的高新技术产业和新的经济增长点主要布局在国家政策扶持的高新技术工业园区。自 1979 年以来，国务院先后批准了 53 个国家高新技术工业园区，其中东部沿海地区 29 个，中部 14 个，西部 10 个。在这些科技园区内，形成了以电子信息技术、生物技术、新材料技术和光机电一体化技术为标志的四大高新技术产业，其产品销售收入已占全国四大产业总量的三分之一以上。

上述产业布局的第二次历史性变化推动了中国产业的高速发展，不仅使中国经济的总量跃居世界第四，使中国成为“世界加工中心”，而且使中国的产业发展出现了许多新的门类和新的增长极，产业结构向高度化推进，产业发展从总体上进入工业化的中期阶段，城市化也迅速推进。

改革开放以来，中国产业布局的第二次历史性变化和第一次历史性变化一样，其基本原因和动力是制度创新和政策导向。这是中国产业布局演进和城市化加快的主线和内在机制。

我国的工业布局现状主要集中在东部地区。2008 年，东部地区的工业增加值占全国的比重为 75%，中部地区的工业增加值占全国的比重为 14%，西部地区的工业增加值占全国的比重为 11%，中西部地区大、中城市较少，工业力量薄弱，反哺农业的经济基础不强。

中国未来面临的一项基本任务是对我国城乡实行统筹发展。统筹城乡经济社会发展的基本途径是城市反哺农村，工业反哺农业，产业布局高度集中于东部与全国统筹城乡经济社会发展的基本任务相矛盾，也与全面推进城市化进程相矛盾。这不仅造成中西部地区长期依靠中央政府的财政转移支付，而且造成西部上千万农民工流向东部地区，带来许多社会问题。

（二）长三角、珠三角经济区加快城市化进程的启示

改革开放三十年来，长三角、珠三角的城市化进程推进是非常快的，其城市化进程是通过工业发展来推动的。长三角包括苏南、苏中地区八市（南京、苏州、无锡、常州、扬州、镇江、南通、泰州），浙东北六市（杭州、宁波、湖州、嘉兴、绍兴、舟山），以及上海市。珠三角则为广东省的广州、深圳、珠海、佛山、江门、中山、东莞、惠州、肇庆等九市。

长三角和珠三角是我国重要的两大经济区，和北方的京津冀共同成为引领全国经济增长的引擎。作为扩大开放的重要国际门户、世界先进制造业基地，两大区域目前都致力于建设具有国际竞争力的城市群，它们在城市化进程中的表现就成为了值得关注的问题。

1. 长江三角洲、珠江三角洲经济区的优势

长江三角洲、珠江三角洲经济区具有下列六大优势：

（1）长三角、珠三角的经济发展水平较高，经济实力强大。2007 年，长三角的 GDP 占全国 GDP 的 18.6%，珠三角的 GDP 占全国 GDP 的 11%。以人均 GDP 来看，长三角和珠三角均已超过 40000 元/人，而成渝经济区只有 10000 多元。

（2）长三角、珠三角的工业化进程处于较高阶段，其产业结构也处于更高层次。无论按照霍夫曼的产业演进阶段评价标准还是库兹涅茨统计分析模型都可以得出长三角和珠三角进入工业化的中后期阶段，而全国其他地区从总体上来讲则处于工业化的中期和初期阶段。

（3）长三角和珠三角经济区的城市化进程处于较高阶段，城乡基础设施建设比较先进和完善。从城乡基础设施来看，长三角和珠三角已形成全国最发达、最密集的水陆空立体交通运输网，而成渝经济区还没有形成完善的现代交通运输体系。从通信、卫生、科教、文化、体育、农村电网、供水等基础设施来看，长三角和珠三角经济区已形成城乡一体化体系，而全国其他地区还表现为典型的城乡二元结构。

（4）长三角和珠三角经济区主要是外向型经济，而成渝经济区主要是以国内市场为目标的内向型经济，长三角和珠三角经济区的对外开放程度要比

成渝经济区高一个层次。出口拉动是长三角和珠三角经济区经济增长的主要拉动力。2007 年，长三角出口为 4506.76 亿美元，其中上海为 789.63 亿美元，苏州为 1188.84 亿美元；而珠三角的出口是 3540.29 亿美元，占全国总量的 29%，其中深圳、广州、东莞三市分别实现 1685.42 亿美元，378.02 亿美元和 602.01 亿美元。从利用外资来看，2007 年长三角实际利用外资 371.35 亿美元，占全国利用外资总量的 47%，而珠三角当年实际利用外资 151.63 亿美元，占全国的 19%，其中上海实际利用外资 79.2 亿美元，苏州 71.6 亿美元，深圳 36.6 亿美元，广州 32.9 亿美元。

（5）长三角和珠三角经济区已形成一种“园区经济”，区内有一批发展极和增长点，而成渝经济区的园区经济正在形成之中。长江三角洲拥有国家级高新技术产业开发区 7 个，经国务院批准的经济技术开发区 4 个，保税区两个，旅游开发区 4 个和一批经国务院和省级主管部门批准的工业园区。

（6）长三角和珠三角的专门化工业部门较多，长三角的冶金、纺织、机械和集成电路等在全国占有突出优势，珠三角的家用电器和计算机在全国占有突出地位，而成渝经济区则是能源工业（电力、天然气）、装备工业、摩托车和食品工业（原盐、白酒）等在全国占有优势地位。

2. 长三角、珠三角经济区成为经济增长极的条件

（1）是一种城市群经济。长三角地区有 16 个城市，珠三角地区有 12 个城市，环渤海地区包括北京，天津，廊坊，承德，保定，石家庄在内有 13 个城市；珠三角，长三角，环渤海地区占全国 GDP 的比重分别为 12%，22%，11%。长三角地区的人口是 1.1 亿人，环渤海地区 9000 多万人，珠三角地区 9000 多万人。

（2）是一种流域经济。长三角是长江三角洲下游，珠三角是珠江流域，环渤海是海河域流域。

（3）有几个大的中心城市。环渤海有天津和北京，长三角有上海和南京，杭州和宁波，这些都是大的城市，珠三角有广州，深圳，等等。

（4）都有主导产业。比如上海有很多在全国有影响的企业，比如有石化，钢铁，等等。环渤海地区已经随着滨海新区的开发，也是在一些产业上有很大的优势，比如中国的航空航天；珠三角地区，比如计算机和通信设备，等等。在全国占了三分之一，还有它的办公用品，纺织品，等等。基本都是占了全国的三分之一。

长三角、珠三角的发展为企业提供了大量的发展机遇，不仅为在该地区投资的企业，也为外面的很多企业提供了发展机遇。很多企业会利用这种机遇，把企业迁到长三角、珠二角，因为这里有比较好的环境，有比较高的企业产业聚集度，比较齐全的生产配套服务。因此长三角、珠三角地区不仅会使本地的企业有更大的发展，而且很多内资、外资企业都会聚集到该地区以寻求更大的发展。问题是企业怎么来抓住这个机遇，怎么采取符合经济发展规律的发展战略。

实际上在长三角、珠三角的企业要注意两个方面的问题。其一，即使在我们中国比较发达的地区，像长三角、珠三角这种地区，传统产业仍然具有长期的广大的发展空间，而不是发达地区就要搞高新科技。我国很多的传统制造业的企业仍然有非常大的发展空间，即使在长三角、珠三角这种地区亦是如此。即使是在有些成本如土地成本提高的中国沿海地区，仍旧具有发展传统制造业的相对优势，包括成本优势，特别是劳动力成本，即使劳动力成本现在提高一点，在国际上仍然是比较低的。中国制造业的成本，在今后相当长的一个时期还是具有优势的。目前我们担心劳动力成本、土地成本增长速度太快会损害了沿海地区制造业的发展，可如果城市化发展道路正确，劳动力成本、土地成本的增长速度是能够降下来的。解决现在中国“三农”问题最根本的出路就是政府要创造更多就业机会，要把几亿农民城市化，这种劳动力的持续的供给必然使得中国的制造业有着很强的竞争力。对于传统制造业企业来说，不必过分追求高科技转产，相反，如果能够坚持专业化的努力发展自己已经有着优势的行业，企业就会有很大的发展空间。其二，低端市场大有可为。随着长三角、珠三角的发展，企业家都想到要往高端市场发展，要发展高新科技，产业产品要升级换代。可是要看到现在以至将来很长一段时间中国和全世界低端市场还有很大的前途。目前中国的发展阶段很多人的消费水平还不可能达到高端水平，因此企业做低端市场仍然会有竞争力。

从中国经济的现状来看，早已度过了短缺经济时期。从未来发展的趋势看，既不可能在全国各个城市都发展工业，使工业遍地开花；也不宜使工业高度集中于长三角，珠三角和环渤海三大区域。长三角，珠三角加快城市化进程的基本启迪是未来中国应在东中西协调发展基础上实行有重点的发展战略，在中西部地区培育类似长三角和珠三角那样的经济新增长极，通过产业发展推动中西部地区城市群的发展，进而加快全国的城市化进程。

许多地方都希望成为中国经济的新增长极。但从经济实力来看：成渝城市群 2007 年的 GDP 是 13000 亿元；广西北部湾城市群是 5955 亿元；海峡西岸城市群的 GDP 是 9240 亿元；武汉城市群的 GDP 是 9230 亿元；大连、沈阳城市群 2007 年的 GDP 是 11000 亿元。除上述城市群外，以西安为中心的关中城市群，以郑州为中心的中原城市群，以长沙为中心的长株潭城市群等均有可能成长为新的经济增长极。但新的经济增长极是分层次的，有的城市群可能是全国性的增长极，有的城市群仅可能是区域性的增长极。中国未来的一个重要战略便是通过培育新的经济增长极来促进城市化进程。

二、加快中国城市化进程的战略举措和制度创新

加快中国的城市化进程，既需要从发展战略上进行调整，又需要在制度层面进行改革。从发展战略方面看，一是要调整非均衡发展的区域经济政策，二是要调整产业结构。从制度层面看，关键的是改革农民工就业制度和土地制度。

第一，实施“有重点协调式发展”的区域发展新战略。新中国成立60年来，我们经历了“均衡布局”和“非均衡布局”两次历史性飞跃，取得了举世公认的成就，但是也带来许多问题，中国区域经济未来的发展既不能走“均衡布局”的老路，也不宜继续走高度集中的“非均衡布局”的窄路，而是应探索一条新路，这就是有重点协调发展的模式。其含义就是指东、中、西三大地带要协调发展，每一大地带都有重点发展的区域，都有类似长江三角洲、珠江三角洲那样的经济增长极，这在第二部分已经述说。协调发展不是平均发展，齐头并进，而是讲效率、有重点的统筹发展，实施这一发展新战略就需要调整区域发展政策，在中西部地区建立更多的工业园区和高新技术园区。同时加快中西部地区的交通现代化网络建设。

第二，调整产业结构，加快现代服务业的发展，为加快城市化进程提供亿万就业岗位。2008年，中国的第一产业的比重11.7%，第二产业的比重48.2%，第三产业的比重40.1%。而同期世界的平均水平是第一产业约为5%，第二产业约为30%，第三产业为65%左右。中国第三产业的比重比世界平均水平约低15～20个百分点，而第三产业是容纳就业人口最多的产业。加快城市化进程的关键在于城市能否为2亿～3亿人的农村剩余劳动力进城提供亿万个就业岗位。如果说不是每个城市都适宜发展现代工业的话，那么现代服务业的发展则是每个城市都必需的，也都有条件发展，重要的是确定中西部地区每个城市的性质和功能，采取因地制宜，因时制宜，宜工则工，宜农则农，宜林则林，宜旅游则旅游的方针，不能片面地、不分条件、不分地区都上工业项目。

第三，实施农民工就业补贴和就业培训。由中央政府设立中西部农民工就业补贴，纳入财政部统筹城乡发展预算。就业补贴是国外解决失业问题所常采用的一种政策工具，一般是根据企业在不发达地区创造的就业岗位，给予企业的一定补贴，以降低企业的工资成本。对于未来有可能成为中西部地区经济发展新增长极的一些城市群，可以赋予此项政策，它既有利于农民定向流动，离土不离乡，又有利于培育新的经济增长极。农民工进入城市不仅需要城市提供就业机会，自身也需要进入第二产业和第三产业的技能，获得这种技能就需要改革教育制度，建立一批职业技术学院对即将进入城市工作

的农民工进行职业培训。

第四，实行土地制度创新。如果说城市化进程的动力机制是工业化和产业发展的话，那么加快中国城市化进程的主体人群则是农村剩余劳动力。在城乡统筹发展中，存在着双向流动和双重转变。所谓双向流动就是指一方面农村剩余劳动力进城，另一方面，城市的资本、技术、人才、信息等由城市流向农村，发展现代农业，建设社会主义新农村，所谓双重转变就是一方面农村剩余劳动力进入城市后，其身份由农民变成了市民，变成了从事第二或第三产业的职工，并逐渐享受与城市居民同等的社会保障。另一方面，其拥有的土地的性质和功能将发生变化，土地对于农民来说就不再是一种必不可少的生产资料和社会保障资料了。他们所拥有的承包地、宅基地和自留地将面临三种前景，一种是继续占有宅基地和自留地，拥有土地承包经营权，第二种是将承包土地、宅基地和自留地归还给农村集体，第三种是国家予以收购。

这里则着重分析一下城市化进程中的"天津模式"。所谓"天津模式"是指天津在城市化进程中"撤村扩镇"，将镇的范围扩大，并将镇附近的一些农村耕地变为城市用地，在这些用地上修建农民新居和工业、服务业设施，同时，将村民们的宅基地、自留地收归集体，并变为农业用地。一方面，因镇扩大而占用的农业耕地由农民宅基地复耕得到补偿，致使农业用地总量没有减少；另一方面，失去土地的农民则全部安排进入镇上的第二和第三产业，并享受和城市市民同等的社会保障。需要特别指出的是：根据《中华人民共和国土地管理法》第二章第七条；城市市区的土地属于国家所有。如果镇的扩大而变为小城市的话，那么，在实质上，土地就由集体所有制变成了国家所有制，在城市化进程中，"天津模式"的实质是将分散的宅基地转化为集中的城镇用地，而其引起的土地制度创新则是一个值得深入探讨的普遍问题。

三、加快城市化进程必须充分发挥工业化的带动作用

正如联合国工发组织和世界银行联合组织的一项研究所概括的那样："在工业发展过程中，种种行业间的紧密联系和其他外在经济，看来造成了位于中心城市的'增长极'。关键性的工业是那些在吸引其他制造业和商业活动方面特别有效的工业。这样一个地理上集中的和迅速发展的经济中心，不仅吸引着经济活动，而且吸引着社会活动。于是，在工业发展过程中的种种集聚力，导致了大城市的形成。这些城市又进而吸引了商业单位、金融机构和其他行业前来设点。"

实际上，工业化对城市化的这种带动关系，在工业化的不同阶段存在着较大差别。在工业化初期，工业部门多为纺织、服装、基本消费工业等劳动

密集型产业，工业发展所形成的聚集效应使工业化对城市化产生直接和较大的带动作用；而当工业化接近和进入中期阶段之后，主导产业转变为钢铁、机械、电力、石化和汽车等资本密集型产业，产业结构变化和消费结构升级的作用超过了聚集效应的作用，城市化的演进不再主要表现为工业比重上升的带动，而更多地表现为非农产业比重上升的拉动。也就是说，当工业化演进到较高阶段之后，对城市化进程的主导作用逐步由工业转变为整个非农产业，而就业结构的变化也越来越不同于产出结构的变化并起着更大的作用 。

从作用机理看，工业化引起产业结构的迅速转变，并通过这种转变带动城市化。在这个过程中，与城市化率上升联系密切的不是产出结构的转变而是就业结构的转变，因为就业结构的工业化和非农化才直接带动了人口向城市的迁移和集中。因此，产出结构与就业结构的变动关系，很大程度上影响着工业化对城市化的带动作用。特别是到工业化中后期，技术密集型产业迅速崛起，工业生产过程的管理步入到现代化阶段，致使工业部门对劳动力的吸纳能力大为降低；产业升级和空间集聚又会对物流、金融、科技研发等生产性服务产生更多的中间需求，带动城市服务业突飞猛进地发展起来，赋予城市新的活力，推动城市化进入到更高的层次和阶段。

从我国经济发展的现实出发，城市化绝不仅是鼓励农民进城购买房地产，而是农村人口向城市集中与城市现代化的统一。其中，最为关键的是为从农村转移出来的劳动力提供充分的就业岗位。从就业结构看，我国城市化水平较低的直接原因在于服务业发展滞后导致非农产业的就业比重偏低。1978—2007 年，全国服务业从业人员年均增长 5.8%，对全社会就业增长贡献率达到 54.4%，占全部从业人员比重由 12.2% 升至 32.4%。然而，服务业占社会从业人员比重不仅与发达国家相差甚远，甚至低于墨西哥和印度等发展中国家的水平。

与工业相比，服务业具有明显较高的就业弹性，并且随着经济发展水平的提高而不断增强对整个就业的带动效应。从制度层面看，我国服务业发展滞后的根源在于改革进程缓慢，市场化程度不高，资源流入不足，产业发展活力与动力缺失。从产业关联角度看，工业生产的专业化和社会分工程度低，劳动密集型产业和产品过多，生产性服务外包需求度不高也是抑制服务业发展的重要原因。

从城市化发展的逻辑顺序来看，非农产业发展拉动非农就业增长应当是农村人口向城市集中的基本动力。在这个过程中，工业又居于龙头带动地位。一方面，鉴于庞大的劳动力资源和劳动密集型产业对就业的强吸纳能力，这些传统产业在我国仍有相当的发展前景，特别是在中小城市，对于拓展城市就业空间起着直接的促进作用，但要解决对环境和资源的过度依赖问题。另一方面，在产业升级中，以组织创新、体制创新和技术创新为依托，企业资源向核心业务集中也将释放大量的服务外包需求。换言之，产业升级是以生产性服务业为主的现代服务业发展的主要动力。

综上分析，要加快城市化发展的进程，必须鼓励工业布局向城市集中，鼓励产业结构优化升级，以此带动配套产业和生产性服务业的发展，继而带动消费性服务业的发展，从而形成拉动整个非农产业就业增长的局面。这是推进城市化的基本途径，也是促进工业化与城市化互动协调发展的中心内容。

四、提升工业发展素质需要不断推动产业集聚

与农村的孤立和分散不同，城市的特点是集中和集聚。城市化进程所产生的人口、资本、消费、市场、信息和观念等诸多方面的集中和集聚，决定了城市是推动工业化发展的最佳空间载体。首先，城市化为企业获取规模经济效益提供了可能。这种规模经济的基础在于城市自身固有的要素集聚性。以城市为发展平台，工业企业可以更容易地找到熟练技术工人和工程技术人员，可以更大程度地降低供水、供电、供热、排污、电信和物流等基础设施成本，可以更迅速地从其他厂商那里获得投入和服务的支持，并且可以更方便地接近银行和其他金融机构以及政府官员，可以更为便捷地获得有关产品销路和市场变化的信息。

其次，城市化为技术创新和产业升级提供了空间支撑。城市为建立在人力资本积累和面对面交流基础上的、高度专业化的劳动力形成和新思想生产提供了便利；同时，位置的邻近有利于知识的传播和信息的扩散。经验研究表明，创新常常以地域集群的方式出现在那些致力研究与开发的企业和大学业已建立起来的城市地区，而且高度专业化资源在城市的集中进一步刺激城市的创新能力的提高。世界银行的一项实证研究也表明：工业生产率随着城市规模的扩大而大幅度提高，如果城市规模和当地工业的规模翻一番，一家企业的生产率会提高5%～10% 。

改革以来，受经济区位、宏观政策、基础条件、历史传统等因素作用，原来在计划体制下高度分散的工业生产格局（特别是加工工业）迅速向珠三角和长三角一带集中，产生了一批在全国有较大影响和较高市场占有率的特色产业集群。从实践来看，集聚、分工协作、竞争自强化、协同、网络和“区域品牌”等经济效应构成了产业集群的强大竞争优势，从而使生产空间的集聚过程呈现持续发展的趋势，并且不断累积成为地区经济高速成长的增长源泉。

但是，也有研究发现，虽然中国工业的地理集聚趋势在不断加强，但目前的集聚程度仍然大大低于美国上世纪90年代初的水平。中国产业的空间集

聚很不均衡，且具有显著的地域资源特色。沿海、中部、东北地区集聚了绝大部分产业资源，而西部地区则相反，产业资源集聚甚少。

在市场化机制的驱动下，引导和推动工业发展要素向基础设施发达、服务支撑能力强、交通区位优势明显的城市集聚，将从多方面提高资源配置效率和经济增长质量。一方面，它有助于实现规模经济。目前，我国已经进入产业集聚与产业竞争力密切关联的发展阶段，而且这种关联将随着时间的推移逐步加强；另一方面，产业集聚还能使不同的产业彼此结合、相互渗透，形成新的产业，实现创新和培育新的经济增长点。

当前，受金融危机影响，东部沿海一大批企业正在重新调整区位布局以获得新的发展动力，为中西部地区优化产业布局提供了契机。在战略上推动产业聚集，获取集聚效益，必须围绕特色、优势产业，从离散地抓项目向抓产业链形成转变，营造有利于产业集群形成发展的生态环境；从单纯注重吸引生产型企业向既注重生产型企业也注重吸引研发和技术服务机构转变，营造有利于产学研结合的创新氛围。最终，使产业集聚效益超越低成本而成为吸引资本流入的主要力量。

促进产业结构优化升级，必须发展强大的现代服务业体系，特别是与工业生产密切关联的生产性服务业。由于在生产与消费上的即时性，使得规模化经营成为服务业企业持续发展的关键。因此，城市规模自然而然地成为服务业发展的进入门槛。这是因为城市聚集了大量的人口、资源、信息和产业活动，作为一个特定的生存和发展空间，城市蕴含了巨大的生活性和生产性服务需求，对服务产品供给的拉动大大强于非城市地区，是服务活动产业化的最基本空间载体。

国际经验表明，文化教育、金融保险、房地产业、信息服务业等均适于在大城市发展，而且城市规模越大，服务业的用户就越多，商机也就越大。从我国的情况看，服务业在城市经济中的比重与城市规模之间存在较为明显的正向变动关系。2007 年，287 个地级及以上城市（不含市辖县）占全国服务业增加值的比重为 72.6%。根据《中国城市统计年鉴 2008》计算，全国 36 个大、中城市（不含市辖县）服务业增加值占 GDP 比重为 54.4%，而全国 287 个地级及以上城市平均 46.2%。

近年来，我国部分地区服务业发展已呈现一定的园区化、规模化和集群化趋势，但是由于城市化进程相对滞后，特别是城镇分散达不到规模经济，聚集不起服务及设施建设的合理规模，导致服务业资源分布相对分散、业态种类较少、集聚程度较低的问题仍然比较突出。制造业链条上的技术研发、人员培训、经营管理、会计服务、法律咨询、信息服务等关键环节，得不到相关支撑服务体系的协作与配合，大量本应通过外包方式完成的服务活动不得不在工业企业内部消化完成。从这个角度看，发展现代服务经济，必须适当取消城市人规模的限制，将城市化政策的中心从增加城市数量和扩大城市行政辖区上转到扩大城市规模，提升城市功能上来。

五、城市群战略是我国城市化战略的必然选择

城市化伴随着工业化，是农村人口向城市的转移过程。就其意义而言，城市化还应是功能意义上的城市化（包括要素市场中心、商品市场中心、信息中心和服务中心等），而且包含协调、公平的全面发展战略，等等。然而，城市化不单是工业化，也不单是农村人口向城市的转移过程，还应包括城镇人口之间的相互转移。城镇人口向大中城市的转移，才能拓宽城市化的空间。其次，城市化不是仅从一个城市孤立来看的，以一个城市为中心制定城市化政策肯定会受到当今区域经济一体化越来越强有力的挑战。因此，现今的城市化战略要从整体的角度，要从区域城市群的角度加以制定和平衡。

所谓城市群化战略是指不是以个别城市孤立地发展来实现城市化，而是在区域经济一体化的过程中，以城市之间行政地位平等、财政补贴率趋同为原则，建立超越单个城市的城市群行政协调机构，从强化城际的网络效应出发，更多地注意市场导向的作用，发挥产业集聚类同构在促进城市化中的作用，限制产业行政类同构的发生机会；注重区域城市整体功能的协调与合理布局，注重城际产业协调发展和合理布局，建立以大、中、小城市平等发展的由市场选择的城市群化产业发展策略，而不是以大城市为核心带动中小城市的城市化战略。城市群化战略的实施能有效促进我国城市化的进展。

第一，城市群化战略能够充分利用城市的正外部性，促进产业集聚类同构。经济活动在空间的相互接近可以促进消费、生产和研发，形成知识外溢和人力资本的积累。一是产业知识外溢形成的马歇尔—阿罗—罗默外部性，二是产业间的联系导致的雅各布斯外部性，或者称为城市化经济。利用城市群化的机制，可以减少各个城市之间要素流动的障碍，促进企业之间的投入产出联系，如果这种城市外部性可以在城际之间很好地扩散，将会促进城际之间的产业集聚类同构，推动区域城市化的快速发展。

第二，城市群化战略能够充分利用城市的自组织能力，促进产业集聚类同构。各种城市的自组织能力决定了各城市在吸引企业和发展产业能力方面的大小。区域城市间的产业集聚类同构正是市场经济发达的表现，也正是水平分工深化的反映。况且，城市化过程不是单一产业在某一价值链上的无限放大的过程，而是产业链不断横向和纵向扩展最终形成产业集群的过程。因此，新世纪城市化的过程和传统城市化过程有着很不相同的发展路径，更应当考虑到信息化、分工的细化对空间集聚和城市化的影响。城市的专业化和

多样化一方面是交易成本相互作用的结果，另一方面是城市区位成本相互作用的结果（安虎森，2005）。当今的城市化的过程实际就是城市群化的过程。城市群不应作为城市化的结果，而应是城市化战略的一个重要组成部分和它的逻辑起点。

第三，城市群化战略能够充分利用城市等级体系在城市化中的作用，减少行政类同构。实际上，城市的发展是与城市体系的发展相并行的，城市产业的布局要与城市等级体系的布局相一致。城市的发展是动态的，城市体系的发展也是动态的，这就要求城市体系内部的产业结构的布局也应当是动态的。但是，中央政府如果通过自上而下的战略推进单一城市的城市化，就会忽略市场分工的力量在城市体系发展壮大中的作用，导致城市产业的发展是依靠行政资源而非产业布局的基本规律起作用，这不利于整个区域间城市化的进程和城市的优化配置。相反，推进自下而上的小城镇化战略，虽然利用了市场机制，扶持起了大量小城镇，却同时大大限制了大城市的发展，妨碍了大城市的扩散效应和聚集效应的有效发挥，因而也不符合整个产业发展的基本规律。城市群化战略能够充分在市场规律的作用下，利用良好的城市等级体系和城市间相互促进的力量推动我国城市化的发展。

第四，城市群化战略可以减缓各个城市之间独立的经济利益带来的产业行政类同构问题。由于各城市具有相对独立的利益因素，因而存在协调发展的障碍，这些障碍主要表现为由于行政分割导致的产业行政类同构，特别是在引资上的竞争雷同，没有从分工协作关系上考虑如何耦合成一个整体参与国际经济竞争。而城市群化战略能够从宏观上解决城际之间的产业行政类同构，发挥本地市场的放大效应而推动产业集聚类同构，发挥需求关联和成本关联的累积因果关系，突出产业价值链的区位黏性，打破因为独立的经济利益而导致的“大而全”、“小而全”体系，发挥市场导向的重要作用。

第五，城市群化战略可以解决不同城市同构产业的退出机制。城际间产业行政类同构不能得到有效解决的一个关键原因是各个城市主体利益的存在阻碍了企业的优胜劣汰机制。城际间对异地投资实行双重征税，市场分割和相互封锁，阻碍了企业的优胜劣汰机制的正常运行。实行城市群化战略，在一个城市群的范围内建立一个有效的协调机构，使得没有竞争力的产业或企业能够依据市场规律实现优胜劣汰，加速解决城际间的行政类产业同构问题。我国城市群内产业行政类同构加剧了城市的分割，增加了产业调整和升级的困难，最终影响城市化的发展。因此，从更为宏观的角度——城市群的角度制定城市化政策，符合现代城市化的基本规律和要求。城市群的网络协调效应不仅促进城市群内的产业集聚类同构，从而提高城市的竞争力；更重要的是产业集聚在广度和深度上推进了分工的深化，从而也就加速了城市化的进程。因此城市群化战略的制定，应成为我国城市化战略的重要选择。

中国城市经过几十年的发展，到目前在部分区域已经形成若干个城市群或者城市带，而且这些城市群或城市带之间的联系由于交通的发展日益紧密，“一小时交通圈”、“三小时交通圈”就是城市群之间联系更便捷的表现。突发事件的影响也会通过这种便捷迅速波及其他城市，有些突发事件的应对必需通过区域合作才有效果（如重特大传染病疫情等）。所以，为了提高突发事件应对的效率，促进应对效率的最大化，城市群之间必须推进信息等方面的应急联动机制建设，促进资源共享。

从“上山下乡”，到“城市领导农村”，再到“小城镇、大战略”，后至发展大型城市，中国在城镇化道路上曾经历过政策与思想上的摇摆与争议。如今，建设新型城镇化的政策被官方和学界轰轰烈烈地推出，新一轮城镇化必须要摆脱过往“城市领导农村”的利益纠葛和行政束缚。

过去几十年来的造城运动中，政府获取的土地价差保守估计在30万亿元左右。由于政府在土地政策中的利益，建立在垄断土地一级市场上的“土地财政”，才成为中国特有的城市化道路。其本质是，地方政府为了政绩需要而不断地投资，这需要资金，通过“土地财政”以及城市建设，恰好可以实现个人“政绩”。当然，更大的推动力是其中普遍的巨大的官僚寻租机会，因此，每届政府都不遗余力地卖地，兑现政绩与个人利益，而不管后果。甚至即使没有卖出去的土地也拿去作为抵押的杠杆，借贷（债）搞建设。

这也是一个与民争利的过程，由于政府垄断了一级市场，即使农民的集体土地，也要先由政府征用后才能在市场上出售，这个环节形成的价差就是对农民的剥夺。在上世纪90年代末房改时，政府将公房几乎无偿划给了城市居民，这些房产在过去的十几年中获得了巨大的资产升值，但是，农民却无法拥有自己土地的产权，而且被城市化征用的增值部分被政府拿走。

政府获得的好处不限于“土地财政”，还有巨额的税收。根据统计，过去十年间，仅针对房地产业征收的五大税种，其总收入从2003年的900多亿元，暴涨至2012年的1.01万亿元，增幅高达10倍有余。土地与税负成本占房价的60%左右，如果再加上高额的抵押贷款利息，购房者基本上是为政府和银行打工。

可以看出，过去十余年，中国货币贬值、房价等增速都是迅猛的，甚至是疯狂的。疯狂的主要原动力就是土地。政府近乎失控利用土地发展经济，也造成了通货膨胀、基于家庭资产的贫富差距、经济结构日益失衡、腐败等等问题，并透支了未来中国经济发展的动力和空间。

城镇化自然是我们下一个阶段经济发展的重要方面，怎么进行设计，要事先做好充分研究论证，画出蓝图，有顶层设计，在这种情况下就会使得城镇化的路子大体走得比较有把握，少出岔子，能够坚持下去，从而对中国经济做出更大的贡献。

我们认为，二十多年前，就地城镇化违背了工业化推动城市化的规律，小城镇与大城市发展速度的日渐悬殊，证明了计划调控的城镇化是无源之水。而如今，经济结构的变化，中小城镇基础设施建设的日渐完善，制造成本上的差异，其对产业的吸引力和黏性凸显，以工业化为依托的新一轮城镇化时机，也随之到来。中国推进城镇化进程必须重心向下，由发展大城市向发展县及县以下的小城镇转变，着力建设、改造农村地区，这其实亦是发达国家、工业化国家的一条重要经验。

当下，中国社会改革迫近深水区，中国社会的进步已经推进到必须通过改革来创新和完善社会制度的新阶段。深层次的改革恰与新型城镇化相遇，似乎也意味着社会各领域变革的时空格局最终到来。未来新一轮发展或将借助新型城镇化换挡提速，使人们从新型城镇化看到实现“中国梦”的希望。

这也将是中国未来所面临的最为艰巨的发展时期。历史无数次地告知后人，任何一次社会变革，都是“利益的再平衡”的集中爆发与“残酷博弈”的过程体现。

一场即将改变中国未来的深刻变革已经拉开序幕：一方是凭借强大资本实力“觊觎”廉价土地已久的“利益阶层”；另一方是幻想通过“土地换身份”来实现与城市人“同富贵”的农民们。双方“残酷博弈”的过程将深刻体现出“政府的利益倾向”，而这正是这场变革所昭示出的深刻社会意义之所在。

如果顺利度过这一阶段，中国将在新中国成立百年之前实现中华民族的复兴。对于广大发展中国家而言，也具有树立表率和传播价值观的意义。

编者的话

第六章　我们需要什么样的城市化

城市化，到底以什么来考量，我们到底需要什么样的城市化，我们的生活水平在什么样的情况下才称得上是“城市化”？这确实是一个严肃的课题，也是一个需要认真研究和思考的课题。因为，如果继续用这种狭隘的思维去研究和思考、衡量和判别城市化问题，总有一天，城市将成为影响中国继续发展和进步的最大障碍。

目前，有三个看得见的力量正在推动着中国新的城市化进程：劳动力从无限供给转向有限过剩、第二代农民工的城市化愿望以及经济转型的内在压力。这预示着新一轮城市化的核心聚焦在“人的城市化”，也就是以城乡劳动力身份平等、机会平等和权益平等为明显特点的城市化。

我们并不反对加快城市化建设步伐，中国要想更好更快地发展，中国要想把发展的成果体现到现实生活中来，就必须加快城市化进度表。但是，“城市化”绝不能像人体整形一样，改变农村原本可以自然生长、自然发展的规律，通过土地的强制征收，使农民“被城市化”，使城市化“被增长”。

中国下一阶段发展的重要特征，一是国内需求而不是供给能力的增长，将起更为主要的作用；二是必须重视缓解社会矛盾。城市化在解决这两个问题中具有核心的地位。加快城市基础设施建设，对满足内需具有重要作用。而农民进城为本质的城市化进程，也将为缓解社会矛盾提供条件。要建立完善社会保障体系，通过双轨制逐步实现农民市民化，有效利用农民宅基地和闲置土地，解决城市收入差距问题，加强职业教育以更多地创造就业，鼓励发展大城市，统筹发展城市硬件系统，并制定全国城市化发展规划。

城市化像个“加油站”，可以为工商业的发展不断注入新的动力，中国的城市化将对中国自身乃至世界的发展产生巨大的影响。中国的城市化必须坚持科学发展观，走可持续发展的道路，只有这样才能推动中国经济健康稳定发展。

第一节 “十二五”规划与城市化大势

国家《“十二五”规划纲要》明确指出，积极稳妥推进城镇化，不断提升城镇化的质量和水平，意味着我国的城市化将从单纯追求速度型向着力提升质量型转变。当前我国城市化所面临的主要矛盾，已经不是速度不快的问题，而是质量不高的问题。客观上要求我们必须改变过去那种重速度、轻质量的倾向，坚持速度与质量并重，在提高质量的基础上推进我国的城市化。只有这样，才能使我国的城市化纳入科学发展的轨道，即可持续发展的轨道。为此，必须确立新的城市化发展观。

仔细观察我们就会发现，每一个三十年的头五年对转型路径的形成最为重要。转变发展方式是“十二五”的主线，是为第三个三十年的转型路径构建基础（龙隆：《“十二五”与城市化、房价和住房制度》，《开放导报》2011年第2期）。“十二五”规划跟过去规划相比，最大的不同可能就是强调以需求为主。思维的重点放在竞争力的角度、生产力的角度。这次是以需求为主，如何扩大内需，如何扩大市场。我们一个基本的判断，就是今后世界谁手里有需求，谁就占有主动权。大背景是全世界现在40亿人加入了劳动大军，还不是一般的劳动大军，包括中国、巴西、俄罗斯、印度的一部分，东南亚各国，智利，等等。全世界长期的大的趋势是供给过剩，需求不足。供给能力不成问题，这一点是国际大背景。

而现在最重要的就是需求，我们中国的问题也是怎么创造内需。城市化在这里起着重要的作用。城市的建设、基础设施的建设、城市群的形成产生了大量的物质需求，大量的投资产品的需求。这个需求跟一般的投资需求不一样。它是长期耐用公共消费品，如地铁、高铁、城市里的一些基础设施等，不是明天就作废了的过剩生产能力，这一块会支撑中国的长期增长。

再就是农民进城。城市化进程的根本是农民进城。农民通过找新的工作，找到更好的收入更高的工作，逐步成为中产阶级。城市化是中产阶级逐步扩大的过程（当然弄不好也是城市贫民增长的过程）。其中一个重要的元素是农民进城之后需求会增长，农民真正在城市住下来，需求就会增长，当然前提是就业的增长。除了工业可以更好地发展以外，服务业也可以发展。所以从开发需求这个角度，城市化占有重要的位置。

下一个五年的第二个大的主题跟以前也有所不同，应该说延续“十一五”，更强调了缓解社会矛盾问题。一个重要的命题，是提出了居民收入增长和经济增长同步。其中重要的含义是缓解收入差距问题。这是这次的一个重点。围绕中国城市化来扩大社会保障覆盖面，通过增加就业，公共政策的调整，农民的市民化，来缩小一方面是收入本身的差距，一方面是公共品供给上的差距。现在的差别，在于城市市民享受了大量的公共服务品，而没有为农民工提供必要的服务。城市化的进程应该是一方面就业增长，使农民工的收入有所增长，另一方面也使得公共品供给的差距缩小。这是解决中国社会问题的一个重要的节点，一个环节。我们看“十二五”规划真正有特点的就是这两个方面。第一是从需求方面来发展，第二是更注重社会发展。而城市化在这两大方面占有核心的地位。

一、城市化与扩大需求

我们讲国内需求，不仅仅是居民消费那些。居民当前的这些消费只是国内需求的一个组成部分，另外一个重要的组成部分是投资需求，而投资需求在整个中国的需求当中，分三大块，其一是住房需求，占投资需求总量的20%，未来有扩大的趋势；其二是生产性投资需求，在国际金融危机之前占50%；其三是剩下的30%是增长的基础设施投资需求。住房投资在国际金融危机当中恢复到23%左右。企业需求因为过剩生产能力有所下降，降到了30%左右，而支撑2009年中国经济的就是基础设施投资。今后长期正常的情况，大概会出现这样的格局，30%是房地产、住房投资，40%是企业投资，30%是基础设施公共投资。在这三大块里，住房投资属于私人长期耐用消费品的需求，如果不出现大的泡沫，住房是私人耐用品的正常消费。

基础设施属于公共长期耐用消费品。发展中国家跟发达国家最重要的差别，最终不是现在消费多少家电等那些日常消费方面的需求。发展中国家跟发达国家最重要的在于可持续发展的差别。一是住房的差别，二是公共基础设施的差别。发展中国家城市化中，之所以出现半城市化现象，是因为基础设施差。发展中国家很多城镇都是几十万人口，但出门没有路，或者只是一小段的，也没有路灯，典型的缺乏公共基础设施的配套建设。所以我们如果先讲硬件的话，城市化意味着大量的公共基础设施的形成和投资的形成。这一点现在有重要的意义。

扩大内需，一个重要的原因就是居民的收入差距，消费乏力、需求之所以不旺是居民收入增长的速度低于GDP增长的速度。与此相对的却是储蓄大涨，特别是企业的储蓄大涨，GDP的51%是储蓄。中国的储蓄率居世界历史最高水平。这么大的储蓄，怎么能够扩大内需？这不是因为居民储蓄太多了，真正中国老百姓的储蓄很稳定，控制在30%左右，这些年没有什么变化。

如果把居民分成组，我们会发现，70%是低收入阶层，是储蓄率最低的阶层。一个农民工99%的钱都花了，而孩子上学的钱还没有着落。中国储蓄率高不是因为居民储蓄率高，也不是因为居民有钱不花，而是因为最近这些年里企业储蓄大涨，成了第一储蓄大户，现在的储蓄中企业占40%左右，居民是40%左右，剩下20%是政府，主要是政府经济投资的支出。在这样的一个结构下，要想改变储蓄率，增加居民部门的消费，不能期望很快达到效果。这涉及税制改革，公共财产要转移支付，支付更多的钱到社保经费等一系列的事情，而且这个过程当中遇到的阻力是非常大的。我们相信五年之后，“十二五”规划完成之后，中国的储蓄率会从50%降到45%。当然希望降得更多一点。

在储蓄率较高的情况下，要扩大内需，减少贸易顺差，就得增加一些基础设施建设投资。不一定储蓄多了，经济就不平衡，我们投资把储蓄用掉，内需还是可以比较大的。我们自己投资也是国内内需。2011年就是中国的内需支撑了整个世界资源市场的价格。这就是我们的需求，而且这正是机会。一方面是储蓄率高的时期，可以加快城市化硬件的建设。历史上其他国家在这个阶段储蓄率也相对比较高，国家也有钱建比较大规模的基础设施，建一些高楼大厦。企业储蓄这么高，这正是机会，我们有这么高的储蓄，正是发展城市基础设施建设的时候。另一方面，我国2007年的贸易顺差到了11%左右，现在降低到了5%。问题在哪儿？那几年是世界金融泡沫的顶峰时期，世界需求已经很高，中国投资稍微高一点，要素价格就暴涨。而现在是发达国家需求不足，主要靠中国和其他发展中国家在提出需求，使价格不至于下跌。因此现在从这个角度，从资源供给的角度来讲，也是一个比较好的时候，今后的一段时间也是一个比较好的时候，应该加速城市硬件的建设。

在平衡国内经济，平衡世界经济当中，中国的城市化会起到更大的作用。而且现在看，我国40%～50%的高储蓄率会持续一个相当长的时间，加上我们有中央集权制，相对来讲，容易在全国统筹建设基础设施。因此中国将来很可能建成一个世界上最完整、质量最好的基础设施体系，如城市网、高速铁路交通等。现在比较缺的是水利、环境这些基础设施的建设。这些是“十二五”规划以后要加强的，这对于经济的整个发展格局都会有重要的作用。效率低下是不行的，当然建多了也是有问题的。

中国的经济有一个重要的格局。我们经常讲人口分布的变化，历史上的规律是发达国家在现代化建设当中，最终有80%的人口聚集到距海100英里的沿海区域。因为沿海交通好，能够就业。但中国有几个特殊因素，一是中国人太多了，二是只有一小段沿海，如果都聚集到距海100英里的地方，拥挤程度太高企业成本也会太大，所以一定会分布到更广的地区。

我们有这么长时间的高储蓄，如果能够在全国建设一个比较好的公共交通网的话，就可以通过比较便宜和便利的交通伸展开了。中部的一些城市也会发展起来，跟其他的国家可能不太一样。

二、城市化要保障农民进城安居乐业

城市化最重要的不是硬件，是软件；城市化最重要的不是建城市的一些设施，而是解决人的问题。

城市化是一个社会变迁的过程，城市化的本质是农民进城。原来居住在农村的人进入城市才叫做城市化，这是社会变迁，是人的生活方式的改变，工作方式的改变，整个社会结构的改变。而农民进城，最初一定属于低收入阶层。历史造成的教育不太发达等问题，导致了农村人力资本的相对弱势。农民进城最初一定是低收入就业，是穷人通过城市化改变自己现状的过程，是城市里出现新的低收入阶层的过程。因此它又是一个社会矛盾显现的过程，需要一系列的公共政策来应对这个收入差距的社会矛盾，处理穷人进城中产生的一系列社会问题，这是城市化最根本的问题，是充满了矛盾的一种社会变迁。

相对其他的发展中国家，中国有一个得天独厚的条件，没有形成大量的城市贫民。这是因为农村特殊的土地制度，为千百万农民提供了一个基本的社会保障，使得在城里找不到工作，或者失去工作的人还有一个去处。因此，中国迄今为止，进城的人主要是找到工作的人，虽仍然是穷人，但是毕竟找到了工作。这跟其他的一些发展中国家不一样，如在拉美、东南亚，因为各种原因农民失去了土地，形成了一大批失地的农民。没有找到工作又失去土地，就变成了城市贫民。在很多发展中国家，包括拉美，相当长一段时间里40%的人口是城市失业的人口，基本上没有工作，贫民窟一住几十年。这样失业率长期居高不下，使社会收入差距长期扩大。

我们认为土地现在不是农民高收入的来源，而是一个保障。现有的土地制度不要轻易改变，待其他的社会保障能够替代时，再改变这个制度也不晚。这个是农民唯一的命根子。首先要保障农民的利益。没有国家可以学我们的土地制度。所以总的来讲，我们的城市化过程比较平稳，迄今为止是有工作的人进了城，没有工作的人回去了。最近的例子是国际金融危机来了，2000万民工回乡，还有一个地方可以回去。

要认真严肃看待这件事情，就要改变当前的政绩考核制度，我们要把一个城市的城市化水平、农村居民变市民占城市人口的比重、进城务工农民参加社会保险的比例、农民工进城落户的比重、农民工居者有其屋的比重、农民工子女与本市居民子女享受同等受教育权利的比重、农民工与本市居民享受同等社会保障与医疗保障的比重等，列入各级政府及官员政绩考核指标体系，从而使加快城市化成为各级政府和官员追求政绩的自觉行动。（蔡继明：《把加快城市化进程作为“十二五”期间的主导战略》，《清华民进》2010 年第 2 期）城市化和工业化同步进行就不会出现 40% 的永久性失业人群和城市贫民。中国的城市化将是历史上比较完美的一次。迄今为止没有一个国家的城市化能够达到这样的水平。欧洲发达国家早年靠的是什么？靠的是快速发展，然后世界掠夺，很快就开始搞社会保障，工人很快充分就业了，时间比较短。发展中国家后来时间比较长，所以要穷人进城面临着各种挑战。要充分认识到这是一个社会进程，既是经济发展的过程，又是社会发展、社会变迁的过程，这里面充满了矛盾。

可喜的是，多年来，我国城市化的实践更加注重城市的包容、均衡、创新、和谐和可持续发展，更加注重与工业化、农业现代化协同推进，更加注重以人为本、公平共享。

同时，与城市化快速推进相伴的社会保障制度也在不断完善中：2004 年启动新农合试点；2006 年以农民工为重点扩大社会保险覆盖面；2007 年实行农村低保制度，开展城镇居民医疗保险制度试点；2010 年施行《城镇企业职工基本养老保险关系转移接续暂行办法》，农民工基本养老保险关系实现跨省就业时随同转移；2011 年提出有条件的地区合并实施城乡居民两项养老保险制度……这些重大制度和政策的战略性预置，为广大城乡居民共享发展成果和城市文明奠定了坚实基础。

三、城市化过程是公共政策的集合过程

城市化是一套公共政策的集合，这一套公共政策的执行在缓解着城市化进程当中的各种矛盾。

第一，是现在的社会保障体系问题。广义的社会保障体系，包括医疗、失业，等等，不能覆盖全社会的全体人民，不能够流动，这是现在的社会保障体制的重大缺陷。需要制定强制性的目标，在“十二五”期间要实现全覆盖，实现全国统筹的社保体系，使得进城农民在流动的过程当中，社保能够带走。社保实现全国性统筹，这是当务之急的一件事情。解决农民工进城的问题，怎么让他们能够被纳入社会保障体系当中，这才是第一步均等化的实现。

第二，农民进城怎么市民化，不是只给他一个身份，而是在这个身份背后，有一系列的公共品保障。现在我们城里的人，户籍市民享受的教育、医疗保障，住房保障，失业保障等，新进城的农民能不能享受？但让农民立即享受现在市民的水平，政府一下子也承受不了。如社保，农民工作为一个低收入阶层，要和城市平均工资水平一样的社保金，他也交不起，政府也支付不起。如果现在没有交这么多，几十年后去享受同样的水平，也不太公平。

这里面涉及一个问题，就是我们能不能分层次解决公共品供给和社保的

问题，形成适合中国现在的国情，实现覆盖面广、但多层次的社会保障和公共品供给，等等。我们的建议是淡化户籍制度，强化常住人口概念；通过双轨制逐步过渡，两个层次，或者更多的层次，加速农民市民化进城。如深圳，现在大概是300万不到的户籍人口，1000万的常住人口。一下子按照300万人的供给标准覆盖1000万人，政府显然承担不起。如果是按现在的户籍人口所享受的公共服务水平，现在每年能够转为城市户口的人一定少之又少，差距显得非常大，一部分成为城市居民，大多数人长期得不到公共品供给。一年几万十来万人转为户籍市民，太慢了。

我们认为，突出常住人口概念，就是原有户籍市民这一块要稳住，新增的财力主要用于为那一大块常住人口，为他们提供基本保障，提供一些水平相对比较低，但是一些基本的保障。比如先从教育开始，然后再搞医疗和其他的一些公共服务，这样从较低的水平逐步地为大多数人、大多数新增的城市居民提供公共服务，然后逐步过渡。随着经济的发展，随着农民工本身进城之后收入水平的提高，逐步提高公共保障的水平。用这个办法，尊重历史，承认现实，承认城市市民和进城农民之间的差距，在这个前提下，通过双轨制逐步缩小差距，逐步完成城市化的进程。这是城市化公共政策当中非常核心的一个内容。

第三，涉及土地的供给。城市化客观上需要一部分“土地进城”。我们现在最简单的问题就是农民进城了，农民保命的农田不能轻易动，但是农民的宅基地是不是可以进城？这也是很大的一块土地。农民的宅基地全国的总量加起来，是全国城市建设用地的5倍。现在的情况是，农民进城了，而在城里面没有房子，租了一个小房子，但家乡有一座“别墅”，却空着没人住，而且越来越空。这一块怎么周转起来，怎么从大城市边缘地区开始，逐步扩大，用起来。希望这一难题能够逐步得到解决。至少在一些区域内，城乡统筹发展当中应该逐步解决。利益要相互配套，农民本身要得到实惠。相对应的要实施一些社会保障，还有一些经济利益，等等。这是现在一个尖端的问题，应当鼓励和支持一些地方的试点。中国城市用地一定是稀缺的。中国人均可耕地面积是世界可耕地面积的40%，可居住面积很少，还得保农田。一定有一个土地怎么有效利用，包括减少闲置的土地，这涉及人民的居住问题。

第四，是如何处理、应对城市中的收入差距问题，如何使得城市中的高收入阶层和低收入阶层都能够安居乐业。不能否认现在有收入差距，也不能否认三四十年以后仍有差距。这在城市规划上怎么体现？在城市公共政策上怎么体现？怎么化解矛盾？怎么把收入差距作为一个现实来对待，从现实出发逐步解决问题。比如说如何使低收入阶层也有房子住，房价虽高，但是他们仍然有房子住，住得起。全盖新房能够解决问题吗？什么是低收入的人能够住得起的房子？政府建的新的廉租房便宜，但你能建多少？解决几个人的问题？只能解决极少数最贫困的人的问题。而对于大多数人来说，最便宜的、住得起的房子，一定是老房子、旧房子。所以我们对老房子、旧房子，拆迁的步伐要慢一些。对于城中村，我们有的地方就怕拆得不快，有点把旧房子当做“眼中钉”，应当更多地考虑怎样在有限的条件下，让低收入的人群生活有保障。以重庆为例，对相对比较便宜的房子，若符合廉租房的性质，就把这一块地区划作可以租的房子，给予补贴。这样很多房子可以成为新进城的低收入群体住得起的房子了。面对现实收入的差距，政策应使得低收入的人住房能够有保障。这是我们现在需要思考的一个挑战。

第五，提供职业教育以保障就业。政府的补贴最终解决不了收入差距问题，只是有所缓解，更关键的问题是提供教育。在城市化进程当中，如何为新进城的农民提供更多的职业教育或者终身教育，为他们的小孩提供教育的环境，从而保障他们的就业与收入。这是城市长期发展和中产阶级逐步形成、逐步扩大的根本的条件，是人力资本的提升。以前农民都在流动当中，现在鼓励他住下来，给他提供更多的职业培训，使他的人力资本可以提高，城市的层次就可以提高，有技能的工人的数量有所提高，人民的生活水平也得到提高。收入差距的根源还是农民工的受教育问题，最终是人力资本的差异。所以加强职业教育和培训，是城市化得以健康发展，解决社会问题的一个重要途径。

第六，发展大城市还是小城镇？同样的基础设施，大城市可以承载更多的经济活动，可以承载更多的就业，而所有的乡镇企业最终要么破产，要么挪到城市去了，就是因为他那里太偏远了，修建基础设施的成本太高。大城市效率更高，大城市处理环境污染的效率也更高。世界各国的研究都证明了这一点。大城市拥挤，大家都说大城市有不少坏处，就要靠更多的公共交通来缓解大城市的问题。投入更多的交通设施之后，总的算下来，大城市的效率，能够支撑的收入增长还是要比小城市大。因此，中国最基本的国策还是应该鼓励大城市的发展。现在在沿海地区，当然很多小城市在发展成大城市。“十二五”规划没有放弃城市化这个词，靠公共交通联系起来，在珠三角地区具有很大的发展前景。在这个过程当中，基础设施起到重要作用。

第七，城市是一个系统工程，需要各方面的统筹，需要协调才能真正城市化，而不是“半城市化”。大城市的一个好处是人越聚集，服务业就越发展；规模效率越高，服务设施就越好，自己就不用做更多的家庭工作。接下来就是要考虑到城市的这些特点，要想到城市是一个系统的统筹，交通、商业、环境、公用品的供给、水电煤气，怎么缓解拥堵？怎么发展交通？怎么保障公共治安？这是一套非常精密协调的系统。我们现在的重大缺陷就是大家不重视这个系统各个环节的相互效果，往往各自为政，各种摩擦不断，就是什么都不顺。这个系统工程包括公共治安、环境、安全、医疗、防疫，等等。系统的工程需要一系列的公共政策来保障。每一个领域都值得我们深入研究，各个环节都需要，然后要综合配套。

第八，全国需要城市化的大规划。城市化就是人口流动的过程，人怎么流动？从哪儿流出来？从哪儿流进去？这些都是有规律的，需要研究。国家需要对全国的城市化进程做一个总体的规划，避免走弯路，避免大量的资源浪费，无效的投入。不能建了一些城市，人最后走光了，而该建的没建，该投的没有投，形成资源浪费。在中国的行政体制下，人人都想把自己的小城镇建成“国际化现代中心城市”，每个城市都在提这个口号。也许过两年有的地方人都走光了，就成了“高楼大厦的鬼城”。客观上不是所有的地区都能够创造就业，不是所有的地方将来都能够聚集人口，将来形成大城市。

任何一个国家城市化的进程都是人口迁移的过程。我们要研究迁移的规律，怎么遵循迁移的规律。全国做一个规划，将来形成的效率，节省的资源比现在每一个项目的资源要多得多。这就是希望在“十二五”规划之前要在全国有一个规划。我们还有举国体制，每五年做一个规划，十年做一个规划，这样是不是能够做得更好一点。以韩国的“新农村运动为例”，韩国人说，新农村建成之日就是农村的人走光之时，投资就白费了。韩国现在农民占总劳动力的比重已经是5%以下。现在我们的新农村也不能到处建，有的地方可能长期是农村，需要建，有些地方的人差不多已经走光了。城市化需要全国性的适当的规划和宏观的政策制定、规范，使我们有限的资源可以利用得更好。

城市化确实是一个大系统，涉及方方面面，今天还没有更多地谈政治、文化、思想，等等。城市化是整个现代化进程当中，人的生活方式的改变，是一个社会变迁、民族进化的过程，人类发展的过程。这里面一定有痛苦，别把这个过程想成一个浪漫的、只有好处没有坏处、只有进步没有挫折、只有收益没有痛苦、只有收益没有成本的过程。我们一开始就说是充满了矛盾，充满了冲突，自杀、犯罪率都是城市发展中常见的问题，需要的是怎样将其降到最少。作为后来者，我们吸收前人的经验教训，会做得更好。城市化以前是贬义词，我们现在把它当做社会进步来看了，怎样把痛苦降低到更小，幸福增加到更大，这是经济学的大问题。

第二节 中国城市化道路的探索

城市化是现代化社会发展的标志。中国城市化进程呈现出“快”和“变”的特点，城市化发展面临着人口膨胀、城市生态环境恶化及资源消耗挑战、区域之间和城乡之间的发展不平衡的压力。要科学确定中国的城市化方针和道路，使中国城市化的进程以更好更快的速度发展。

不同的国家走过不同的城市化道路。西方发达国家的城市化道路由于历史条件不同我们无法重复，拉美和印度的城市化道路造成严重两极分化和大量城市贫民窟等社会问题，我们不能重复。东亚一些国家和地区的城市化道路与我国国情比较相似，有许多值得我国在城市化进程中学习借鉴的地方。但我们要走的路必定不可能与别国一样。中国的城市化之路，究竟应该怎么走？

一、大城市和小城镇优先发展之争

关于中国城市化的发展道路，历来就有大城市重点论和小城镇重点论之争。大城市重点论认为，中国的城市化应走大中城市扩容为主的道路，因为城市、特别是大城市，会产生明显的集聚效应，从而带来更高的规模收益、更多的就业机会、更强的科技进步动力和更大的经济扩散效应。而小城镇重点论认为，发展小城镇是走中国特色的城市化道路的必然选择，主要有如下理由：（1）以农村小城镇为主加快城市化适合中国的国情，它可以使大量的农民迅速非农化，较快地进入低水平的城市化阶段；（2）农民进入小城镇比进入大中城市付出的心理成本要低一些；小城镇的发展可以把城乡两个市场较好、较快地连接起来，迅速促进农村第二、第三产业的发展，由此大量吸纳农村剩余劳动力，同时又可以缓解大中城市人口膨胀的压力；（3）发展小城镇符合我国建设资金短缺的国情。

围绕城市化道路的问题，理论界和实际工作者进行了长期的探索，形成了比较具有代表性的观点和流派，主要有大城市重点论、城镇重点论、中等城市重点论和多元复合论，这些观点和理论对我国城市化的实际进程产生了比较重要的影响。

大城市重点论主张，我国应将有限的资金主要用于建设和发展大城市，形成以大城市为中心的城市群和城市带，以此推进我国城市化进程。其主要依据是：

优先发展大城市和特大城市是世界各国城市发展的总趋势和一般规律。西方发达国家在工业化过程中都充分发挥了大城市的特殊作用。在资本集聚，人口集中，规模效应，辐射带动效应及经济高速、持续增长方面，大城市对这些国家的经济发展所起到的作用是无与伦比的。资本集聚必然导致人口的相应集中、市场规模的扩大、规模效应的增强、资源的节约、效率的提高，科技、教育、人才、信息等社会功能的增强，这是经济高速、持续增长的基本条件。由于大城市具有的经济效益和巨大的吸引力，具有中小城市无法替代的功能，而且现代化大城市存在的数量和质量往往是一个国家政治、经济、文化等综合实力的重要标志，因而大城市的超前发展具有客观必然性。如英国首都伦敦，曾是“大城市病”的典型，几十年来，其人口、用地和工业生产扩大了好几倍，但城市环境不仅没有更加恶化，而且整治得卓有成效。历来以整治国土、强调地区平衡发展和发展小城市闻名于世的荷兰，也于1988年改弦易辙，开始强调发挥大城市的作用，要把该国最大的三个城市阿姆斯特丹、鹿特丹和海牙建设成为荷兰在国际经济竞争中的堡垒，吸引国外投资的地方。

中国人口问题与土地承载力过小之间的矛盾要求大城市和特大城市的相应发展来加以缓解。到21世纪中叶，我国若按中等发达国家的标准，全国城镇人口比重应达到60%以上，非农业人口应达到70%以上，按当时人口达到15亿计算，将有9亿人口住在城市之中，如仅靠发展城镇，将需几万个，且人口密度低，会大量占用本已稀缺的耕地，并且分散的低密度城镇经济规模与效益均较低，不利于经济的高效持续增长。而发展大城市，不仅容纳量大，且会提高人口素质、市场需求和生活水平。如北京、上海、广州三大城市，近几年来吸收农村务工人口均在300万人以上，相当于建立了3000个城镇。深圳常住人口已超过300万，也相当于建立了1000个城镇。

大城市基础设施完善，承载力强，就业面宽。目前国家的城市政策是“控制大城市”，控制的实质是要阻止人口向大城市迁移，缓解大城市的过重负担，但在实施过程中，国家和各地区为了经济目标又往往将有限的财力集中投向特大城市和省会所在地，在财政上无力支援那些数目众多、分布面广的小城市和城镇。小城市和城镇基础条件较差，积累能力低，城市功能低下，也难以大量吸引农村人口。而大城市基础设施完善，承载力强，就业面宽，必将成为中国城市化的主要载体。

自1980年《全国城市规划工作会议纪要》公布以来，整个八九十年代，我国城市化发展的理论与实践问题，就主要围绕着以城市规模大小为取向的所谓城市化道路选择的争论上了。大部分都是赞同和论证限制大城市规模和大力发展小城镇的声音，其中费孝通先生在1984年《瞭望》上发表了一系列文章，提出了“小城镇，大问题”这个命题，还组织了一个课题组以社会学的视角通过实地调查对苏南的小城镇发展进行了研究，探讨了商品经济、社队企业的发展与小城镇的兴衰间的关系。费孝通的结论是小城镇的兴衰关系到城乡商品经济的发展，社队企业的发展是苏南小城镇重获生机的重要原因；小城镇应成为农村商品流通中心、服务中心、文化中心和教育中心；小城镇作为“人口蓄水池”是农村中几亿剩余劳动力从农业中转移出去的出路；小城镇的兴衰是关系到我国现代化发展的大事（岳清唐：《建国以来我国城市化思想之演进》，《贵州财经学院学报》2009 年第 6 期）。费孝通的观点也是城镇重点论的主要来源。

城镇重点论是与大城市重点战略相对立的观点。这种观点认为，发展城镇是现阶段促进我国城市化进程的一条现实而有效的途径，甚至有人认为，发展城镇，使之遍地开花，星罗棋布于全国各地，是我国城市化唯一正确的道路，也是有中国特色的城市化道路。这种战略的主要依据是：

发展城镇是转移农村人口的需要。农村有大量的剩余劳动力需要向外转移，而大、中城市的集聚力和承受力相对薄弱，国家又缺乏足够的资金加强城市建设以容纳农村转移出来的人口，因而发展城镇具有特别重要的意义。

发展城镇是完善城乡经济体系的需要。中国目前还处于社会主义的初期阶段，这样一个历史发展阶段决定了我国现有的市场体系、经济结构体系、教育科研体系、交通信息体系在全国范围内尤其是在农村还未形成一个较为系统的结构，因而在经济发展的总体上还存在着较多的断层。各种经济关系“链”，如资金链、企业链、人才链、信息链等尚未完全联系起来，这需要由各地区中小城市、城镇的建设、发展来孕育、促成。这一条件又是各大、中城市、中心城市进一步发展的基础，也是其规模聚集效应和辐射带动作用良性发展的必要前提。否则，大城市的经济增长极点的地位和作用将走向极端，导致城乡两极分化，最后亦使大城市自身的发展受到制约。

发展城镇是乡镇企业升级的需要。农村乡镇企业的崛起和迅猛发展，使城镇的建设和发展具备了现实可能性。经过十多年的发展，我国乡镇企业已发展到相当的水平，为城镇的发展提供了极为现实的经济基础，具备了供应与需求都相当大的经济动能。同时，其自身的进一步发展需要一定的社会组织结构来引导、协调、规范和提供各方面的社会服务。城镇的建设和发展对实现乡镇企业经济增长方式的根本转变产生着重大的促进和引导作用。市场经济的发展规律已对乡镇企业提出了新的发展要求，聚集资本、人才、技术和信息，以达到节约、高效、规模、创新的现代企业经营要求，从客观上提出了发展城镇，形成新的经济增长点和提供多功能的社会服务协调体系的要求。

中等城市重点论吸取前两种观点中的合理成分，认为中等城市兼有大城市和城镇的优点，并易于克服二者的弊端，因而主张大力发展中等城市来加快我国的城市化进程。其主要依据是：

中等城市是城市体系的中间环节。中等城市作为区域经济的中心之一，具有承接大城市扩散、吸引乡村集中的功能，是承上启下的重要节点，因而是优化城市布局的关键环节。

发展中等城市有利于提高空间集聚效益。中等城市可以避免大城市和城镇所产生的突出问题，一方面可以减轻“大城市病”，使城市建设和生活质量得到改善；另一方面，解决了城镇过于分散的问题，提高了空间集聚效益，从而也提高了城市化的水平和质量。

中等城市吸纳人口的能力更强。中等城市正处在规模扩张阶段，具有较强的吸引力和包容度，其聚合力和辐射力都很强，大力发展中等城市可迅速加快我国的城市化进程，尽快解决我国和工业化不相适应的城市化滞后问题，制约国民经济快速发展的问题。

而一种被称为多元复合论则认为，城市发展道路就是大、中、小并举，数量和质量并重，职能等级协调，建立充分体现区域特色的城镇体系，全面推进城市化进程。持这种观点的人主张，要以促进经济发展和扩大吸纳农村剩余劳动力为中心，以国家投资进行城市建设的“自上而下”的城市化和地方投资、农民投资发展城镇的“自下而上”的城市化双向推动，各城市科学定位、合理分工、因地制宜地发展。其主要依据是：

多元化的城市发展条件和要求。我国的经济社会结构是多元的，既有国家重点投资的技术水平高的大型现代化生产部门，也有地方政府投资的或集体所有甚至个体所有的、技术水平较低和劳动密集的小型传统生产部门，还有广大以手工劳动和畜力耕作为主的分散的农业生产部门；我国城市化的地域单元是多元的，既有经济发达、城镇体系发育较完善、已进入城市化中期阶段的城市密集区如长江三角洲、珠江三角洲等，也有经济较为落后、城镇体系结构不完备，尚处在城市化初期阶段的城镇稀疏区，如西北、西南的一些地区；我国城市化主体是多元的，中央政府和地方投资以及集体、个人集资兴建城镇基础设施，各种所有制的企业吸引人口向城镇集中形成工商业区，城镇居民通过建房、购房和租房形成城镇居民区。因此，城市化战略只能采取适应不同地区、不同条件、不同目标的多种城市发展模式的组合。

我国独特的国情要求选择多元复合型战略。我国独特的国情对未来城市化道路有重大影响。我国人口多，人均自然资源少，特别是人均耕地少，经济发展水平低，正处于以发展重化工工业为主的工业化前期向中期转变的阶段，对经济活动的规模性和集聚性要求较高；农村剩余劳动力对城市化的强大推力和城镇吸纳人口拉力不足的矛盾和大城市规模急剧扩大和城镇过于分散的状况并存；区域之间的差异很大，各地区的经济发展水平、城镇体系的发育程度和内部结构、城市化的基础和条件以及对城市化的要求等各不相同。城市化要承担带动国民经济的快速增长和有效吸纳大量的农村剩余劳动力的双重任务。

多元化复合型战略与我国城市化发展阶段相适应。国际经验表明，人均收入在1000美元左右是产业结构剧烈变动的时期，第一产业的比重迅速下降，第二、第三产业比重迅速上升，大量的劳动力从第一产业向第二和第三产业转移，从而使以第二、第三产业为依托的城市得到大发展，城市化水平将有大的提高。我国目前正处在这一阶段，自上世纪 80 年代初开始经济持续快速增长，伴随着经济规模的扩大，人均收入水平提高和需求结构的变动，产业结构演进步伐加快，城市化将进入快速发展时期，各等级的城市都将蓬勃发展，多元复合型战略正适应了我国的客观情况和城市化的大趋势。

大城市发展和中、小城镇发展并不是互相排斥的。方向新认为，应该从城镇体系的建立和完善角度对中国特色的城市化道路进行探讨，并要考虑到城市化过程中的阶段性和我国区域发展不平衡性特点。因此，他既反对小城镇重点论，也反对大城市重点论，而强调要根据各地区不同的经济发展阶段构建适合当地的城镇体系（王颖：《世界城市化模式与中国城市化道路》，《经济研究参考资料》1985 年第 149 期）。发达国家的城市化进程大都经历了发展初期的“集中化”特征以及发展到一定阶段后的“分散化”特征。因此，城市化推进应该在大、中、小城市和小城镇协调发展的基础上，充分发挥中心城市的带动与辐射作用，发展一批具有世界竞争力的大城市群或大都市圈，通过其强大的集聚功能和辐射功能有效带动农村工业化和城镇化发展，实现以城市群带动城市化的跨越。在大城市充分发展的基础上，中、小城镇可以以大城市生产性服务业为依托，发展制造业；可以发挥其居住功能，为大城市上班族提供居住等生活服务；可以发展农产品加工制造以及服务于农业生产的产业，连接大城市和农村。

将中、小城镇发展作为可以脱离大城市发展的城市化道路来看，在以下几个方面缺乏科学性：首先，大城市和小城镇的规模是由每个城市的规模效应和拥挤效应权衡之下决定的，对于大城市发展，不应只看到其承载力的局限，以及大城市发展中产生的各种矛盾和问题。如果人口和资本是跨地区自由流动的，那么，最终城市规模差异主要取决于不同城市的就业创造能力和对劳动生产率的提升作用。其次，不能只看到大城市集中了大量经济资源，从政策的角度来说，当前中国的户籍制度和土地制度都在限制劳动力的流动，受到政策限制的，其实是大城市。最后，经研究发现，中国的城市化进程和城市体系出现了一系列不符合经济规律的扭曲。

中国的城市体系该如何调整？新经济地理学的理论及其在中国的实证研究告诉我们，在中国，经济集聚的力量还在发挥着主导作用，并且随着服务业的发展，区域性大城市作为次中心的作用在加强。同时，也有研究从反面说明了通过农村工业化增加就业的道路难以持续。如果离开大城市的带动，依靠中、小城镇带动城市化的路径也难以持续。但同时，要推进城市化绝不可以一味发展大城市，必须重心向下，着力发展县域经济，促进小城镇发展，把新农村建设与小城镇建设紧密结合起来，把城市发展与配套的工业、副业、医疗、文化、教育结合起来，要让千千万万个小城镇曾经山川秀美、经济发达的地方，为人民创造更加良好的生产和生活环境。

二、城市化与工业化应合理兼顾

从上世纪中期开始，世界上流行“工业文明观”，即片面地把社会发展等同于经济增长。而自上世纪80年代以来，“社会发展观”逐步兴起，越来越多的人重视环境、重视社会资源、重视人等诸方面的持续发展与综合进步。

工业化、城市化互动发展，是经济社会发展的主要推动力。城市化、工业化使得经济发展的分工水平不断加深，并得以发挥规模经济的优势，最终使经济蛋糕越做越大。工业化和城市化在统筹城乡发展、推进城乡一体化的大背景下，展现了新的发展前景。党的十六大提出统筹城乡发展，要求把城乡存在的问题统筹加以解决，着力解决城乡之间发展不平衡的问题。党的十七届三中全会提出加快形成城乡经济社会发展一体化新格局。国家第十二个五年规划提出实施工业化、城镇化和农业现代化同步推进战略。这一系列重大决策对城市化的健康快速发展具有重大指导意义。

目前中国第二产业占GDP的比重接近一半，GDP增长主要还是依靠第二产业的发展。为了中国的可持续增长，城市化的发展还需要工业的发展。同时，中国第三产业产值占GDP的比重由1978年的23.94%上升至2008年的40.1%，城市化水平也由1978年的17.92%上升到2011年的超过50%。在2003年以前，中国第三产业占GDP的比重高于中国的城市化率。2003年以后，中国的城市化率开始高于第三产业占GDP的比重，城市化进程加快但城市化率仍低于第二产业占GDP的比重。可见，第三产业还是相对滞后，处于40%左右的水平，它的发展空间还很大。

从总体上说，中国的工业竞争力还很强劲，并有一定的上升空间，所以，应降低城市化的成本，保持中国长期的国际竞争力。新世纪以来中国制造业的竞争力是在下降的，但中国有很大的成本调整余地。综合一些调研数据可以看到，一个企业从沿海转到内地，成本能下降30%～40%，中国的工业产品的国际竞争力还有很大的推动余地。例如，中国制造业正在进行大规模的转移，制造业在往中西部转移，部分也在往越南等国家转移。

对制造业转移起决定作用的是运输成本半径。从全球制造业的产业转移看，基本上是沿着海岸线转移，因为海路运输的成本最低。中国先是沿着海岸线，现在则是沿着长江走，所以现在中部地区承载着从东部转移来的产业。这里面又遇到一个问题，就是中部地区是中国的粮仓、耕地的保护压力大，这就使得中部地区城市化模式的选择至关重要。城市化对制造业的压力是显而易见的，沿海地区的制造业大量内迁，压力都集中在了中部。如何平衡城市化速度和保持工业的国际竞争力，同时在城市化的过程中发展服务业，这是我们面临的一个严峻的挑战。无论如何，中部城市必须是集约型的，不单要土地节约，而且成本也不能高。

发达地区接下来怎么办？现在东南沿海发达地区面临的问题与港台当年面临的问题一样，港台当年把大量的制造业转向大陆沿海地区。这次金融危机使发达地区的产业往中西部转移，于是税费来源成了问题。东部地区的城市化率已经很高了，基本上完成了城市化过程。所以东部地区重点是如何发展未来的服务业，能够更好地集约化经营，吸纳新的劳动力。其中，如何承接国际分包服务业的转移，发展能为工业服务的服务业，能为居民提供服务的服务业，这三者的发展是未来中国城市化发展很重要的一环。这些在工业化架构基础上发展起来的东部城市，如何定位，如何独立地发展服务业，是这些地区面临的重要问题。

三、政府转型是城市化模式选择的关键

近二十年来，中国社会处于急剧变革与加速发展的时期，社会转型呈现多向度的特征，各个时期、各个地区分别处于不完全相同的转型度之中。

在中国，“转型”概念是1992年以后开始流行的。它最早也是最典型的含义是体制转型，即从计划经济体制向市场经济体制的转变。这与西方国家的主流理解是一致的。1992年，李培林在《“另一只看不见的手”：社会结构转型》一文中较早地探讨了“社会转型”的有关理论问题。他认为，社会转型是一种整体性发展，也是一种特殊的结构性变动，还是一种数量关系的分析框架（李培林：《“另一只看不见的手”：社会结构转型》，《中国社会科学》1992年第5期）。这种观点有一定的代表性。中国高速发展的城市化是一种典型的社会转型过程。

自1992年中国宣布建设社会主义市场经济体制以来，中国社会转型就建立在明确的经济体制转型的基础之上。在建设和完善社会主义市场经济的过程中，政府的转型和制度创新起着重要作用。

在中国，如何选择资源合理配置机制事实上决定了城市化模式的选择。城市化成本主要由社保支出、行政管理费用和住房价格决定，而它们又决定了城市产业的竞争力。要控制城市化成本过快上升，政府可起到关键作用。

一是政府要降低行政成本。要建立一个高效、低成本城市运营机制，以及选择比较合理的福利水平。中国在1998年时“砸三铁”，大幅度降低行政成本，让很多公务员下岗，国企职工下岗，部委合并降低了行政管理费用。当前城市化高成本的最直接原因就是多层次政府管理体制，导致土地、基础

设施和福利制度的不规模运营。要调整，除了国家要在战略层面进行土地规划外，地方政府也要配套改革。

二是要推进中央政府主导下的全国社保体系的建设。只要推进城市化，政府就不能把收入中的大部分投向生产领域，就得提高公共服务的水平，就得提供社保，而且不能像以前分散地做，一定要以全国为基准进行规划和建设整体社保体系。截至 2008 年年底，尽管全国农民工总量已达 22542 万人，其中外出从业者达 14041 万人，但参加基本养老保险的人数只有 2416 万人。如果以外出从业者为基数，农民工的养老保险覆盖率大约为 17.3%，医疗保险覆盖率将近 30.4%（4266 万人），工伤保险覆盖率为 35.2%（4942 万人），失业保险覆盖率为 11%（1549 万人）。如果以全国农民工总量为基数，这些表达保险覆盖程度的数值都会降低 1/3 左右。所以，合理控制养老支出规模，提高保险覆盖率就显得尤为重要。城市的社保是以全国为规模的，各个地区分别搞必然导致区域冲突，全国性的架构社保体系是城市化过程中必需的选择。

三是政府要介入经济适用房的开发。房地产业是现阶段我国国民经济中支柱性产业，也是城市化的基础，它的健康发展对扩大内需、带动经济增长具有重要作用。政府房地产宏观调控政策的立足点首先应该保证刚性需求和改善性需求，作为投资、投机工具是第二位的，没有行政或经济杠杆来抑制，解决不了投机、投资房地产的行为。

政府如何保证城市保障性住房的供给，以降低城市化成本？计划经济时代是通过单位来保，现在这条路不行，还有别的路没有？中国学的是新加坡住房模式，推行公积金制度。日本采用类似的模式，专门给年轻人建非常低成本的房子，降低城市人口的居住成本。大量数据证明亚洲地区都是采用集约型城市化，同时尽力地降低城市化的速度和成本以保持制造业的优势。但亚洲有一个很奇异的地区就是香港。香港是政府专门以拍卖土地和房地产商联手来炒地、炒房，“廉租房”与香港政府的保障性政策相关。但后果是什么？香港没有制造业，资产价值高，只能发展金融和服务业，高房价、高资产价格对制造业有很强的“挤出效应”。

1998 年中国取消福利住房的文件规定，“建立和完善以经济适用住房为主的多层次城镇住房供应体系”，但很快就转入了香港模式。地方政府和地产商联合建立了第二财政，政府很快变成了土地运营型政府。中国并没有条件完全学习香港模式。结果就形成了一个混合结构，既有公积金制度，也建些经济适用房，各地方政府基本采用香港模式，住房供给交给市场，这个模式使得整个房产价格上升速度非常快。像中国这么大的国家，不可能只选择一种模式，肯定是一种混合型模式。原来是国家要求社会保障住房为主，现在看上去做不到，学习香港模式，从短期看是对政府的收入有好处，从长远看对一个城市的竞争力，对人才的聚集都是有害无益的。

经济适用房模式必须从战略角度看，必须是中央政府去实施，如果放任各个地方去做，肯定做不成。现在，中央发国债时，直接从地方政府手里购买经济适用房，尽管数量还小，但它应是未来的发展方向。

总之，城市化从根本上改变了政府的存在环境和管理内容，要求政府模式的转换及发展。在当前我国正处于工业化和城市化快速发展的时代背景下，服务型政府的构建要考虑到与城市化进程保持动态平衡。服务型政府作为政府发展的一种形态，是政府回应城市化的集中体现。服务型政府的建设是循序渐进的，需要多方面的支持与配合，其中之一就是城市化的有序前行。

第三节 未来城市化的应有之义

快速发展的城市化带来了生活环境的极大改变，但与其相随的还有交通拥堵、水质污染、空气污染等众多令人头疼的“城市病”。如何解决人口、资源与环境的协调发展问题，已成为中国城市化不可回避的严峻挑战。

那么，什么样的城市让我们的生活更美好？城市化如何发展，才能避免愈来愈严重的“城市病”？我国城市化发展如何突出特色？什么样的发展速度适合中国的城市化？这是快速发展的城市化过程中我们亟须思考的问题。

一、我国城市化发展应突出特色

把经济与环境协调发展结合起来，选择低碳城市发展模式、文化城市发展模式、宜居城市发展模式和生态城市发展模式，实现经济、社会、人口、资源与环境的可持续发展。

从目前来看，资源环境问题是影响和制约我国城市化健康发展的重要因素之一。要促进城市化健康发展，必须立足国情，汲取国外城市化的经验教训，做到高效利用和节约资源，保护生态环境，以尽可能少的资源能源消耗和尽可能小的资源环境代价，获得最大的经济和社会效益。

党的十七大报告首次提出生态文明建设之后，各地加快了经济发展方式转变的步伐。人们意识到，让人民群众过“一手拎着钱袋子，一手提着药罐子”的日子不是真正的小康社会；一些过去污染严重的城市，提出要打造蓝天白云之城、青山绿水之城；一些干部在招商引资过程中，也能自觉摈弃污染项目和落后产能，坚决提出不要污染的 GDP。针对扭转生态恶化局面的调整产业结构、关停污染企业、淘汰落后产能、加大造林绿化力度、修复山水生态等一系列政策措施，也在各地加紧落实。

城市在选择自己未来的发展方向上应该根据本地区资源禀赋优势，把经济与环境协调发展结合起来，以宜居城市为目标，以发展绿色经济、低碳经济为核心，创新发展方式，最终实现经济、社会、人口、资源与环境的可持续发展。其中，最重要的是要选择适合自身特点的城市发展模式，避免跟风炒作，急功近利，以牺牲生态环境发展经济。

一是选择低碳城市发展模式。反思城市现有的发展模式，探索建设低碳城市，已经成为全世界的共识。中国人口众多，人均资源占有量远低于世界人均水平，对环境、资源问题应更为重视，探索城市可持续发展的任务非常紧迫，建设低碳城市是中国城市发展的必然趋势和未来实现碳减排的主要出路。作为全国首批低碳试点城市之一，深圳 2007 年就将空调定在 26℃ 写进《市民生态公约》，新能源汽车奔跑在大街小巷，“低消耗、低排放”为特征的产业结构、能源结构正在形成，2011 年深圳万元 GDP 能耗、水耗、建设用地均为全国最低。

我国应该积极鼓励条件成熟的城市根据本市实际情况走低碳城市发展道路，发展低碳经济和低碳城市必须与环境保护相协调。然而各城市也必须清楚地认识到，建设低碳城市绝非赶时髦、喊口号、贴标签，切勿盲目跟风炒作。不能急于求成，急功近利，避免低碳城市建设标签化、指标化。要充分认识到，对于绝大多数城市来说，治理污染和保护生态依然是城市的重点方向，城市低碳转型是一个长期性和艰巨性的工作，需要长期努力、科学部署、系统安排、统筹规划。在不破坏生态环境、不以高成本为代价的前提下，因地制宜，通过差别化路径实现城市低碳经济的健康发展。

二是选择特色城市发展模式。中国幅员辽阔，地形复杂，形成了各个地区特色鲜明的文化底蕴和文化内涵。“千人一面”并不是健康的发展方式，在城市化过程中，城市的资源禀赋、区位特色、人文风情等要素都必须列入城市发展规划的范围。根据具体情况，城市可走“生态型、集约型、融合性、和谐型”等多样化的发展道路。城市的魅力在于特色，一个城市如果除了应有的共性之外，没有自己的个性和特色，那么这个城市就不会有吸引力和竞争力，也是不协调和不可持续的。

为此，我们要把塑造城市特色个性作为新区建设的重要思路和价值取向，坚持用差别化的城市发展战略培育新区的独特个性。我们通过深入研究集中主义城市发展模式中的新城市主义、精明增长模式理念和分散城市发展模式中的田园城市理论，认真借鉴和吸取国内外新城建设中的经验和教训，最大限度地避免新区建设的片面性和盲目性。近年来，我们欣喜地看到，国内许多城市在保持原有的文化底蕴的同时，正在努力培育自己独特的生态文化内涵，提升和创造生态文化气息。

三是选择宜居城市发展模式。城市的本质应是以人为本，让人们生活得更加幸福更加快乐，然而现在的城市发展往往过于注重物质，过于强调快速发展，而忽视了人本身的内在需求，那么城市该如何回归到以人为本的轨道？又如何在基础设施建设等方面更加人性化，更加宜居？环境宜居城市发展模式是一个很好的选择。对于目前中国城市来说，环境宜居性形象地说就是能够“喝上干净的水，呼吸上新鲜的空气，睡个安稳的觉，吃上放心的食物，在一个良好绿色的环境中生活”。这几点说起来很简单，但是真正做到却很难。对于城市来说，发展经济固然重要，但务必时刻要绷紧环境保护这根弦。我们无法想象一个城市人均 GDP 超过 1 万美元，而河流黑臭、空气污浊的城市是一个宜居的城市。

四是选择生态城市发展模式。以往人类建设城市主要教训之一是使城市远离了自然。在城市建设过程中由于人为的干预改变了原有地域的生境，尤其是造成自然生态环境的片断化，导致生物物种的大量减少甚至消失，使城市环境与资源的保护面临着艰巨的任务，这样就导致城市环境的严重恶化从而直接制约着城市的可持续发展。人们期盼，各级党委政府要切实转变发展观念，不断总结过去生态建设的经验教训，采取更加果敢和有力的措施，同时在考核办法、奖惩机制等方面进一步加强生态文明制度建设，确保生态文明建设不要仅停留在口号上，而是贯穿到执政理念和实践中。

生态城市以生态文明建设为指导，以保持自然生态良性持续发展为基础，以实现人与人和谐共存、人与经济活动和谐共存、人与环境和谐共存为目标，使经济发展与人口、环境和资源的承载能力相协调，是当今世界许多发达国家追求的城市建设主题。生态城市建设不仅可以为人类的生活提供必要的生态资源，促进城市中人与生态系统的协调发展，还能发展绿色经济，提高绿色生产力，实现清洁生产，控制环境污染，最终实现城市的可持续发展。

各级党委政府在生态文明建设方面作出的努力，让人民群众看到了希望、坚定了信心，也让人民群众初步受益。在一些过去生态环境持续恶化的地方，蓝天越来越多，森林越来越密，河水越来越清，人民群众的生活越来越舒适，对生态环境的满意度也越来越高。

二、我国城市化道路选择

我国的城市化道路，绝不能步西方发达国家对资源破坏的后尘，避免发达国家走过的先污染后治理、先蔓延后整治的弯路，必须走城市与生态、城市与农村、城市化与新型工业化协调发展的路子，走可持续发展的路子，这就是中国特色的城市化道路。

回顾英、法、美、日等西方发达国家的城市化进程，可以看到，每次城市化都带来了严重生态破坏、资源过度利用、城市文化遗产被破坏，以及空气、水、土壤严重污染等问题。我国土地资源少，耕地更少。城市用地与耕地、水资源之间的矛盾十分突出。对于未来中国城市化发展的趋势，以往以高资源消耗为特征的粗放发展方式将无法持续，中国需要走一条具有本国特色的新型城市化道路。

此外，中国的城市化不能也不允许走初级工业化阶段的城市化的老路，必须与科技含量高、经济效益好、资源消耗低、环境污染少、人力资源优势得到充分发挥的新型工业化道路相适应。

中国的城市化不可能一蹴而就，太快了容易翻车，切勿搞城市化的“大跃进”。下一阶段中国城市化将从速度扩张为主转向速度和质量并重。在全球经济的下行压力下，今后中国城市化虽仍将处于快速发展阶段，但其速度会放缓。前期的高速发展之后，遗留了一些问题，需要在下一阶段重新布局解决，这也在一定程度上制约了今后城市化的推进速度。

中央“十二五”规划建议中明确提出，“积极稳妥推进城镇化，坚持走中国特色城镇化道路”，“把城镇化发展战略放在经济结构战略性调整的重要位置上”。可以预见，未来五年，我国需要破解城镇化进程中一系列难题，究竟什么样的城市化发展速度适合中国并不是取决于我们的意愿，而是取决于我国经济社会的发展水平以及资源环境的承载能力。

首先，我国目前经济社会所处的发展阶段还不能够满足快速城市化所引起的各种物质需求和配套措施。并不是让人都住在城市，聚集在一起就是城市化了，也并非仅是户籍制度改革让“农民上楼变市民”就万事大吉了，还要更多地关注城市化的质量问题，城市化与中国经济发展的关系问题以及城市化与中国人民生活水平的关系问题。

城市化需要深入地考虑农民进城之后的就业、医疗、养老、教育等一系列社会问题。而现阶段，我国的城市在这些问题本身就没有很好解决的情况下，快速城市化只会加剧这些社会矛盾。

其次，我国目前资源和生态环境不能满足快速城市化带来的巨大压力。我国快速的城市化发展是以巨大的资源消耗、严重的环境污染和生态破坏为代价的。在目前粗放的生产方式和失调的产业结构没有得到根本改变的情况下，贸然加快城市化发展速度无疑将造成更大的生态环境和资源的代价。中国人均资源占有量远低于世界平均水平，中国的生态污染和环境破坏程度严重，因此，不可能在短时间内达到欧美 80%～90% 的城镇化率、10 亿左右的城镇人口规模，甚至我们永远都达不到那样高的城镇化率，不是我们不愿意，而是我国自然条件的限制。

总之，城市化是一个复杂的系统工程，在城市化进程中，面临社会、经济、资源环境等诸多矛盾和问题，需要统筹考虑中国经济结构、劳动力再生产以及资源环境承载能力三者之间的关系。按照中央的要求，我们需要时间和耐心，应当采取稳健的、更加安全的城市化战略。对城市化进程中出现的各种问题，要“预防”和“治理”相结合。

三、中国城市化要走可持续发展道路

城市发展的规律和实际情况都表明：我国将进入一个快速城市化阶段。城市化对社会和经济的发展有着非常重要的作用，但它同时又会对环境产生严重的影响。保护全球环境，实现可持续发展，创造美好家园，是世界各国面临的紧迫任务。在这样的大背景下，促进城市化健康、可持续发展成为我国实现可持续发展战略、构建和谐社会的重要工作内容。

国际上关于可持续发展的定义很多，至今尚无一致公认的界定。1987 年，世界环境与发展委员会向联合国提交了一份著名报告，叫做《我们共同的未来》，首次提出“可持续发展”的概念，并给出了可持续发展的定义：“所谓可持续发展是指既满足当代人的需要，又不损害子孙后代满足其需求能力的发展。”人类社会的“发展”，“可持续性”是极为重要的前提。这一定义内容比较含糊，各方面可以按自己的认识加以解释，被各界广泛引用。一般认为，可持续发展意味着社会、经济、资源和环境保护协调发展，既要达到发展经济的目的，又要保护好人类赖以生存的大气、淡水、海洋、土地和森林等自然资源和环境，使子孙后代能够永续发展和安居乐业。

我国对可持续发展战略极为重视。早在 20 世纪 70 年代，我们党和政府就从人口多、耕地少、人均资源短缺、地区发展不平衡，经济、技术基础比较薄弱，面临资源、环境和人口等多重压力的具体国情出发，制订了计划生育和保护环境、促进经济与环境协调发展的基本国策，并取得了显著成效。在可持续发展理论系统中，有两个核心内容：一是保护自然资源；二是保护生态环境。营建健康城市是保护资源、保护环境的有效措施，也是发展节约型经济、推动城市经济社会健康发展的重要战略举措。城市化是各国发展的总趋势，是社会生产力发展的客观要求和必然结果。

中国城市化发展水平滞后于经济社会发展水平与工业化发展水平这种局面，已经成为严重制约我国综合实力提高与国家竞争力增强的“巨大瓶颈”。未来二十年是中国社会经济发展的战略机遇时期，大力推进中国的城市化，尤其是寻求城市化战略的进一步提升，缓解长期以来制约中国社会公平的二元结构矛盾，既是全面建设小康社会、实现现代化的历史要求，又是有效解除中国经济社会约束“瓶颈”，保障中国经济社会快速、持续和健康发展的重大战略举措。

自 1978 年改革开放以来，中国城市迅速发展，小城镇迅速崛起，在此期间中国城市化发展速度是同期世界城市化平均速度的两倍左右。中国政府已将“城市化战略”列入发展规划，作为21世纪中国实施迈向现代化第三步走的重大措施之一。未来二十年是中国社会经济发展的关键战略机遇期，随着国民经济持续增长、国家综合实力加强、国民经济总量增大、产业结构升级、科技水平提高、国际竞争力增强和信息化的实现，中国城市快速扩展和城市促进现代化的进程也将保持强劲的势头。

在新世纪要完成全面建设小康社会，加快推进社会主义现代化的伟大战略任务，加快中国的城市化进程是发挥城市中心作用、提高经济效率的必由之路，也是消除二元结构实现社会公平的必由之路。城市化与工业化相互促进，协调发展，是世界上许多国家实现现代化的基本经验。工业化与城市化的这种相关性，在工业化由初期向中期迈进的加速时期表现得尤为明显。要把中国这样一个农村人口占多数的国家建设成为现代化强国，没有城市化的大发展是不可想象的。同时，城市化的推进，可以为产业结构的调整升级创造广阔的发展空间，成为国家经济全面、协调、可持续发展的一大动力。

城市化的迅速发展给我国经济带来巨大活力，工业飞速发展，GDP总量高速增长。但同时快速的城市化也给城市环境、经济和社会带来许多方面的困难。近年来，我国发展中出现了环境污染严重，生态恶化；资源短缺；农村基础设施建设严重滞后；农村要素过度向城市转移，农村现代化发展缓慢等一系列问题。这些矛盾的凸现促使我们在城市化发展中必须予以高度重视并采取积极的应对措施，应确保城市化的可持续发展，用城市化带动全国经济社会的可持续发展。

目前，我国地区发展很不平衡，城市化水平相差很大，城市化模式与经济、社会发展模式一样，有着不同的特点。因此，要从国情出发，坚持大、中、小城市与小城镇协调发展，走中国特色的城市化道路，在经济社会发展中不断提高城市化水平。

在21世纪的前半叶，中国城市化进程将不可避免地遭遇到一系列重大挑战。要实现经济发展的各项指标，并在2050年之前使中国城市化率提高到70%左右，这就意味着每年城市化率平均约增加近1个百分点（即每年约1200万人从乡村转移到城市），国家为此将付出巨大的城市化成本，经济形态和社会结构也将受到巨大的影响。只有在实现城市现代化的进程中采取适当的对策，才能有效地实现可持续的城市化。

立足我国当前现实，要实现我国城市化的可持续发展，我们认为，应重点考虑以下几个问题：

第一，注重发展循环经济。新型城市化应该努力转变当前资源不合理开发利用问题，提高资源的利用率，开发新型能源载体，解决城市污染等严重影响城市化进程的问题，促进人口和资源的合理流动，避免城市过大，超出其承载能力的情况发生。循环经济是实现可持续发展的一条新的途径，其本质是开拓不同于传统线性经济的生态经济，倡导与环境和谐的经济发展模式。它要求把经济活动组织成“资源—产品—再生资源”的反馈式流程，其特征是低开采、高利用、低排放。循环经济为工业化以来的传统经济转向可持续发展的经济提供了战略性的理论范式，可以从根本上消除长期以来环境与发展之间的尖锐冲突。

由于循环经济在美国、德国以及日本等国家取得巨大的成功，以资源节约、实现环境友好和可持续发展为特征的循环经济模式受到世界各国的关注并纷纷采取相应的举措以增强经济可持续发展的能力。我国政府也非常重视发展循环经济问题，中共十六届五中全会通过的《关于制定国民经济和社会发展第十一个五年规划的建议》已明确指出，我国要转变经济增长方式，发展循环经济，加快建设资源节约型、环境友好型社会，促进经济发展与人口、资源、环境相协调。

第二，要建立公共服务型政府。由于体制和政策方面的原因，当前各级政府在推进城市化发展中有单纯追求发展速度的倾向，相对忽视城市化的可持续性，往往造成城市产业结构不合理，环境污染严重，资源消耗过多，农村发展严重滞后。要克服政府的这种倾向，最重要的是合理定位政府职能，使政府向公共服务型转变。公共服务型政府就是提供私人和社会团体无力或不愿提供的，却又与其公共利益相关的非排他性服务的政府。政府必须将主要的精力和财力投入到城市化的可持续发展和国民经济的可持续发展上来，加大环境保护和污染治理力度，制定相应的政策措施引导和规范市场主体的经济行为，发展生态经济，防止短期化的发展战略。

就我国现实而言，要加快建设公共服务型政府，最具实质性的行动步骤是大力推进政府改革，实现由“经济建设型政府”向“公共服务型政府”转变的主要任务，要做到以下几个方面：一是要确立社会目标优先于经济目标的原则，加快完善政府的社会公共管理职能。二是改革投资型财政体制，加快建立公共型财政体制，构建政府履行公共服务职能的制度基础。三是适应开放社会和履行公共职能的要求，从封闭型的行政体制向公开、透明的行政体制转变。公开政务、公开政情是政府有效履行公共服务职能的重要保障。四是从行政控制型体制向依法行政型体制转变，真正实现法治政府，加快公共服务的相关立法。五是从条、块分割的行政体制向统一、协调的行政体制转变，真正建立高效政府。

第三，要推进社会公正和构建和谐社会。中共十六届六中全会通过了《中共中央关于构建社会主义和谐社会若干重大问题的决定》，提出了构建社会主义和谐社会的总要求：民主法治、公平正义、诚信友爱、充满活力、安定有序、人与自然和谐相处。传统的城乡二元结构从制度上将农村人口排斥在工业化和城市化过程之外，无疑是完全有悖于构建和谐社会和社会公正的基本含义的。改革以后广大农民逐步获得了向工业转移和向城市流动的机会，这不仅构成了我国经济快速增长的基础性支撑，并且在一定程度上推进着我国社会公正的不断发展。

但就当前现实看，在经济高速增长的同时，由于城乡差距和区域失衡已经发展到十分严重的地步，各种经济和社会矛盾的全面显现已成为需要引起高度关注的严峻现实。从实质看，推进城市化的目标之一就是要合理调整城乡的发展，让农村居民拥有进入城市平等享受城市文明的机会，使农村现代化可能在城市化带动作用下加快发展。因此，科学合理的城市化本身就是缩小城乡差距，构建城乡和谐社会的重要途径。

制度基础是我国城市化可持续发展的根本保障，合理的制度，将会更有效地促进城市化的进程，并且避免当前城市化进程中的一系列问题。为此，我们需要打破城乡分割的户籍制度，逐渐转移户籍制度的制约效力，促进人口向合理的方向流动，有效地促进城市化的进程，同时，也能对农村发展提供基本的制度保障。同时，应该继续扩大社会保障体系覆盖面，逐步将农民纳入保障范围。提供医疗保险和失业保险等基本的保险保障，为农村人口的自由发展解决后顾之忧。从推进社会公正和构建和谐社会的内在要求出发，当前我国城市化的推进必须进一步深化改革，消除一切针对进城农民的歧视性政策；完善土地征用制度，让农民能够凭借土地权利实际参与并分享城市化的利益；全面强化教育和培训，大幅度提高进城农民的就业竞争能力；同时，构建完善的社会保障体系，从根本上解决进城农民的后顾之忧。

中国的城市化不能照搬别国的模式，必须从自己的国情出发走有中国特色的城市化道路。现阶段我国城市化政策是“严格控制大城市的发展，适度发展中等城市，积极发展小城镇”。新世纪新阶段，城市发展要有新思路，城市改革要有新突破，城市开放要有新局面，城市建设要有新措施，城市现代化建设要迈上新台阶，城市建设还要与社会主义新农村建设互相促进。

中国作为最大的发展中国家，其城市化潜力长期受到压抑，没有得到充分开发。我们要抓住机遇，充分利用世界资源、资金、人才，加强信息技术交流，加快中国的城市化、城乡一体化的进程；利用国际产业结构大调整的时机，加快我国城乡的产业结构调整和产业升级换代；加强地区性产业结构调整并提升整体水平，促进我国综合国力的不断提高和经济、社会的持续发展。

编外的话

1 与城市化研究相关的问题很多，这里作为整部书稿的编外话，主要介绍和评价——和城市化关联度较大的土地所有制，特别是原生态公有制问题（熊映梧、杜光的研究较早，刘永佶1995年开始发现和再现马克思这种原生态公有制理论，多年后创新形成“回到马克思”面向中国未来的，走向世界的，解决中国当下重大社会问题的新马克思主义理论体系——集大成之著作是中国经济出版社20012年出版的《民主新论》；郭志族在熊映梧“公民产权本位”理论模型之上提出“农民产权的可操作的实践模型”等）。土地所有制与城市化、工业化的关联在我国是深层结构的关联。关于土地，建国初国家法律规定的是国家所有和农民个人所有（“耕者有其田”）两种所有权。集体化后，农民的一切政治权利和经济权利都集中到国家，中国农民的身份是“社员”，没有了个人权利，“公民的权利都蒸发成了利维坦”。1958年出台了限制农村人口流入城市的户籍管制办法，中国农民也失去了第一部宪法规定的迁徙自由。后来法律追认集体化运动的结果，又规定为国家所有和集体所有，后者只是变农民个人所有为集体所有。应讨论的问题是集体所有是法律上不能成立的观点。改革开放，农村实行了（家庭）联产承包制，这是集体制的特殊形式，经过三十年的演化，已面目全非，实际上已经没有什么集体制，有的还是国家所有，这从国家始终撑握土地处置权可以一目了然（如土地被征用其性质就由集体所有变为国家所有了）。熊培云说，集体不过是一个虚置的权利主体，只能无条件配合国家征购土地，却无权出售自己的土地，集体因此只能成为国家或特殊利益集权团侵占社会的连接器、桥头堡。更形象地说，这种国家至上的产权制度设计，无异于捕鱼者常用的那种因装有倒刺的，只进不出的“鱼笱”。（《重新发现社会》修订版，第141页）可是，到底怎样的土地制度才能推动变农民为市民等等的“人的城市化”？纵观世界所有国家的城市化，为什么均无中国特色的“农民工现象”（职业已是工人，身份仍是农民）？事实上，20世纪土地革命是以承诺耕地农有“打天下”始，以土地收归国家“坐天下”终。土地的国家所有是千年不变的“秦制”还是社会主义公有制？我们反对私有化，但辩证否定土地的“国家至上主义”后所“重建个人所有制”的马克思原生态公有制在哪里？这种公有制落实后土地又会是怎样的进行自由流转（现实版的土地公有制借鉴香港的批租制度，技术上解决了土地不能流转的问题等）？为什么中国实行最严格的耕地保护制度，但在其实际操作中往往落空？二十年来中国经济发展曾经历三轮“圈地热”，为什么究其原因都是地方政府把土地当成生财之道？作为问题的过渡，我们来看看下边的一段历史对话：

要素市场化，是再明显不过的世界潮流，那么究竟如何明确土地的产权，让土地自由流转？孙大午的办法是：废除集体所有制，实行土地永佃权。而某位对“三农”问题深有研究的知名学者，和孙大午展开了一场激烈的辩论。

这位学者不同意废除集体所有制，他认为只需要落实集体所有制就可以了。比如一个村庄的土地，就属于这个村的农民，这个村庄集体拥有，国家不得随便征用。

孙大午 那么就在这个村庄的集体范围内，一旦需要集中用地，如果100户农民中，有一户农民不同意，你怎么维护这一户农民的权益？

学者 可以给他补偿。

孙大午 可是这补偿是在被剥夺的前提下做出的。比如说你打了我一顿，然后给我很多补偿，可是我根本不同意你打我，更不想要你的补偿，你能不能不打我？

学者 集体所有制可以落实为民有制。比如我们几个人组成一个股份制，是民有制，也是私有制，只是一种形式，他如何交易、如何转让是他们内部成员之间的事情。

孙大午 你说得不对，老百姓个人没这个权利。你看那些集体明星村，村民一旦离开，土地全部收归集体，因为他们对土地的权利界限不清，根本就进入不了市场。我不同意你的观点。你只是认为让集体有选择权，村民的选择权体现在其中。走共产主义道路，像南街村，愿意出租土地就出租土地，这就是集体选择权，可是我要的是个人选择权。100个农民，99人做出集体选择了，一个人不同意，这个个体的选择权能不能体现出来？你现在告诉我，哪里有个体的选择权？这是理论基础，不然说什么都是空的。你那个集体选择权，其实只是个集体分配权。

学者 当时我们分田到户的时候，产权的概念和现在不一样。

孙大午 集体所有制很难落实到个体选择权上。集体的土地股份也好，所有分配也好，都是一种恩赐行为，根本不能做出选择。你说的那些全是分配和恩赐。抵押的问题我也想过，前提必须是“物权法”的确立，土地是村民集体委员会主张的，是临时给你种的。土地不是你的，你个人怎么能抵押贷款呢？如果集体抵押，土地尚且不能进入市场，个体的土地更没有说法。

学者 集体土地进入市场只需一个条令，比如一个村子里面所有的地都拿去抵押，拿了钱分给大家，盖房子，做买卖；把钱还了，地是我们的，还不了贷款土地就是银行的。

孙大午 这里面有两个问题，一个是，这是集体的土地，集体去抵押了，这块土地是100个人的，比如说其中就我一个人不想给你做抵押，但是你剥夺了我做选择的权利；第二，集体土地做抵押直接违背《中华人民共和国土地管理法》，管理法规定：集体土地不得出租转让，进行非农建设，所以说明显违背管理法的。

其实，集体所有制对企业发展，对国家建设是非常有利的。如果搞成私有制，像我这样的企业发展非常受制，而且建高速公路也要受制约。如果这里有一户不同意你就弄不成，每一个谈判都非常困难。如果是集体所有制，只需跟政府官员、党支部书记、村长商量好，这事就摆平了。所以，你看作为企业，我们都希望搞集体所有制，不愿意搞个人所有制。但是，如果要我给老百姓说话，我就要强调个体所有制。个体的概念，就是像这一户的权利怎么保障？既然集体所有的产权是国家宪法规定了的，那么我们的《土地管理法》《农村土地承包法》都有违宪法。

学者 从90年代以来就开始否定集体所有，变成了国家所有。

孙大午 2005年秋天，在北大法学院有一个讨论关于修改《中华人民共和国土地管理法》的会议，全国法学院的知名学者专家都到了，我发言了。我说不要再讨论如何修改《土地管理法》了，应该建议人大制定《中华人民共和国土地法》，把“管理”两个字去掉。现在问题就出在国土部，应该和宪法一致起来；要不就像昌平一样把集体所有制落实下来。这方面咱们两个是一致的问题在个体的选择权，这个权利怎么保障？很多集体明星村我都去过，个体的选择权是没有的。怎么说没个人权利呢？几个领导一碰，拿个意见出来，就行了。

就目前法律框架、宪法来说，我同意昌平的观点。如果从长期来看，必须修改宪法，市场经济的主体是个体经济，而不是你所说的法人的概念。个体的权利不是来源于集体，而是来源于宪法。“天赋人权”，本源在“天”，必须写在宪法里。咱们探讨怎么做才合适，谈判出个体的权利有多大，一亩地给你拿走了，再补偿给你八分或者两亩都不行，必须首先从宪法上确定个体权利的地位。

其实，集体所有制就是公有制，是国家所有制下面的公有制，本质上是一样的。昌平说集体所有制就是一种民有制的形式，这个我不认可。民有制是一种共有制，而集体是公有制。共有制的概念是独立个体的联合。比如股份制企业，大股小股不一样，我50%，你30%，他20%，这叫共同拥有一个公司，而不是共有一个集体。民有制不可能是公有制，而是共有制；集体所有制是公有制的一种表现形式，名义上上人人有份，实际上一无所有，和民有制绝不是一是概念。

学者 我们现在的责任就是把集体所有制解释成民有制。当时的集体所有制是有条件的。第一是过渡时期的总路线，第二是产品的统购统销，我要什么你卖什么；第三是全国性的高度计划，当这三个条件都不存在时，集体所有制就不是公有制了

至于历史上集体经济之权利体系的缺陷，刘永信做了系统地批评（《农民权利论》，中国经济出版社，2006 年），他说：第一，就在“集 ”上。“集体”是什么？人是个体存在的，农民也都是个体人。集体只存在于个体之间的关系上，存在于被“集”的个体人的观念中。构成集体制的关键，在于集权，即将个体人的所（占）有权集中于特定机构，由它集中掌控和行使，成为“集体所有制”。中国农村集体制所集中的个体人的所（占）有权，不仅包括名为所有权实为占有权的农民对土地的权利，以及生产资料所有权，还包括未明确的农民的劳动力所有权。掌控这些所（占）有权的机构，同时行使劳动力的占有权和使用权、土地的占有（使用）权、生产资料的占有权和使用权。总之，农业生产所涉及的所有权利，都由一个机构掌控和行使。这个机构，从形式上看，是作为“核算单位”的公社、生产大队和生产队的“领导班子”，但实际上是由中央到省到地区到县再到公社的系统行政集权机构，也正是通过这层层行政集权机构，将全国农民的劳动力与生产资料的所有权、占有权、使用权全部掌控起来。从名义上说，这个机构是行使管理权的，但由于行政集权体制，管理权就成了主要权利，并掌控所有权及其派生的各种权利。在行政集权体制控制下的农民，其主要权利都被集中于集体，对农民个人来说则是被取消了，只剩下“挣工分，领粮食”的权利，因而是不自由、不自主，也没有主动性和积极性的。

第二，“政社合一”，经济与政治、文化都归一个机构掌控，农民的公民权、政治权都被集中于该机构。集体制并不只是经济制度，它同时又是政治制度和文化制度，管制农民的全部经济生活和社会生活。通过这种全面的管制，农民的个体自由基本不存在了，包括宪法所规定的“迁徙自由”，也被取消，户籍制将农民严格的限制于特定的生产队。解放后曾一度力求以权利标志农民的社会地位，到合作制时已被淡化，到集体制中则又改为以身份标志农民的社会地位。“社员”是农民的身份，这个身份又从属于特定的公社、生产大队、生产队，每个农民都是某一集体的成员，而非一个独立的、自主自

由的公民。这与伴随商品经济和公民社会以及工业化大生产而来的以权利标志社会地位的大趋势，与社会主义的民主、自由等原则是相悖的。

第三，集体制对商品经济发展的限制。社会主义公有制是以公民社会和商品经济为一般性前提的，它要否定的，并不是公民社会和商品经济的一般性，而是资本雇佣劳动制的特殊性，在这种否定的过程中，发展社会主义的公民社会和商品经济。对此，苏联教科书不仅没有认识到，反而将公民社会等同于资本主义社会予以排斥，至于商品经济，则视为公有制计划经济之外的“补充”，在限制中加以利用。这种观点对中国农村集体制有直接影响，当时的决策者和经济学界，都未能认知公民社会的历史意义，甚至没有理会这个范畴，但却在实践中排斥公民社会的原则。上述对农民公民权的忽视和以身份界定农民的社会地位，就是突出表现。对于商品经济，虽然在理论上承认其辅助性作用，但总认为它是产生资本主义的“温床”，在实践中则极力加以限制。集体制的权利体系及其管理机制，也内在地限制了商品经济的发展，其突出表现一是人民公社初期的“供给制”，二是“文化大革命”中的“割资本主义尾巴”。对商品经济的限制，是集体制的机能体现，也是集体制经济不能充分发展，进而导致衰败的原因。

第四，行政集权式的管理，在短期内或特殊情况下，可以集中人力、物力，在农业生产和农田基本建设、水利建设等方面有所作为，但也会造成重大的失误和浪费。

人民公社成立时，曾提出“组织军事化、行动战斗化、生活集体化”。这“三化”可以说是集体制最典型的表现。以后，虽然“生活集体化”提得不多了，但“组织军事化、行动战斗化”一直坚持着。“军事化”是行政集权管理的极端形式，也是在短期内达到特定目标的有效方式。在人民公社存在的二十余年时间内，以军事化的管理，组织了多次大规模的战斗式生产建设运动，其中有成功的，如全国星罗棋布的大小水库和其他水利设施，以及农田基本建设，几乎都是以相当落后的生产工具靠手抬肩挑的“人海战术”完成的，这些设施至今仍发挥着很大作用；也有不成功的，如1958年的“大炼钢铁”，如果不是“军事化”管理，是不可想象的；而其损失，与其说是浪费了巨大人力，还不如说是引发人们对社会主义的怀疑。至于“大跃进”中出现的“浮夸风”和“平调风”“共产风”等等，都与行政集权的管理有直接关系。而此时组成中下级行政机构的负责人和工作人员，大多是刚从军队转业的干部和士兵，他们将军队中的管理方式移植到人民公社，不仅轻车熟路，也是顺理成章的。

第五，集体制将小农意识中的平均主义观念发挥到极致，严重影响“按劳分配”权利的实现。在个体小农经济中，平均主义只是体现在不多的家族或社会活动中，而集体制使农民的生产和生活全面“集体化”，虽然在原则上也强调“按劳分配”，但同是以手工劳动为主，社员们的身体和技能素质的差异很小，加之反复的“克己奉公”“大公无私”“斗私批修”的宣传，平均主义就成为集体制生活资料分配中的一个实际规则了。先是“供给制”和“吃大锅饭”，进而是评工分（几乎全体青壮男劳力都是10分，女劳力是8分，只有老、幼、弱低些），不可能体现社员的“按劳分配”生活资料的权利，由此导致“出工不出力”，“干好干坏一个样”等种种情况，严重阻碍了社员素质、技能和生产力的提高。

总之，刘永佶说集体制的官称是“集体所有制”，而“集体所有”本身就是一个莫名其妙的词语表达，究竟是“集体”所有，还是“集体”中的全体个人所有？若是前者，“集体”并非实体，它既不可能拥有对个人的劳动力所有权，也不能拥有对生产资料的所有权，而对土地的所有权实际掌控于国家，归“集体”的只是原来分给农民个人的占有权；若是后者，所形成的制度就是合作制，而非集体制。那么，“集体所有制”中的劳动力和生产资料所有权及土地占有权由谁来掌控呢？只能是掌控集体的行政机构，即从中央到公社再到生产大队和生产队的“领导班子”。从形式上看，生产大队和生产队的“领导”都不是“国家干部”，但大队领导是由公社党委任用，生产队长又是由大队支部指定后再经社员选举的。虽然有“三级所有，队为基础”的说法，但劳动力和生产资料的所有权及土地所有权、占有权，实际掌控于从中央到生产队这个大的行政集权系统的机构。机构也不是实体，其中的负责人也不是所（占）有权的主体，他们为机构负责，为上级负责，并据此而指挥管理只有义务的社员。

2 马克思在1880年向法国工人党领袖盖得口授法国工人党纲领导言时说：“生产者不占有生产资料是不能获得自由的。”（《马克思恩格斯全集》第19卷第264页）；对于民主是人的自由权利在政治领域，首先是在国家制度上的表现，马克思又说：“自由就在于把国家由一个高踞社会之上的机关变成完全服从这个社会的机关。”（同上，第19卷第30页）在这里，所有制和国家拉通了，它们都是以自由为前提并作为自由的产物；进一步说，劳动者的人身权衍生劳动力所有权，后者决定生产资料所有权，这些权利集合派生占有权（作为公共权利的国家和合作制企业），这就是（必须同时是）——原创版的公有制和必需作为民主的国家（马克思无产阶级专政本意就是变国家权力为公共权利行使机构的一个趋势，也是无产者变为有产者的一个趋势）。这里的关键词是《资本论》中的“重建个人所有制”（马克思用黑格尔否定之否定作了逻辑证明），其中包括两个元素和互相关系：所有权（个人重新所有，不同于私有，更不能像前苏联“背书”恩格斯理解为消费资料的个人所有，而是指对生产资料的个人所有；这里，马克思是让每个劳动者都占有生产资料所有权）；占有权（因大机器不能分割，所以只能“共同占有”——它才是公有制之“有”，而不是说“共同所有”），恩格斯当年解读公有制或社会所有制时，指出了占有权是国家；两者的逻辑关系是所有权集合派生占有权。何以集合派生？在起始点就是“选举”产生占有权机构的负责人（巴黎公社对旧有国家改造的核心之“举”就是“普选”），并从机制上确保所有权的主体地位以及它理所当然地对占有权的控制，这是一个方法论上需要“老子的智慧”、当代系统论和协同学才能理解的复杂的（双环）逻辑（不是敌人就是朋友这种二分法既不能认知宪政这个复杂事物和逻辑，也不能理解马克思思想原生态的公有制。而假公有制最根本的问题是权力消灭了权利——契约——这个现代文明芯片）。所以，另一方面，享有占有权的国家建构了成熟民主机制，如实现了宪政（民主一词在历史上是演化的，在当代它就是宪政，另外一方面，在业内，研究意义上二者区别依然），公有制逻辑（本质）才能实现。郭志族、阎红星、徐晓说，国有经济本质上在今天仍然是全民所有的（每个公民），问题是公民的每一份如何落实？现在的情况是所谓的国有企业用占有权冒充代替了所有权，土地归国家所有（权）在法理上是错的，因为国家是机构，是人造的工具，它不能说话，不能成为所有权主体，这个主体只能是人。从社会主义原则上讲它只能是全体公民所有。杜光批判道，现在有人把劳动者毫无所有权的国有经济，说成是社会主义公有制经济，这完全是同马克思主义背道而驰的。在这里马克思是把人类解放同取得生产资料所有权直接联系起来，意味着劳动者不取得生产资料所有权，就没有自由民主权利，就不可能得到解放。郭京龙、吴恒章、黄建华、周鸿凌等认为，不落实公民个人所有权的土地国家所有就是秦制，就是这种集权官僚制复合其他条件，从深层背景上导致了中国户籍制度、城乡二元对立和今天特有的农民工现象，从而影响了中国城市化质量；从土地权利关系看秦制，它就是皇权名义的土地国家所有（其实这是“天子就是天下”的文化“认知幻象”被“现代性所解释”了的概念）派生私人占有，和这种占有权的买卖，在这里，是从上到下的层层行政统摄（权力的最大化）消解了契约，而土地革命则是变土地的国家所有为全体公民的个人所有并重新集合派生国家占有的过程和趋势，是重建个人所有权，是走向契约（每个人的自由＋所有人的自由＝“自由人联合体”），在这里公有制与民主是一同演化并发生的，在这里是宪政遏制了资本非契约的最大化——资本权力化和权力资本化——官僚资本，就这个意义上说，我们尚未完成土地革命。为什么说只有“拆迁”土地

(价值)才能“变现”是一个重大的“马克思主义政治经济学”秘密，深层原因就是这种土地制度——秦制的本质名号却叫公有制。庞中英、吕中楼、王国华、陈义欢说，制度经济学告诉我们，制度是一个系统，没有一个完整的制度设计，社会无法持续均衡的发展。马克思原生态公有制是一个完整的制度设计，我们因为没有进行政改，没有实行宪政，公有制的本质就不能实现，结果是权贵资本大行其道，造成种种社会问题和城市化的异化。对马克思的文本学研究，我们发现马克思实际上早就为共产党人提供了一个社会主义“宪政愿景”。郭志族、李丁、白厚增、李霞的进一步思考是，如果中国共产党人从理论上宪法上和政策上确认了马克思原生态公有制——这是真正的社会主义，那么就应该，也必需得从国有经济收益中，特别是土地收益中拿出相当一部分，设立专项资金解决中国农民的国民待遇问题（我们知道，“剪刀差”和“土地财政”中农村和农民已做出了巨大牺牲），加快废除户籍制度，在新一轮城市化（城镇化）中推动“身份”社会向公民社会转化。李翠玲、张威、金仲兵、王斌、花七、魏柯、李夏、康亚民、李心然、扬亮认为，刘永佶老师从马克思成熟而又漫长的后来之思想那儿读出这样一个观点：政治是经济的内在机制，而不是早些年他的历史理论中单一的经济决定论，如美国市场机制的深层结构竟然是制衡刻度下的宪政和法治；而专制国家的社会主义从来都是政治决定经济，可标签是历史唯物主义。从所有权派生的相对独立的占有权和相对独立的使用权看，扬涛、张巨功、余高峰、李辉 以为，上接党的“耕者有其田”这一传统，在复原马克思主义原生态公有制意义上，当下要首先解决耕地农有的问题。在这些方面刘永佶都有系统的论证（《农民权利论，中国经济出版社，2007 年》和《民主新论》等），我们摘录几段：

一、公有制度对资本主义私有制度的否定，是以对生产资料所有权根据的否定为前提的，这就要明确和发展劳动价值论。马克思在对资本雇佣劳动制的批判中，明确、系统地论述了劳动创造价值的理论。这是对占统治地位后资产阶级经济学家的要素价值论的否定，也是对洛克等人初级劳动价值论的否定之否定。马克思的劳动价值论，已不再是小私有生产者利益和意识的概括，而是以产业工人为主的雇佣劳动者阶级利益和意识的概括。从劳动者个体而言，他的利益依然是“自然权利”中的由自己劳动创造的产品归自己所有，也就是实现个人所有权，但由于社会化大生产，协作劳动的生产并不像个体生产者那样可以在物的形态上区分，只能在价值形态上加以区分，更为重要的，是机器化大生产不能将主要生产资料分成单个的物，只能是集合性的物。这样，劳动者以其劳动所创造的产品中包含着协作的价值，它可以量化到个人，但生产资料却不能分离归个人占有，劳动者个人所有的，只能是其可以分割的价值量。因此，当马克思以劳动价值论为依据对资本私有制度进行批判，并提出“重新建立个人所制”“实现个人所有权”的时候，其制度形式只能是“在协作和对土地及靠劳动本身生产的生产资料的共同占有”，也既公有制度。“在协作和对土地及靠劳动本身生产使用权的生产资料的共同占有的基础上”的公有制度或个人所有制是对资本私有制度的否定，也是对“以个人自己劳动为基础的分散的私有制”的否定之否定，这与马克思劳动价值论对早期以“自然权利”为根据的劳动价值论的否定之否定是统一的。

苏联模式及其教科书认为，公有制度只是针对生产资料的，是“生产资料公有制”，生产资料公有制度的发展以公有化程度为标志。国有企业高于集体企业，集体企业高于合作企业。而国有企业中又按行政区的级别界定其等级，最高级为中央政府直接掌控的企业。这是行政集权体制在初级公有制度中的体现，苏联模式公有制度的内在缺陷及其失败，理论原因就在于此。

改革发展公有制度经济，首先就要批判和扭转苏联教科书的上述观念。

公有制度经济的主体不是国家机构，不是集体单位，而是劳动者个人。公有制度是“重新建立个人所有制”，其首要和基本权利是劳动力所有权，进而是由劳动生产的生产资料（和自然资源）的所有权，这两个权利都属于全体劳动者个人。但由于工业生产方式，劳动者不可能独立使用其劳动力和生产资料，因此要将其劳动力和生产资料所有权的占有权能派生并集合为公共占有权。这与资本股份制有相似之处，但又有本质差别。资本股份制是由资本所有者按股份派生其所有权的占有权能，由公司董事会集合并行使，每个资本所有者所派生占有权的资本股份量是不等的，而且不涉及其个人劳动力所有权的占有权能。公有制度经济则是劳动者以个人劳动力所有权和生产资料所有权派生的占有权能的集合，他们的权利是平等的，是以人为单位的。

民主权利是现代社会基本的政治权利，它的根据和劳动力所有权一样，都是人身权。但民主权利的实现，却是有条件的，这就是平等的劳动力所有权和生产资料所有权，是这两个权利内在统一构成的公有制度……

公有制度之“有”，是“共同占有”，并非“共同所有”。马克思之所以强调这是“重新建立个人所有制”，就在于注意到所有权与占有权之间的差别。可是，后来恩格斯及苏联教科书在注解马克思上面这段话时，却将“重新建立个人所有制”说成是单指“生活资料的个人所有”，而生产资料归“社会所有”，“国家所有”。这是明显的误解，它引发苏联模式公有制度先天性的重大缺陷，即忽略和排斥劳动者对生产资料的个人所有权，将本应行使共同占有权的国家机构，视为所有权主体。由此，劳动者个人也就没有对国家机构控制的权力，不能以民主的权威制约该机构及其负责人。

在公有制度的权利体系中，所有权是基本权利，它对其占有、使用、处置等权能派生的权利的制约，所有权主体对行使占有权、经营权（使用权）的机构与个人的控制，是公有制度的内在结构。正是这样的公有制度，要求并制约政治制度与之相适应，而民主制度就是适应这种要求并在公有制度的制约下得以建立的……

民主制度和公有制度并不是相互外在的，民主制度是公有制度的内在机制，这主要体现在所有权主体对占有权行驶机构的控制上，也即公有制度的主要矛盾中。所有权主体个人以其占有权能派生出共同的占有权，并不是交出了、丧失了所有权，而是保有所有权的控制权能和权力，正是在这个环节，公有制度与民主制度内在统一着，民主制度的功能，它的权力关系，也就是由此而建立的。劳动者作为所有权主体，同时也是民主权利主体，他以所有权派生占有权与以民主权利派生公共权利的过程，是统一的，而对共同占有的劳动力和生产资料的占有权，也是公共权利的重要组成部分，其他公共权利，又都与占有权密切相关……

初级公有制度自身的内在缺陷，原因就在以行政集权体制为政治机制，由于行政集权体制相适应的统制经济体制控制经济。上述种种问题，根源都在于此。公有制度必须经改革才能发展，而改革的动力只能来自公有制度主体的劳动者，明确他们对公有制度经济的所有权及权能、权力，建立一套与之相应的权利体系。这个体系的原则，就是民主制度的原则……

公有制度的根本在于确立所有权的支配地位，以所有权的权力来控制占有权，这个权力掌控于所有权主体，并以有效的机制保证它运作。这个机制，就是民主制度。与资本私有制度的股份制不同，公有制度不是在政治民主制度之外另有一套控制机制，而是将民主制度作为内在的政治机制……

民主制度中的民主权利，是以人身权为根据的，是劳动力所有权和生产资料所有权的政治形式。民主权利的意义，在经济上主要是保证所有权主体的利益及其意志的实现。而这也正是公有制度的本质要求……

二、从民主权利派生并集合立法权，再由立法权派生、分化行政权、执法权、司法权的同时，又要派生国有资产和资源占有权。国有资产和资源占有权是民主劳动社会相当重要的公共权利，它主要是针对国有企业的生产资料，同时也包括国有资源。从所有权上说，国有企业的生产资料属于全体公民个人，国有资源也是如此。国有之“有”，是占有，而非所有。这一点，在“苏联模式”的初级公有制度中是不明确的，迄今中国的理论界与法律上还认为国有就是“国家所有”。实际上国家作为一个机构，是工具，不是权力主体，它不可能，也不应该成为资产和资源的所有权主体。正是在这一点上的混淆，造成“苏联模式”的基本缺陷，引发重重矛盾，以致国有企业由盛而衰，“苏联模式”终因不能克服这个缺陷，而归于失败。

公有制度要发展，必须从体制上进行改革，即对与行政集权体制相适应的统治体制的改革。改革的首要环节，就是明确国有资产和资源的所有权属于公民个人，而非属于国家。民主制度中的公共权利行使机构应设立一个行使由公民的生产资料所有权派生的占有权的机构，我把这个机构命名为“国有资产和资源占有委员会”。这个占有委员会与行政权、执法权、司法权行使机构是平列、平级的，其负责人要经公民代表大会选举产生。

公有制度的权利体系，由劳动力所有权的占有、使用、处置等全能派生为相对独立的权力，生产资料所有权也相应由其权能派生，相对独立的权力。这是两个分开的支体系，但又是内在统一的，不论是劳动力所有权，还是生产资料所有权，其主体都是劳动者，公有之“有”是占有权的派生、集合，而非所有权的出让与集中。在不同的公有制度形势下，其权力关系又有一些差别。合作企业（包括农业合作社，也应以企业的形式组织）中两个所有权都属于其中每个劳动者；而国有企业中，劳动力所有权属于其企业职工，生产资料所有权属于全体公民。合作企业的权力体系比较简单，但要对各层权利关系进行细致规定；国有企业的权利体系比较复杂，对其规定也要更为明确。

不论合作企业，还是国有企业，其权力体系的共同点都是人与人在所有权上的平等，也只有公有制度才能保证根据人身权的劳动力所有权基本权利，从而实现人与人社会地位上的平等。由劳动力所有权的平等决定了生产资料所有权的平等，虽然在合作企业和国有企业之间，还有一定的差异，但这是平等的人身权和劳动力所有权基础上的差异，而且会随公有制度的发展逐步消除。正是公有制度，才为民主制度创造了平等这个必要的前提，是平等的所有权要求并决定了民主权利的平等。

公有制度的权利体系，由劳动力所有权的占有、使用、处置等全能派生为相对独立的权力，生产资料所有权也相应由其权能派生，相对独立的权力。这是两个分开的支体系，但又是内在统一的，不论是劳动力所有权，还是生产资料所有权，其主体都是劳动者，公有之“有”是占有权的派生、集合，而非所有权的出让与集中。在不同的公有制度形势下，其权力关系又有一些差别。合作企业（包括农业合作社，也应以企业的形式组织）中两个所有权都属于其中每个劳动者；而国有企业中，劳动力所有权属于其企业职工，生产资料所有权属于全体公民。合作企业的权力体系比较简单，但要对各层权利关系进行细致规定；国有企业的权利体系比较复杂，对其规定也要更为明确。

三、根据公有制度原则，其劳动力和生产资料的所有权都应属于劳动者个人，但苏联教科书上却只涉及生产资料所有权，而且用“全民”和“集体”表示公有制度的两种形式，并不明确劳动者的个人所有权及其实现方式。在现实的经济关系中，则由国家政权或集权单位集合全部生产资料的所有权、占有权、经营权、管理权，劳动者实际上处于无权状态，虽然他们可以对经营管理提出建议和意见，而且国有企业中的劳动者及少量有条件的集体经济单位，劳动者必要的劳动、工伤、医疗、退休等方面的基本福利和保障，但这些都是利益，而非权力。因此，原则上拥有劳动力和生产资料所有权的劳动者与掌握全部经济权利的国家机构之间的矛盾，就成为初级公有制度经济的主要矛盾。这个主要矛盾在国家所有制经济与集体所有制经济中又有所差异……

国家所有制是初级公有制度的主要形式，它是中国起步阶段工业化的主导和主干，“国家所有制”的明确提出和论证，是从苏联开始的。20 世纪 50 年代苏联的《政治经济学教科书》认为，“社会主义的国家所有制是工农社会主义国家为代表的全体苏联人民的所有制，这个提法，为中国政界、经济界、学界所接受，并沿用半个多世纪。然而，在现实中，对“全民”中个人的所有权及其如何行使，却没有任何规定，更没有任何行使的机制，而是直接用“国家”取代“全民”……

国有企业的变化，首先表现在数量上。一些人也将注意力放在国有企业与私有企业的数量比上，所谓“民进国退”。这是变化的重要方面，其特点是所有制的改变，即变国家所有为私人所有，但却忽略了仍保留的国有企业自身的变化。20 世纪五十至七十年代，很少见“国有企业”的提法，通行的是“国营企业”。在当时的理论和政策界定中，“国营企业”是“全民所有制”，即其生产资料归全体人民所有。虽然并未涉及职工的劳动力所有权问题，但却有“主人翁”的提法。国营企业职工是以“参加工作”的形式参加企业生产经营，其身份与“国家干部”等一样都带有终身性质。也就是说，虽然没有明确的权利规定，却有明确可靠的身份以及相应的利益，俗称贴“铁饭碗”。20 世纪 90 年代以来，对国有企业的改变，一个重要目标，就是“砸碎铁饭碗”。

如果说前三十年是“全民”对国有企业还是名义上的“主人翁”，那么后三十年逐步淡化，以至取消了这个名义，国家机构作为国有资产的所有者，可以根据其负责人的需要或意愿，任意处置国有资产。这包括巨额外汇储备的投向与使用（如三万亿美元外汇储备中的百分之五六十购买美国国债和“两房”债券），都不必经过“全民”及其中的个人任何制约就决定了，而且“全民”没有任何的监督与问责机制……

公有制度经济改革和发展的政治机制，就是民主法制。当我们说劳动者的劳动力和生产资料所有权及其派生共同占有权时，必须有民主权利的保证。

民主权利是劳动力所有权和生产资料所有权作用的内在机制，这两个所有权派生占有权的同时，也就派生了行使占有权的民主权利，它体现在对行使集合了的公共占有权的机构设置及其负责人的选择、监督上，以及公共占有权派生经营权和经营权的行使中。法制是民主权利规定和行使的体制和机制，在公有制经济的权利体系中，法制都贯彻其中。脱离了民主法制，公有制度经济的本质就不能体现，劳动者的所有权也只是一句空话。现实仍存在的国有企业，并没有解决这个问题，而且因为实行对职工的雇佣制，使其更加缺少民主法治的控制与监督，因而存在更多问题。

公有制度经济权利的体系的改革与完善，首要也是核心的任务，就是以民主法制确立国有企业的劳动力所有权和生产资料所有权，规定所有权主体对派生的占有权行使机构及其负责人的控制、选择和监督，以至对经营权和经营过程的监督机制。

对现有国有企业的改革，必须扭转对企业职工采取雇佣制的办法，雇佣制将职工完全排斥在国有企业内部权利体系之外，国有企业的内部权利只是“生产资料国家所有权”及其派生的占有权和其他权利，职工只是作为“资源”的劳动力出卖者，除了作为卖者的权利，是没有任何其他权利的。这样做法违反了公有制度的本质，也不利于国有企业的长远、健康发展。

现实的官僚资本是对公有制度经济的异化，是20世纪五十至七十年代初级公有制度因行政集权体制而导致的缺陷未能及时改革、克服的结果。官僚资本的出现及其扩张，使之成为与公有制度经济对立并不断吞蚀公有制度经济的势力，虽然它并不直接体现于工商行政管理、税务和统计等官方机构的名册上，但却以各种形式存在并作用于中国经济。官僚资本与公有制度经济的矛盾，是现实中国经济的主要矛盾。

四、按照社会主义原则，自然形成的土地应属于地球上全体人类，在国家存在的情况下，一国领土范围内的土地，属于该国全体公民所有。但这个所有权并不是将土地平均切分给每个公民，而是在保持并保证每个公民的所有权基础上，将其占有的权能集合起来，汇总于公共权力机构，由公共权力机构将占有权分配给企业和农民个人，再由拥有占有权的企业和个人行使其使用权。具体说，应通过改革，形成由四层权利构成的土地制度。

其一，中国的土地所有权归全国公民个人平等拥有。这是中国的社会主义制度所决定的，在苏联的初级社会主义制度下，曾实行土地国家所有的制度，而中国在土地改革以后，则在法律上规定土地归国家所有与农民个人所有两种所有权，现行的土地制度，不过是将农民个人的所有权收归集体。在人民公社时期，农民“集体的土地所有权”与集体生产经营是一致的。到了联产承包责任制时期，土地的“集体所有权”是由行政集权体制在农村的基层组织所掌控。实际上，新中国成立以后并未改变土地所有权归国家的历史传统，只是在改变后的国家政权上得到了更加充分体现。半个多世纪以来，从土地改革到合作社到人民公社，再到联产承包责任制，这一系列的土地权利关系的变化，都是以国家对土地所有权的掌控为根据的，而唯一不变的，也是国家对土地所有权的掌控。但在理论和法律上，都又在将城市的土地规定为国家或全民所有的同时，将农村土地规定为“农民所有”或“集体所有”。前者是符合实际的，后者则是名实不副的。农村的土地所有权也是归国家的，农民或农民集体从来就没有掌握土地所有权，他们拥有的，只是从国家的土地所有权派生并分配的占有权。

中国初级的社会主义理论和法律来源于苏联，但在土地占有权上，却远不如苏联教科书和有关法律明确。苏联的政治经济学教科书和相关法律规定：土地归国家所有，由掌控所有权的国家将土地的使用权分配给企业或集体农庄。虽然明确，但不正确。社会主义公有制的权利基础是所有权，而所有权的主体都是个体公民或劳动者，这也就是马克思所说的“个人所有制”。土地所有权，包括占有、使用、处置、收益等各项权能，其中，占有（含使用）的权能可以由所有权派生为相对独立的权利，而为了控制和收回占有权及其再派生的使用权，所有权主体必须牢牢掌控处置的权能，并坚持和要求收益的权能。

至于全体公民和劳动者对土地的所有权，并不是采取将全国土地按人口平均分配的方式体现，而是作为每个公民的一份权利，通过选举和掌控行使由个人土地所有权派生并集合的公共占有权的机构，并以立法权、监督权等制约土地公共占有权的分配及其管理、收益，得以实现。至于土地的处置权能，必须由所有权主体以民主法制予以控制，而土地收益权，则可以依照所有权主体的意志，根据经济发展的程度，采取用于公共福利或“分红”等方式实现。

对于中国的土地所有权，时下有种观点，提出要将“农民集体所有”变成农民个人（家庭）所有，即所谓“私有化”。这实际上是在对现有土地制度权利关系认识不清的情况下，形成的“向后看”的思路。持这种观点的人只是简单地接受了土地是集体所有的提法，并未对之分析。实际上土地的“集体所有制”是不存在的，存在的是土地所有权分配出来的小块土地的占有权。“私有化”不能将本来不属于“农民集体”的土地所有权分给农民个人（家庭）。更为重要的是，这种“私有化”将农村土地所有权分给农民，又是对“全民”中几亿市民对土地的所有权的侵害。

其一，全体公民个人的土地所有权中的占有权能派生并集合为公共占有权，并由民主选举的公共权利机构行使。自古以来，中国通行一种观念，认为天命是万物主宰，土地及其上生存的民众是上天交给“天子——皇帝掌管的，所谓“普天之下，莫非王土；率土之滨，莫非王臣”。土地的所有权归皇帝或以其名义的国家，由皇帝将土地分配给其臣民。这样分配，实际上是分配所有权的占有权能，相对固定后形成占有权。这种观念延续至今，仍然认为土地权利是使用权。虽然法律条文和政策上写着“集体所有”，但不论政府负责人还是村民委员会及村民个人，都依此逻辑看待土地权利关系。这种观念和逻辑是集权专制传统的表现，是与社会主义原则相违背的。马克思所说的“重建个人所有制”，其实就是确立和保证劳动者个人的所有权。社会主义公有制作为商品经济和公民社会高级阶段，是劳动力、生产资料和土地的所有权，都有归公民个人；但由于社会化大生产和城乡差别，土地不能分割给每个公民单独占有，因此，在保持个人所有权同时。将其中占有的权能派生并集合起来，形成相对独立的公共占有权。这个公共占有权要由全公民（包括家民和市民）选举的立法构立法成立的行使机构，即国有资产和资源占有委员会的负责人，也要由全体公民或人民代表大会选举产生……

五、农民工是中国所特有的。纵观历史，横观世界，各国各地都有工人，也有农民，而且相当多的工人是从农民转化而来，但只要农民转业为工人，其身份和阶级就都转变为工人，并没有一个身份是农民，职业是工人的阶级和群体。但中国却在20世纪80年代以来出现了这样的群体，并不断扩充，按现在趋势，如果不改变户籍制度和就业政策，农民工不仅在中国经济中的作用更为突出（造成中国经济奇迹的深层原因之一），而且会引发更大的社会问题。农民工不仅身份和职业是分离的，其生产与生活也是分立的，他们的生产或出卖劳动力使用权是在城镇，他们的生活却在农村。相应地，他们的活动主要在城镇，他们的家庭却还在农村。他们的生成原因是：

其一，中国两千余年的集体官僚制统治不仅造就了小农经济和先进的农业文明，也造就了人数众多的农民。到新中国成立时，中国的农村人口已达48402万。经过半个多世纪，虽然有成亿农民通过各种渠道——上学、参军、招工、婚姻等——转为城市人口，但至今仍有9亿户籍在农村。如此众多的农村人口，要在短期内转变为城市中的工人、职员、管理者、教师、科研人员，是相当困难的。农村人口多，是造成“农民工”这个特殊群体的基本条件。

其二，中国独特的以束缚身份转变为目的的户籍制度限制了农民身份的转化。在1954年第一部《中华人民共和国宪法》中还规定“农民有居住和迁徙的自由”。但在1958年月9日全人民代表大会常务委员会通过的《中华人民共和国户口登记条例》中，明文限制了从农村人口向城市的迁徙，即必须持有城市劳动部门的录用证明、学校的录取证明，“城市户口登记机关的准予迁入的证明”，向常住地户口登记机关申请办理迁出手续。在当时，城市还有向农村招工的情况，故“持有城市劳动部门的录用证明”还有可能。“大跃进”后，城市中的工业企业纷纷下马，不得不将已招收为工人的农民“下放”回农村。自此，几乎没有从农村招收工人，这种规定也就完全限制了农民进入城市。至于“城市户口登记机关的准予迁入的证明”，是以招工录用、学生录取证明为前提的，没有这两个“证明”，城市户口登记机关是不可能开出“准予迁入证明”的，这个《户口登记条例》至今依然有其法律效力，或者，中国的户籍制度依然是以此为基本规定的。近半个世纪以来，农村人口增加了一倍，而其转为城市人口的渠道只有上学（中专以上）和参军转业（80年代以后兵役制的改变又使服兵役的农民只能复员回农村），其他方式均不能转变户口，也不能转变身份。但80年代以来城市中工业和服务业的迅速发展又需要大量劳动力，城市已有的劳动力已满足不了供应，只能从农村招收工人，但户籍制度又限制了这部分已在城市就业的农民转变其身份。于是，就有了身份是农民，职业是工人的特殊群体。

其三，农村的联产承包责任制为农民工保留了养家糊口的条件，也束缚了他们举家迁入城市。农民工的身份是农民，他们具有因农民身份而有的权利和义务，其主要权利就是承包“集体所有”的小块土地的使用权，这些小块土地（因土地肥力、位置等不同，往往分成若干小块），在承包之时还分为“口粮田”和“责任田”，后来这一界限不很清楚了。但对农民来说，这种区分也无实质意义。再就是保留了宅基地的使用权。农民的食住，都依赖于承包地和宅基地，这也是农民作为农民的主要利益。为了获取这些利益和权利，农民要承担国家的税和乡村两级的各种费，以及承包土地应尽的义务。农民工以出卖劳动力使用权外出打工，但并不放弃，或者说严格的户籍制度使他们不能放弃承包地和宅基地的使用权，他们的家庭成员还要赖此而生存。但因此他们又必须承担相应的义务，从而使其不能彻底脱离农村转入城市生活。农民工不能转入城市生活的另一个原因，是城市生活水平与农民工收入水平的巨大差距。中国农民工劳动力使用权的廉价，是举世闻名的，之所以如此，是其劳动力再生产所需要的必要生活资料由他们在承包的土地上自己生产，而非由劳动力使用权的购买者支付。农民工是“自带口粮”来城里打工的。这与人民公社时期摊派大队或生产队各种义务工参加水利建设时相似。当时所派出的社员都由生产队支付，公社或县、地区、省等工程建设单位提供一部分生活补贴。不同的是，农民工不是给予自己的集体或国家服“劳役”，而是出卖劳动力使用权。他们养家糊口的费用由自己负担，而他们拿到的微薄“工资”，论实际购买力，甚至低于人民公社时期政府支付给出义务工的社员的生活补贴。农民工出卖劳动力使用权所得报酬之低，使他们绝对不可能靠这些低微的收入搬迁到城市生活，但他们又必须外出“打工”，以挣取比没有多一些的货币，以维持其家庭在农村的生存。

其四，联产承包责任制使农民的劳动力所有权从集体中释放出来，农民有支配劳动力使用权的相对自由。对于农民来说，劳动力的使用权是他们赖以生存的根据，如果从事农业的条件充足，主要是有足够的土地或其他生产资料供其劳作或收成，那么农民就不会背井离乡外出“打工”，而是选择自己使用劳动力从事农业，或者像有些种植、养殖户那样从事个体经营。但绝大多数农民没有这样的条件，他们承包到的土地远远不能满足其劳动力的充分使用，一年中有将近三分之二的劳动力是剩余的。也就是说大多数农民如果只在自家承包土地上劳作，实际上大量时间都处于失业状态。因承包而释放的劳动力所有权不再由集体和政府掌控，集体和政府也不可能为其提供就业条件，这样就迫使农民自己去找出卖劳动力使用权的机会。而名存实亡的“集体”也不再具有对农民外出“打工”的约束力。除督促耕作承包地和收缴税费外，村民委员会和村民小组并不限制农民劳动力的使用与流动。至于政府，为了发展经济，支持私有和外来资本企业，也鼓励农民出卖劳动力使用权。于是，就有了连续二十余年的农民工入城打工大潮，并形成了农民工这个特殊群体。

本书的出版得到许多朋友的热情关注和支持：庞中英、温元凯、孙大午为本书写了序言，宋丁为本书题词，于士贞为本书题写了书名，弘云、李洪智、李广效等为本书题字，在此一并致谢。

郭京龙

2013 年 8 月

参考文献

[1](美)保罗·诺克斯主编．城市化．顾朝林，汤培源等译．北京：科学出版社，2009.

[2]范恒山，陶良虎主编．中国城市化进程．北京：人民出版社 ，2009.

[3] 中华人民共和国国家统计局．2009 中国城市年鉴．北京：中国统计出版社，2010.

[4]蔡昉，都阳，王美艳．劳动力流动的政治经济学．上海：上海人民出版社，2003.

[5]成德宁．城市化与经济发展——理论、模式与政策．北京：科学出版社，2004.

[6]高佩义．中外城市化比较研究．天津：南开大学出版社，2004.

[7]迟福林，殷仲义．城市化时代的转型与改革．华文出版社，2010.

[8]黄锟．中国农民工市民化制度分析．北京：中国人民大学出版社，2011.

[9]张鸿雁，谢静．城市进化论．南京：东南大学出版社，2011.

[10]牛文元主编．中国新型城市化报告 2010. 北京：科学出版社出版，2010.

[11]孙荣，许洁：《政府经济学》[M]，上海，复旦大学出版社，2001.

[12]毕世杰等．发展经济学．[M]，北京，高等教育出版社，1999.

[13]张培刚．新发展经济学．[M]．增订版．郑州：河南人民出版社，2001.

[14]辜胜阻．非农化及城镇化理论与实践．[M]．武汉：武汉大学出版社，1993.

[15]顾朝林等．经济全球化与中国城市发展——跨世纪中国城市发展战略研究．[M]．北京：商务印书馆，2003.

[16]李小建．经济地理学．[M]．北京：高等教育出版社，1999.

[17]成德宁．城市化与经济发展——理论、模式与政策．[M]．北京：科学出版社，2004.

[18]连玉明．中国城市年度报告(2005)．[R]．北京：中国时代经济出版社，2005.

[19]林善浪，张国．中国农业发展问题报告．[R]．北京：中国发展出版社，2003.

[20]曾业松．新农论．[M]．北京：新华出版社，2004.

[21]姜爱林．城镇化、工业化与信息化协调发展研究．[M]．北京：中国

大地出版社，2004.

[22]王梦奎，冯并，谢伏瞻．中国特色城镇化道路．[C]．北京：中国发展出版社，2004.

[23]郑弘毅．农村城市化研究．[M]．南京：南京大学出版社，1998.

[24]邹农俭．中国农村城市化研究．[M]．南宁：广西人民出版社，1998.

[25]陆立军等．区域经济发展与欠发达地区现代化．[M]．北京：中国经济出版社，2002.

[26]张一民．论中国的新型工业化与城市化．[M]．大连：东北财经大学出版社，2004.

[27]宋奇成．以城市带动农村经济发展战略的理论与实践研究．[M]．成都：四川大学出版社，2002.

[28]朱若峰，朱泽．中国农业和农村经济结构的战略性调整．[M]．武汉：湖北科学技术出版社，2001.

[29]曾坤生等．区域经济论——市场经济与中国区域经济发展．[M]．长沙：湖南人民出版社，1998.

[30]姚士谋，汤茂林等．区域与城市发展论．[M]．合肥：中国科学技术大学出版社，2004.

[31]谢文蕙，邓卫．城市经济学．[M]．北京：清华大学出版社，1996.

[32]郭熙保．经济发展理论与政策．[M]．北京：中国社会科学出版社，2000.

[33]武友德．不发达地区经济成长论．[M]．北京：中国经济出版社，2000.

[34]王自亮，钱雪亚．从乡村工业化到城市化——浙江现代化的过程、特征与动力．[M]．杭州：浙江大学出版社，2003.

[35]赵苑达．城市化与区域经济协调发展．[M]．北京：中国社会科学出版社，2003.

[36]侯景新．落后地区开发通论．[M]．北京：中国轻工业出版社，1999.

[37]唐宇文．区域经济互动发展论．[M]．长沙：湖南人民出版社，2004.

[38]王梦奎，李善同等．中国地区社会经济发展不平衡问题研究．[M]．北京：商务印书馆，2000.

[39]王必达．后发优势与区域发展．[M]．上海：复旦大学出版社，2004.

[40]陈秀山，张可云．区域经济理论．[M]．北京：商务印书馆，2004.

[41]冯之浚等．区域经济发展战略研究．[M]．北京：经济科学出版社，2002.

[42]罗勇．区域经济可持续发展．[M]．北京：化学工业出版社，2005.

[43]安虎森．区域经济学通论．[M]．北京：经济科学出版社，2004.

[44]方创琳．区域发展战略论．[M]．北京：科学出版社，2002.

[45]邓翔．经济趋同理论与中国地区经济差距的实证研究．[M]．成都：西南财经大学出版社，2003.

[46]金明善，车维汉．赶超经济理论．[M]．北京：人民出版社，2001.

[47]陆大道．区域发展及其空间结构．[M]．北京：科学出版社，1995.

[48]邬义钧，邱钧．产业经济学．[M]．北京：中国统计出版社，2001.

[49]钱易，唐孝炎．环境保护与可持续发展．[M]．北京：高等教育出版社，2000.

[50]黄继忠．区域内经济不平衡增长论．[M]．北京：经济管理出版社，2001.

[51]吴郁文．21世纪中国区域经济发展．[R]．北京：中国轻工业出版社，2001.

[52]李宝元．人力资本与经济发展．[M]．北京：北京师范大学出版社，2000.

[53]谷书堂．社会主义经济学通论．[M]．北京：高等教育出版社，2000.

[54]谭崇台．发展经济学概论．[M]．武汉：武汉大学出版社，2001.

[55]杜肯堂，戴士根．区域经济管理学．北京：高等教育出版社，2004.

[56]保罗·切希尔，埃德温·S. 米尔斯．区域和城市经济经济学手册．[M]．北京：经济科学出版社，2003.

[57]马尔科姆·吉利斯等．发展经济学．[M]．北京：经济科学出版社，1989.

[58]迈克尔·P. 托达罗．经济发展．[M]．黄卫平，彭刚等译．北京：中国经济出版社，1999.

[59]国家统计局．中国城市统计年鉴．(2004年)．北京：中国统计出版社，2005.

[60]中国城市发展研究会：《中国城市年鉴》(2000)，总第16期，北京，中国城市年鉴出版社，2000。

[61]李京文．中国区域经济教程．南宁：广西人民出版社，2000.

[62]郝寿文，安虎森．区域经济学．北京：经济科学出版社，1999.

[63]张敦富．区域经济学原理．北京：中国轻工业出版社，1999.

[64]吕拉昌．区域整合与发展．北京：科学出版社，2003.

[65]高洪深．区域经济学．北京：中国人民大学出版社，2002.

[66]谢自强．政府干预理论与政府经济职能．[M]．长沙：湖南大学出版社，2004.

[67]谢一地．政府规制经济学．[M]．北京：高等教育出版社，2003.